中国政法大学
CHINA UNIVERSITY OF POLITICAL SCIENCE AND LAW

法大法考

2025年国家法律职业资格考试

通用教材

行政法与行政诉讼法
（第三册）

兰燕卓◎编著

中国政法大学出版社

2025 · 北京

图书在版编目（CIP）数据

2025年国家法律职业资格考试通用教材. 第三册，行政法与行政诉讼法 / 兰燕卓编著. -- 北京 : 中国政法大学出版社，2025. 1. -- ISBN 978-7-5764-1922-1

Ⅰ. D920.4

中国国家版本馆CIP数据核字第2025CE9742号

出 版 者　中国政法大学出版社

地　　址　北京市海淀区西土城路25号

邮寄地址　北京100088信箱8034分箱　邮编100088

网　　址　http://www.cuplpress.com (网络实名：中国政法大学出版社)

电　　话　010-58908285(总编室) 58908433（编辑部） 58908334(邮购部)

承　　印　固安华明印业有限公司

开　　本　787mm×1092mm　1/16

印　　张　18.25

字　　数　500千字

版　　次　2025年1月第1版

印　　次　2025年1月第1次印刷

定　　价　62.00元

前言

Preface

2001 年《中华人民共和国法官法》《中华人民共和国检察官法》《中华人民共和国律师法》修正案相继通过。其中规定，国家对初任法官、检察官和取得律师资格实行统一的司法考试制度，这标志着我国正式确立了统一的司法考试制度，这是我国司法改革的一项重大举措。党的十八大以来，党中央和习近平总书记高度重视司法考试工作。2015 年 6 月 5 日，习近平总书记主持召开中央深化改革领导小组第十三次会议，审议通过了《关于完善国家统一法律职业资格制度的意见》，明确要将现行司法考试制度调整为国家统一法律职业资格考试制度。2017 年 9 月 1 日《全国人民代表大会常务委员会关于修改〈中华人民共和国法官法〉等八部法律的决定》审议通过，明确法律职业人员考试的范围，规定取得法律职业资格的条件等内容，定于 2018 年开始实施国家统一法律职业资格考试制度。这一改革对提高人才培养质量，提供依法治国保障，对全面推进依法治国，建设社会主义法治国家具有重大而深远的意义。

中国政法大学作为国家的双一流重点大学，以拥有作为国家一级重点学科的法学学科见长，其法学师资队伍汇集了一大批国内外知名法学家。他们不仅是法学教育园地的出色耕耘者，也是国家立法和司法战线的积极参与者。他们积累了法学教育和法律实践的丰富经验，取得了大量有影响的科研成果。

国家统一司法考试实施以来，我校专家学者在参与司法考试的制度建设和题库建设中做出了许多贡献，在此期间我校不仅有一批长期参加国家司法考试题库建设和考题命制的权威专家，也涌现出众多在国家司法考试培训中经验丰富和业绩突出的名师。伴随着司法考试改革，我校对法律职业资格考试进行更深入的分析研究，承继司法考试形成了强大的法律职业资格考试研究阵容和师资团队。

2005 年我校成立了中国高校首家司法考试学院。该院本着教学、科研和培训一体化的宗旨，承担着在校学生和社会考生司法考试培训任务。司法考试学院成立后，选拔了一批在司法考试方面的权威专家和名师，精心编写了中国政法大学《国家司法考试通用教材》作为校内学生司法考试课程教学及社会考生培训的通用教材。伴随着 2018 年司法考试改革，我院根据法律职业资格考试内容及大纲对本书进行了全面修订，本书更名为《国家法律职业资格考试通用教材》。

法律职业资格考试中心（原司法考试学院）组织编写的此教材紧扣国家法律职业资格考试大纲，体系完整、重点突出、表述精准，伴随着司法考试的改革，本书以大纲为依托，增加实战案例，更加符合法律职业资格考试要求。全书渗透着编写教师多年的教学经验，体现着国家法律职业资格考试的规律，帮助考生精准把握考试内容。该套教材将会对广大备考人员学习、理解和掌握国家法律职业资格考试的知识内容和应试方法具有积极的引导与促进作用，为考生提高考场实战能力以及未来的从业能力提供有力的支持和帮助。最后，对编写本套教材的各位老师的辛勤付出表示感谢！编委会成员（按姓氏笔画排序）：方鹏、兰燕卓、叶晓川、刘家安、李文涛、邹龙妹、宋亚伟、肖沛权、贾若山、蔡辉。

在此预祝各位考生在国家法律职业资格考试中一举通过。

中国政法大学法律职业资格考试中心
（原中国政法大学司法考试学院）

序　言

Preface

当你看到这段话时，证明你已经决定参加今年的法考，并已经有效地行动起来了！非常欢迎你和老师一起学习行政法，一起高分过法考！

从事法考培训十余年，总是被同学们的热忱、努力所打动。法考需要我们每个人全力以赴地付出，在备考的岁月里，“法考”就是你唯一的关键词。放弃掉和家人朋友的聚会，删掉手机里消耗时间的软件，只为了专心备考。别人问你复习得怎么样？你说，嗨，就是试试。但是你心里知道你的方向是笃定的，你也坚信你一定能通过这个考试。尽管内心会有动摇，中间也会自我怀疑，但你就是这么坚定地认为，我能考过！

为什么？因为你值得。你的努力，让你终会迎来人生中的高光时刻。在学习桌前面坐的每一天，在书上做的每一道题，都像是武侠片中的主角，在“无人问”的时候一遍又一遍地默默努力。尽管，我们通过考试之后，可能也迎不来“天下知”的荣耀，但是，你已经赢得了人生的最高奖赏——自我肯定、自我接纳、自我认同。更重要的是，考试的成功让你获得了巨大的勇气：那么难的时候都过来了，现在这点事，没问题！

希望这个考试，能成为你“新”的一个契机。通过备考，改变自己的生活状态、改变自己的职业、改变自己的习惯。我们可能暂时也不知道之后的路该怎么走，但往前走，始终是没错的。

法考有什么意义？法考本身就是意义。提升法律素养是应有之意，除此之外，你一定会收获更多。明年这个时候，我来听你的故事。

很高兴认识你，让我做一下自我介绍：我是行政法兰兰老师，在努力地成为一名优秀的、负责任的好老师。法考路上，我们携手同行、顺利通关！

兰燕卓

2024 年冬于北京

本书使用指南

2025年是法考改革的第八个年份，分析近几年的题目，行政法的考查呈现如下特点：第一，分值稳中有升，客观题的考查为30分左右，主观题的考查为28分左右。第二，考查内容更为细致而广泛，对考点的精准度要求更高。第三，考查方式更注重案例考查，对事实认定和法律适用能力考查加强。同时，考生在复习时普遍感到，通过以往的单一背诵，已经很难应对改革后的考试。为了有效应对最新的命题趋势，帮助考生高效备考，本书具备以下特色：

第一，法考取得高分的关键在于建立考点与知识点的有效连接。知识点到考点的转化不是自然发生的，需要通过深入分析命题人思路、反复训练，本书对考点进行层层分解，有效强化考点及考查方法。

第二，法考高效复习的关键在于建立行政法的知识体系。法条是孤立的，为了应对行政法高复合化的命题特点，必须对行政法的整个知识体系有着清晰的把握，如此才能做到融会贯通。

第三，法考顺利通过的关键在于建立部门法的理论基础。纵观近年真题，一个非常明显的趋势是向理论知识的倾斜。本书在强调重点法条的基础上，加大对理论的梳理，以帮助考生顺利应考。

同时，本书在内容及授课方式方面也采取“主客一体”的方法，即同时兼顾主观和客观的学习，以更好地帮助同学们高效地通过法考。我的微博是：行政法兰燕卓。我会带领同学们一起学习、一起讨论。越努力，越幸运！

目 录

Contents

第一章　行政法概述

【复习提要】

行政法基本原则是这一章的重中之重。命题特点：其一，在客观题中，直接考查基本原则的理论；其二，在客观题中，结合行为法命题，比如合法行政原则，经常结合某行为问是否合法；其三，主观题论述部分，通过对材料的评述，考查同学们运用行政法基本原理分析实践问题的能力。

行政法的法律渊源，需要把握好法律的位阶关系，所谓“上位法优于下位法”在个案当中的具体判断。命题特点：其一，在客观题中，直接考查法条；其二，主观题案例分析，需要在读清材料的基础上，发现题目的上位法和下位法就某一核心问题的规定是冲突的，进而得出应当适用上位法的解题结论。

第一节　基本概念

掌握行政法的基本概念是学习行政法的第一步，能够帮助我们确立行政法的基础框架和基本功能。面对之后所学习的大量法条，有了明确的立法精神的指引，我们才能更好地理解法条规定，从而加深对知识点的记忆。

一、行政的概念

行政是指对国家事务和公共事务进行管理、执行。想了解行政的含义，需要从立法、行政、司法的宏观角度进行理解。国家机关包括立法机关、行政机关和司法机关。立法指的是立法机关依照法定程序制定、修改、补充、解释或者废止法律法规的活动。比如，《行政许可法》《行政处罚法》《行政强制法》是由全国人大常委会发布的现行有效的法律。行政指的是国家行政机关及其公职人员依照法定职权和程序执行法律的活动。比如，你在今年顺利通过了法律职业资格考试，可以按照规定程序申请授予法律职业资格，由司法部颁发法律职业资格证书，这种资格证书的发放就是一种行政活动。司法指的是国家司法机关依照法定职权和程序，将法运用于具体案件的专门活动。比如疫情期间哄抬物价的，以非法经营罪提起公诉，法院依法进行判决。

因此，行政的定义是：作为国家机关的行政机关行使职权、执行法律、管理国家事务和公共事务的活动。

同学们在最开始接触行政法这门学科的时候，经常会说“行政法离我的日常生活太远了，我不太知道它在讲什么”。事实上，行政机关的执法活动往往是默默地存在于我们的日常生活当中的，比如一个小朋友出生，要办理户口登记，这是一种行政行为；谈恋爱了要结婚，要办理结婚证，这是一种行政行为；买房子要进行产权登记，同样是行政行为。你还能想到什么行政行为吗？[1]

---

〔1〕 比如违章驾车者，会被开罚单；见义勇为者，会被认定为见义勇为，受到相应的物质保障。

具体来说，行政的特征包括以下几个方面。

行政的特征	执行性	执行法律
	规范性	法无授权不可为，依法行政
	能动性	积极主动完成法律赋予的职责和合理的自由裁量权

二、行政法的概念

（一）调整内容

行政法是关于行政的法律制度，调整由于行政活动发生的行政法律关系规范的总和，是我国法律体系中的一个部门法，可从调整对象、调整方式和调整功能进行探讨。

调整对象	行政法调整的对象是行政关系，行政关系的种类和范围随着社会需求和新法的变化而变化
调整方式	行政法赋予行政法律关系以法律权利和义务的性质，任何违反行政法义务的行为，都将承担相应的法律责任，因此区别于行政政策的调整方式
调整功能	行政法调整行政关系的整体作用，围绕的中心是行政权，但同时行政法又是一部规范和控制行政权的法律。一方面它赋予行政机关管理职权以保证行政效率，另一方面也监督着行政权的行使，以防止和消除行政违法行为。二者结合共同发挥对行政机关的规范作用

【考点点拨】

《行政复议法》第20条第1款对行政复议申请期限的规定是："公民、法人或者其他组织认为行政行为侵犯其合法权益的，可以自知道或者应当知道该行政行为之日起六十日内提出行政复议申请；但是法律规定的申请期限超过六十日的除外。"同时，第62条第1款对行政复议机关审理案件的期限规定是："适用普通程序审理的行政复议案件，行政复议机关应当自受理申请之日起六十日内作出行政复议决定；但是法律规定的行政复议期限少于六十日的除外……"同学们仔细观察这两个法条，都是以"六十日"为基准，申请期限是"就长不就短"，审理期限是"就短不就长"。为什么会有这样的规定，你能分析出来原因吗？[1]

（二）行政法的分类

行政组织法	是有关行政组织的职能、组织、编制和公务员法两大部分内容，即行政机关组织法与公务员法，规定行政权的行使主体
行政行为法	是有关规范行政机关和公共组织行使行政职权的法律，包含抽象行政行为与具体行政行为，是行使行政权的外在表现形式
行政救济法	对行政机关和公共组织及其工作人员行使法定行政职权和履行法定行政行为进行监督，并向受到侵权的公民、法人和其他组织提供救济的法律规范的总称，是对行政权的监督

【考点点拨】

行政组织法解决"谁来做"的问题，主要包括设置编制条例、公务员法；行政行为法解决"做什么"的问题，主要包括立法法、行政许可法、行政处罚法、行政强制法；行政救济解决"怎么办"的问题，主要包括行政复议法、行政诉讼法、国家赔偿法。

---

〔1〕这样的立法原因是基于对公权力的限制和对私权利的保障。尽管看上去规则不一致，但原则是一致的：怎么样对相对人有利，就怎么办。

（三）行政法律规范的特点

行政法在法律体系中的地位作用和适用范围，在很大程度上取决于同其他法律部门的关系。行政法律规范自身有几个特点：第一，缺乏统一的实体法法典。由于国家行政管理内容的复杂多变和管理层次繁多，难以在一个法律文件中做穷尽性列举规定，因此分散规定于不同行政领域和不同法律效力等级的法律文件。第二，职权职责的统一性。行政机关的行政职权和行政职责都有依法履行的必要。行政机关在取得公共职权后，不能像民事主体行使民事权利那样进行处分，否则会构成渎职、失职或者不作为违法。第三，立、改、废的变动性。行政管理所面临的是日新月异的社会需求，解决该问题的出路之一就是建立行政法律规范立、改、废经常化的机制。

（四）行政法与宪法及其他部门法的关系

宪法	行政法与宪法是根本法与部门法之间的从属关系，宪法是建立和发展行政法的根据和基础
民法	行政法与民法的调整内容都包含了财产关系和人身关系，然而民法以主体的平等性为特征，行政法以命令服从为主要特征；行政法对民法的实施具有保障作用，例如行政法可以保障市场监管方面的民事交易安全
刑法	刑法是行政法执行的保障，刑法对行政秩序具有保护作用；刑罚与行政处罚都是对具有社会危害性违法行为的国家制裁制度，二者之间需要相互衔接和协调

第二节　行政法的法律渊源

一、行政法的法律渊源

行政法的法律渊源是指行政法律规范表现形式的制度，是行政机关活动合法性的依据，对于实现行政法治有重要意义。我国行政法法律渊源实行成文法制度，行政法的惯例、法院的司法判例以及学者的理论学说尚不能成为我国行政机关活动的法律根据。

我国行政法的成文法法律渊源的种类，根据法律文件的制定机关和等级效力，可依次分为：

宪法	宪法是国家的根本法，宪法的规定在行政法的法律渊源体系中具有最高法律效力
法律	全国人大及其常委会制定发布的基本法律和普通法律。法律中关于行政组织、行政管理活动和对行政机关监督的规范，是我国行政法的主要法律渊源
行政法规	国务院根据宪法和法律，按照行政法规的制定权限和程序发布的规范性文件。在效力等级和规定范围上，行政法规仅次于法律
地方性法规	地方的人大及其常委会按照地方性法规的制定权限和程序发布的规范性文件。遵循与上位规范不抵触原则和“需要”原则，可以根据本行政区域的具体情况和实际需要制定地方性法规
民族自治条例和单行条例	民族自治地方的人大按照制定权限和程序发布的规范性文件。自治条例和单行条例的效力范围仅限于民族自治地方的行政区域以内

续表

行政规章	部门规章	是由国务院部门和具有行政管理职能的直属机构按照规章制定权限和制定程序发布的规范性文件。效力等级低于法律和行政法规，地域效力可及于全国
	地方政府规章	是省、自治区、直辖市和设区的市、自治州的人民政府，根据地方政府规章的制定权限和制定程序发布的规范性文件。效力等级低于法律、行政法规和地方性法规，地域效力限于本行政区域
国际条约和协定	我国参加的国际条约和协定是否可以作为国内行政法的渊源需要依据条约或协定的实际内容而定	
法律解释	由法定机关根据法定程序对法律作出的解释。法律解释有相应的法律效力，是行政法的法律渊源之一	

法律位阶关系

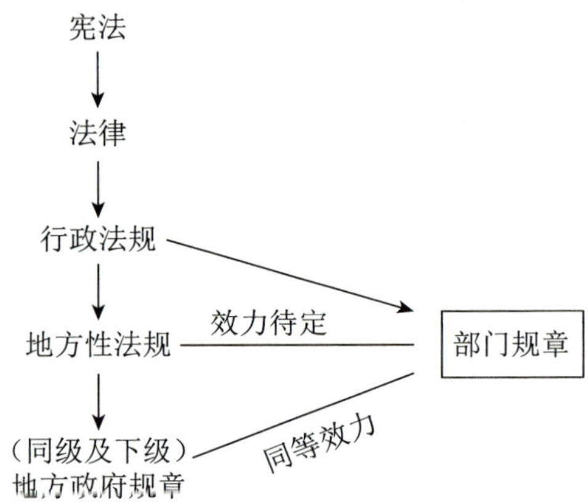

注：箭头表示“高于”。

二、法律冲突的解决

（一）位阶关系

宪法具有最高的法律效力，法律、行政法规、规章都不得同宪法相抵触。法律的效力高于行政法规、规章。行政法规的效力高于地方性法规、规章。地方性法规的效力高于本级和下级地方政府规章。省、自治区的人民政府制定的规章的效力高于本行政区域内的设区的市的人民政府制定的规章。部门规章之间、部门规章与地方政府规章之间具有同等效力，在各自的权限范围内施行。

（二）特殊规则

同一机关制定的行政法规、规章，特别规定与一般规定不一致的，适用特别规定；新的规定与旧的规定不一致的，适用新的规定。即特殊法优于一般法、新法优于旧法。行政法规之间对同一事项的新的一般规定与旧的特别规定不一致，不能确定如何适用时，由国务院裁决。

（三）地方性法规和规章的裁决

地方性法规、规章之间不一致时，由有关机关依照下列规定的权限作出裁决：（1）部门规章之间、部门规章与地方政府规章之间对同一事项的规定不一致时，由国务院裁决。（2）地方性法规与部门规章之间对同一事项的规定不一致，不能确定如何适用时，由国务院提出意见。国务院认为应当适用地方性法规的，应当决定在该地方适用地方性法规的规定；认为应当适用部门规章的，应当提请全国人民代表大会常务委员会裁决。

【考点点拨】

规章都是国务院的“孩子”，部门规章之间、部门规章与地方政府规章之间具有同等效力，比如发改委的部门规章和北京市地方政府规章之间具有同等效力。那如果打架了怎么办呢？适用“家长裁决法”，即由国务院直接裁决适用谁。还有个难点是国务院部门规章和地方性法规之间的效力怎么判断呢？《立法法》没做规定，原因是两家的“孩子”，不好比较。那如果打架了怎么办呢？仍然适用“家长裁决法”，但这个时候，需要看国务院的态度，如果国务院说地方性法规对，不偏向自己的孩子，就直接适用地方性法规；如果国务院说部门规章对，则可能偏向自己孩子了，那两家的纠纷，不能一家家长就说了算，所以这时就需要全国人大常委会裁决。

【主观实训】

《森林法》及行政法规《森林法实施条例》涉及运输证的规定如下：除国家统一调拨的木材外，从林区运出木材，必须持有运输证，否则由林业部门给予没收、罚款等处罚。

A 省地方性法规《林业行政处罚条例》规定对规定林产品无运输证的，予以没收。该省林业厅制定的《林产品目录》同时规定松香为林产品，应当办理运输证。(2009 年卷四主观题)

解题思路分析：《森林法》及《森林法实施条例》均未将木材以外的林产品的无证运输行为纳入行政处罚的范围，也未规定对无证运输其他林产品的行为给予没收处罚。A 省地方性法规《林业行政处罚条例》的有关规定，扩大了《森林法》及其实施条例关于应受行政处罚行为以及没收行为的范围，不符合上位法。根据行政诉讼法律适用规则，法院应当适用《森林法》及《森林法实施条例》。

第三节　行政法的基本原则

行政法基本原则用于指导行政法的制定、修改和废止，指导行政法的统一适用和解释，弥补法制漏洞，主要来源有国家立法性和政策性文件的规定和行政法学理论的阐述。行政法的基本原则可以概括为：合法行政原则、合理行政原则、程序正当原则、高效便民原则、诚实守信原则和权责统一原则。

一、合法行政原则

合法行政是行政法的首要原则，其他原则可以理解为这一原则的延伸。实行合法行政原则是行政活动区别于民事活动的主要标志。

合法行政原则的根据是行政机关在政治制度上对立法机关的从属性。合法行政原则是我国根本政治制度人民代表大会制度在国家行政制度上的体现和延伸。人民代表大会制度确定了国家行政机关对人民代表大会的从属性。《宪法》第 2 条第 1 款、第 2 款和第 3 条第 3 款规定：“中华人民共和国的一切权力属于人民。人民行使国家权力的机关是全国人民代表大会和地方各级人民代表大会。”“国家行政机关、监察机关、审判机关、检察机关都由人民代表大会产生，对它负责，受它监督。”这样就从根本法上解决了国家行政权力来源的合法性问题。

我国合法行政原则包括法律优先和法律保留。

法律优先	①行政机关的任何规定和决定都不得与法律相抵触，行政机关不得作出不符合现行法律的规定和决定 ②行政机关有义务积极执行和实施现行有效法律规定的行政义务。行政机关不积极履行法定作为义务，将构成不作为违法
法律保留	①行政机关采取行政措施必须有立法性规定的明确授权 ②没有立法性规定的授权，行政机关不得采取影响公民、法人和其他组织权利义务的行政措施

【考点点拨】

“法律优先”指的是“已有的，要遵守”；“法律保留”指的是“没有的，不能做”。比如国务院要求各个部门梳理“权力清单”，列举各自的职权范围，就是说在职权范围内的，都要遵照去做，不属于职权范围的，不能因为便于执法就随意开罚单。法律保留强调“法无明文授权即禁止”，这和民法上的“法无禁止即自由”形成了鲜明的对比，这说明了什么？行政法上，要控制公权力；民法上，要保护私权利。学习行政法，始终有此意识，怎么去控制公权力？很多法条自然就理解了。

二、合理行政原则

合理行政原则的主要含义是行政决定应当具有理性，属于实质行政法治的范畴，尤其适用于裁量性行政活动。行政机关采取的措施和手段应当必要、适当。行政机关实施行政管理可以采用多种方式实现行政目的的，应当避免采用损害当事人权益的方式。

合理行政原则包括公平公正原则、考虑相关因素原则、比例原则。

公平公正原则	要平等对待行政管理相对人，不偏私、不歧视
考虑相关因素原则	作出行政决定和进行行政裁量，只能考虑符合立法授权目的的各种因素，不得考虑不相关因素
比例原则	①合目的性。指行政机关行使裁量权所采取的具体措施必须符合法律目的； ②适当性。指行政机关所选择的具体措施和手段应当为法律所必需，结果与措施和手段之间存在着正当性； ③损害最小。指在行政机关在可以采用多种方式实现某一行政目的的情况下，应当采用对当事人权益损害最小的方式

比例原则具体来说有三方面的要求：第一，合目的性。是指行政机关行使裁量权所采取的具体措施必须符合法律目的。为满足这一要求，就需要行政机关在作出决定前准确理解和正确确定法律所要达到的目的。在多数情况下，法律会对其立法目的作出明确规定，但有时法律规定的目的可能比较含混，这些情况下就需要行政机关根据立法背景、法律的整体精神、条文间的关系、规定含义等因素作出综合判断。第二，适当性。是指行政机关所选择的具体措施和手段应当为法律所必需，结果与措施和手段之间存在着正当性。为达到这一要求，就需要行政机关根据具体情况，判断拟采取的措施对达到结果是否有利和必要。第三，损害最小。是指在行政机关在可以采用多种方式实现某一行政目的的情况下，应当采用对当事人权益损害最小的方式。即行政机关能用轻微的方式实现行政目的，就不能选择使用手段更激烈的方式。

【考点点拨】

对于比例原则，直白的表述就是“杀鸡焉用牛刀”，比如《行政强制法》规定，行政强制的设定和实施，应当适当。采用非强制手段可以达到行政管理目的的，不得设定和实施行政强制。这就是比例原则在行政强制法中的体现。

【真题实战】

1. 关于合理行政原则，下列哪一选项是正确的？〔1〕（2008/46/单）

A. 遵循合理行政原则是行政活动区别于民事活动的主要标志

B. 合理行政原则属实质行政法治范畴

C. 合理行政原则是一项独立的原则，与合法行政原则无关

D. 行政机关发布的信息应准确是合理行政原则的要求之一

2. 《行政强制法》规定，采用非强制手段可以达到行政管理目的的，不得设定和实施行政强制。这体现了哪项行政法基本原则？〔2〕（2022/模拟/单）

A. 比例原则　　B. 信赖利益保护原则

C. 考虑相关因素原则　　D. 公众参与原则

三、程序正当原则

程序正当原则包括行政公开、公众参与、回避。

行政公开	除涉及国家秘密和依法受到保护的商业秘密、个人隐私的外，行政机关实施行政管理应当公开
公众参与	行政机关作出重要规定或者决定，应当听取公民、法人和其他组织的意见
回避原则	行政机关工作人员履行职责，与行政管理相对人存在利害关系时，应当回避

【考点点拨】

以上是程序正当原则的理论表述。在各个法律中，也体现着程序正当原则。比如《行政处罚法》对处罚的简易程序、听证程序等都进行了具体规定，这些对程序的法律规定，也体现了程序正当原则。

【真题实战】

程序正当是行政法的基本原则。下列哪些选项是程序正当要求的体现？〔3〕（2012/77/多）

A. 实施行政管理活动，注意听取公民、法人或其他组织的意见

B. 对因违法行政给当事人造成的损失主动进行赔偿

C. 严格在法律授权的范围内实施行政管理活动

D. 行政执法中要求与其管理事项有利害关系的公务员回避

四、高效便民原则

高效便民原则包括行政效率、便利当事人。

<table>
<tr><td rowspan="2">高效便民</td><td>高效</td><td>行政效率原则。积极履行法定职责，遵守法定时限</td></tr>
<tr><td>便民</td><td>便利当事人原则。在行政活动中不增加当事人程序负担</td></tr>
</table>

---

〔1〕 答案 B【解析】A 错在应该把合理行政改为合法行政。C 错在合理是以合法为基础，并非无关。D 错在应该把合理行政改为诚实守信。因此 B 正确。

〔2〕 答案 A【解析】比例原则的内涵包括行政机关在可以采用多种方式实现某一行政目的时，应当采用对当事人权益损害最小的方式。因此 A 正确。

〔3〕 答案 AD【解析】B 反映了权责统一原则。选项 C 反映了合法行政原则。因此 AD 正确。

【考点点拨】

《行政许可法》规定，行政许可需要行政机关内设的多个机构办理的，该行政机关应当确定一个机构统一受理行政许可申请，统一送达行政许可决定。行政许可依法由地方人民政府两个以上部门分别实施的，本级人民政府可以确定一个部门受理行政许可申请并转告有关部门分别提出意见后统一办理，或者组织有关部门联合办理、集中办理。这一规定就体现了高效便民原则。

【真题实战】

执法为民是社会主义法治的本质要求，行政机关和公务员在行政执法中应当自觉践行。下列哪些做法直接体现了执法为民理念?[1]（2012/76/多）

A. 行政机关将行政许可申请书格式文本的费用由 2 元降为 1 元

B. 行政机关安排工作人员主动为前来办事的人员提供咨询

C. 工商局要求所属机构提高办事效率，将原 20 工作日办结事项减至 15 工作日办结

D. 某区设立办事大厅，要求相关执法部门进驻并设立办事窗口

五、诚实守信原则

诚实守信原则包括行政信息真实、保护公民信赖利益。

诚实守信	行政信息真实	行政机关公布的信息内容应当全面、准确、真实，且应对信息的真实性承担法律责任
	保护信赖利益	①非因法定事由并经法定程序，行政机关不得撤销、变更已经生效的行政决定 ②因国家利益、公共利益或其他法定事由需要撤回或变更行政决定的，应当依照法定权限和程序进行，并对行政管理相对人因此而受到的财产损失依法予以补偿

【考点点拨】

《行政许可法》规定，公民、法人或者其他组织依法取得的行政许可受法律保护，行政机关不得擅自改变已经生效的行政许可。行政许可所依据的法律、法规、规章修改或者废止，或者准予行政许可所依据的客观情况发生重大变化的，为了公共利益的需要，行政机关可以依法变更或者撤回已经生效的行政许可。由此给公民、法人或者其他组织造成财产损失的，行政机关应当依法给予补偿。这就是诚实守信原则中保护信赖利益在行政许可法中的体现。

【真题实战】

某县政府发布通知，对直接介绍外地企业到本县投资的单位和个人按照投资项目实际到位资金金额的千分之一奖励。经张某引荐，某外地企业到该县投资 500 万元，但县政府拒绝支付奖励金。县政府的行为不违反下列哪些原则或要求?[2]（2013/78/多）

A. 比例原则　　B. 行政公开　　C. 程序正当　　D. 权责一致

---

〔1〕 答案 BCD【解析】自觉践行执法为民理念，要求坚持以人为本；要求着眼于保障和改善民生；要求倡导和注重理性文明执法；也要求切实做到便民利民。《行政许可法》第 58 条第 2 款规定："行政机关提供行政许可申请书格式文本，不得收费。"选项 A 错误。

〔2〕 答案 ABCD【解析】行政机关向社会发布的信息应当全面、准确、真实，且要对其真实性承担法律责任，保护公民对该信息的信赖利益。本案中，县政府发布信息后不履行，属于对公民信赖利益的侵犯。因此，违反的是诚实守信原则，而不是其他原则。

【主观实训】

为了保护水源地，甲县政府2018年10月10日作出《关于同意关停集中式饮用水源一、二类保护区排污的批复》，决定将某企业经营场所划入二类保护区范围内，县政府决定关停该企业，由甲县环境保护局负责实施其排污关停工作，但对后续工作未作出安排。2019年5月，县生态环境局彻底关停排污口，该企业正式停产。

2020年7月20日，企业向甲县政府提出申请：因为排污点关闭，企业无法继续生产，请求政府按企业整体征收发放一次性补偿金，并且免收关停期间的税费和土地使用费。县政府未予以回复。（2021年全国卷主观题考生回忆版）

第5问：如何评价企业的补偿请求和内容？

答：应当支持。《行政许可法》规定，行政许可所依据的法律、法规、规章修改或者废止，或者准予行政许可所依据的客观情况发生重大变化的，为了公共利益的需要，行政机关可以依法变更或者撤回已经生效的行政许可。由此给公民、法人或者其他组织造成财产损失的，行政机关应当依法给予补偿。本案中，基于信赖利益，对于企业的关停应予补偿。

六、权责统一原则

权责统一原则包括行政效能、行政责任两个原则。这一原则的基本要求是行政权力和法律责任的统一，即执法有保障、有权必有责、用权受监督、违法受追究、侵权须赔偿。

权责统一	行政效能	行政机关依法履行经济、社会和文化事务管理职责，要由法律、法规赋予其相应的执法手段，保证政令有效
	行政责任	行政机关违法或者不当行使职权，应当依法承担法律责任

【真题实战】

权责一致是行政法的基本要求。下列哪些选项符合权责一致的要求？[1]（2013/77/多）

A. 行政机关有权力必有责任

B. 行政机关作出决定时不得考虑不相关因素

C. 行政机关行使权力应当依法接受监督

D. 行政机关依法履行职责，法律、法规应赋予其相应的执法手段

【主观实训】

2017年6月13日，李克强总理在全国深化简政放权放管结合优化服务改革电视电话会议上的讲话强调，我们推动的“放管服”改革、转变政府职能是一个系统的整体，首先要在“放”上下更大功夫，进一步做好简政放权的“减法”，又要在创新政府管理上破难题，善于做加强监管的“加法”和优化服务的“乘法”。如果说做好简化行政审批、减税降费等“减法”是革自己的命，是壮士断腕，那么做好强监管“加法”和优服务“乘法”，也是啃政府职能转变的“硬骨头”。放宽市场准入，可以促进公平竞争、防止垄断，也能为更好的“管”和更优的“服”创造条件。

问题：谈谈深化简政放权放管结合优质服务改革，对推进政府职能转变，建设法治政府的意义。请基于案情，结合材料二、材料三和相关法律作答。要求：观点明确，说理充分，文字通畅，字数不少于400字。（2017年主观题第2问）

【参考答案】材料中《盐业体制改革方案》指出要推进盐业体制改革，实现盐业资源有效

〔1〕 答案ACD【解析】B是合理行政原则的基本要求，不是权责统一原则的要求，错误。

配置，进一步释放市场活力，取消食盐产销区域限制；李克强总理强调，要深化简政放权，推进“放管服”改革。深化简政放权放管结合优质服务改革，对推进政府职能转变，建设法治政府有如下意义：

第一，体现合法行政原则。我国合法行政原则在结构上包括对现行法律的遵守和依照法律授权活动两个方面：其一，行政机关必须遵守现行有效的法律。行政机关实施行政管理，应当依照法律、法规、规章的规定进行，禁止行政机关违反现行有效的立法性规定。其二，行政机关应当依照法律授权活动。这一方面的基本要求是：没有法律、法规、规章的规定，行政机关不得作出影响公民、法人和其他组织合法权益或者增加公民、法人和其他组织义务的决定。

第二，体现高效便民原则。其分为两个方面：其一，行政效率原则；其二，便利当事人原则。深化行政体制改革、转变政府职能，不仅要取消和下放权力，还要改善和加强政府管理，提高政府效能，增强依法全面履职能力，使市场和社会既充满活力又规范有序，促进经济持续健康发展和社会公平正义。

第三，体现权责统一原则。其分为两个方面：其一，行政效能原则。行政机关依法履行经济、社会和文化事务管理职责，要由法律、法规赋予其相应的执法手段，保证政令有效。其二，行政责任原则。行政机关违法或者不当行使职权，应当依法承担法律责任。当前，简政放权改革已进入到深水区和攻坚期，更需要强调法治、依靠法治，在法治的轨道上把简政放权改革推向深处。

综上所述，深化简政放权、放管结合、优化服务，继续推进行政体制改革、转职能、提效能，事关经济发展、社会进步、人民福祉，有利于实现全面深化改革和全面依法治国的深度融合。

第二章　行政组织与公务员

【复习提要】

本章的学习中，同学们大都感到第一节设置与编制较难理解，也不好记忆。因为对于国家机关，同学们往往不太熟悉，对设置与编制这样的行为没有一个直观的认识，因此存在学习上的难点。但此处分值较少，同学们在第一次学习本章时跟好老师认真学习，课下就这一部分无需反复记忆，对的，你没有看错，就是无需反复记忆！因为这部分知识，老师考前会领你再背，那时记忆效果会更好。这个地方也不存在什么理解和应用的问题，因为只考法条原文。

而对于第二节行政主体，则需要高度重视，行政主体是考试的重点内容。每年在主客观题中，都有大量的题目考查行政主体的关联考点，包括被申请人、被告、行政赔偿义务机关等。在此处学习时先打下一个基础，后续这个知识点会通过复议法、诉讼法、国赔法的学习进一步深入展开。

第三节公务员法，相对较好理解，也是出法条题，是属于较好拿分的部分，该讲包括公务员的录用、履职、处分、退出、救济，都是公务员法的重点内容。

第一节　行政组织的设置与编制

一、行政组织法

国家组织可划分为国家行政组织和其他国家组织。

行政组织	行政组织是指以实现国家行政职能为目的，以行政职能为基本构成单位的组织。以行政职位为基本构成单位，可以组成不同规模、不同功能和不同形式的各种行政组织。行政组织的典型和主要形态是国家行政机关
行政组织法	行政组织法是规范行政组织的法，是行政法的基本制度，是关于行政组织的职能和设置权、编制权、公务员录用权和管理权的法律制度。简要而言，规范第一类事务的法是行政机关组织法，规范第二类事务的法是行政机关编制法，规范第三类事务的法是国家公务员法。行政组织法就是这三类组织法律规范的总称

行政法的内容包含了三大体系：行政组织法、行政行为法和行政监督法。行政行为法是用于调整行政组织行政职权行为的法律规范，如行政许可法、行政处罚法等，涵盖行政机关实施抽象与具体各类行政行为；行政监督法则是对行政权予以监督、对行政权违法或不当予以纠正的法律规范，并向受到侵权的公民、法人和其他组织提供救济的法律规范的总称，例如行政复议法、行政诉讼法、国家赔偿法等。

二、国务院行政机构的设置与编制

行政机关是由国家依法设立、行使国家行政职权，负责国家行政事务的国家机构。按照不同的标准，可以将行政机关划分为不同种类。

中央行政机关和地方行政机关	它反映以行政区划为基础的国家行政整体与部分的关系
一般行政机关和专门行政机关	一般行政机关是指与人民代表大会相对应的一级人民政府，如国务院和地方各级人民政府；专门行政机关则是指一级人民政府的职能部门，如国务院的各部委，地方政府的厅、局
正式行政机关、派出机关与派出机构	正式行政机关是由人民代表大会设立并独立行使职权的行政机关；派出机关与派出机构是正式行政机关的派出机关和机构，行使设立机关和相关立法赋予的职权

中央行政机关，是国务院和国务院所属各工作部门的总称。国务院即中央人民政府，是最高国家权力机关的执行机关，是最高国家行政机关。国务院统一领导各部和各委员会的工作，领导其他全国性的行政工作，统一领导全国地方各级国家行政机关的工作。国务院的组织由法律规定。

国务院行政机构，根据职能分为国务院办公厅、国务院组成部门、国务院直属机构、国务院办事机构、国务院组成部门管理的国家行政机构和国务院议事协调机构。

（一）国务院机构的构成

行政机关	**组成部门**	外交部、国防部、发改委、教育部、科技部、工信部、民委、公安部、国安部、民政部、司法部、财政部、人社部、自然资源部、生态环境部、住建部、交通运输部、水利部、农业农村部、商务部、文化和旅游部、卫健委、退役军人事务部、应急管理部、中国人民银行、审计署	依法分别履行国务院基本的行政管理职能。国务院组成部门包括各部、各委员会、中国人民银行和审计署
	直属机构	海关总署、税务总局、市场监管总局、金融监管总局、证监会、广电总局、体育总局、信访局、统计局、知识产权局、国际发展合作署、医疗保障局、参事室、国管局	主管国务院的某项专门业务，具有独立的行政管理职能
	直属特设机构	国有资产监督管理委员会	代表国家进行国有资产的管理工作
	部委管理的国家局	粮食和物资储备局、能源局、数据局、国防科工局、烟草局、移民局、林业和草原局、铁路局、民航局、邮政局、文物局、中医药局、疾病预控局、矿山安监局、消防救援局、外汇局、药监局	部委管理的国家局由国务院组成部门管理，主管特定业务，行使行政管理职能
内部机构	**办公机构**	国务院办公厅	协助国务院领导处理国务院日常工作
	办事机构	国务院研究室	协助国务院总理办理专门事项，不具有独立的行政管理职能
	议事协调机构	学位委员会、防汛抗旱总指挥部、减灾委员会、禁毒委员会等	承担跨国务院行政机构的重要业务工作的组织协调任务。在特殊或者紧急的情况下，经国务院同意，国务院议事协调机构可以规定临时性的行政管理措施

续表

直属事业单位	新华社、中科院、社科院、工程院、发展研究中心、广电总台、气象局	经法律法规授权，可以行使一定的行政职能

（二）国务院机构的设立、撤销或者合并的程序

机构类别	设置程序
国务院组成部门	由国务院机构编制管理机关提出方案，经国务院常务会议讨论通过后，由国务院总理提请全国人民代表大会决定，在全国人民代表大会闭会期间，提请全国人民代表大会常务委员会决定
国务院直属机构	由国务院机构编制管理机关提出方案，报国务院决定
国务院办事机构	
国务院组成部门管理的国家行政机构	
国务院议事协调机构	
国务院行政机构的司级内设机构	经国务院机构编制管理机关审核方案，报国务院批准
国务院行政机构的处级内设机构	由国务院行政机构决定，报国务院机构编制管理机关备案

【考点点拨】

“一高”是组成部门，找全国人大或常委会决定；“两低”是两个内设机构，即司级内设机构和处级内设机构。排除掉“一高”“两低”，其余中间的，都报国务院决定。

1. 国务院组成部门

国务院组成部门，是国务院领导下主管特定国家行政事务的行政机构，依法分别履行国务院的基本行政管理职能。它包括各部、各委员会、中国人民银行和国家审计署。国务院组成部门的设立、撤销或者合并，由国务院机构编制管理机关提出方案，经国务院常务会议讨论通过后，由国务院总理提请全国人民代表大会决定。在全国人民代表大会闭会期间，提请全国人民代表大会常务委员会决定。国务院组成部门实行部长、主任和审计长、行长负责制。国务院组成部门工作中的方针、政策、计划和重大行政措施，应向国务院请示报告，由国务院决定。根据法律和国务院的决定，国务院组成部门可以在本部门的权限内发布命令、指示和规章。

2. 国务院直属机构

国务院直属机构，是国务院主管某项专门业务的行政机构，具有独立的行政管理职能。该类机构的设立、撤销和合并，根据工作需要和精简的原则，由国务院决定。

3. 国务院办事机构

国务院办事机构，是协助国务院总理办理专门事项的行政机构，不具有独立的行政管理职能。它的设立、撤销和合并由国务院机构编制管理部门提出方案，报国务院决定。

4. 部委管理的国家局

部委管理的国家局，是由国务院组成部门管理，主管特定业务，行使行政管理职能的行政机构。它的设立、撤销和合并，由国务院机构编制管理部门提出方案，报国务院决定。

5. 国务院议事协调机构

国务院议事协调机构，是承担国务院行政机构重要业务工作的组织协调任务的行政机构。它的设立、撤销和合并由国务院机构编制管理部门提出方案，报国务院决定。国务院议事协调机构议定的事项，经过国务院同意，由有关的行政机构按照各自的职责负责办理。在特殊或者紧急的情况下，经过国务院同意，国务院议事协调机构可以规定临时性的行政管理措施。设立国务院议事协调机构，应当严格控制；可以交由现有机构承担职能的或者由现有机构进行协调可以解决问题的，不另设立议事协调机构。设立国务院议事协调机构，应当明确规定承担办事职能的具体工作部门；为处理一定时期内某项特定工作设立的议事协调机构，应当明确规定其撤销的条件或者撤销的期限。

上述国务院行政机构设立后，需要对职能进行调整的，由国务院机构编制管理部门提出方案，报国务院决定。

6. 国务院行政机构的内设机构

国务院办公厅、国务院组成部门、国务院直属机构、国务院办事机构在职能分解的基础上设立司、处两级内设机构；部委管理的国家局根据工作需要可以设立司、处两级内设机构，也可以只设立处级内设机构。

国务院行政机构的司级内设机构的增设、撤销或者合并，经国务院机构编制管理机关审核方案，报国务院批准。增设国务院行政机构的司级内设机构的方案，应当包括下列事项：（1）增设机构的必要性；（2）增设机构的名称和职能；（3）与业务相近的司级内设机构职能的划分。国务院行政管理机构的处级内设机构的设立、撤销或者合并，由国务院行政机构根据国家有关规定决定，按年度报国务院机构编制管理机关备案。

【真题实战】

1. 国务院某部拟合并处级内设机构。关于机构合并，下列哪一说法是正确的？[1]（2010/40/单）

A. 该部决定，报国务院机构编制管理机关备案

B. 该部提出方案，报国务院机构编制管理机关批准

C. 国务院机构编制管理机关决定，报国务院备案

D. 国务院机构编制管理机关提出方案，报国务院决定

2. 中国证券监督管理委员会为国务院直属机构。关于中国证券监督管理委员会，下列哪个选项是正确的？[2]（2024/模拟/单）

A. 中国证券监督管理委员会设立司级内设部门，由经国务院机构编制管理机关审核方案，报国务院批准

B. 中国证券监督管理委员会无权制定规章

C. 中国证券监督管理委员会主管特定业务，行使行政管理职能

D. 中国证券监督管理委员会可以根据工作需要只设立处级内设部门

（三）国务院机构的编制

国务院行政机构的编制依据职能配置和职位分类，按照精简的原则确定编制，包括人员的数量定额和领导职数。

---

〔1〕 答案 A【解析】《国务院行政机构设置和编制管理条例》第 14 条第 2 款规定：“国务院行政机构的处级内设机构的设立、撤销或者合并，由国务院行政机构根据国家有关规定决定，按年度报国务院机构编制管理机关备案。”选项 A 正确。

〔2〕 答案 A【解析】直属机构有权制定规章，B 项错误。国务院直属机构主管国务院的某项专门业务，而非特定业务，C 项错误。直属机构需要设立司、处两级内设机构，D 项错误。选项 A 正确。

编制定义	人员的数量定额；领导职数
编制方案内容	①机构人员定额和人员结构比例；②机构领导职数和司级内设机构领导职数
编制变更程序	由国务院机构编制管理机关审核方案，报国务院批准
编制确定时间	在国务院行政机构设立时确定

国务院议事协调机构不单独确定编制，所需要的编制由承担具体工作的国务院行政机构解决。国务院行政机构不得干预地方各级人民政府的行政机构设置和编制管理工作，不得要求地方各级人民政府设立与其业务对口的行政机构。

【真题实战】

下列哪些事项属于国务院行政机构编制管理的内容？[1]（2009/83/多）

A. 机构的名称　　B. 机构的职能

C. 机构人员的数量定额　　D. 机构的领导职数

三、地方政府机构的设置与编制

地方国家行政机关，是指在一定行政区域内由该行政区人民代表机关产生的人民政府及其工作部门。地方国家行政机关的性质是：第一，地方国家行政机关组织上的双重性。一方面，它是地方各级人民代表大会的执行机关，由地方各级人民代表机关产生，向其负责并报告工作；另一方面，它又是国务院统一领导下的国家行政机关，服从国务院，向上一级国家行政机关负责并报告工作。第二，地方国家行政机关活动内容的执行性。地方国家行政机关需要实施国家法律、行政法规和国务院决定、命令。

（一）地方行政机关的设置

地方行政机关的设立、撤销、合并或者变更规格、名称须遵循严格的法律规定，具体来说：

机构类别	设置程序
地方各级人民政府行政机构	由本级人民政府提出方案，经上一级人民政府机构编制管理机关审核后，报上一级人民政府批准
地方各级行政机构的内设机构	由该行政机构报本级人民政府机构编制管理机关审批

县级以上各级人民政府机构编制管理机关应当按照管理权限履行管理职责，并对下级机构编制工作进行业务指导和监督。县级以上各级人民政府应当建立机构编制、人员工资与财政预算相互制约的机制，在设置机构、核定编制时，应当充分考虑财政的供养能力。

1. 地方行政机关的设置程序

地方各级人民政府行政机构的设立、撤销、合并或者变更规格、名称，由本级人民政府提出方案，经上一级人民政府机构编制管理机关审核后，报上一级人民政府批准；其中，县级以上地方各级人民政府行政机构的设立、撤销或者合并，还应当依法报本级人民代表大会常务委员会备案。

地方各级人民政府行政机构根据工作需要和精干的原则，设立必要的内设机构。县级以上

[1] 答案 CD【解析】《国务院行政机构设置和编制管理条例》第 18 条第 2 款规定：“国务院行政机构的编制方案，应当包括下列事项：（一）机构人员定额和人员结构比例；（二）机构领导职数和司级内设机构领导职数。”选项 CD 正确。

地方各级人民政府行政机构的内设机构的设立、撤销、合并或者变更规格、名称，由该行政机构报本级人民政府机构编制管理机关审批。

【真题实战】

一个设区市政府的自然资源局和规划局合并成立自然资源和规划局应该由下列哪个行政机关批准？[1]（2019/模拟/单）

A. 市政府　　B. 省政府

C. 国务院　　D. 市人大常委会

2. 职权冲突的解决

地方各级人民政府行政机构职责相同或者相近的，原则上由一个行政机构承担。

行政机构之间对职责划分有异议的，应当主动协商解决。协商一致的，报本级人民政府机构编制管理机关备案；协商不一致的，应当提请本级人民政府机构编制管理机关提出协调意见，由机构编制管理机关报本级人民政府决定。

【真题实战】

甲市某县环保局与水利局对职责划分有异议，双方协商无法达成一致意见。关于异议的处理，下列哪一说法是正确的？[2]（2015/45/单）

A. 提请双方各自上一级主管机关协商确定

B. 提请县政府机构编制管理机关决定

C. 提请县政府机构编制管理机关提出协调意见，并由该机构编制管理机关报县政府决定

D. 提请县政府提出处理方案，经甲市政府机构编制管理机关审核后报甲市政府批准

（二）地方行政机关的编制

地方各级人民政府的行政编制总额，由省、自治区、直辖市人民政府提出，经国务院机构编制管理机关审核后，报国务院批准。

地方各级人民政府根据调整职责的需要，可以在行政编制总额内调整本级人民政府有关部门的行政编制。但是，在同一个行政区域不同层级之间调配使用行政编制的，应当由省、自治区、直辖市人民政府机构编制管理机关报国务院机构编制管理机关审批。

地方的事业单位机构和编制管理办法，由省、自治区、直辖市人民政府机构编制管理机关拟定，报国务院机构编制管理机关审核后，由省、自治区、直辖市人民政府发布。事业编制的全国性标准由国务院机构编制管理机关会同国务院财政部门和其他有关部门制定。

【真题实战】

根据规定，地方的事业单位机构和编制管理办法由省、自治区、直辖市人民政府机构编制管理机关拟定，报国务院机构编制管理机关审核后，由下列哪一机关发布？[3]（2016/43/单）

A. 国务院

B. 省、自治区、直辖市人民政府

C. 国务院机构编制管理机关

D. 省、自治区、直辖市人民政府机构编制管理机关

---

〔1〕答案B【解析】根据《地方各级人民政府机构设置和编制管理条例》第9条规定，地方各级人民政府行政机构的设立、撤销、合并或者变更规格、名称，由本级人民政府提出方案，经上一级人民政府机构编制管理机关审核后，报上一级人民政府批准。

〔2〕答案C【解析】根据《地方各级人民政府机构设置和编制管理条例》第10条规定，甲市某县环保局与水利局的直接上一级人民政府机构是县政府而非甲市政府。

〔3〕答案B【解析】根据《地方各级人民政府机构设置和编制管理条例》第29条规定，应由省级政府发布。

第二节　行政主体

一、行政主体的概念

根据行政诉讼法等立法规定，行政法学提出了行政主体范畴，行政主体是指能够以实施者的独立名义从事行政活动和承担相关法律责任的国家行政机关和社会组织。

行政主体制度的形成原因在于：行政职权和行政复议、行政诉讼需要具体的机关去行使、参与；出于行政效率和编制管理需要，非政府组织可依法成为行政职权的实施者。行政主体包括行政机关和非政府组织，但是它们管理具体行政事务时需要有法律规定作为根据。

行政主体的特征：

职权要素	拥有独立的行政职权。行政职权可以来自于宪法性法律的授权，也可以来自于普通法律、法规或规章的授权
名义要素	以自己的名义对外行使职权。不同的行政机关、机构具有不同的特性，但凡能够以自己的名义独立实施行政管理职能并承受一定法律后果的组织，均具有行政主体地位
归责要素	对外承担独立法律责任即能独立地参加行政复议和行政诉讼，并且能够作为行政赔偿义务机关

【考点点拨】

学好行政主体可以帮助同学们得到三个部分的分值，即被申请人、被告、行政赔偿义务机关。

1. 行政主体：行政复议的被申请人

《行政复议法》第19条第1款规定："公民、法人或者其他组织对行政行为不服申请行政复议的，作出行政行为的行政机关或者法律、法规、规章授权的组织是被申请人。"

2. 行政主体：行政诉讼的被告

《行政诉讼法》第26条第1款规定："公民、法人或者其他组织直接向人民法院提起诉讼的，作出行政行为的行政机关是被告。"

3. 行政主体：行政赔偿义务机关

《国家赔偿法》第7条第1款规定："行政机关及其工作人员行使行政职权侵犯公民、法人和其他组织的合法权益造成损害的，该行政机关为赔偿义务机关。"

二、行政机关

我国的地方行政机关包括地方各级政府、地方政府的工作部门、地方政府的派出机关等。地方国家行政机关包括指省、直辖市、市（设区的和不设区的）、县、市辖区、乡、民族乡、镇的人民政府及其工作部门。

（一）地方各级政府

我国地方各级政府分为四级，包括省级政府（省、自治区、直辖市）、市（主要指设区的市）、县级政府（县、自治县、县级市、市辖区）和乡镇级政府（乡、民族乡、镇）。各级政府都具有行政主体资格。

（二）地方政府的工作部门

地方人民政府中设置工作部门，具体执行特定领域的行政管理工作，如省公安厅、市环保局。工作部门都具有行政主体资格。

（三）地方政府的派出机关

派出机关是由有权地方人民政府在一定行政区域内设立，代表设立机关管理该行政区域内各项行政事务的行政机构。派出机关包括地区行政公署、区公所、街道办事处等。派出机关都具有行政主体资格。

派出机关	设立机关	批准机关
行政公署	省、自治区政府	国务院
区公所	县、自治县政府	省、自治区、直辖市人民政府
街道办事处	市辖区、不设区的市政府	上一级人民政府

派出机关应当与派出机构进行区分。派出机构是由有权地方人民政府的职能部门在一定行政区域内设立，代表该设立机构管理该行政区域内某一方面行政事务的行政机构。派出机构，主要是根据部门行政法的规定设立并赋予行政职权。部门行政法根据有关行政领域的具体情况对派出机构的设置和职权作出规定，例如公安派出所是公安局的派出机构，《治安管理处罚法》第91条授权其行使一定的行政处罚权，包括警告和500元以下的罚款。

【考点点拨】

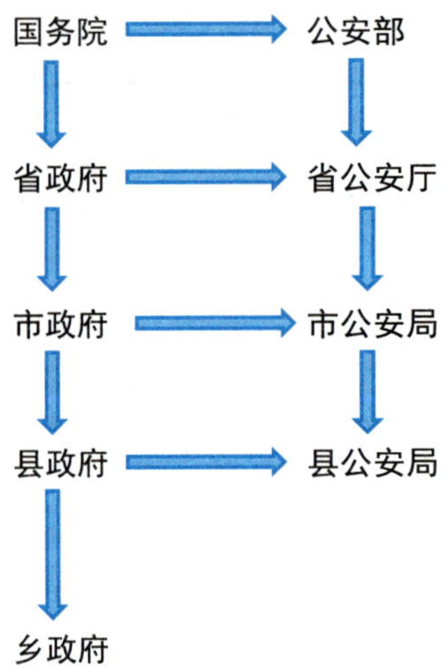

注：箭头的意思是具有上下级关系。

三、法律法规授权组织

由于行政改革和提高行政效率的需要，一些非政府组织被赋予实施行政管理的职权。按照其权力的来源，大致可以分为两类：根据法律、法规规定获得行政管理权限的和根据行政机关的委托获得行政管理权限的，前者被称为法律法规授权组织，后者被称为行政机关委托的组织。

我国行政法上法律法规授权的组织，是指根据法律、法规、规章的规定，可以以自己的名义从事行政管理活动、参加行政复议和行政诉讼并承担相应法律责任的非政府组织。

法律法规授权组织的种类，常见的包括：（1）基层群众性自治组织。基层群众自治性组织是指城市和农村按居民居住的地区设立的居民委员会和村民委员会，可以根据法律法规的授权行使相应的管理职能。如《村民委员会组织法》授权村民委员会办理本村的公共事务和公益事业，调解民间纠纷，协助维持社会治安等。(2) 行业组织和社会团体。行业组织如律协，《律师法》授权律协制定行业规范和惩戒规则，组织律师业务培训等。社会团体如工会，《工会法》授权工会保障职工合法权益，对企事业单位、机关侵犯职工合法权益的问题可以派出代表进行调查。(3) 事业企业组织。如高校，《教育法》授权公立学校及其他公立教育机构招收学生或者其他受教育者，对其进行处分和颁发学业证书。(4) 行政机关的内设机构和派出机构。根据宪法组织法的一般原理，行政机关的内设机构和派出机构不能以自己的名义独立对外作出行政行为和承担法律责任；但是，如果经过法律法规的授权，内设机构和派出机构同样可以成为行政主体，独立履行行政管理职能。

需注意的是，这里所说的法律法规授权，必须是法律、法规、规章明文规定的授权。规范性文件的授权视为委托，不属于真正的授权。

四、受委托组织

行政机关委托的组织，是以委托机关的名义在委托事项范围内从事行政管理活动的非政府组织。这类组织不能以自己的名义实施行政管理和对外承担法律后果。首先，受委托的组织一般来说是社会组织，作为例外也可以是行政机关。其次，受委托的组织仅能根据委托行使一定的行政职能，而不是一般的行政职能。即只能行使行政机关委托其行使的行政职能。最后，受委托组织不具备行政主体资格，需以委托机关为被告；而法律法规授权组织则属于行政主体。

委托是委托机关与受委托组织双方意思表示一致的结果，委托者是行政机关，委托的机关与受委托组织之间实际上是一种公法代理关系，不产生新的行政主体。授权是立法机关给行政机关之外的社会组织行政职权，赋予其一定的行政主体资格，实际上是公务分权的一种形式。

第三节　公务员

公务员，是指依法履行公职、纳入国家行政编制、由国家财政负担工资福利的工作人员。公务员制度是我国选拔任用和管理行政机关工作人员的基本制度。具体而言，主要包括下列人员：中国共产党机关的工作人员、人大机关的工作人员、行政机关的工作人员、政协机关的工作人员、法院的工作人员、检察机关的工作人员和民主党派机关的工作人员。法律、法规授权的具有公共事务管理职能的事业单位中除工勤人员以外的工作人员，经批准参照公务员法进行管理。

法律对公务员中领导成员的产生、任免、监督以及监察官、法官、检察官等的义务、权利和管理另有规定的，从其规定。

一、公务员的录用

中央公务员主管部门负责全国公务员的综合管理工作。县级以上地方各级公务员主管部门负责本辖区内公务员的综合管理工作。上级公务员主管部门指导下级公务员主管部门的公务员管理工作。各级公务员主管部门指导同级各机关的公务员管理工作。

公务员的录用和任用遵循德才兼备的用人标准和公开、平等、竞争和择优的原则。录用公务员的条件，分为机关职位条件和报考资格条件。机关职位条件是指在录用机关的编制限额以内和具有相应职务空缺。这一条件禁止有关机关在编制管理和职位管理以外进行公务员招考活动。报考资格条件分为法定资格条件和机关拟定资格条件。法律规定公民担任国家公职的基本条件，包括具有中华人民共和国国籍；年满 18 周岁；拥护中华人民共和国宪法，拥护中国共产党领导和社会主义制度；具有良好的政治素质和道德品行；具有正常履行职责的身体条件和心理素质；具有符合职位要求的文化程度和工作能力；及法律规定的其他条件。机关拟定资格条件是省级以上公务员主管部门规定根据拟任职位要求规定的资格条件。报考资格条件说明，担任我国国家公职是我国公民特有的法律权利，只有符合法定和机关拟定条件的公民才具有报考和担任国家公职的资格。

（一）录用方式

中央机关及其直属机构公务员的录用，由中央公务员主管部门负责组织。地方各级机关公务员的录用，由省级公务员主管部门负责组织，必要时省级公务员主管部门可以授权设区的市级公务员主管部门组织。

以下五类人不能成为公务员：（1）因犯罪受过刑事处罚的；（2）被开除中国共产党党籍的；（3）被开除公职的；（4）被依法列为失信联合惩戒对象的；（5）有法律规定不得录用为公务员的其他情形。

1. 选任制公务员

选任制公务员在选举结果生效时即任当选职务；任期届满不再连任，或者任期内辞职、被罢免、被撤职的，其所任职务即终止。

2. 委任制公务员

委任制公务员遇有试用期满考核合格、职务、职级发生变化以及其他情形需要任免职务、职级的，应当按照管理权限和规定的程序任免。

3. 聘任制公务员

（1）实行聘任制职位的情形

机关根据工作需要，经省级以上公务员主管部门批准，可以对专业性较强的职位和辅助性职位实行聘任制。涉及国家秘密的职位，不实行聘任制。

（2）招聘方式

机关聘任公务员可以参照公务员考试录用的程序进行公开招聘，也可以从符合条件的人员中直接选聘。机关聘任公务员应当在规定的编制限额和工资经费限额内进行。

（3）聘任合同

机关聘任公务员，应当按照平等自愿、协商一致的原则，签订书面的聘任合同，确定机关与所聘公务员双方的权利、义务。聘任合同经双方协商一致可以变更或者解除。聘任合同的签订、变更或者解除，应当报同级公务员主管部门备案。聘任合同应当具备合同期限，职位及其职责要求，工资、福利、保险待遇，违约责任等条款。聘任合同期限为一年至五年。聘任合同可以约定试用期，试用期为一个月至十二个月。聘任制公务员实行协议工资制，具体办法由中央公务员主管部门规定。机关依据公务员法和聘任合同对所聘公务员进行管理。

【真题实战】

1. 关于聘任制公务员，下列做法正确的是：[1]（2010/98/任）

A. 某县保密局聘任两名负责保密工作的计算机程序员

B. 某县财政局与所聘任的一名精算师实行协议工资制

C. 某市林业局聘任公务员的合同期限为十年

---

〔1〕 答案B【解析】《公务员法》第100条：“机关根据工作需要，经省级以上公务员主管部门批准，可以对专业性较强的职位和辅助性职位实行聘任制。前款所列职位涉及国家秘密的，不实行聘任制。”选项A错误。该法第103条第3款规定：“聘任制公务员实行协议工资制，具体办法由中央公务员主管部门规定。”选项B正确。该法第103条第2款规定，“聘任合同期限为一年至五年。聘任合同可以约定试用期，试用期为一个月至十二个月。”选项C错误。该法第102条第2款规定：“聘任合同的签订、变更或者解除，应当报同级公务员主管部门备案。”选项D错误。

D. 某县公安局聘任网络管理员的合同需经上级公安机关批准

2. 公务员聘任制工资的具体办法由哪个机构规定？[1]（2020/模拟/单）

A. 中央公务员主管部门　　B. 省级人力资源管理部门

C. 省级公务员主管部门　　D. 国务院人力资源管理部门

（4）聘任制的人事争议仲裁制度

聘任制公务员与所在机关之间因履行聘任合同发生争议的，可以自争议发生之日起六十日内申请仲裁。省级以上公务员主管部门根据需要设立人事争议仲裁委员会，受理仲裁申请。人事争议仲裁委员会由公务员主管部门的代表、聘用机关的代表、聘任制公务员的代表以及法律专家组成。

当事人对仲裁裁决不服的，可以自接到仲裁裁决书之日起十五日内向人民法院提起民事诉讼。仲裁裁决生效后，一方当事人不履行的，另一方当事人可以申请人民法院执行。

【真题实战】

孙某为某行政机关的聘任制公务员，双方签订聘任合同。下列哪些说法是正确的？[2]（2013/79/多）

A. 对孙某的聘任须按照公务员考试录用程序进行公开招聘

B. 该机关应按照《公务员法》和聘任合同对孙某进行管理

C. 对孙某的工资可以按照国家规定实行协议工资

D. 如孙某与该机关因履行聘任合同发生争议，可以向人事争议仲裁委员会申请仲裁

（二）录用程序

<table>
<tr><td>录用考试</td><td colspan="3">采取笔试和面试的方式进行</td></tr>
<tr><td>特殊职位</td><td colspan="3">经省级以上公务员主管部门批准，可以简化程序或者采用其他测评办法</td></tr>
<tr><td rowspan="3">试用期</td><td>法定期限</td><td colspan="2">1 年</td></tr>
<tr><td rowspan="2">试用期满</td><td>合格</td><td>予以任职</td></tr>
<tr><td>不合格</td><td>取消录用</td></tr>
</table>

公务员录用考试采取笔试和面试等方式进行，考试内容根据公务员应当具备的基本能力和不同职位类别、不同层级机关分别设置。招录机关根据考试成绩确定考察人选，并进行报考资格复审、考察和体检。体检的项目和标准根据职位要求确定。具体办法由中央公务员主管部门会同国务院卫生健康行政部门规定。

录用特殊职位的公务员，经省级以上公务员主管部门批准，可以简化程序或者采用其他测评办法。

新录用的公务员试用期为一年。试用期满合格的，予以任职；不合格的，取消录用。

---

〔1〕 答案 A【解析】《公务员法》第 103 条第 3 款规定："聘任制公务员实行协议工资制，具体办法由中央公务员主管部门规定。"

〔2〕 答案 BCD【解析】《公务员法》第 101 条第 1 款规定："机关聘任公务员可以参照公务员考试录用的程序进行公开招聘，也可以从符合条件的人员中直接选聘。"选项 A 错误。该法第 104 条规定："机关依据本法和聘任合同对所聘公务员进行管理"，选项 B 正确。该法第 103 条第 3 款："聘任制公务员实行协议工资制，具体办法由中央公务员主管部门规定"，选项 C 正确。根据《公务员法》第 105 条第 1、2 款规定，选项 D 正确。

【真题实战】

关于公务员录用的做法，下列哪一选项是正确的？[1]（2012/43/单）

A. 县公安局经市公安局批准，简化程序录用一名特殊职位的公务员

B. 区财政局录用一名曾被开除过公职但业务和能力优秀的人为公务员

C. 市环保局以新录用的公务员李某试用期满不合格为由，决定取消录用

D. 国务院卫生行政部门规定公务员录用体检项目和标准，报中央公务员主管部门备案

（三）职位、职务、职级与级别

1. 职位

我国公务员职位目前主要有三个类别：综合管理类、专业技术类和行政执法类。根据公务员法，对于具有职位特殊性，需要单独管理的，可以增设其他职位类别。

2. 职务

公务员领导职务根据宪法、有关法律和机构规格设置。领导职务层次分为：国家级正职、国家级副职、省部级正职、省部级副职、厅局级正职、厅局级副职、县处级正职、县处级副职、乡科级正职、乡科级副职。

公务员领导职务实行选任制、委任制和聘任制。公务员晋升领导职务，应当具备拟任职务所要求的政治素质、工作能力、文化程度和任职经历等方面的条件和资格。公务员领导职务应当逐级晋升。特别优秀的或者工作特殊需要的，可以按照规定破格或者越级晋升。厅局级正职以下领导职务出现空缺且本机关没有合适人选的，可以通过适当方式面向社会选拔任职人选。

3. 职级

国家实行公务员职务与职级并行制度，根据公务员职位类别和职责设置公务员领导职务、职级序列。

公务员职级在厅局级以下设置。综合管理类公务员职级序列分为：一级巡视员、二级巡视员、一级调研员、二级调研员、三级调研员、四级调研员、一级主任科员、二级主任科员、三级主任科员、四级主任科员、一级科员、二级科员。

根据工作需要和领导职务与职级的对应关系，公务员担任的领导职务和职级可以互相转任、兼任；符合规定资格条件的，可以晋升领导职务或者职级。

公务员职级实行委任制和聘任制。公务员职级应当逐级晋升，根据个人德才表现、工作实绩和任职资历，参考民主推荐或者民主测评结果确定人选，经公示后，按照管理权限审批。公务员的职务、职级实行能上能下。对不适宜或者不胜任现任职务、职级的，应当进行调整。公务员在年度考核中被确定为不称职的，按照规定程序降低一个职务或者职级层次任职。

4. 级别

公务员的领导职务、职级应当对应相应的级别。公务员领导职务、职级与级别的对应关系，由国家规定。公务员的级别根据所任领导职务、职级及其德才表现、工作实绩和资历确定。公务员在同一领导职务、职级上，可以按照国家规定晋升级别。公务员的领导职务、职级与级别是确定公务员工资以及其他待遇的依据。

职务、职级、级别的对应关系请见下表，考试不考察，是为了让同学们有个直观的认识。

---

〔1〕 答案 C【解析】《公务员法》第 33 条规定：“录用特殊职位的公务员，经省级以上公务员主管部门批准，可以简化程序或者采用其他测评办法。”因此，市公安局无权批准，需要省级以上公务员主管部门批准。选项 A 错误。根据《公务员法》第 26 条规定，被开除公职的不得录用为公务员。选项 B 错误。根据该法第 33 条规定，选项 C 正确。根据该法第 31 条第 2 款规定，公务员录用体检项目和标准，应由中央公务员主管部门会同国务院卫生健康行政部门共同制定。选项 D 错误。

职务	职级	级别
国家级正职	无	1 级
国家级副职		2～4 级
省部级正职		4～8 级
省部级副职		6～10 级
厅局级正职	一级巡视员	8～13 级
厅局级副职	二级巡视员	10～15 级
县处级正职	一级、二级调研员	12～18 级
县处级副职	三级、四级调研员	14～20 级
乡科级正职	一级、二级主任科员	16～22 级
乡科级副职	三级、四级主任科员	17～24 级
无	一级科员	18～26 级
	二级科员	19～27 级

【真题实战】

下列关于公务员的说法哪一个是正确的？（2019/模拟/单）[1]

A. 确定公务员工资的依据是两项，即职务与级别相结合

B. 公务员职级实行选任制、委任制和聘任制

C. 聘任制公务员工资是协议工资

D. 公务员职级在县处级以下设置

二、公务员的履职

（一）交流

我国实行公务员交流制度。公务员可以在公务员和参照公务员法管理的工作人员队伍内部交流，也可以与国有企业和不参照公务员法管理的事业单位中从事公务的人员交流。

交流的方式包括调任和转任。

调任	国有企业、高等院校和科研院所以及其他不参照公务员法管理的事业单位中从事公务的人员，可以调入机关担任领导职务或者四级调研员以上及其他相当层次的职级
转任	公务员在不同职位之间转任

1. 调任

国有企业、高等院校和科研院所以及其他不参照公务员法管理的事业单位中从事公务的人员，可以调入机关担任领导职务或者四级调研员以上及其他相当层次的职级。调任机关应当根据规定，对调任人选进行严格考察，并按照管理权限审批，必要时可以对调任人选进行考试。

---

〔1〕 答案 C【解析】《公务员法》第 21 条第 4 款规定："公务员领导职务实行选任制、委任制和聘任制。公务员职级实行委任制和聘任制。"选项 A 错误。《公务员法》第 40 条第 1 款规定："公务员职级实行委任制和聘任制。"选项 B 错误。《公务员法》第 103 条第 3 款规定："聘任制公务员实行协议工资制，具体办法由中央公务员主管部门规定。"选项 C 正确。《公务员法》第 19 条第 1 款规定："公务员职级在厅局级以下设置。"选项 D 错误。

2. **转任**

公务员在不同职位之间转任应当具备拟任职位所要求的资格条件，在规定的编制限额和职数内进行。对省部级正职以下的领导成员应当有计划、有重点地实行跨地区、跨部门转任。对担任机关内设机构领导职务和其他工作性质特殊的公务员，应当有计划地在本机关内转任。上级机关应当注重从基层机关公开遴选公务员。

【真题实战】

下列哪些做法不属于公务员交流制度?[1]（2009/42/多）

A. 沈某系某高校副校长，调入国务院某部任副司长

B. 刘某系某高校行政人员，被聘为某区法院书记员

C. 吴某系某国有企业经理，调入市国有资产管理委员会任处长

D. 郑某系某部人事司副处长，到某市挂职担任市委组织部副部长

根据工作需要，机关可以采取挂职方式选派公务员承担重大工程、重大项目、重点任务或者其他专项工作。公务员在挂职期间，不改变与原机关的人事关系。注意，根据 2018 年对《公务员法》的修订，挂职锻炼不属于交流制度。

（二）兼职禁止与离职限制

<table>
<tr><td>原则规定</td><td colspan="3">不得从事或者参与营利性活动、在企业或者其他营利性组织中兼任职务</td></tr>
<tr><td>例外情况</td><td colspan="3">因工作需要在机关外兼职，应当经有关机关批准，并不得领取兼职报酬</td></tr>
<tr><td rowspan="2">离职限制</td><td>领导成员、县处级以上领导职务的公务员</td><td>离职3年内</td><td rowspan="2">不得到与原工作业务直接相关的企业或者其他营利性组织任职，不得从事与原工作业务直接相关的营利性活动</td></tr>
<tr><td>其他公务员</td><td>离职2年内</td></tr>
</table>

公务员因工作需要在机关外兼职，应当经有关机关批准，并不得领取兼职报酬。

公务员辞去公职或者退休的，原系领导成员、县处级以上领导职务的公务员在离职三年内，其他公务员在离职两年内，不得到与原工作业务直接相关的企业或者其他营利性组织任职，不得从事与原工作业务直接相关的营利性活动。公务员辞去公职或者退休后有违反前款规定行为的，由其原所在机关的同级公务员主管部门责令限期改正；逾期不改正的，由县级以上市场监管部门没收该人员从业期间的违法所得，责令接收单位将该人员予以清退，并根据情节轻重，对接收单位处以被处罚人员违法所得一倍以上五倍以下的罚款。

【真题实战】

财政局干部李某在机关外兼职。关于李某兼职，下列哪些说法是正确的?[2]（2016/76/多）

A. 为发挥个人专长可在外兼职

B. 兼职应经有关机关批准

C. 不得领取兼职报酬

D. 兼职情况应向社会公示

（三）回避

回避是为保证公正履行公务，限制公务员任职和执行公务条件的制度。回避分为任职回避、地域回避和公务回避，《公务员法》第 74～76 条分别规定了应当实行回避的情形。公务员

---

〔1〕 答案 BD【解析】《公务员法》第 69 条规定，国家实行公务员交流制度。公务员可以在公务员和参照本法管理的工作人员队伍内部交流，也可以与国有企业和不参照本法管理的事业单位中从事公务的人员交流。交流的方式包括调任、转任。选项 AC 属于交流制度中的调任，选项 B 不属于交流制度，属于公务员的聘任制。选项 D 属于挂职锻炼，也不属于交流制度。因此，BD 符合题意。

〔2〕 答案 BC【解析】《公务员法》第 44 条规定："公务员因工作需要在机关外兼职，应当经有关机关批准，并不得领取兼职报酬。"公务员原则上不得兼职，选项 A 错误。法律未规定需要公示兼职情况，选项 D 错误。

有应当回避情形的，本人应当申请回避，利害关系人有权申请公务员回避。其他人员可以向行政机关提供公务员需要回避的情况。行政机关根据公务员本人或者利害关系人的申请，经审查后作出是否回避的决定，也可以不经申请直接作出回避决定。

种类	禁止事项
任职回避	公务员之间有夫妻关系、直系血亲关系、三代以内旁系血亲关系以及近姻亲关系的 ①不得在同一机关担任双方直接隶属于同一领导人员的职位工作 ②不得在有直接上下级领导关系的职位工作 ③不得在其中一方担任领导职务的机关从事组织、人事、纪检、监察、审计和财务工作 公务员不得在其配偶、子女及其配偶经营的企业、营利性组织的行业监管或者主管部门担任领导
地域回避	担任乡级机关、县级机关、设区的市级机关及其有关部门主要领导职务的，应当实行地域回避
公务回避	①涉及本人利害关系的 ②涉及与本人有亲属关系人员利害关系的 ③其他可能影响公正执行公务的

1. **任职回避**

公务员之间有夫妻关系、直系血亲关系、三代以内旁系血亲关系以及近姻亲关系的，不得在同一机关双方直接隶属于同一领导人员的职位或者有直接上下级领导关系的职位工作，也不得在其中一方担任领导职务的机关从事组织、人事、纪检、监察、审计和财务工作。

公务员不得在其配偶、子女及其配偶经营的企业、营利性组织的行业监管或者主管部门担任领导成员。

因地域或者工作性质特殊，需要变通执行任职回避的，由省级以上公务员主管部门规定。

2. **地域回避**

公务员担任乡级机关、县级机关、设区的市级机关及其有关部门主要领导职务的，应当按照有关规定实行地域回避。

公务员担任县、乡党委、政府正职领导成员的，应当实行地域回避，一般不得在本人成长地担任市（地、盟）级党委、政府正职领导成员。公务员担任县级纪检机关、组织部门、人民法院、人民检察院、公安部门正职领导成员的，应当实行地域回避，一般不得在本人成长地担任市（地、盟）纪检机关、组织部门、人民法院、人民检察院、公安部门正职领导成员。

3. **公务回避**

公务员执行公务时，有下列情形之一的，应当回避：涉及本人利害关系的；涉及与本人有亲属关系人员（夫妻关系、直系血亲关系、三代以内旁系血亲关系以及近姻亲关系）的利害关系的；其他可能影响公正执行公务的。

公务员应当回避的公务活动包括：考试录用、调任、职务升降任免、考核、考察、奖惩、交流、出国审批；监察、审计、仲裁、案件审理；税费稽征、项目资金审批、监管；其他应当回避的公务活动。

【真题实战】

下列哪些情形违反《公务员法》有关回避的规定?[1](2007/85/多)

A. 张某担任家乡所在县的县长

B. 刘某是工商局局长，其侄担任工商局人事处科员

C. 王某是税务局工作人员，参加调查一企业涉嫌偷漏税款案，其妻之弟任该企业的总经理助理

D. 李某是公安局局长，其妻在公安局所属派出所担任户籍警察

（四）权利与义务

公务员的基本权利义务，是公务员普遍和根本的法律义务和权利，是形成公务员与国家之间公职法律关系的基础，是公务员在法律地位上区别于普通公民的主要标志，是国家和社会监督和评价公务员的主要依据。公务员享有法律上规定的权利，并履行相应的义务。

公务员的权利主要包括：

执行公务权	获得履行职责应当具有的工作条件
身份保障权	非因法定事由、非经法定程序，不被免职、降职、辞退或者处分
工资福利权	获得工资报酬，享受福利、保险待遇
参加培训权	参加培训
批评建议权	对机关工作和领导人员提出批评和建议
申诉控告权	对有关处分和处理决定提出申诉，对有关机关和负责人滥用职权和其他违法行为提出控告
辞职申请权	辞职申请权，可以出于个人原因提出不再继续担任公务员
其他权利	法律规定的其他权利

公务员应当履行下列义务：（1）忠于宪法，模范遵守、自觉维护宪法和法律，自觉接受中国共产党领导；（2）忠于国家，维护国家的安全、荣誉和利益；（3）忠于人民，全心全意为人民服务，接受人民监督；（4）忠于职守，勤勉尽责，服从和执行上级依法作出的决定和命令，按照规定的权限和程序履行职责，努力提高工作质量和效率；（5）保守国家秘密和工作秘密；（6）带头践行社会主义核心价值观，坚守法治，遵守纪律，恪守职业道德，模范遵守社会公德、家庭美德；（7）清正廉洁，公道正派；（8）法律规定的其他义务。

【真题实战】

根据《公务员法》规定，下列哪一选项不是公务员应当履行的义务?[2](2015/44/单)

A. 公道正派

B. 忠于职守

C. 恪守职业道德

D. 参加培训

---

〔1〕 答案 ABC【解析】根据《公务员法》第 75 条的规定，张某不能担任家乡所在县的县长，否则违反了地域回避，选项 A 当选。根据该法第 74 条的规定，刘某的侄子在刘某任局长的工商局担任工商局人事处科员不符合任职回避，选项 B 当选。该法第 76 条第 2 款规定，公务员执行公务时，涉及与本人有本法第 74 条第 1 款所列亲属关系人员的利害关系应当回避。C 项中王某的妻弟与王某是姻亲关系，王某参与调查的企业偷税漏税案件与其妻弟有利害关系，王某应当回避。选项 C 当选。李某与妻子不存在直接上下级领导关系的职务的情形，选项 D 是符合法律规定的，不当选。

〔2〕 答案 D【解析】选项 ABC 属于公务员的义务。根据《公务员法》第 15 条第 4 款的规定，参加培训属于公务员的权利，不属于义务。选项 D 当选。

（五）考核

考核是对公务员履行职务情况进行考察核查并且作出评价的活动。考核的内容，有德、能、勤、绩、廉五个方面，其中重点是考核政治素质和工作实绩。定期考核的结果作为公务员调整职位、职务、职级、级别、工资以及公务员奖励、培训、辞退的依据。考核分为平时考核、专项考核和定期考核，定期考核以平时考核、专项考核为基础。非领导成员公务员的定期考核采取年度考核的方式。先由个人按照职位职责和有关要求进行总结，主管领导在听取群众意见后，提出考核等次建议，由本机关负责人或者授权的考核委员会确定考核等次。领导成员的考核由主管机关按照有关规定办理。

定期考核的结果分为优秀、称职、基本称职和不称职四个等次。定期考核的结果应当以书面形式通知公务员本人。公务员在定期考核中被确定为优秀、称职的，按照国家规定享受年终奖金。

如果公务员在定期考核中被确定为不称职的，应按照规定程序降低一个职务或者职级层次任职，连续两年定期考核结果为不称职的，应当予以辞退。

【真题实战】

某财政局副局长孙某在2020年年度考核中被评为不称职等次，下列选项正确的是：[1]（2021/模拟/单）

A. 孙某可以领取2020年的年终奖

B. 对孙某降低一个职务或者职级层次任职

C. 可以向原机关提出申诉

D. 由财政局局长或者经授权的考核委员会确定考核等次

三、公务员的处分

公务员因违纪违法应当承担纪律责任的，依照公务员法给予处分或者由监察机关依法给予政务处分；对同一违纪违法行为，监察机关已经作出政务处分决定的，公务员所在机关不再给予处分。违纪违法行为情节轻微，经批评教育后改正的，可以免予处分。对公务员涉嫌职务违法和职务犯罪的，应当依法移送监察机关处理。

（一）处分的种类

行政机关经人民法院、监察机关、行政复议机关或者上级行政机关依法认定有行政违法行为或者其他违法违纪行为，需要追究纪律责任的，对负有责任的领导人员和直接责任人员给予处分。违法违纪的行政机关公务员在行政机关对其作出处分决定前，已经依法被判处刑罚、罢免、免职或者已经辞去领导职务，依法应当给予处分的，由行政机关根据其违法违纪事实，给予处分。行政机关公务员依法被判处刑罚的，给予开除处分。

处分决定机关认为对公务员应当给予处分的，应当在规定的期限内，按照管理权限和规定的程序作出处分决定。处分的种类有警告、记过、记大过、降级、撤职、开除。作出处分决定需遵循一定的处分程序，即由处分决定机关决定对公务员违纪违法的情况进行调查，并将调查认定的事实及拟给予处分的依据告知公务员本人。公务员有权进行陈述和申辩。处分决定应当以书面形式通知公务员本人，处分决定自作出之日起生效。

---

〔1〕 答案B【解析】优秀、称职的，按照国家规定享受年终奖金，选项A错误。向原机关提出的是复核，而非申诉，选项C错误。非领导成员的公务员由本机关负责人或者授权的考核委员会确定考核等次，本题中孙某是领导，选项D错误。

<table>
<tr><th>种类</th><th>期间</th><th>限制</th></tr>
<tr><td>警告</td><td>6 个月</td><td>不得晋升职务、职级和级别</td></tr>
<tr><td>记过</td><td>12 个月</td><td rowspan="4">不得晋升职务、职级、级别和工资档次</td></tr>
<tr><td>记大过</td><td>18 个月</td></tr>
<tr><td>降级</td><td rowspan="2">24 个月</td></tr>
<tr><td>撤职</td></tr>
<tr><td>开除</td><td colspan="2">解除人事关系，不得再担任公务员</td></tr>
</table>

1. 处分的期间及待遇

公务员在受处分期间不得晋升职务、职级和级别，其中受记过、记大过、降级、撤职处分的，不得晋升工资档次。受处分的期间为：警告，6 个月；记过，12 个月；记大过，18 个月；降级、撤职，24 个月。受撤职处分的，按照规定降低级别。

行政机关公务员违法违纪，已经被立案调查，不宜继续履行职责的，任免机关可以决定暂停其履行职务。被调查的公务员在违法违纪案件立案调查期间，不得交流、出境、辞去公职或者办理退休手续。

【考点点拨】

行政处分的种类是法定的。诫勉不属于行政处分，是对公务员的监督。公务员法规定，机关应当对公务员的思想政治、履行职责、作风表现、遵纪守法等情况进行监督，开展勤政廉政教育，建立日常管理监督制度。对公务员监督发现问题的，应当区分不同情况，予以谈话提醒、批评教育、责令检查、诫勉、组织调整、处分。对诫勉决定不服的，可以提出申诉。

2. 处分的解除

公务员受开除以外的处分，在受处分期间有悔改表现，并且没有再发生违纪违法行为的，处分期满后自动解除。

解除处分后，晋升工资档次、级别和职务、职级不再受原处分的影响。但是，解除降级、撤职处分的，不视为恢复原级别、原职务、原职级。

【真题实战】

某县工商局科员李某因旷工被给予警告处分。关于李某的处分，下列哪一说法是正确的?[1]（2017/44/单）

A. 处分决定可以口头方式通知李某　　B. 处分决定自作出之日起生效

C. 受处分期间为 12 个月　　D. 李某在受处分期间不得晋升工资档次

四、公务员的退出

公务员退出公职的制度有退休、辞职、辞退和开除。辞职是指公务员出于个人原因，申请并经任免机关批准退出国家公职的制度；辞退是指公务员担任公职存在缺陷，国家单方面解除公务员与机关之间公职关系的制度；退休是指由于公务员达到国家规定的退休年龄或者完全丧失工作能力，从而退出国家公职，享受国家提供的退休金和其他待遇的制度；开除是国家对严重违纪的公务员作出的处分决定。

---

〔1〕 答案 B【解析】处分决定应当以书面形式通知公务员本人，选项 A 错误。警告处分期为六个月，选项 C 错误。警告在受处分期间可以晋升工资档次，选项 D 错误。所以选项 B 当选。

<table>
<tr><td rowspan="4">辞职</td><td rowspan="2">自愿辞职</td><td>对普通职位</td><td>任免机关 30 日内审批</td></tr>
<tr><td>对领导干部</td><td>任免机关 90 日内审批</td></tr>
<tr><td>不得辞职</td><td colspan="2">①未满国家规定的最低服务年限的
②在涉及国家秘密等特殊职位任职或者离开上述职位不满国家规定的脱密期限的
③重要公务尚未处理完毕，且须由本人继续处理的
④正在接受审计、纪律审查、监察调查，或者涉嫌犯罪，司法程序尚未终结的</td></tr>
<tr><td>辞去领导职务</td><td colspan="2">①自愿辞职：担任领导职务的公务员，因个人或者其他原因，可以自愿提出辞去领导职务
②引咎辞职：领导成员因工作严重失误、失职造成重大损失或者恶劣社会影响，或者对重大事故负有领导责任，应当辞去领导职务
③责令辞职：领导成员因其他原因不再适合担任现任领导职务的，或者应当引咎辞职本人不提出辞职的，应当责令其辞去领导职务</td></tr>
<tr><td rowspan="2">辞退</td><td>予以辞退</td><td colspan="2">①在年度考核中，连续两年被确定为不称职的
②不胜任现职工作，又不接受其他安排的
③因所在机关调整、撤销、合并或者缩减编制员额需要调整工作，本人拒绝合理安排的
④不履行公务员义务，不遵守法律和公务员纪律，经教育仍无转变，不适合继续在机关工作，又不宜给予开除处分的
⑤旷工或者因公外出、请假期满无正当理由逾期不归连续超过 15 天，或者一年内累计超过 30 天的</td></tr>
<tr><td>不得辞退</td><td colspan="2">①因公致残，被确认丧失或者部分丧失工作能力的
②患病或者负伤，在规定的医疗期内的
③女性公务员在孕期、产假、哺乳期内的</td></tr>
<tr><td rowspan="2">退休</td><td>法定</td><td colspan="2">公务员达到国家规定的退休年龄或者完全丧失工作能力的，应当退休</td></tr>
<tr><td>提前退休</td><td colspan="2">①工作年限满 30 年
②距国家规定的退休年龄不足 5 年，且工作年限满 20 年</td></tr>
<tr><td>开除</td><td colspan="3">行政处分</td></tr>
</table>

【真题实战】

县应急管理局副局长王某因在本县发生的火灾事故中处置失职，造成重大损失，引咎辞职。关于引咎辞职，下列说法正确的是：[1]（2018/卷一/单）

A. 性质属于行政问责　　B. 性质属于行政处分

C. 是对王某追究刑事责任的必经程序　　D. 意味着王某不再具有公务员身份

---

〔1〕 答案 A【解析】行政问责是国家机关对机关工作人员，特别是领导干部，由于故意或者过失不履行或者不正确履行法定职责，影响管理秩序和管理效率，贻误工作，或者损害管理相对人合法权益，造成不良影响和后果的行为，所进行内部监督和责任追究的制度。选项 A 正确。《公务员法》第 62 条规定："处分分为：警告、记过、记大过、降级、撤职、开除。"选项 B 错误。《公务员法》第 108 条规定："公务员主管部门的工作人员，违反本法规定，滥用职权、玩忽职守、徇私舞弊，构成犯罪的，依法追究刑事责任；尚不构成犯罪的，给予处分或者由监察机关依法给予政务处分。"选项 C 错误。《公务员法》第 87 条第 3 款规定："领导成员因工作严重失误、失职造成重大损失或者恶劣社会影响的，或者对重大事故负有领导责任的，应当引咎辞去领导职务。"选项 D 错误。

（一）辞职

公务员具有申请辞职的权利。公务员辞去公职，应当向任免机关提出书面申请。任免机关应当自接到申请之日起 30 日内予以审批，其中对领导成员辞去公职的申请，应当自接到申请之日起 90 日内予以审批。

担任领导职务的公务员，因工作变动依照法律规定需要辞去现任职务的，应当履行辞职手续。担任领导职务的公务员，因个人或者其他原因，可以自愿提出辞去领导职务。领导成员因工作严重失误、失职造成重大损失或者恶劣社会影响的，或者对重大事故负有领导责任的，应当引咎辞去领导职务。领导成员应当引咎辞职或者因其他原因不再适合担任现任领导职务，本人不提出辞职的，应当责令其辞去领导职务。

（二）辞退

辞退公务员，按照管理权限决定。辞退决定应当以书面形式通知被辞退的公务员，并应当告知辞退依据和理由。被辞退的公务员，可以领取辞退费或者根据国家有关规定享受失业保险。

公务员辞职或者被辞退，离职前应当办理公务交接手续，必要时按照规定接受审计。

（三）退休

公务员达到国家规定的退休年龄或者完全丧失工作能力的，应当退休。公务员符合下列条件之一的，本人自愿提出申请，经任免机关批准，可以提前退休：工作年限满三十年的；距国家规定的退休年龄不足五年，且工作年限满二十年的；符合国家规定的可以提前退休的其他情形的。公务员退休后，享受国家规定的养老金和其他待遇，国家为其生活和健康提供必要的服务和帮助，鼓励发挥个人专长，参与社会发展。

五、公务员的救济

<table>
<tr><td rowspan="4">选任制委任制公务员</td><td rowspan="2">申诉</td><td>救济对象</td><td>①行政处分 ②辞退或者取消录用 ③降职 ④定期考核定为不称职 ⑤免职 ⑥申请辞职、提前退休未予批准 ⑦未按规定确定或者扣减工资、福利、保险待遇</td></tr>
<tr><td>救济程序</td><td>①复核：向原决定机关申请复核
②申诉：向同级公务员主管部门或原决定机关的上一级机关申诉。也可不经复核，直接申诉
③再申诉：向申诉处理机关的上一机关再申诉</td></tr>
<tr><td rowspan="2">控告</td><td>救济对象</td><td>公务员认为机关及其领导人员侵犯其合法权益的</td></tr>
<tr><td>救济程序</td><td>向上级机关或者监察机关提出控告</td></tr>
<tr><td rowspan="2">聘任制公务员</td><td>救济对象</td><td colspan="2">聘任制公务员与所在机关之间因履行聘任合同发生争议</td></tr>
<tr><td>救济程序</td><td colspan="2">①向人事争议仲裁委员会申请仲裁
②对仲裁裁决不服的，可以自接到仲裁裁决书之日起 15 日内向人民法院提起民事诉讼</td></tr>
</table>

公务员对涉及本人的下列人事处理不服的，可以自知道该人事处理之日起 30 日内向原处理机关申请复核；对复核结果不服的，可以自接到复核决定之日起 15 日内，按照规定向同级公务员主管部门或者作出该人事处理的机关的上一级机关提出申诉；也可以不经复核，自知道该人事处理之日起 30 日内直接提出申诉：处分；辞退或者取消录用；降职；定期考核定为不称职；免职；申请辞职、提前退休未予批准；未按规定确定或者扣减工资、福利、保险待遇；

法律、法规规定可以申诉的其他情形。对省级以下机关作出的申诉处理决定不服的，可以向作出处理决定的上一级机关提出再申诉。

受理公务员申诉的机关应当组成公务员申诉公正委员会，负责受理和审理公务员的申诉案件。原处理机关应当自接到复核申请书后的30日内作出复核决定，并以书面形式告知申请人。受理公务员申诉的机关应当自受理之日起60日内作出处理决定；案情复杂的，可以适当延长，但是延长时间不得超过30日。复核、申诉期间不停止人事处理的执行。公务员不因申请复核、提出申诉而被加重处理。

公务员认为机关及其领导人员侵犯其合法权益的，可以依法向上级机关或者监察机关提出控告。受理控告的机关应当按照规定及时处理。公务员提出申诉、控告，应当尊重事实，不得捏造事实，诬告、陷害他人。对捏造事实，诬告、陷害他人的，依法追究法律责任。

【真题实战】

1. 某县公安局民警甲在一次治安检查中被乙打伤，公安局认定乙的行为构成妨碍公务，据此对乙处以200元罚款。甲认为该处罚决定过轻。下列哪种说法是正确的？[1]（2006/42/单）

A. 对乙受到的处罚决定，甲既不能申请复议，也不能提起行政诉讼

B. 甲可以对乙提起民事诉讼

C. 对乙受到的处罚决定，甲可以申请复议但不能提起行政诉讼

D. 对乙受到的处罚决定，甲应当先申请复议，对复议决定不服可提起行政诉讼

2. 当事人不服下列行为提起的诉讼，属于行政诉讼受案范围的是：[2]（2011/97/任）

A. 某人保局以李某体检不合格为由取消其公务员录用资格

B. 某公安局以新录用的公务员孙某试用期不合格为由取消录用

C. 某人保局给予工作人员田某记过处分

D. 某财政局对工作人员黄某提出的辞职申请不予批准

【本章主要法律规定】

1. 《国务院行政机构设置和编制管理条例》
2. 《地方各级人民政府机构设置和编制管理条例》
3. 《公务员法》

---

〔1〕 答案A【解析】甲是在行使职权的过程中被乙打伤，甲是代表国家，而不是以其私人身份与乙发生了冲突关系，甲的行为是职务行为，非一般的民事主体间的民事关系，这种冲突关系不是民事意义上的关系，甲的受伤，其医药费、营养费和其他伤残的费用是由国家负责的，不由乙来赔偿，也就不能转化为甲和乙之间的民事法律关系，所以不应当选B。而且，公安局认定乙的行为构成妨碍公务，乙的行为侵害的是行政机关的执法秩序，从这个角度来讲，甲既不是行政相对人，也不是利害关系人，因此既不能提起行政复议，也不能提起行政诉讼。选项A正确。

〔2〕 答案A【解析】此时李某还未取得公务员的身份，其与人保局的争议为外部行政法律争议，属于人民法院行政诉讼受案范围。选项A正确。根据《公务员法》第95条规定，选项BCD属于行政机关的内部人事处理行为，不能提起行政诉讼。选项BCD错误。

【本章阅读案例】

【最高院指导案例38号】

田永诉北京科技大学拒绝颁发毕业证、学位证案

裁判要点：

1. 高等学校对受教育者因违反校规、校纪而拒绝颁发学历证书、学位证书，受教育者不服的，可以依法提起行政诉讼。

2. 高等学校依据违背国家法律、行政法规或规章的校规、校纪，对受教育者作出退学处理等决定的，人民法院不予支持。

3. 高等学校对因违反校规、校纪的受教育者作出影响其基本权利的决定时，应当允许其申辩并在决定作出后及时送达，否则视为违反法定程序。

相关法条：

1. 《普通高等学校学生管理规定》第二十九条、第三十五条

2. 《中华人民共和国教育法》第二十九条第一款

基本案情：

原告田永于1994年9月考取北京科技大学，取得本科生的学籍。1996年2月29日，田永在电磁学课程的补考过程中，随身携带写有电磁学公式的纸条。考试中，去上厕所时纸条掉出，被监考教师发现。监考教师虽未发现其有偷看纸条的行为，但还是按照考场纪律，当即停止了田永的考试。被告北京科技大学根据原国家教委关于严肃考场纪律的指示精神，于1994年制定了校发（94）第068号《关于严格考试管理的紧急通知》（简称第068号通知）。该通知规定，凡考试作弊的学生一律按退学处理，取消学籍。被告据此于1996年3月5日认定田永的行为属作弊行为，并作出退学处理决定。同年4月10日，被告填发了学籍变动通知，但退学处理决定和变更学籍的通知未直接向田永宣布、送达，也未给田永办理退学手续，田永继续以该校大学生的身份参加正常学习及学校组织的活动。1996年9月，被告为田永补办了学生证，之后每学年均收取田永交纳的教育费，并为田永进行注册、发放大学生补助津贴，安排田永参加了大学生毕业实习设计，由其论文指导教师领取了学校发放的毕业设计结业费。田永还以该校大学生的名义参加考试，先后取得了大学英语四级、计算机应用水平测试BASIC语言成绩合格证书。被告对原告在该校的四年学习中成绩全部合格，通过毕业实习、毕业设计及论文答辩，获得优秀毕业论文及毕业总成绩为全班第九名的事实无争议。

1998年6月，田永所在院系向被告报送田永所在班级授予学士学位表时，被告有关部门以田永已按退学处理、不具备北京科技大学学籍为由，拒绝为其颁发毕业证书，进而未向教育行政部门呈报田永的毕业派遣资格表。田永所在院系认为原告符合大学毕业和授予学士学位的条件，但由于当时原告因毕业问题正在与学校交涉，故暂时未在授予学位表中签字，待学籍问题解决后再签。被告因此未将原告列入授予学士学位资格的名单交该校学位评定委员会审核。因被告的部分教师为田永一事向原国家教委申诉，国家教委高校学生司于1998年5月18日致函被告，认为被告对田永违反考场纪律一事处理过重，建议复查。同年6月10日，被告复查后，仍然坚持原结论。田永认为自己符合大学毕业生的法定条件，北京科技大学拒绝给其颁发毕业证、学位证是违法的，遂向北京市海淀区人民法院提起行政诉讼。

裁判结果：

北京市海淀区人民法院于1999年2月14日作出（1998）海行初字第00142号行政判决：一、北京科技大学在本判决生效之日起30日内向田永颁发大学本科毕业证书；二、北京科技

大学在本判决生效之日起60日内组织本校有关院、系及学位评定委员会对田永的学士学位资格进行审核；三、北京科技大学于本判决生效后30日内履行向当地教育行政部门上报有关田永毕业派遣的有关手续的职责；四、驳回田永的其他诉讼请求。北京科技大学提出上诉，北京市第一中级人民法院于1999年4月26日作出（1999）一中行终字第73号行政判决：驳回上诉，维持原判。

裁判理由：

法院生效裁判认为：根据我国法律、法规规定，高等学校对受教育者有进行学籍管理、奖励或处分的权力，有代表国家对受教育者颁发学历证书、学位证书的职责。高等学校与受教育者之间属于教育行政管理关系，受教育者对高等学校涉及受教育者基本权利的管理行为不服的，有权提起行政诉讼，高等学校是行政诉讼的适格被告。

高等学校依法具有相应的教育自主权，有权制定校纪、校规，并有权对在校学生进行教学管理和违纪处分，但是其制定的校纪、校规和据此进行的教学管理和违纪处分，必须符合法律、法规和规章的规定，必须尊重和保护当事人的合法权益。本案原告在补考中随身携带纸条的行为属于违反考场纪律的行为，被告可以按照有关法律、法规、规章及学校的有关规定处理，但其对原告作出退学处理决定所依据的该校制定的第068号通知，与《普通高等学校学生管理规定》第二十九条规定的法定退学条件相抵触，故被告所作退学处理决定违法。

退学处理决定涉及原告的受教育权利，为充分保障当事人权益，从正当程序原则出发，被告应将此决定向当事人送达、宣布，允许当事人提出申辩意见。而被告既未依此原则处理，也未实际给原告办理注销学籍、迁移户籍、档案等手续。被告于1996年9月为原告补办学生证并注册的事实行为，应视为被告改变了对原告所作的按退学处理的决定，恢复了原告的学籍。被告又安排原告修满四年学业，参加考核、实习及毕业设计并通过论文答辩等。上述一系列行为虽系被告及其所属院系的部分教师具体实施，但因他们均属职务行为，故被告应承担上述行为所产生的法律后果。

国家实行学历证书制度，被告作为国家批准设立的高等学校，对取得普通高等学校学籍、接受正规教育、学习结束达到一定水平和要求的受教育者，应当为其颁发相应的学业证明，以承认该学生具有的相当学历。原告符合上述高等学校毕业生的条件，被告应当依《中华人民共和国教育法》第二十九条第一款第五项及《普通高等学校学生管理规定》第三十五条的规定，为原告颁发大学本科毕业证书。

国家实行学位制度，学位证书是评价个人学术水平的尺度。被告作为国家授权的高等学校学士学位授予机构，应依法定程序对达到一定学术水平或专业技术水平的人员授予相应的学位，颁发学位证书。依《中华人民共和国学位条例暂行实施办法》第四条、第五条、第十八条第三项规定的颁发学士学位证书的法定程序要求，被告首先应组织有关院系审核原告的毕业成绩和毕业鉴定等材料，确定原告是否已较好地掌握本门学科的基础理论、专业知识和基本技能，是否具备从事科学研究工作或担负专门技术工作的初步能力；再决定是否向学位评定委员会提名列入学士学位获得者的名单，学位评定委员会方可依名单审查通过后，由被告对原告授予学士学位。

【最高院指导案例39号】

何小强诉华中科技大学拒绝授予学位案

裁判要点：

1. 具有学位授予权的高等学校，有权对学位申请人提出的学位授予申请进行审查并决定是否授予其学位。申请人对高等学校不授予其学位的决定不服提起行政诉讼的，人民法院应当依法受理。

2. 高等学校依照《中华人民共和国学位条例暂行实施办法》的有关规定，在学术自治范围内制定的授予学位的学术水平标准，以及据此标准作出的是否授予学位的决定，人民法院应予支持。

相关法条：

1.《中华人民共和国学位条例》第四条、第八条第一款

2.《中华人民共和国学位条例暂行实施办法》第二十五条

基本案情：

原告何小强系第三人华中科技大学武昌分校（以下简称武昌分校）2003 级通信工程专业的本科毕业生。武昌分校是独立的事业单位法人，无学士学位授予资格。根据国家对民办高校学士学位授予的相关规定和双方协议约定，被告华中科技大学同意对武昌分校符合学士学位条件的本科毕业生授予学士学位，并在协议附件载明《华中科技大学武昌分校授予本科毕业生学士学位实施细则》。其中第二条规定“凡具有我校学籍的本科毕业生，符合本《实施细则》中授予条件者，均可向华中科技大学学位评定委员会申请授予学士学位”，第三条规定“……达到下述水平和要求，经学术评定委员会审核通过者，可授予学士学位。……（三）通过全国大学英语四级统考”。2006 年 12 月，华中科技大学作出《关于武昌分校、文华学院申请学士学位的规定》，规定通过全国大学外语四级考试是非外国语专业学生申请学士学位的必备条件之一。

2007 年 6 月 30 日，何小强获得武昌分校颁发的《普通高等学校毕业证书》，由于其本科学习期间未通过全国英语四级考试，武昌分校根据上述《实施细则》，未向华中科技大学推荐其申请学士学位。8 月 26 日，何小强向华中科技大学和武昌分校提出授予工学学士学位的申请。2008 年 5 月 21 日，武昌分校作出书面答复，因何小强没有通过全国大学英语四级考试，不符合授予条件，华中科技大学不能授予其学士学位。

裁判结果：

湖北省武汉市洪山区人民法院于 2008 年 12 月 18 日作出（2008）洪行初字第 81 号行政判决，驳回原告何小强要求被告华中科技大学为其颁发工学学士学位的诉讼请求。湖北省武汉市中级人民法院于 2009 年 5 月 31 日作出（2009）武行终字第 61 号行政判决，驳回上诉，维持原判。

裁判理由：

法院生效裁判认为：本案争议焦点主要涉及被诉行政行为是否可诉、是否合法以及司法审查的范围问题。

一、被诉行政行为具有可诉性。根据《中华人民共和国学位条例》等法律、行政法规的授权，被告华中科技大学具有审查授予普通高校学士学位的法定职权。依据《中华人民共和国学位条例暂行实施办法》第四条第二款“非授予学士学位的高等院校，对达到学士学术水平的本科毕业生，应当由系向学校提出名单，经学校同意后，由学校就近向本系统、本地区的授予学士学位的高等院校推荐。授予学士学位的高等院校有关的系，对非授予学士学位的高等院校推荐的本科毕业生进行审查考核，认为符合本暂行办法及有关规定的，可向学校学位评定委员会提名，列入学士学位获得者名单”，以及国家促进民办高校办学政策的相关规定，华中科技大学有权按照与民办高校的协议，对于符合本校学士学位授予条件的民办高校本科毕业生经审查合格授予普通高校学士学位。

本案中，第三人武昌分校是未取得学士学位授予资格的民办高校，该院校与华中科技大学签订合作办学协议约定，武昌分校对该校达到学士学术水平的本科毕业生，向华中科技大学推荐，由华中科技大学审核是否授予学士学位。依据《中华人民共和国学位条例暂行实施办法》

的规定和华中科技大学与武昌分校之间合作办学协议，华中科技大学具有对武昌分校推荐的应届本科毕业生进行审查和决定是否颁发学士学位的法定职责。武昌分校的本科毕业生何小强以华中科技大学在收到申请之日起六十日内未授予其工学学士学位，向人民法院提起行政诉讼，符合《最高人民法院关于执行〈中华人民共和国行政诉讼法〉若干问题的解释》第三十九条第一款的规定。因此，华中科技大学是本案适格的被告，何小强对华中科技大学不授予其学士学位不服提起诉讼的，人民法院应当依法受理。

二、被告制定的《华中科技大学武昌分校授予本科毕业生学士学位实施细则》第三条的规定符合上位法规定。《中华人民共和国学位条例》第四条规定："高等学校本科毕业生，成绩优良，达到下述学术水平者，授予学士学位：（一）较好地掌握本门学科的基础理论、专门知识和基本技能……"。《中华人民共和国学位条例暂行实施办法》第二十五条规定："学位授予单位可根据本暂行条例实施办法，制定本单位授予学位的工作细则。"该办法赋予学位授予单位在不违反《中华人民共和国学位条例》所规定授予学士学位基本原则的基础上，在学术自治范围内制定学士学位授予标准的权力和职责，华中科技大学在此授权范围内将全国大学英语四级考试成绩与学士学位挂钩，属于学术自治的范畴。高等学校依法行使教学自主权，自行对其所培养的本科生教育质量和学术水平作出具体的规定和要求，是对授予学士学位的标准的细化，并没有违反《中华人民共和国学位条例》第四条和《中华人民共和国学位条例暂行实施办法》第二十五条的原则性规定。因此，何小强因未通过全国大学英语四级考试不符合华中科技大学学士学位的授予条件，武昌分校未向华中科技大学推荐其申请授予学士学位，故华中科技大学并不存在不作为的事实，对何小强的诉讼请求不予支持。

三、对学校授予学位行为的司法审查以合法性审查为原则。各高等学校根据自身的教学水平和实际情况在法定的基本原则范围内确定各自学士学位授予的学术水平衡量标准，是学术自治原则在高等学校办学过程中的具体体现。在符合法律法规规定的学位授予条件前提下，确定较高的学士学位授予学术标准或适当放宽学士学位授予学术标准，均应由各高等学校根据各自的办学理念、教学实际情况和对学术水平的理想追求自行决定。对学士学位授予的司法审查不能干涉和影响高等学校的学术自治原则，学位授予类行政诉讼案件司法审查的范围应当以合法性审查为基本原则。

第三章　抽象行政行为

【复习提要】

行政法规、部门规章、地方政府规章和有普遍约束力的行政决定、命令，属于抽象行政行为。其中，前三者属于行政立法，在客观题考查中，有关行政立法的制定主体和制定权限都是命题重点。

行政立法的制定程序包括立项、起草、审查、审议等，以客观题的形式进行考查。

其他规范性文件，在主客观命题中，主要与行政复议、行政诉讼中的附带性审查合并考查。

第一节　行政立法的主体与权限

- 抽象行政行为
  - 行政立法
    - 行政法规
    - 行政规章
      - 部门规章
      - 地方政府规章
  - 其他规范性文件（有普遍约束力的决定、命令）

抽象行政行为，是指国家行政机关制定法规、规章和有普遍约束力的决定、命令等行政规则的行为。抽象行政行为是一个相对于“具体行政行为”的理论概念。抽象行政行为的主要特点是：第一，是国家行政机关实施的行为。它不同于国家权力机关、司法机关制定的法律和司法解释，也不同于非政府组织制定的内部规则。第二，是一种制定规则的行为。它不同于处理具体行政事务的具体行政行为。

目前有关行政机关制定抽象性规则的主要法律法规有：《立法法》、《行政法规制定程序条例》和《规章制定程序条例》。

【考点点拨】

同学们在学习时要注意把抽象行政行为和具体行政行为加以区分。抽象行政行为，比如一些法条，像国务院发布的《政府信息公开条例》是抽象行政行为，再比如北京市政府发布“红头文件”也是抽象行政行为。它们有个共性，就是谁都能用，不针对某个人。之后我们还会学习具体行政行为，比如一个人违章停车被贴罚单了，这样的情形对象是特定的，罚单也就交这一次，这种就是具体行政行为。

一、行政立法主体

<table>
<tr><th colspan="3">行政立法</th><th>制定主体</th></tr>
<tr><td colspan="3">行政法规</td><td>国务院</td></tr>
<tr><td rowspan="3">行政规章</td><td colspan="2">部门规章</td><td>①国务院组成部门（各部、委员会、中国人民银行、审计署）
②具有行政管理职能的直属机构
③法律规定的机构</td></tr>
<tr><td rowspan="2">地方规章</td><td>省级规章</td><td>省、自治区、直辖市人民政府</td></tr>
<tr><td>市级规章</td><td>设区的市政府、自治州政府</td></tr>
</table>

（一）行政法规的立法主体

国务院根据宪法和法律，制定行政法规。考虑到我国立法程序的沿革情况，对有效的行政法规判定，最高人民法院在2004年《关于印发〈关于审理行政案件适用法律规范问题的座谈会纪要〉的通知》予以了澄清：现行有效的行政法规有以下三种类型：一是国务院制定并公布的行政法规。二是立法法施行以前，按照当时有效的行政法规制定程序，经国务院批准、由国务院部门公布的行政法规。但在《立法法》施行以后，经国务院批准、由国务院部门公布的规范性文件，不再属于行政法规。三是在清理行政法规时由国务院确认的其他行政法规。

【考点点拨】

座谈会纪要中需要注意的一个问题是，第二点中划分了一个时间节点，“立法法施行”，指的是2000年7月1日的施行，在立法法出台之前，存在着一些特殊的情形，即按照行政法规制定程序，经国务院批准，由国务院部门公布的，也属于行政法规。尽管现在的行政法规都是由国务院制定并公布，但为了解决历史遗留问题，做了特殊的规定。

【真题实战】

《外国人来华登山管理办法》1991年7月31日经国务院批准，1991年8月29日由国家体育运动委员会发布实施，该《外国人来华登山管理办法》属于哪一性质的文件？（2020/模拟/单选）〔1〕

A. 部委制定的其他规范性文件　　B. 国务院发布的决定和命令

C. 行政法规　　D. 部门规章

（二）规章的立法主体

1. 部门规章

国务院各部、委员会、中国人民银行、审计署和具有行政管理职能的直属机构以及法律规定的机构，可以根据法律和国务院的行政法规、决定、命令，在本部门的权限范围内，制定规章。

2. 地方政府规章

省、自治区、直辖市和设区的市、自治州的人民政府，可以根据法律、行政法规和本省、自治区、直辖市的地方性法规，制定规章。

（三）名称

行政法规的名称一般称“条例”，也可以称“规定”“办法”等。国务院根据全国人民代表大会及其常务委员会的授权决定制定的行政法规，称“暂行条例”或者“暂行规定”。国务院各部门和地方人民政府制定的规章一般称“规定”“办法”，不得称“条例”。

【考点点拨】

同学们在学习中经常有个困惑，就是怎么判断一个法条是行政法规、规章、还是其他规范性文件呢？这个在考试当中不是问题，只给一个名称，这是很难判断的。考试中，题目中会直接出现“某地方政府规章规定”这样的描述，就是会当成已知条件出现。实务中，可以通过制定主体、制定程序加以判断。还有个简便方法，就是在国家法律法规数据库或“北大法宝”网直接搜索名称，结果里会直接显示其法律性质。

二、行政立法权限

（一）行政法规的制定权限

在行政法规的规定事项方面，有以下三个方面：

---

〔1〕答案C【解析】《关于印发〈关于审理行政案件适用法律规范问题的座谈会纪要〉的通知》第一点中规定，是立法法施行以前，按照当时有效的行政法规制定程序，经国务院批准、由国务院部门公布的属于行政法规。该办法即符合该要求，因此属于行政法规。

1. 执行具体法律规定事项，即为执行法律的规定需要制定行政法规的事项。

2. 实施宪法规定职权事项，即《宪法》第89条规定的国务院行政管理职权的事项。这里有两点需要明确：首先，必须属于行政管理事项，行政法规不得规定其权限范围以外的事项；其次，必须尊重全国人大及其常委会的专属立法权，行政法规不得将属于全国人大及其常委会的专属立法事项纳入自己的规定事项。

3. 全国人大授权事项。应当由全国人民代表大会及其常务委员会制定法律的事项，国务院可以根据全国人民代表大会及其常务委员会的授权决定先制定行政法规。但是有关犯罪和刑罚、对公民政治权利的剥夺、限制人身自由的强制措施和处罚、司法制度等事项不得授权。授权决定应当明确授权的目的和范围。

（二）部门规章的制定权限

1. 部门规章规定的事项应当属于执行法律或者国务院的行政法规、决定、命令的事项。

2. 没有法律或者国务院的行政法规、决定、命令的依据，部门规章不得设定减损公民、法人和其他组织权利或者增加其义务的规范，不得增加本部门的权力或者减少本部门的法定职责。

3. 涉及两个以上国务院部门职权范围的事项，应当提请国务院制定行政法规或者由国务院有关部门联合制定规章。此种情况下，国务院有关部门单独制定的规章无效。

（三）地方政府规章的制定权限

1. 设区的市、自治州的人民政府制定地方政府规章，限于城乡建设与管理、生态文明建设、历史文化保护、基层治理等方面的事项。已经制定的地方政府规章，涉及上述事项范围以外的，继续有效。

2. 没有法律、行政法规、地方性法规的依据，地方政府规章不得设定减损公民、法人和其他组织权利或者增加其义务的规范。

3. 应当制定地方性法规但条件尚不成熟的，因行政管理迫切需要，可以先制定地方政府规章。规章实施满两年需要继续实施规章所规定的行政措施的，应当提请本级人民代表大会或者其常务委员会制定地方性法规。

【考点点拨】

注意部门规章和地方政府规章里的第二点，不是说规章不能减损权益，重点在于“没有上位法的依据”。

【真题实战】

2015年《立法法》修正后，关于地方政府规章，下列说法正确的是：[1]（2015/97/任）

A. 某省政府所在地的市针对城乡建设与管理、环境保护、历史文化保护等以外的事项已制定的规章，自动失效

B. 应制定地方性法规但条件尚不成熟的，因行政管理迫切需要，可先制定地方政府规章

C. 没有地方性法规的依据，地方政府规章不得设定减损公民、法人和其他组织权利或者增加其义务的规范

D. 地方政府规章签署公布后，应及时在中国政府法制信息网上刊载

---

〔1〕 答案BD【解析】《立法法》第93条第3款规定：“设区的市、自治州的人民政府根据本条第一款、第二款制定地方政府规章，限于城乡建设与管理、生态文明建设、历史文化保护、基层治理等方面的事项。已经制定的地方政府规章，涉及上述事项范围以外的，继续有效。”选项A错误。根据该法第93条第5款规定，选项B正确。根据该法第93条第5款规定，选项B正确。该法第93条第6款规定：“没有法律、行政法规、地方性法规的依据，地方政府规章不得设定减损公民、法人和其他组织权利或者增加其义务的规范。”即便没有地方性法规的依据，如果有法律的依据，也可设定减损权益的规范。选项C错误。根据该法第97条第2款规定，选项D正确。

第二节 行政立法程序

<table>
<tr><th rowspan="2"></th><th rowspan="2" colspan="2">行政法规</th><th colspan="2">规章</th></tr>
<tr><th>部门规章</th><th>地方政府规章</th></tr>
<tr><td>立项</td><td colspan="2">①国务院各部门向国务院报请立项
②国务院法制机构应当向社会公开征集行政法规制定项目建议</td><td>国务院部门的内设机构或其他机构向该部门报请立项</td><td>所属工作部门或者下级政府向该省、自治区、直辖市或者设区的市的政府报请立项</td></tr>
<tr><td rowspan="6">起草</td><td>报告</td><td>①制定政治方面法律的配套行政法规，应当及时报告党中央
②制定经济、文化、社会、生态文明等方面重大体制和重大政策调整的重要行政法规，应当及时报告党中央</td><td colspan="2">①制定政治方面法律的配套规章，应当按照有关规定及时报告党中央或者同级党委（党组）
②制定重大经济社会方面的规章，应当按照有关规定及时报告同级党委（党组）</td></tr>
<tr><td rowspan="2">主体</td><td>由国务院有关部门或者国务院法制机构具体负责起草</td><td>①国务院部门组织起草
②国务院部门的一个或者几个内设机构具体负责起草
③或者国务院部门的法制机构组织或具体负责起草</td><td>①省级政府和设区的市的政府组织起草
②由政府的一个或者几个部门具体负责起草
③或者其法制机构组织或具体负责起草</td></tr>
<tr><td colspan="3">可以吸收专家参与起草，或者委托有关专家、教学科研单位、社会组织起草</td></tr>
<tr><td>公布</td><td>①应当将草案及其说明等向社会公布，征求意见，但是经国务院决定不公布的除外
②向社会公布征求意见的期限一般不少于30日</td><td colspan="2">①起草规章，除依法需要保密的外，应当将规章草案及其说明等向社会公布，征求意见
②向社会公布征求意见的期限一般不少于30日</td></tr>
<tr><td>签署</td><td colspan="3">①起草部门的主要负责人签署
②几个部门共同起草，负责人共同签署</td></tr>
<tr><td>审查</td><td colspan="4">审查机关：法制机构</td></tr>
</table>

续表

	行政法规	规章	
		部门规章	地方政府规章
审议	①国务院常务会议审议或者国务院审批 ②审议时，由国务院法制机构或者起草部门作说明 ③根据审议意见进行修改，报国务院总理签署	部务会议或者委员会会议决定	政府常务会议或者全体会议决定
签署公布	总理签署，在国务院公报、中国政府法制信息网、在全国范围内发行的报纸上刊登	本部门首长签署，在国务院公报或者部门公报和中国政府法制信息网以及在全国范围内发行的报纸上刊载	省长、自治区主席、市长签署，在本级人民政府公报和中国政府法制信息网以及在本行政区域范围内发行的报纸上刊载
施行	应当自公布之日起30日后施行		
备案	①备案时间：公布后30日内 ②备案主体：国务院办公厅报请全国人大常委会备案	①备案时间：公布之日起30日内 ②备案主体：国务院部门的法制机构报请国务院备案	①省级政府的地方政府规章报国务院和本级人大常委会备案（省级政府的法制机构报请） ②设区的市的地方政府规章报国务院、本级人大常委会、省级人大常委会、省级政府备案（设区的市政府的法制机构报请）
解释监督	①解释效力：与行政法规具有同等效力 ②解释要求的提出主体：国务院各部门，省、自治区、直辖市政府	审查建议的提出：国家机关、社会团体、企业事业组织、公民向国务院提出 其中，对设区的市规章提审查建议的，也可向本省级提出	

【真题实战】

行政法规签署后，应当在下列哪些途径刊载？[1]（2018/卷一/多）

A. 国务院公报　　B. 中国政府法制信息网

C. 全国范围内发行的报纸　　D. 全国人大常委会公报

【考点点拨】

此处法条内容较多，所以采取表格加文字的方式展开。上面的表格更精炼；以下的文字辅助学习，使得知识点更全面。这部分虽然内容较多，但命题角度较为集中，跟老师记“点”，而非背一堆法条。

〔1〕 答案ABC【解析】《立法法》第78条第1款规定：“行政法规签署公布后，及时在国务院公报和中国政府法制信息网以及在全国范围内发行的报纸上刊载。”

一、行政法规的制定程序

（一）立项

1. 立项机关。国务院有关部门认为需要制定行政法规的，应当于国务院编制年度立法工作计划前，向国务院报请立项。国务院有关部门报送的行政法规立项申请，应当说明立法项目所要解决的主要问题、依据的党的路线方针政策和决策部署，以及拟确立的主要制度。国务院法制机构应当向社会公开征集行政法规制定项目建议。

2. 立项要求。国务院法制机构应当根据国家总体工作部署，对行政法规立项申请和公开征集的行政法规制定项目建议进行评估论证，突出重点，统筹兼顾，拟订国务院年度立法工作计划，报党中央、国务院批准后向社会公布。列入国务院年度立法工作计划的行政法规项目应当符合下列要求：贯彻落实党的路线方针政策和决策部署，适应改革、发展、稳定的需要；有关的改革实践经验基本成熟；所要解决的问题属于国务院职权范围并需要国务院制定行政法规的事项。对列入国务院年度立法工作计划的行政法规项目，承担起草任务的部门应当抓紧工作，按照要求上报国务院；上报国务院前，应当与国务院法制机构沟通。

3. 立项调整。国务院法制机构应当及时跟踪了解国务院各部门落实国务院年度立法工作计划的情况，加强组织协调和督促指导。国务院年度立法工作计划在执行中可以根据实际情况予以调整。

【考点点拨】

注意只有国务院有关部门可以报请立项，咱们一般习惯说成“省部级”，而此处没有省，只有部，较为特殊，需要重点记忆。再有，年度立法计划，常问可不可以调整，计划肯定可以调整的，比如你的法考复习计划，有可能也调整过，这都是正常的。

【真题实战】

关于行政法规的立项，下列哪一说法是正确的？[1]（2017/45/单）

A. 省政府认为需要制定行政法规的，可于每年年初编制国务院年度立法工作计划前向国务院报请立项

B. 国务院法制机构根据有关部门报送的立项申请汇总研究，确定国务院年度立法工作计划

C. 列入国务院年度立法工作计划的行政法规项目应适应改革、发展、稳定的需要

D. 国务院年度立法工作计划一旦确定不得调整

（二）起草

1. 起草机关。行政法规由国务院有关部门或者国务院法制机构具体负责起草，重要行政管理的法律、行政法规草案由国务院法制机构组织起草。

2. 报告制度。制定政治方面法律的配套行政法规，应当按照有关规定及时报告党中央。制定经济、文化、社会、生态文明等方面重大体制和重大政策调整的重要行政法规，应当将行政法规草案或者行政法规草案涉及的重大问题按照有关规定及时报告党中央。

3. 听取意见。行政法规在起草过程中，起草部门应当深入调查研究，总结实践经验，广泛听取有关机关、组织和公民的意见。涉及社会公众普遍关注的热点难点问题和经济社会发展

---

〔1〕 答案 C【解析】《行政法规制定程序条例》第 8 条第 1 款规定：“国务院有关部门认为需要制定行政法规的，应当于国务院编制年度立法工作计划前，向国务院报请立项。”而非省政府，选项 A 错误。该法第 9 条第 1 款规定：“国务院法制机构应当根据国家总体工作部署，对行政法规立项申请和公开征集的行政法规制定项目建议进行评估论证，突出重点，统筹兼顾，拟订国务院年度立法工作计划，报党中央、国务院批准后向社会公布。”选项 B 错误。该法第 10 条第 3 款规定：“国务院年度立法工作计划在执行中可以根据实际情况予以调整”，选项 D 错误。

遇到的突出矛盾，减损公民、法人和其他组织权利或者增加其义务，对社会公众有重要影响等重大利益调整事项的，应当进行论证咨询。听取意见可以采取召开座谈会、论证会、听证会等多种形式。起草行政法规，起草部门应当将行政法规草案及其说明等向社会公布，征求意见，但是经国务院决定不公布的除外。向社会公布征求意见的期限一般不少于 30 日。起草专业性较强的行政法规，起草部门可以吸收相关领域的专家参与起草工作，或者委托有关专家、教学科研单位、社会组织起草。

4. 送审稿签署。起草部门向国务院报送的行政法规草案送审稿，应当由起草部门主要负责人签署。起草行政法规，涉及几个部门共同职责需要共同起草的，应当共同起草，达成一致意见后联合报送行政法规送审稿。几个部门共同起草的行政法规送审稿，应当由该几个部门主要负责人共同签署。

5. 送审稿的报送。起草部门将行政法规送审稿报送国务院审查时，应当一并报送行政法规送审稿的说明和有关材料。行政法规送审稿的说明应当对立法的必要性，主要思路，确立的主要制度，征求有关机关、组织和公民意见的情况，各方面对送审稿主要问题的不同意见及其协调处理情况，拟设定、取消或者调整行政许可、行政强制的情况等作出说明。有关材料主要包括所规范领域的实际情况和相关数据、实践中存在的主要问题、国内外的有关立法资料、调研报告、考察报告等。

（三）审查

1. 缓办或退回。行政法规送审稿有下列情形之一的，国务院法制机构可以缓办或者退回起草部门：制定行政法规的基本条件尚不成熟或者发生重大变化的；有关部门对送审稿规定的主要制度存在较大争议，起草部门未征得机构编制、财政、税务等相关部门同意的；未按照有关规定公开征求意见的。

2. 听取意见。国务院法制机构可以将行政法规送审稿或者修改稿及其说明等向社会公布，征求意见。向社会公布征求意见的期限一般不少于 30 日。行政法规送审稿涉及重大利益调整的，国务院法制机构应当进行论证咨询，广泛听取有关方面的意见。论证咨询可以采取座谈会、论证会、听证会、委托研究等多种形式。行政法规送审稿涉及重大利益调整或者存在重大意见分歧，对公民、法人或者其他组织的权利义务有较大影响，人民群众普遍关注的，国务院法制机构可以举行听证会，听取有关机关、组织和公民的意见。

3. 提请审议。行政法规草案由国务院法制机构主要负责人提出提请国务院常务会议审议的建议；对调整范围单一、各方面意见一致或者依据法律制定的配套行政法规草案，可以采取传批方式，由国务院法制机构直接提请国务院审批。

（四）决定与公布

1. 审议或审批。行政法规草案由国务院常务会议审议，或者由国务院审批。国务院常务会议审议行政法规草案时，由国务院法制机构或者起草部门作说明。

2. 签署。国务院法制机构应当根据国务院对行政法规草案的审议意见，对行政法规草案进行修改，形成草案修改稿，报请总理签署国务院令公布施行。签署公布行政法规的国务院令载明该行政法规的施行日期。

3. 刊载。行政法规签署公布后，及时在国务院公报和中国政府法制信息网以及在全国范围内发行的报纸上刊载。在国务院公报上刊登的行政法规文本为标准文本。

4. 施行。行政法规应当自公布之日起 30 日后施行；但是，涉及国家安全、外汇汇率、货币政策的确定以及公布后不立即施行将有碍行政法规施行的，可以自公布之日起施行。

5. 备案。行政法规在公布后的 30 日内由国务院办公厅报全国人民代表大会常务委员会备案。

【真题实战】

国务院出台行政法规《中华人民共和国食品安全法实施条例》，2019 年 3 月 26 日公布，2019 年 12 月 1 日生效。关于行政法规的公布形式及备案时间说法正确的是？（2019/模拟/多）[1]

A. 以国务院令公布　　B. 以总理令公布

C. 公布后 30 日内向全国人大常委会备案　　D. 生效后 30 日内向全国人大常委会备案

（五）解释与实施

1. 解释的情形与效力。行政法规有下列情形之一的，由国务院解释：（1）行政法规的规定需要进一步明确具体含义的；（2）行政法规制定后出现新的情况，需要明确适用行政法规依据的。国务院法制机构研究拟订行政法规解释草案，报国务院同意后，由国务院公布或者由国务院授权国务院有关部门公布。行政法规的解释与行政法规具有同等效力。

2. 解释的提出。国务院各部门和省、自治区、直辖市人民政府可以向国务院提出行政法规解释要求。对属于行政工作中具体应用行政法规的问题，省、自治区、直辖市人民政府法制机构以及国务院有关部门法制机构请求国务院法制机构解释的，国务院法制机构可以研究答复；其中涉及重大问题的，由国务院法制机构提出意见，报国务院同意后答复。

【考点点拨】

行政法规的制定主体是国务院，所以解释主体也是国务院。谁可以向国务院提出解释要求呢？本着“不越级汇报”的原则，省部级可以找国务院问某个法条是什么意思，比如大庆市，对某个行政法规里的规定不明确如何适用，不能直接找国务院，而是找黑龙江省，由省汇总完统一去找国务院。

【真题实战】

行政法规条文本身需进一步明确界限或作出补充规定的，应对行政法规进行解释。关于行政法规的解释，下列说法正确的是：[2]（2016/100/任）

A. 解释权属于国务院

B. 解释行政法规的程序，适用行政法规制定程序

C. 解释可由国务院授权国务院有关部门公布

D. 行政法规的解释与行政法规具有同等效力

3. 实施的调整。国务院可以根据全面深化改革、经济社会发展需要，就行政管理等领域的特定事项，决定在一定期限内在部分地方暂时调整或者暂时停止适用行政法规的部分规定。

国务院法制机构或者国务院有关部门可以组织对有关行政法规或者行政法规中的有关规定进行立法后评估，并把评估结果作为修改、废止有关行政法规的重要参考。

【真题实战】

为促进中国（上海）自由贸易试验区的发展，有关部门决定在上海市暂时停止实施行政法规《国际海洋运输条例》部分决定，该决定由下列哪个主体作出？（2021/模拟/单）[3]

---

〔1〕 答案 AC【解析】《行政法规制定程序条例》第 27 条规定：“国务院法制机构应当根据国务院对行政法规草案的审议意见，对行政法规草案进行修改，形成草案修改稿，报请总理签署国务院令公布施行。签署公布行政法规的国务院令载明该行政法规的施行日期。”《行政法规制定程序条例》第 30 条规定：“行政法规在公布后的 30 日内由国务院办公厅报全国人民代表大会常务委员会备案。”

〔2〕 答案 ACD【解析】《行政法规制定程序条例》第 31 条第 1 款规定，解释权属于国务院，选项 A 正确。根据该法第 33 条规定，国务院法制机构可以研究答复，选项 B 错误。根据该法第 31 条规定，选项 CD 正确。

〔3〕 答案 B【解析】《行政法规制定程序条例》第 35 条规定：“国务院可以根据全面深化改革、经济社会发展需要，就行政管理等领域的特定事项，决定在一定期限内在部分地方暂时调整或者暂时停止适用行政法规的部分规定。”

A. 全国人大常委会　　　　　　　　　　B. 国务院

C. 上海市人民代表大会　　　　　　　　D. 上海市政府

二、规章的制定程序

（一）立项

1. 立项机关。国务院部门内设机构或者其他机构认为需要制定部门规章的，应当向该部门报请立项。省、自治区、直辖市和设区的市、自治州的人民政府所属工作部门或者下级人民政府认为需要制定地方政府规章的，应当向该省、自治区、直辖市或者设区的市、自治州的人民政府报请立项。国务院部门，省、自治区、直辖市和设区的市、自治州的人民政府，可以向社会公开征集规章制定项目建议。

2. 报告制度。制定政治方面法律的配套规章，应当按照有关规定及时报告党中央或者同级党委（党组）。制定重大经济社会方面的规章，应当按照有关规定及时报告同级党委（党组）。

3. 立项计划。国务院部门，省、自治区、直辖市和设区的市、自治州的人民政府，应当加强对执行年度规章制定工作计划的领导。对列入年度规章制定工作计划的项目，承担起草工作的单位应当抓紧工作，按照要求上报本部门或者本级人民政府决定。法制机构应当及时跟踪了解本部门、本级人民政府年度规章制定工作计划执行情况，加强组织协调和督促指导。

4. 立项调整。年度规章制定工作计划在执行中，可以根据实际情况予以调整，对拟增加的规章项目应当进行补充论证。

【考点点拨】

规章制定的程序和前面学习的行政法规制定程序类似，相同点可以帮助我们少一些重复记忆，不同点需要额外进行关注并加以区分。

（二）起草

1. 起草机关。部门规章由国务院部门组织起草，地方政府规章由省、自治区、直辖市和设区的市、自治州的人民政府组织起草。国务院部门可以确定规章由其一个或者几个内设机构或者其他机构具体负责起草工作，也可以确定由其法制机构起草或者组织起草。省、自治区、直辖市和设区的市、自治州的人民政府可以确定规章由其一个部门或者几个部门具体负责起草工作，也可以确定由其法制机构起草或者组织起草。

2. 起草参与。起草规章，应当深入调查研究，总结实践经验，广泛听取有关机关、组织和公民的意见。听取意见可以采取书面征求意见、座谈会、论证会、听证会等多种形式。起草规章，除依法需要保密的外，应当将规章草案及其说明等向社会公布，征求意见。向社会公布征求意见的期限一般不少于 30 日。起草专业性较强的规章，可以吸收相关领域的专家参与起草工作，或者委托有关专家、教学科研单位、社会组织起草。起草单位应当将规章送审稿及其说明、对规章送审稿主要问题的不同意见和其他有关材料按规定报送审查。

3. 听证会。起草规章，涉及社会公众普遍关注的热点难点问题和经济社会发展遇到的突出矛盾，减损公民、法人和其他组织权利或者增加其义务，对社会公众有重要影响等重大利益调整事项的，起草单位应当进行论证咨询，广泛听取有关方面的意见。起草的规章涉及重大利益调整或者存在重大意见分歧，对公民、法人或者其他组织的权利义务有较大影响，人民群众普遍关注，需要进行听证的，起草单位应当举行听证会听取意见。听证会依照下列程序组织：听证会公开举行，起草单位应当在举行听证会的 30 日前公布听证会的时间、地点和内容；参加听证会的有关机关、组织和公民对起草的规章，有权提问和发表意见；听证会应当制作笔录，如实记录发言人的主要观点和理由；起草单位应当认真研究听证会反映的各种意见，起草的规章在报送审查时，应当说明对听证会意见的处理情况及其理由。

4. 送审稿的签署。报送审查的规章送审稿，应当由起草单位主要负责人签署；几个起草单位共同起草的规章送审稿，应当由该几个起草单位主要负责人共同签署。规章送审稿的说明应当对制定规章的必要性、规定的主要措施、有关方面的意见及其协调处理情况等作出说明。有关材料主要包括所规范领域的实际情况和相关数据、实践中存在的主要问题、汇总的意见、听证会笔录、调研报告、国内外有关立法资料等。

（三）审查

规章送审稿有下列情形之一的，法制机构可以缓办或者退回起草单位：制定规章的基本条件尚不成熟或者发生重大变化的；有关机构或者部门对规章送审稿规定的主要制度存在较大争议，起草单位未与有关机构或者部门充分协商的；未按照有关规定公开征求意见的。

【考点点拨】

这个地方需要注意和行政法规缓办或退回情形的不同：行政法规的程序要求明显更严格，“起草部门需要征得机构编制、财政、税务等相关部门同意”；而规章要求较为宽松，与有关机构协商就可以了。没有实现上面的要求，缓办或退回。

【真题实战】

某省会城市的市政府拟制定限制电动自行车通行的规章。关于此规章的制定，下列哪些说法是正确的？[1]（2016/77/多）

A. 应先列入市政府年度规章制定工作计划中，未列入不得制定

B. 起草该规章应广泛听取有关机关、组织和公民的意见

C. 此规章送审稿的说明应对制定规章的必要性、规定的主要措施和有关方面的意见等情况作出说明

D. 市政府法制机构认为制定此规章基本条件尚不成熟，可将规章送审稿退回起草单位

（四）决定与公布

1. 决定。部门规章应当经部务会议或者委员会会议决定。地方政府规章应当经政府常务会议或者全体会议决定。审议规章草案时，由法制机构作说明，也可以由起草单位作说明。

2. 签署。公布规章的命令应当载明该规章的制定机关、序号、规章名称、通过日期、施行日期、部门首长或者省长、自治区主席、市长、自治州州长署名以及公布日期。部门联合规章由联合制定的部门首长共同署名公布，使用主办机关的命令序号。

3. 刊载。部门规章签署公布后，及时在国务院公报或者部门公报和中国政府法制信息网以及在全国范围内发行的报纸上刊载。地方政府规章签署公布后，及时在本级人民政府公报和中国政府法制信息网以及在本行政区域范围内发行的报纸上刊载。在国务院公报或者部门公报和地方人民政府公报上刊登的规章文本为标准文本。

【真题实战】

有关规章的决定和公布，下列说法正确的是：[2]（2014/97/任）

---

〔1〕 答案 BCD【解析】《规章制定程序条例》第 13 条第 3 款规定：“年度规章制定工作计划在执行中，可以根据实际情况予以调整，对拟增加的规章项目应当进行补充论证。”选项 A 错误。根据该法第 15 条规定，选项 B 正确。根据该法第 18 条规定，选项 C 正确。根据该法第 20 条规定，选项 D 正确。

〔2〕 答案 C【解析】《规章制定程序条例》第 28 条规定：“审议规章草案时，由法制机构作说明，也可以由起草单位作说明”，选项 A 错误。该法第 27 条规定：“部门规章应当经部务会议或者委员会会议决定。地方政府规章应当经政府常务会议或者全体会议决定”，选项 B 错误。该法第 30 条第 2 款规定：“部门联合规章由联合制定的部门首长共同署名公布，使用主办机关的命令序号”，选项 C 正确。《立法法》第 97 条第 1 款、第 2 款规定，部门规章在全国范围内发行的报纸上刊载；地方政府规章在本行政区域范围内发行的报纸上刊载。选项 D 错误。

A. 审议规章草案时须由起草单位作说明

B. 地方政府规章须经政府全体会议决定

C. 部门联合规章须由联合制定的部门首长共同署名公布，使用主办机关的命令序号

D. 规章公布后须及时在全国范围内发行的有关报纸上刊登

4. 施行。规章应当自公布之日起30日后施行；但是，涉及国家安全、外汇汇率、货币政策的确定以及公布后不立即施行将有碍规章施行的，可以自公布之日起施行。

【考点点拨】

规章的刊载载体需要注意，地方政府规章，因为仅适用于该地方，所以只在“本级”政府公报、中国政府法制信息网、“本行政区域范围内”发行的报纸上刊载。

（五）解释

1. 解释的情形与效力。规章解释权属于规章制定机关。规章有下列情况之一的，由制定机关解释：规章的规定需要进一步明确具体含义的；规章制定后出现新的情况，需要明确适用规章依据的。规章解释由规章制定机关的法制机构参照规章送审稿审查程序提出意见，报请制定机关批准后公布。规章的解释同规章具有同等效力。

2. 解释的提出。国家机关、社会团体、企业事业组织、公民认为规章同法律、行政法规相抵触的，可以向国务院书面提出审查的建议，由国务院法制机构研究并提出处理意见，按照规定程序处理。国家机关、社会团体、企业事业组织、公民认为设区的市、自治州的人民政府规章同法律、行政法规相抵触或者违反其他上位法的规定的，也可以向本省、自治区人民政府书面提出审查的建议，由省、自治区人民政府法制机构研究并提出处理意见，按照规定程序处理。

【考点点拨】

如果你认为你们市政府的规章有问题，怎么去提审查建议呢？两个主体都能管到它，一个是省政府，一个是国务院。这个时候你是去反映问题，就不管什么越不越级了，找谁都行。

【真题实战】

某企业认为，甲省政府所在地的市政府制定的规章同某一行政法规相抵触，可以向下列哪些机关书面提出审查建议？[1]（2010/80/多）

A. 国务院　　B. 国务院法制办

C. 甲省政府　　D. 全国人大常委会

三、行政立法的监督审查

改变或者撤销行政法规、规章的权限是：

1. 全国人民代表大会常务委员会有权撤销同宪法和法律相抵触的行政法规。
2. 国务院有权改变或者撤销不适当的部门规章和地方政府规章。
3. 地方人民代表大会常务委员会有权撤销本级人民政府制定的不适当的规章。
4. 省、自治区的人民政府有权改变或者撤销下一级人民政府制定的不适当的规章。

---

〔1〕 答案AC【解析】《规章制定程序条例》第35条规定：“国家机关、社会团体、企业事业组织、公民认为规章同法律、行政法规相抵触的，可以向国务院书面提出审查的建议，由国务院法制机构研究并提出处理意见，按照规定程序处理。国家机关、社会团体、企业事业组织、公民认为设区的市、自治州的人民政府规章同法律、行政法规相抵触或者违反其他上位法的规定的，也可以向本省、自治区人民政府书面提出审查的建议，由省、自治区人民政府法制机构研究并提出处理意见，按照规定程序处理。”本题中，属于企业事业组织认为设区的市的人民政府规章同行政法规相抵触，除可以向国务院提出书面审查的意见外，还可以向本省、自治区人民政府书面提出审查的建议。

第三节　其他规范性文件

行政法规、部门规章、地方政府规章和有普遍约束力的行政决定、命令，构成了抽象行政行为。其中，前三者属于行政立法，须遵循严格的制定权限和制定程序。所谓具有普遍约束力的决定、命令，是指行政机关针对不特定对象发布的能反复适用的规范性文件。有普遍约束力的行政决定、命令，又可称为其他规范性文件，在生活中经常以“红头文件”的形式出现。

其监督程序按照宪法和有关组织法的规定，可以分为人民代表机关的监督、行政机关的监督和法院的监督。例如，《地方各级人民代表大会和地方各级人民政府组织法》第73条第3项规定，县级以上地方各级人民政府有权改变或者撤销各工作部门的不适当的命令、指示和下级人民政府的不适当的决定、命令。《行政诉讼法》第13条第2项规定，人民法院不受理公民、法人或者其他组织对下列事项提起的诉讼：(二) 行政法规、规章或者行政机关制定、发布的具有普遍约束力的决定、命令。也就是说，其他规范性文件属于抽象行政行为，直接就其提起行政诉讼，不属于行政诉讼的受案范围。但是，《行政复议法》和《行政诉讼法》规定，公民、法人或者其他组织认为行政行为所依据的国务院部门和地方人民政府及其部门制定的规范性文件不合法，在对行政行为提起复议或诉讼时，可以一并请求对该规范性文件进行审查。关于一并审查制度，我们将在后面的章节展开学习。

【考点点拨】

其他规范性文件的分值不在这部分体现，同学们在此处只需要知道它属于抽象行政行为，不属于行政诉讼受案范围即可。后续，我们将会学习它在复议和诉讼中的附带性审查，主观题和客观题都有涉及，大意就是如果你违反了某个文件被处罚了，那么你可以对该处罚提起行政复议或行政诉讼，同时“釜底抽薪”地向复议机关或法院提出该文件的附带性审查，即认为从根本上，文件就是违法的，因此对你的处罚也是违法的。再一点要注意的是，这章分为行政立法和其他规范性文件，其中能提出附带性审查的只有后者，即其他规范性文件。

第四章　具体行政行为概述

【复习提要】

具体行政行为概述主要是理论部分的学习，常见于客观题命题。学习的重点和难点在于具体行政行为和相近行为的区分、具体行政行为的效力以及状态。

第一节　具体行政行为的概说

一、具体行政行为的概念及特征

具体行政行为是指具有行政权能的组织为实现行政规制而运用行政权，针对特定相对人设定、变更或消灭权利义务所作的单方行政行为。具体行政行为是我国行政法上的重要制度和行政法学上的重要概念。自1989年颁布的《行政诉讼法》以国家立法形式明确提出具体行政行为，并把它作为确立行政诉讼受案范围之后，具体行政行为以及其与抽象行政行为的区分就成为理论界和实务界关注的重要课题。经过2014年修正的《行政诉讼法》，扩大了行政诉讼基本受案范围，把“行政行为”作为行政诉讼受案的基本范围。但在修改后的行政诉讼法中，因具体行政行为引起的行政案件仍是行政诉讼受案范围中的主要案件类别。

具体行政行为自身也有相应的特征。具有法律性、特定性、单方性、外部性等特征。

法律性	行政行为是一种法律行为。行政机关行政的意志行为需要具有相应的成立、生效的法律要件和法律后果，即使得行政法上的权利义务得以建立、变更或者消灭
特定性	具体行政行为是对特定人或者特定事项的一次性处理，这表明处理的个别性是具体行政行为的重要特征
单方性	具体行政行为的作出不需要公民、法人或者其他组织的同意，是行政机关依据国家行政法律以命令形式单方面设定的
外部性	具体行政行为是对公民、法人或者其他组织权利义务的安排，是实现行政职能的外部行为措施，并且行政决定的外部要素，是确定其具体行政行为的重要标志

1. 具体行政行为法律性：区别于行政事实行为和准备性、部分性行政行为。行政事实行为，如提出供公众参考的信息、建议或指导，交通管理部门在公共交通道路上设置交通安全指示标志，市场监管部门销毁已经依法没收的假冒产品等是行政事实行为，它并不是以建立、变更或者消灭当事人法律上权利义务为目的的行政活动。准备性、部分性行政行为是为最终作出权利义务安排进行的程序性、阶段性工作行为，它主要会涉及一些行政监督检查活动。例如，公共交通管理部门在公共道路上对过往车辆的测速活动等。

2. 具体行政行为特定性：区别于抽象行政行为的不特定事项和不特定人，可以反复使用的普遍性特征。

3. 具体行政行为单方性：区别于民事行为。行政机关单方命令的根据，是行政决定基于法律规定的国家公共利益作出的，并且由此产生了公民、法人或者其他组织服从的必要。这一构成要素首先指明了具体行政行为具有命令服从性质，不同于民事行为。

4. 具体行政行为外部性：区别于行政机关的内部措施，行政机关的内部措施是指行政机关之间和行政机关与行政机关工作人员之间也存在发布有法律约束力的职务命令和指示，但这种命令和指示没有规定可以直接影响外部公民、法人或者其他组织权利义务的内容，只能是一种行政机关内部的管理措施，不适用关于具体行政行为的法律规则。

【考点点拨】

具体行政行为的判断主要注意与以下几个内容相区分，即抽象行政行为、事实行为。与抽象行政行为区分主要看对象特不特定；与事实行为区分主要看有没有产生行政法上的权利义务关系，比如行政机关提供一个信息，这就对你没有产生直接影响，属于事实行为。

【真题实战】

1. 为落实淘汰落后产能政策，某区政府发布通告：凡在本通告附件所列名单中的企业两年内关闭。提前关闭或者积极配合的给予一定补贴，逾期不履行的强制关闭。关于通告的性质，下列哪一选项是正确的?[1]（2016/44/单）

A. 行政规范性文件　　B. 具体行政行为

C. 行政给付　　D. 行政强制

2. 下列哪些行为属于具体行政行为？（2021/模拟/多）[2]

A. 市场监管局发文要求电商平台合法经营、规范经营

B. 防汛指挥部发布大雨蓝色预警，请市民出行注意安全

C. 中国证监会对某公司负责人作出终身禁入证券市场措施

D. 证监局向某证券公司出具警示函，指出其执业过程中存在的问题并责令采取整改措施

二、具体行政行为的分类

具体行政行为依不同的判断标准，可分成不同的类型。

分类		判断标准
依职权行政行为	依申请行政行为	是否以当事人的申请作为启动具体行政行为的条件
羁束行政行为	裁量行政行为	是否以行政机关在行使具体行政行为时须严格遵循法律的范围、方法、手段为条件
授益行政行为	负担行政行为	是否以具体行政行为赋予当事人权利和利益为判断条件
要式行政行为	不要式行政行为	是否以书面文字等其他特定意义符号为具体行政行为生效的必要条件

（一）依职权的和依申请的具体行政行为

划分标准是行政机关是否以当事人的申请作为开始具体行政行为的条件。前者指行政机关不需要公民、法人或其他组织申请，直接依职权采取具体行政行为；后者则需要经过当事人的申请，行政机关才能作出具体行政行为。

---

〔1〕 答案B【解析】该行为针对是特定的人，即通告附件所列名单中的企业，并以产生法律约束力为意思表示，属于具体行政行为。

〔2〕 答案CD【解析】选项A属于抽象行为；选项B属于事实行为。

（二）羁束的和裁量的具体行政行为

划分标准是具体行政行为受法律拘束的程度。立法对具体行政行为的范围、方法、手段等条件作出严格规定，行政机关采取时基本没有选择余地的，是羁束的具体行政行为；立法对具体行政行为的范围、方法、手段等方面给予行政机关根据实际情况裁量余地的，是裁量的具体行政行为。

【考点点拨】

考试重点是羁束的和裁量的具体行政行为的区分。典型的税种、税率就是属于羁束性的行政行为；处罚一般属于裁量性行政行为，比如《治安管理处罚法》第23条第1款第3项规定，扰乱公共交通工具秩序，处警告或者二百元以下罚款；情节较重的，处五日以上十日以下拘留，可以并处五百元以下罚款。就是说这种情况之下，公安机关可以根据具体的案情选择警告、罚款、拘留不同的种类进行处罚；以及选择罚款的具体钱数和拘留的天数。

（三）授益的和负担的具体行政行为

划分标准是具体行政行为与当事人之间的权益关系。为当事人授予权利、利益或者免除负担义务的，是授益的具体行政行为；为当事人设定义务或者剥夺其权益的，是负担的具体行政行为。

（四）要式的与不要式的具体行政行为

划分标准是具体行政行为是否需要具备法定的形式。需要具备书面文字等其他特定意义符号为生效必要条件的，是要式的具体行政行为；不需要具备书面文字或者其他特定意义符号就可以生效的，是不要式的具体行政行为。

【真题实战】

某地连续发生数起以低价出售物品引诱当事人至屋内后实施抢劫的事件，当地公安局通过手机短信告知居民保持警惕以免上当受骗。公安局的行为属于下列哪一性质？[1]（2015/46/单）

A. 履行行政职务的行为　　B. 负担性的行为

C. 准备性行政行为　　D. 强制行为

第二节　具体行政行为的效力

一、具体行政行为的成立

具体行政行为的成立，是指具体行政行为在法律上存在。只有首先确定具体行政行为的成立，才能对其进行法律评价确认其是否合法适当。具体行政行为成立的一般条件是：

---

〔1〕 答案A【解析】公安机关依法承担打击犯罪、保护人民生命财产安全的职责，发布该通知即为履行职责的表现，因此选项A正确。按照具体行政行为与当事人之间的权益关系，具体行政行为可以分为授益性具体行政行为和负担性具体行政行为。前者是指授予行政相对人以一定权利或利益，或者免除其义务的行为，如行政许可。后者是指要求行政相对人负担一定的义务或者对其权利进行限制的行为，如行政处罚、行政命令。本题中的通知是为了保护当事人的利益而做出劝导，并非负担性的行为，选项B错误。准备性、部分性行政行为，是为最终作出权利义务安排进行的程序性阶段性工作行为，选项C错误。该通知不具备强制力，选项D错误。

成立要件	主体上	作出具体行政行为的主体须是享有行政职权的行政机关，实施该具体行政行为的主体须为适格的工作人员
	内容上	具有效果意思的表示，即行政机关向行政相对人作出希望设立、变更和消灭当事人权利义务的意思表示
	程序上	按照法律规定的时间和方式进行送达。未经送达领受程序的具体行政行为，不发生法律约束力

二、具体行政行为的效力

法律效力是具体行政行为法律制度中的核心因素，评价具体行政行为合法与否的实际意义，就在于对其法律效力的影响。

具体行政行为的效力可以分为若干种，一般包括拘束力、执行力和确定力。

效力	内容	
公定力	行为一经作出	即假定其合法有效
拘束力	行为一经生效	①行政机关和对方当事人都必须遵守，作出具体行政行为的行政机关不得随意更改 ②其他国家机关和社会成员必须予以尊重
确定力	法定救济期限届满	行为不再争议、不得更改
执行力	履行期限届满	使用国家强制力迫使当事人履行义务或者以其他方式实现具体行政行为权利义务安排的效力

具体来说：

（一）公定力

公定力，是指具体行政行为一经作出，除非存在重大、明显违法情形，即假定其合法有效，任何机关、组织和个人未经法定程序不得否定其效力。

（二）拘束力

拘束力，是指具体行政行为一经生效，行政机关和对方当事人都必须遵守，其他国家机关和社会成员必须予以尊重的效力。对于已经生效的具体行政行为，不但行政相对人应当接受并履行义务，作出具体行政行为的行政机关不得随意更改，而且其他国家机关也不得以相同的事实和理由再次受理和处理该同一案件，其他社会成员也不得对同一案件进行随意的干预。

（三）确定力

确定力，是指具体行政行为不再争议、不得更改的效力，具体行政行为因此取得不可撤销性。一般而言，具体行政行为作出后都会有一个可争议和可更改期。权益受到损害的当事人可以利用行政复议、行政诉讼或者其他法定途径获得救济，行政机关也可以通过行政监督程序撤回已经生效却有法律缺陷的具体行政行为。但是出于稳定行政管理关系的需要，这一期限不可能无限延长。当法定的不可争议和不可更改期限到来时，该具体行政行为也就取得了确定力，当然这是形式意义的确定力。

（四）执行力

执行力，是指使用国家强制力迫使当事人履行义务或者以其他方式实现具体行政行为权利义务安排的效力。这是具体行政行为具有国家意志性的体现。理论上，具体行政行为发生拘束力后，有关当事人应当积极主动地履行相关义务。如果当事人不能自动履行这些义务，具体行政行为所规定的权利和义务无法实现，具体行政行为的执行力就可以发生作用。有关机关可以根据法律的规定依职权或者依申请采取措施，强制实现具体行政行为的权利义务安排。

【考点点拨】

就考试而言，记住看到“生效”就选拘束力；看到“救济期限届满”就选确定力；最简单的是执行力：当事人不履行予以强制执行就是执行力。

【真题实战】

关于具体行政行为，下列哪一说法是正确的?[1]（2011/49/单）

A. 行政许可为依职权的行政行为

B. 具体行政行为皆为要式行政行为

C. 法律效力是具体行政行为法律制度中的核心因素

D. 当事人不履行具体行政行为确定的义务，行政机关予以执行是具体行政行为确定力的表现

三、具体行政行为效力的终止

一般而言，具体行政行为一经成立就可以立即生效。但是行政机关也可以安排某一事件发生后或者经过一段时间后才发生效力，即附生效条件的具体行政行为须条件成就时才发生法律效力；附生效期限的具体行政行为须期限到达时才发生法律效力。

具体行政行为效力终止的原因，可以分为没有违法因素的和有违法因素的两类情形。没有违法因素的情形有：具体行政行为为其设定专属权益或者义务的自然人死亡，自然人放弃具体行政行为赋予的权益，具体行政行为为其设定专属义务的法人或者其他组织的不复存在；具体行政行为规定的法律义务已经履行完毕或者有关客观事实已经消失；新的立法规定取消已经实施的行政许可项目和其他行政管制项目，具体行政行为予以废止。

有违法因素的情形根据具体行政行为违法的严重程度，可以分为：无效的具体行政行为和可撤销的具体行政行为。重大且明显违法的具体行政行为是无效的具体行政行为，从一开始就没有法律效力；普通违法的具体行政行为是当事人可以请求撤销的，或者行政机关承认可以予以撤回的具体行政行为。

具体行政行为效力的终止，主要是具体行政行为的无效、撤销和废止。

	条件	效力	后果
无效	行为重大明显违法	自始没有任何法律约束力	①受侵害人可以在任何时候主张无效 ②有权国家机关可以在任何时候宣布无效 ③受侵害人应当获得赔偿
可撤销	一般违法或明显不当	可溯及成立之日，也可自撤销之日起失效	①需依法定程序撤销，才能否定效力 ②受侵害人应当获得赔偿

〔1〕 答案 C【解析】《行政许可法》第 2 条规定：“本法所称行政许可，是指行政机关根据公民、法人或者其他组织的申请，经依法审查，准予其从事特定活动的行为。”行政许可是典型的依申请的行政行为，而非依职权的行政行为，选项 A 错误。具体行政行为可以分为要式的与不要式的具体行政行为。划分标准是具体行政行为是否需要具备法定的形式。需要具备书面文字等其他特定意义符号为生效必要条件的，是要式的具体行政行为；不需要具备书面文字或者其他特定意义符号就可以生效的，是不要式的具体行政行为，选项 B 错误。法律效力是具体行政行为法律制度中的核心因素。评价具体行政行为合法与否的实际意义，就在于对其法律效力的影响，选项 C 正确。当事人不履行具体行政行为确定的义务，行政机关予以执行是具体行政行为执行力的表现。选项 D 错误。

续表

	条件	效力	后果
废止	客观条件变化	自废止之日起失效	①给当事人的利益不收回 ②当事人的义务不补偿 ③严重损害或不公应予补偿

具体来说：

（一）无效

无效具体行政行为可以表现为许多具体情形，不能做一次性穷尽列举。如果一个具体行政行为发生如下情形，就可以构成无效的理由：

1. 要求从事将构成犯罪的违法行为。例如，命令违法侵入公民住宅、发行非法出版物、捕杀珍稀濒危动物并达到违反刑事法律的程度。

2. 明显缺乏法律依据的。例如，许可当地企业制作、销售传播淫秽内容的光盘。

3. 明显缺乏事实根据的，或者要求从事客观上不可能实施的行为。例如，根据没有查证的材料给予一个无辜的公民以治安处罚。

具体行政行为无效的后果。在实体法上，无效的具体行政行为自作出之时就没有任何法律约束力，当事人不受它的拘束，其他国家机关和其他社会成员也可以不尊重它。当事人不履行它所规定的义务，不承担法律责任。在程序法上，该具体行政行为致使其合法权益受到损害的公民、法人或者组织，可以在任何时候主张该具体行政行为无效，有权国家机关可在任何时候宣布该具体行政行为无效，因为无效行政行为不具有确定力。

具体行政行为被确定无效后，行政机关应当返还从当事人处取得的利益，取消要求当事人履行的所有义务，赔偿对当事人造成的损失。行政机关应当收回无效具体行政行为给予当事人的权益。如果此种收回给善意的当事人合法权益造成损害，行政机关应当予以赔偿。

（二）可撤销

可撤销的具体行政行为必须经过法定程序由国家有权机关作出撤销决定，才能否定其法律效力，有关当事人、其他国家机关和其他社会成员无权擅自否定具体行政行为的法律效力。具体行政行为被撤销的效力可以溯及至该具体行政行为成立之日。根据法律规定的公共利益需要或当事人是否存在过错等情况，也可以自撤销之日起失效。但当事人在撤销决定作出之前一直要受该具体行政行为的约束。

在处理后果上，具体行政行为因为被撤销而丧失或者不能取得法律效力后，如果相关义务已经履行或者已经执行的，能够恢复原状的应当恢复原状。被撤销的具体行政行为给当事人造成损失的，应当由行政机关承担赔偿责任。

《行政诉讼法》第 70 条规定："行政行为有下列情形之一的，人民法院判决撤销或者部分撤销，并可以判决被告重新作出行政行为：（一）主要证据不足的；（二）适用法律、法规错误的；（三）违反法定程序的；（四）超越职权的；（五）滥用职权的；（六）明显不当的。"

（三）废止

废止的理由和条件是由于客观条件的变化，具体行政行为没有继续保持其效力的必要。具体包括：具体行政行为所依据的法律、法规、规章、政策，已经为有权机关依法修改、废止或撤销；具体行政行为所根据的客观事实已经发生重大变化或者已经不复存在；具体行政行为所期望的法律效果已经实现。

原则上，具体行政行为废止之前给予当事人的利益、好处不再收回；当事人也不能对已履行的义务要求补偿。如果废止使当事人的合法权益受到严重损失，或者带来严重的社会不公正，行政机关应当给予受到损失的当事人以必要的补偿。

【考点点拨】

无效就是特别坏的，比如让你去违法犯罪，这时候不用听，也不承担责任；可撤销是一般坏的，这时候为什么还要正常照做，被撤销之后才能不做呢？因为“可撤销”是一般违法或者明显不当，咱们不一定能判断准确，不像无效那么明显，所以为了行政机关的效率和社会秩序，咱们认为不对也得做。废止就是谁也怨不着，客观情况变化了。

【真题实战】

1. 关于具体行政行为的效力，下列哪些说法是正确的？[1]（2010/81/多）

A. 可撤销的具体行政行为在被撤销之前，当事人应受其约束

B. 具体行政行为废止前给予当事人的利益，在该行为废止后应收回

C. 为某人设定专属权益的行政行为，如此人死亡其效力应终止

D. 对无效具体行政行为，任何人都可以向法院起诉主张其无效

2. 关于具体行政行为的合法性与效力，下列哪些说法是正确的？[2]（2013/85/多）

A. 遵守法定程序是具体行政行为合法的必要条件

B. 无效行政行为可能有多种表现形式，无法完全列举

C. 因具体行政行为废止致使当事人的合法权益受到损失的，应给予赔偿

D. 申请行政复议会导致具体行政行为丧失拘束力

四、具体行政行为的合法要件

基本标准	主体	行使行政职权的主体合法
	职权	合乎法定职权范围
	证据	有确凿的事实证据
	依据	适用法律依据正确
	程序	符合法律规定程序
禁止性要求	不得超越职权、不得滥用职权	
合理性要求	无明显不当	

根据我国的行政诉讼法和行政复议法，判断具体行政行为合法性的基本标准是：（1）行使行政职权的主体合法；（2）合乎法定职权范围；（3）作出具体行政行为的证据确凿；（4）适

---

〔1〕 答案 AC【解析】当事人在撤销决定作出之前一直要受该具体行政行为的约束。选项 A 正确。被废止的具体行政行为，自废止之日起丧失效力。原则上，具体行政行为废止之前给予当事人的利益、好处不再收回。选项 B 错误。具体行政行为为其设定专属权益或者义务的自然人死亡、法人或者其他组织不复存在的，具体行政行为的效力应当终止。选项 C 正确。在程序法上，该具体行政行为致使其合法权益受到损害的公民、法人或者组织，可以在任何时候主张该具体行政行为无效，有权国家机关可在任何时候宣布该具体行政行为无效。据此可知，对无效具体行政行为，可以向法院起诉主张其无效的只能是合法权益受到损害的公民、法人或者组织，而不是任何人。选项 D 错误。

〔2〕 答案 AB【解析】行政诉讼法规定法定程序是行政行为合法的必要条件，选项 A 正确。无效具体行政行为可以表现为许多具体情形，不能做一次性穷尽列举，选项 B 正确。因具体行政行为废止致使当事人的合法权益受到严重损失或者带来严重的社会不公正的，行政机关应当给予受到损失的当事人以必要的补偿，一是需要严重损害或不公，二是补偿，选项 C 错误。具体行政行为一经生效，行政机关和对方当事人都必须遵守，其他国家机关和社会成员必须予以尊重，即便相对人申请了行政复议，在复议机关改变原具体行政行为之前，该原具体行政行为依然有效。因此，申请行政复议不会导致具体行政行为丧失拘束力，选项 D 错误。

用法律法规正确；（5）符合法定程序；（6）不滥用职权；（7）无明显不当。行政机关采取的具体行政行为，符合以上条件就是合法的，将得到司法审查机关或者行政复议机关的支持。否则就构成违法，将被撤销、变更。

（一）事实证据确凿

《行政诉讼法》规定，人民法院审理行政案件，以事实为根据，以法律为准绳。

对于行政活动中的事实证据问题，行政诉讼法也进行了规定。包括行政诉讼中，证据的法定种类、形式要求等。

（二）正确适用法律法规

正确适用法律法规要求正确把握法律法规与调整对象的联系；适用现行有效的法律；在法律冲突时，适用正确的法律等。如果行政机关在上述有关方面有缺陷，法院就可以在行政诉讼中以适用法律法规错误撤销行政决定，判决行政机关败诉。

（三）符合法定程序

行政机关履行行政行为时必须遵守法定程序，这是判断行政行为是否正确合法的重要标准。比如行政处罚法对处罚的具体程序都进行了详细规定，当事人的程序权利必须得到满足，即当事人的了解权、陈述权和申辩权必须得到行政机关的尊重。

（四）不得超越职权和滥用职权

除了上面讲的三个基本条件以外，行政诉讼法还对行政机关提出了两个禁止性要求，即不得超越职权和滥用职权。行政机关的具体行政行为超越职权和滥用职权，侵犯当事人的合法权益，法院可以予以撤销。

（五）无明显不当

明显不当指具体行政行为明显不合理，特别是行政机关行使行政裁量作出的具体行政行为明显逾越了合理性的限度。

【真题实战】

有关具体行政行为的效力和合法性，下列说法正确的是[1]（2014/99/任）

A. 具体行政行为一经成立即生效

B. 具体行政行为违法是导致其效力终止的唯一原因

C. 行政机关的职权主要源自行政组织法和授权法的规定

D. 滥用职权是具体行政行为构成违法的独立理由

---

〔1〕 答案 CD【解析】具体行政行为的成立是生效的前提，但并非一经成立即生效。存在已成立但不能生效的无效行政行为，以及暂不生效的附条件、附期限行政行为。选项 A 错误。导致具体行政行为效力终止的原因，可以分为没有违法因素的和有违法因素的两类情形。没有违法因素的情形有：具体行政行为为其设定专属权益或者义务的自然人死亡或自然人放弃赋予其的权益；具体行政行为规定的法律义务已经履行完毕或者有关客观事实已经消失等。选项 B 错误。具体行政行为的合法要件之一为不得超越职权和滥用职权，而行政机关的职权范围主要由行政组织法和授权法规定。选项 C 正确。滥用职权在行政法上是一个实质违法的概念和制度，行政机关滥用职权所作的具体行政行为，即使在形式上符合条件，它仍然是一个违法的具体行政行为。据此，滥用职权是具体行政行为构成违法的独立理由。选项 D 正确。

第五章　行政许可

【复习提要】

行政许可法是重要的行为法之一。行政许可既是客观题的考查内容，有些年份也作为案例分析在主观题中出现。行政许可的性质、程序、监督都是考试的重点内容。难点在于设定权限、与处罚的制度对比。

第一节　行政许可的范围、设定和实施

一、行政许可的范围

《行政许可法》规定："行政许可，是指行政机关根据公民、法人或者其他组织的申请，经依法审查，准予其从事特定活动的行为。"有关行政机关对其他机关或者对其直接管理的事业单位的人事、财务、外事等事项的审批，不属于行政许可。

行政许可的特征：第一，外部性。即行政系统内部审批或行政机关对有行政隶属关系的事项的审批，不在行政许可法规范的范围之内。第二，依申请。只能依公民、法人或者其他组织的申请而发生。第三，授益性。行政许可准予申请人从事特定的活动，即赋予了相对人从事特定活动的权利或资格。第四，要式行政行为。行政许可应遵循一定的法定程序并具备某种书面形式。

<table>
<tr><th colspan="2">可以设定许可的事项</th><th>可以不设定许可的事项</th></tr>
<tr><td>一般许可</td><td>直接涉及国家安全、公共安全、经济宏观调控、生态环境保护、人身健康、生命财产安全等特定活动</td><td rowspan="5">①公民、法人或者其他组织能够自主决定
②市场竞争机制能够有效调节
③行业组织或者中介机构能够自律管理
④行政机关采用事后监督等其他行政管理方式能够解决</td></tr>
<tr><td>特许</td><td>有限自然资源开发利用、公共资源配置以及直接关系公共利益的特定行业的市场准入</td></tr>
<tr><td>认可</td><td>提供公众服务并且直接关系公共利益的职业、行业的资格、资质</td></tr>
<tr><td>核准</td><td>直接关系公共安全、人身健康、生命财产安全的重要设备、设施、产品、物品</td></tr>
<tr><td>登记</td><td>企业或者其他组织的设立登记</td></tr>
</table>

行政许可的设定范围，即哪些事项可以设定行政许可，哪些事项不能设定行政许可，任由公民自主决定或者由市场调节。可以设定行政许可的事项包括：

（一）一般许可

直接涉及国家安全、公共安全、经济宏观调控、生态环境保护以及直接关系人身健康、生命财产安全等特定活动，需要按照法定条件予以批准的事项。这一类事项设定行政许可的目的是防止危险和保障安全。其主要特点是：第一，在这些范围内，相对人行使法定权利或者从事

法律没有禁止但附有条件的活动，需经批准；第二，许可事项一般没有数量控制；第三，法律、法规对这类许可事项规定的条件和标准比较明确，行政机关的自由裁量权受到限制；第四，能否取得许可，与申请人自身的条件有关，并且取得的许可不得转让。

（二）特许

有限自然资源开发利用、公共资源配置以及直接关系公共利益的特定行业的市场准入等，需要赋予特定权利的事项。这类许可事项一般与民事权利有关，许可的结果是向相对人授予某种民事权利，功能是分配有限的自然资源和公共资源。这类许可事项的特点是：第一，其目的是为了合理配置、利用现有资源，防止资源利用中的无序状态；第二，申请人获得许可，通常要支付一定的对价，特别是有关自然资源开发、利用方面的许可；第三，许可与民事合同发生竞合，国家以自然资源和公共资源所有者的身份，向申请人颁发许可，既是以行政权力准许申请人从事开发利用的活动，又可以说是以特定的民事主体身份，转让民事权利；第四，申请人取得的许可，一般可以依法转让；第五，这类许可一般都有数量限制。如设立渡口，由设置单位向渡口主管部门提出申请，经批准设置的渡口，由批准机关发给渡口设置许可证。

（三）认可

提供公众服务并且直接关系公共利益的职业、行业，需要确定具备特殊信誉、特殊条件或者特殊技能等资格、资质的事项。在这一领域设定许可，主要目的是提高从业水平或者某种技能、信誉。其特点是：第一，这种许可事项限于为公众直接提供服务的特定职业和行业，间接提供服务，不需要设定许可。对于一些单位、企业内部的一些岗位、职位的资格要求，可以由各单位规定资格条件，而不必由国家来统一确定资格。第二，这些职业和行业直接关系公共利益。第三，从事这些职业或行业要具备特殊信誉、特殊条件或者特殊技能，并且需要国家统一规定；这里包含了三个“特殊”，可见其不同于其他的职业或行业。第四，这类资格资质的授予，通过考试、考核方式确定；第五，资格资质与相对人的身份相联系，不能转让、不能继承。

（四）核准

直接关系公共安全、人身健康、生命财产安全的重要设备、设施、产品、物品，需要按照技术标准、技术规范，通过检验、检测、检疫等方式进行审定的事项。这一类许可事项的特点是：第一，以对物的检验、检测和检疫为依据决定是否许可，行政机关没有自由裁量权；第二，以既定的技术规范和技术标准作依据，没有数量限制；第三，这种许可相对于被许可人有一定的独立性，被检定为合格的物，在其所有权发生转变时，对该物品的许可仍然有效；第四，这种许可的实质是许可该物的所有权人使用、销售该物品。

（五）登记

企业或者其他组织的设立等，需要确定主体资格的事项。其特点是：第一，未经合法登记、取得特定主体资格的，不得从事相关活动；第二，没有数量上的限制；第三，对申请材料一般只进行形式审查，通常可以当场作出是否准予的决定；第四，行政机关没有自由裁量权。

登记许可主要有两类：一类是企业法人登记，确立其市场主体资格；另一类是社会组织登记，包括社会团体、事业单位、民办非企业单位登记等，以确立其从事社会活动的资格。总的来看，我国的登记种类比较多，有些登记属于事后确认性质，不属于许可，如房屋登记、抵押登记等。但有一些登记，实际是为了取得行为能力、活动资格，因此这种登记属于行政许可。

【考点点拨】

“安全”是一般许可；“资源”是特许；“资格”是认可；“质量”是核准；“设立登记”就是登记。

二、行政许可的设定

设定行政许可主要规定行政许可的实施机关、条件、程序和期限。设定行政许可只能采用法律、行政法规和地方性法规的形式，其他规范性文件一律不得设定行政许可。

（一）许可的创设

<table>
<tr><th>立法</th><th>许可种类</th><th>设定条件</th><th>说明</th></tr>
<tr><td>法律</td><td>所有许可</td><td>属于行政许可事项</td><td rowspan="2">只能全国统一设定：
①由国家统一确定的资格、资质的许可
②组织的设立登记及其前置性许可</td></tr>
<tr><td>行政法规</td><td>所有许可</td><td>尚未制定法律的</td></tr>
<tr><td>地方性法规</td><td>所有许可</td><td>尚未制定法律、行政法规</td><td rowspan="2">禁止地方保护主义：
①不得限制其他地区的个人或企业到本地区从事生产经营和提供服务
②不得限制其他地区的商品进入本地区市场</td></tr>
<tr><td>省级政府规章</td><td>临时性许可（1 年）</td><td>尚未制定法律、行政法规、地方性法规的</td></tr>
</table>

行政许可的设定可以分为经常性许可的设定和非经常性许可的设定。以上法律、行政法规、地方性法规属于经常性许可的设定。省级政府规章属于非经常性行政许可的设定。除此之外，非经常性行政许可的设定还包括国务院的决定。必要时，国务院可以采用发布决定的方式设定行政许可。实施后，除临时性行政许可事项外，国务院应当及时提请全国人民代表大会及其常务委员会制定法律，或者自行制定行政法规。

1. 法律的设定权限

法律可以设定行政许可。但是，法律设定行政许可的权力也不是无限的。首先，法律也要尊重宪法的原则和精神，充分保护宪法确定的公民权利和自由，要尽量少设行政许可。其次，法律设定行政许可，一般应在行政许可范围规定的五类事项的范围内设定行政许可。虽然行政许可法规定法律可以超出这五类事项设定行政许可，但应当理解为这是例外规定，是在特别需要的情况下才可设定，不是可以不受限制，任意扩大设定范围。最后，法律设定行政许可还要受到一定的限制，即通过可以不设定许可的四种方式可以解决的，也不应设定行政许可。

2. 行政法规的设定权限

行政法规的设定范围要大于法律。尚未制定法律的，行政法规可以设定行政许可。因此，在行政法规与法律的关系上，法律没有规定的，它可以规定；法律有规定的，它可以作具体规定，不得与法律相抵触。此外，行政法规设定行政许可还要受《立法法》第十一条限制。《立法法》第十一条列举了全国人大及其常委会的专属立法权，行政法规不得设定《立法法》规定只能由法律规定的事项，或者须经法律明确授权。

3. 地方性法规的设定权限

地方性法规的效力等级低于行政法规，只在本行政区域有效。尚未制定上位法，即尚未制定法律、行政法规的，地方性法规可以设定行政许可。地方性法规和省级人民政府规章不得设定应当由国家统一确定的公民、法人或者其他组织资格、资质的行政许可；不得设定企业或者其他组织设立的登记及其前置性行政许可；设定的行政许可，不得限制其他地区的个人或者企业到本地区开展生产经营活动和提供服务；不得限制其他地区的产品进入本地区市场。

【考点点拨】

“不得设定企业或者其他组织设立的登记及其前置性行政许可”。什么是前置性许可？比如现在要建个大桥，动工之前要先获得环境部门的批准，这个环境部门的批准就属于前置性许可。

4. **省级人民政府规章的设定权限**

《行政许可法》没有授权国务院部门规章可以设定行政许可，但考虑到地方政府综合管理所辖行政区域的各项事务，授权省、自治区、直辖市和较大市的人民政府规章可以设定行政许可。立法机关认为我国的省级行政区划比较大，各省、自治区、直辖市之间存在很大差别，省级政府在全面负责本行政区域经济、社会管理工作中，当出现地方性的特殊问题时，需要立即采取行政许可措施进行管理，而法律、行政法规未作规定，又来不及或者不需要制定地方性法规，在这种情况下赋予省级政府一定的行政许可设定权是必要的。

省级人民政府规章只能设定临时性的行政许可。这种临时性的行政许可有效期为1年，如果需要继续执行，应当上升为地方性法规。尚未制定法律、行政法规和地方性法规的，因行政管理的需要，确需立即实施行政许可的，省、自治区、直辖市人民政府规章可以设定临时性的行政许可。

【考点点拨】

细节考点又来了！经常说的“省部级”，注意此处只有“省”，考试经常出部门规章作为错误选项。

5. **国务院决定的设定权限**

《行政许可法》规定，必要时，国务院可以采用发布决定的方式设定行政许可。实施后，除临时性行政许可事项外，国务院应当及时提请全国人民代表大会及其常务委员会制定法律，或者自行制定行政法规。国务院发布决定是国务院根据《宪法》第八十九条所享有的一项权力。一般是针对某个方面的具体事项作出的、与行政法规不同的一种规范性文件，其制定程序也不同于行政法规，不属于我国法律体系的组成部分。

除法律、行政法规、国务院决定、地方性法规和省级人民政府规章以外的规范性文件不得设定行政许可。

【真题实战】

关于行政许可的设定权限，下列哪些说法是不正确的?[1]（2016/79/多）

A. 必要时省政府制定的规章可设定企业的设立登记及其前置性行政许可

B. 地方性法规可设定应由国家统一确定的公民、法人或者其他组织的资格、资质的行政许可

C. 必要时国务院部门可采用发布决定的方式设定临时性行政许可

D. 省政府报国务院批准后可在本区域停止实施行政法规设定的有关经济事务的行政许可

（二）许可的规定

行政法规、地方性法规和规章可以在上位法设定的行政许可事项范围内，对实施该行政许可作出具体规定。制定具体规定的规则包括：不得增设行政许可；对行政许可条件作出的具体规定，不得增设违反上位法的其他条件。

具体来说，行政法规可以在法律设定的行政许可事项范围内，对实施该行政许可作出具体规定。地方性法规可以在法律、行政法规设定的行政许可事项范围内，对实施该行政许可作出具体规定。规章可以在上位法设定的行政许可事项范围内，对实施该行政许可作出具体规定。法规、规章对实施上位法设定的行政许可作出的具体规定，不得增设行政许可；对行政许可条

---

〔1〕 答案ABC【解析】《行政许可法》第15条第2款规定，企业或者其他组织的设立登记及其前置性行政许可应当由国家统一设定，选项AB错误。该法第14条规定，必要时，国务院可以采用发布决定的方式设定行政许可。不是本题中的国务院部门，选项C错误。该法第21条第2款规定：“省、自治区、直辖市人民政府对行政法规设定的有关经济事务的行政许可，根据本行政区域经济和社会发展情况，认为通过本法第十三条所列方式能够解决的，报国务院批准后，可以在本行政区域内停止实施该行政许可。”选项D正确。

件作出的具体规定，不得增设违反上位法的其他条件。

【考点点拨】

行政许可的设定和规定不同。所谓设定权是指法的创制权，是立法机关创制新的行为规范的权力，是从“无”到“有”。规定权是指现有的法的规范具体化的权力，不创制新的行为规范，是从“粗”到“细”。

【真题实战】

下列哪些地方性法规的规定违反《行政许可法》?[1]（2010/82/多）

A. 申请餐饮服务许可证，须到当地餐饮行业协会办理认证手续

B. 申请娱乐场所表演许可证，文化主管部门收取的费用由财政部门按一定比例返还

C. 外地人员到本地经营网吧，应当到本地电信管理部门注册并缴纳特别管理费

D. 申请建设工程规划许可证，需安装建设主管部门指定的节能设施

（三）许可的停止

行政许可在一定条件下会停止实施或被予以修改或废止。

设定机关停止	行政许可的设定机关应当定期对其设定的行政许可进行评价，及时予以修改或者废止
省级政府停止	省级政府对行政法规设定的有关经济事务的许可，认为符合可以不设定许可标准的，报国务院批准后可在本区域内停止实施

行政许可的设定机关应当定期对其设定的行政许可进行评价；对已设定的行政许可，认为通过不设定行政许可的方式能够解决的，应当对设定该行政许可的规定及时予以修改或者废止。行政许可的实施机关可以对已设定的行政许可的实施情况及存在的必要性适时进行评价，并将意见报告该行政许可的设定机关。公民、法人或者其他组织可以向行政许可的设定机关和实施机关就行政许可的设定和实施提出意见和建议。

省、自治区、直辖市人民政府对行政法规设定的有关经济事务的行政许可，根据本行政区域经济和社会发展情况，认为可以通过不设定行政许可的方式能够解决的，报国务院批准后，可以在本行政区域内停止实施该行政许可。

三、行政许可的实施主体

一般实施	①具有行政许可权的行政机关 ②法律、法规授权的具有管理公共事务职能的组织 ③委托其他行政机关
集中实施	经国务院批准，省级政府可以决定一个行政机关行使有关行政机关的行政许可权
统一实施	多个内设机构办理的，确定由一个机构统一办理
联合实施	两个以上部门分别实施的，确定由一个部门办理，或者组织有关部门联合办理

［1］ 答案 ABCD【解析】《行政许可法》第 16 条第 4 款规定：“法规、规章对实施上位法设定的行政许可作出的具体规定，不得增设行政许可；对行政许可条件作出的具体规定，不得增设违反上位法的其他条件。”行业协会属于社会组织，无公权力和强制力，认证自愿进行，选项 A 错误。该法第 59 条规定：“所收取的费用必须全部上缴国库，任何机关或者个人不得以任何形式截留、挪用、私分或者变相私分。”财政部门不得以任何形式向行政机关返还或者变相返还实施行政许可所收取的费用。选项 B 错误。该法第 58 条第 1 款规定：“行政机关实施行政许可和对行政许可事项进行监督检查，不得收取任何费用。但是，法律、行政法规另有规定的，依照其规定。”即对于需要收费的特殊情形也只能由法律、行政法规规定，地方性法规无权规定对行政许可收费，选项 C 错误。该法第 27 条第 1 款规定：“行政机关实施行政许可，不得向申请人提出购买指定商品、接受有偿服务等不正当要求。”选项 D 错误。

（一）一般实施

行政许可由具有行政许可权的行政机关在其法定职权范围内实施。法律、法规授权的具有管理公共事务职能的组织，在法定授权范围内，以自己的名义实施行政许可。

行政机关在其法定职权范围内，依照法律、法规、规章的规定，可以委托其他行政机关实施行政许可。委托机关应当将受委托行政机关和受委托实施行政许可的内容予以公告。委托行政机关对受委托行政机关实施行政许可的行为应当负责监督，并对该行为的后果承担法律责任。受委托行政机关在委托范围内以委托行政机关名义实施行政许可，不得再委托其他组织或者个人实施行政许可。

【考点点拨】

注意行政许可中法律法规授权组织，就指“法律、法规”授权，考试常考规章作为错误选项。有同学看了《行政诉讼法》会问，为什么诉讼法里写的是法律、法规、规章？可以把许可法理解成特殊规定，考试喜欢考这种特殊的。

（二）集中实施

经国务院批准，省、自治区、直辖市人民政府根据精简、统一、效能的原则，可以决定一个行政机关行使有关行政机关的行政许可权。

（三）统一实施

行政许可需要行政机关内设的多个机构办理的，该行政机关应当确定一个机构统一受理行政许可申请，统一送达行政许可决定。

（四）联合实施

行政许可依法由地方人民政府两个以上部门分别实施的，本级人民政府可以确定一个部门受理行政许可申请并转告有关部门分别提出意见后统一办理，或者组织有关部门联合办理、集中办理。

第二节　行政许可的实施程序

行政许可的实施程序是指国家为保障行政许可权的公正和有效行使而规定的实施行政许可行为必须遵循的方式、步骤、时限和顺序。行政许可程序的设置是否适当，对于保护申请人的合法权益，提高行政效率，防止行政机关及其工作人员权力“寻租”，具有重要意义。

一、行政许可决定的一般程序

行政许可决定的一般程序即从行政许可的申请，到行政决定的作出、发证和延续所需要遵循的一般程序。

申请	申请方式	书面：通过信函、电报、电传、传真、电子数据交换和电子邮件等方式
	申请人义务	对申请材料的真实性负责
	行政机关义务	提供申请书格式文本，不得收费

<table>
<tr><td rowspan="6">受理</td><td>不需要许可</td><td colspan="2">即时告知不受理</td></tr>
<tr><td>不属于本机关</td><td colspan="2">即时作出不予受理决定，并告知申请人向有关机关申请</td></tr>
<tr><td>存在错误</td><td colspan="2">允许当事人当场更正</td></tr>
<tr><td>材料不符合要求</td><td colspan="2">①当场或者 5 日内一次告知补正的全部内容
②逾期不告知的，自收到申请材料之日起为受理</td></tr>
<tr><td>符合要求</td><td colspan="2">受理</td></tr>
<tr><td colspan="3">注意：受理与不受理都应出具加盖本行政机关印章和注明日期的书面凭证</td></tr>
<tr><td rowspan="2">审查</td><td>对实质内容进行核实</td><td colspan="2">指派两名以上工作人员核查</td></tr>
<tr><td>关系他人重大利益</td><td colspan="2">应当告知该利害关系人</td></tr>
<tr><td rowspan="4">决定</td><td>能够当场作出</td><td colspan="2">当场作出许可决定</td></tr>
<tr><td rowspan="2">期限</td><td>一般许可</td><td>20 日 +10 日（经机关负责人批准）</td></tr>
<tr><td>统一、联合、集中</td><td>45 日 +15 日（经政府负责人批准）</td></tr>
<tr><td colspan="3">注意：许可与不予许可都需要书面决定，不许可应当说明理由</td></tr>
<tr><td>发证</td><td colspan="3">①作出许可决定之日起 10 日内颁发许可证、加贴标签、加盖印章
②行政机关作出的准予行政许可决定，应当予以公开，公众有权查阅
③法律、行政法规设定的行政许可，其适用范围没有地域限制的，申请人取得的行政许可在全国范围内有效</td></tr>
<tr><td>延续</td><td colspan="3">①在许可有效期届满 30 日前申请，法律、法规、规章另有规定的除外
②许可机关应在许可有效期届满前决定，逾期视为准予延续</td></tr>
</table>

1. **申请**

公民、法人或者其他组织从事特定活动，依法需要取得行政许可的，应当向行政机关提出申请。申请书需要采用格式文本的，行政机关应当向申请人提供行政许可申请书格式文本。申请书格式文本中不得包含与申请行政许可事项没有直接关系的内容。申请人可以委托代理人提出行政许可申请。但是，依法应当由申请人到行政机关办公场所提出行政许可申请的除外。行政许可申请可以通过信函、电报、电传、传真、电子数据交换和电子邮件等方式提出。

申请人申请行政许可，应当如实向行政机关提交有关材料和反映真实情况，并对其申请材料实质内容的真实性负责。行政机关不得要求申请人提交与其申请的行政许可事项无关的技术资料和其他资料。行政许可申请人隐瞒有关情况或者提供虚假材料申请行政许可的，行政机关不予受理或者不予行政许可，并给予警告；行政许可申请属于直接关系公共安全、人身健康、生命财产安全事项的，申请人在一年内不得再次申请该行政许可。被许可人以欺骗、贿赂等不正当手段取得行政许可的，行政机关应当依法给予行政处罚；取得的行政许可属于直接关系公共安全、人身健康、生命财产安全事项的，申请人在三年内不得再次申请该行政许可；构成犯罪的，依法追究刑事责任。

【考点点拨】

一年和三年的区别在哪？可以理解成一年是“未遂”，没骗成，社会危害不大，所以一年；而三年是“既遂”，骗成了，社会危害较大，所以三年。

2. **受理**

行政机关对申请人提出的行政许可申请，应当根据下列情况分别作出处理：（1）申请事项依法不需要取得行政许可的，应当即时告知申请人不受理；（2）申请事项依法不属于本行政机关职权范围的，应当即时作出不予受理的决定，并告知申请人向有关行政机关申请；（3）申请材料存在可以当场更正的错误的，应当允许申请人当场更正；（4）申请材料不齐全或者不符合法定形式的，应当当场或者在五日内一次告知申请人需要补正的全部内容，逾期不告知的，自收到申请材料之日起即为受理；（5）申请事项属于本行政机关职权范围，申请材料齐全、符合法定形式，或者申请人按照本行政机关的要求提交全部补正申请材料的，应当受理行政许可申请。

行政机关受理或者不予受理行政许可申请，应当出具加盖本行政机关专用印章和注明日期的书面凭证。

3. **审查**

行政机关应当对申请人提交的申请材料进行审查。申请人提交的申请材料齐全、符合法定形式，行政机关能够当场作出决定的，应当当场作出书面的行政许可决定。根据法定条件和程序，需要对申请材料的实质内容进行核实的，行政机关应当指派两名以上工作人员进行核查。行政机关对行政许可申请进行审查时，发现行政许可事项直接关系他人重大利益的，应当告知该利害关系人。申请人、利害关系人有权进行陈述和申辩。行政机关应当听取申请人、利害关系人的意见。

申请人的申请符合法定条件、标准的，行政机关应当依法作出准予行政许可的书面决定。行政机关依法作出不予行政许可的书面决定的，应当说明理由，并告知申请人享有依法申请行政复议或者提起行政诉讼的权利。

【考点点拨】

“实质内容进行核实”，指的是除了看申请材料，还需要进行实地核查，比如你要开个饭店卖好吃的，就需要看看现场情况。出去执法了，那就要求两名以上执法人员。

4. **发证**

行政机关作出准予行政许可的决定，需要颁发行政许可证件的，应当向申请人颁发加盖本行政机关印章的下列行政许可证件：许可证、执照或者其他许可证书；资格证、资质证或者其他合格证书；行政机关的批准文件或者证明文件；法律、法规规定的其他行政许可证件。行政机关实施检验、检测、检疫的，可以在检验、检测、检疫合格的设备、设施、产品、物品上加贴标签或者加盖检验、检测、检疫印章。

行政机关作出准予行政许可的决定，应当自作出决定之日起 10 日内向申请人颁发、送达行政许可证件，或者加贴标签，加盖检验、检测、检疫印章。

行政机关实施行政许可，不得向申请人提出购买指定商品、接受有偿服务等不正当要求。行政机关工作人员办理行政许可，不得索取或者收受申请人的财物，不得谋取其他利益。

【真题实战】

1. 刘某向卫生局申请在小区设立个体诊所，卫生局受理申请。小区居民陈某等人提出，诊所的医疗废物会造成环境污染，要求卫生局不予批准。对此，下列哪一选项符合《行政许可法》规定？[1]（2010/43/单）

A. 刘某既可以书面也可以口头申请设立个体诊所

---

〔1〕 答案 B【解析】《行政许可法》第 29 条第 3 款规定，行政许可申请应以书面形式提出，不能以口头形式提出，选项 A 错误。该法第 32 条第 2 款规定，行政机关受理或者不予受理行政许可申请，应当出具加盖本行政机关专用印章和注明日期的书面凭证，选项 B 正确。该法第 47 条第 2 款规定，申请人、利害关系人不承担行政机关组织听证的费用。据此可知，听证费用不应由陈某承担，选项 C 错误。该法第 38 条第 2 款规定，行政机关不予行政许可，应当作出书面决定，不能口头告知，选项 D 错误。

B. 卫生局受理刘某申请后，应当向其出具加盖本机关专用印章和注明日期的书面凭证

C. 如陈某等人提出听证要求，卫生局同意并听证的，组织听证的费用应由陈某承担

D. 如卫生局拒绝刘某申请，原则上应作出书面决定，必要时口头告知即可

2. 2001 年原信息产业部制定的《电信业务经营许可证管理办法》（简称《办法》）规定“经营许可证有效期届满，需要继续经营的，应提前 90 日，向原发证机关提出续办经营许可证的申请。”2003 年 9 月 1 日获得增值电信业务许可证（有效期为五年）的甲公司，于 2008 年拟向原发证机关某省通信管理局提出续办经营许可证的申请。下列哪一选项是正确的?〔1〕（2009/40/单）

A. 因《办法》为规章，所规定的延续许可证申请期限无效

B. 因《办法》在《行政许可法》制定前颁布，所规定的延续许可证申请期限无效

C. 如甲公司依法提出申请，某省通信管理局应在甲公司许可证有效期届满前作出是否准予延续的决定

D. 如甲公司依法提出申请，某省通信管理局在 60 日内不予答复的，视为拒绝延续

二、行政许可决定的听证程序

听证制度是行政程序中的一项特别重要的制度。一般而言，行政程序的中心问题是利益相关人的参与。在作出某项行政许可或行政处罚前，听证能够为利益相关人的参与提供充分的机会，特别是类似于司法审判型的听证能够使利益相关人的参与权得到充分的行使，所以听证被认为是行政程序中最重要的基本制度。

1. 听证事项

（1）依职权听证。法律、法规、规章规定实施行政许可应当听证的事项，或者行政机关认为需要听证的其他涉及公共利益的重大行政许可事项，行政机关应当向社会公告，并举行听证。

（2）依申请听证。行政许可直接涉及申请人与他人之间重大利益关系的，行政机关在作出行政许可决定前，应当告知申请人、利害关系人享有要求听证的权利；申请人、利害关系人在被告知听证权利之日起 5 日内提出听证申请的，行政机关应当在 20 日内组织听证。

申请人、利害关系人不承担行政机关组织听证的费用。

2. 听证程序

（1）行政机关应当于举行听证的 7 日前将举行听证的时间、地点通知申请人、利害关系人，必要时予以公告。

（2）听证应当公开举行。

（3）行政机关应当指定审查该行政许可申请的工作人员以外的人员为听证主持人，申请人、利害关系人认为主持人与该行政许可事项有直接利害关系的，有权申请回避。

（4）举行听证时，审查该行政许可申请的工作人员应当提供审查意见的证据、理由，申请人、利害关系人可以提出证据，并进行申辩和质证。

（5）听证应当制作笔录，听证笔录应当交听证参加人确认无误后签字或者盖章。行政机关应当根据听证笔录，作出行政许可决定。

---

〔1〕 答案 C【解析】《行政许可法》第 50 条第 1 款规定：“被许可人需要延续依法取得的行政许可的有效期的，应当在该行政许可有效期届满三十日前向作出行政许可决定的行政机关提出申请。但是，法律、法规、规章另有规定的，依照其规定。”本题中，《办法》属于部门规章，属于上述规定但书范围，选项 AB 错误。《行政许可法》第 50 条第 2 款规定：“行政机关应当根据被许可人的申请，在该行政许可有效期届满前作出是否准予延续的决定；逾期未作决定的，视为准予延续。”选项 C 正确，选项 D 项错误。

【真题实战】

关于行政许可实施程序的听证规定，下列说法正确的是：[1]（2011/99/任）

A. 行政机关应在举行听证7日前将时间、地点通知申请人、利害关系人

B. 行政机关可视情况决定是否公开举行听证

C. 申请人、利害关系人对听证主持人可以依照规定提出回避申请

D. 举办听证的行政机关应当制作笔录，听证笔录应当交听证参与人确认无误后签字或者盖章

三、行政许可决定的特殊制度

（一）行政许可决定的特殊程序

许可种类	特殊程序
特许	招标、拍卖等公平竞争的方式
认可	举行国家考试
核准	检验、检测、检疫

1. 特许的特殊程序

实施特许类行政许可的，行政机关应当通过招标、拍卖等公平竞争的方式作出决定。但是，法律、行政法规另有规定的，依照其规定。行政机关通过招标、拍卖等方式作出行政许可决定的具体程序，依照有关法律、行政法规的规定。行政机关按照招标、拍卖程序确定中标人、买受人后，应当作出准予行政许可的决定，并依法向中标人、买受人颁发行政许可证件。

有数量限制的行政许可，两个或者两个以上申请人的申请均符合法定条件、标准的，行政机关应当根据受理行政许可申请的先后顺序作出准予行政许可的决定。但是，法律、行政法规另有规定的，依照其规定。行政机关违反本条规定，不采用招标、拍卖方式，或者违反招标、拍卖程序，损害申请人合法权益的，申请人可以依法申请行政复议或者提起行政诉讼。

2. 认可的特殊程序

实施认可类行政许可，赋予公民特定资格，依法应当举行国家考试的，行政机关根据考试成绩和其他法定条件作出行政许可决定；赋予法人或者其他组织特定的资格、资质的，行政机关根据申请人的专业人员构成、技术条件、经营业绩和管理水平等的考核结果作出行政许可决定。但是，法律、行政法规另有规定的，依照其规定。

公民特定资格的考试依法由行政机关或者行业组织实施，公开举行。行政机关或者行业组织应当事先公布资格考试的报名条件、报考办法、考试科目以及考试大纲。但是，不得组织强制性的资格考试的考前培训，不得指定教材或者其他助考材料。

3. 核准的特殊程序

实施核准类行政许可的，应当按照技术标准、技术规范依法进行检验、检测、检疫，行政机关根据检验、检测、检疫的结果作出行政许可决定。行政机关实施检验、检测、检疫，应当

---

〔1〕 答案ACD【解析】《行政许可法》第48条第1款第1项规定：“行政机关应当于举行听证的七日前将举行听证的时间、地点通知申请人、利害关系人，必要时予以公告”，选项A正确。该法第48条第1款第2项规定，听证应当公开举行，此处不存在自由裁量权，选项B错误。该法第48条第1款第3项规定：“行政机关应当指定审查该行政许可申请的工作人员以外的人员为听证主持人，申请人、利害关系人认为主持人与该行政许可事项有直接利害关系的，有权申请回避”，选项C正确。该法第48条第1款第5项规定：“听证应当制作笔录，听证笔录应当交听证参加人确认无误后签字或者盖章”，选项D正确。

自受理申请之日起五日内指派两名以上工作人员按照技术标准、技术规范进行检验、检测、检疫。不需要对检验、检测、检疫结果作进一步技术分析即可认定设备、设施、产品、物品是否符合技术标准、技术规范的，行政机关应当当场作出行政许可决定。行政机关根据检验、检测、检疫结果，作出不予行政许可决定的，应当书面说明不予行政许可所依据的技术标准、技术规范。

【真题实战】

《执业医师法》规定，执业医师需依法取得卫生行政主管部门发放的执业医师资格，并经注册后方能执业。关于执业医师资格，下列哪些说法是正确的?[1]（2016/78/多）

A. 该资格属于直接关系人身健康，需按照技术规范通过检验、检测确定申请人条件的许可

B. 对《执业医师法》规定的取得资格的条件和要求，部门规章不得作出具体规定

C. 卫生行政主管部门组织执业医师资格考试，应公开举行

D. 卫生行政主管部门组织执业医师资格考试，不得组织强制性考前培训

（二）行政许可的公开和公告制度

公开制度	①行政许可的实施和结果，除涉及国家秘密、商业秘密或者个人隐私的外，应当公开
	②听证应当公开举行
	③准予行政许可决定应当予以公开
公告制度	①实施行政许可的委托机关应当将受委托行政机关和受委托实施行政许可的内容予以公告
	②应当听证的事项行政机关应当向社会公告

1. 许可的公开制度

设定和实施行政许可，应当遵循公开、公平、公正的原则。有关行政许可的规定应当公布；未经公布的，不得作为实施行政许可的依据。行政许可的实施和结果，除涉及国家秘密、商业秘密或者个人隐私的外，应当公开。

听证应当公开举行。行政机关作出的准予行政许可决定，应当予以公开，公众有权查阅。

2. 许可的公告制度

行政机关在其法定职权范围内，依照法律、法规、规章的规定，可以委托其他行政机关实施行政许可。委托机关应当将受委托行政机关和受委托实施行政许可的内容予以公告。

法律、法规、规章规定实施行政许可应当听证的事项，或者行政机关认为需要听证的其他涉及公共利益的重大行政许可事项，行政机关应当向社会公告，并举行听证。行政机关应当于举行听证的七日前将举行听证的时间、地点通知申请人、利害关系人，必要时予以公告。

---

〔1〕 答案 CD【解析】《行政许可法》第 54 条规定，实施认可类行政许可，赋予公民特定资格，依法应当举行国家考试的，行政机关根据考试成绩和其他法定条件作出行政许可决定。选项 A 错误。该法第 16 条第 3 款规定，规章可以在上位法设定的行政许可事项范围内，对实施该行政许可作出具体规定。选项 B 错误。该法第 54 条第 2 款规定，公民特定资格的考试依法由行政机关或者行业组织实施，公开举行。不得组织强制性的资格考试的考前培训，不得指定教材或者其他助考材料。选项 CD 正确。

【真题实战】

关于公告，下列哪些选项是正确的？[1]（2009/90/多）

A. 行政机关认为需要听证的涉及公共利益的重大许可事项应当向社会公告

B. 行政许可直接涉及申请人与他人之间重大利益关系的，申请人、利害关系人提出听证申请的，行政机关应当予以公告

C. 行政机关在其法定权限范围内，依据法律委托其他行政机关实施行政许可，对受委托行政机关和受委托实施许可的内容应予以公告

D. 被许可人以欺骗、贿赂等不正当手段取得行政许可，行政机关予以撤销的，应当向社会公告

（三）行政许可的费用

行政许可费用方面有两个基本制度，即禁止收费原则和法定例外的实施。

1. 行政机关实施行政许可和对行政许可事项进行监督检查，禁止收取任何费用。但是，法律、行政法规另有规定的，依照其规定。

2. 对于行政机关提供的行政许可申请书格式文本，不得收费。

3. 行政机关实施行政许可所需经费应当列入本行政机关的预算，由本级财政予以保障，按照批准的预算予以核拨。

4. 行政机关实施行政许可收取费用的，必须以法律和行政法规的规定为依据，所收取的费用必须全部上缴国库，任何机关或者个人不得以任何形式截留、挪用、私分或者变相私分。财政部门不得以任何形式向行政机关返还或者变相返还实施行政许可所收取的费用。

【考点点拨】

同学们经常不理解，为什么说了“禁止收取任何费用”，马上又有但书？第一句“禁止收取任何费用”，强调的是行政机关不能乱收费；后面允许另有规定，是因为有些情况需要收费，比如采矿，肯定要交钱，不交钱咱们组团都去了。以及这种特殊规定只能由“国家”规定，即法律、行政法规，要想办法背，不能总背法律法规之类的，背来背去就混淆了。记个“国家”防止地方乱收费，就记住了。

第三节　行政许可的监督管理与救济

一、行政许可的监督管理

行政机关实施监督检查，不得妨碍被许可人正常的生产经营活动，不得索取或者收受被许可人的财物，不得谋取其他利益。

---

[1] 答案AC【解析】《行政许可法》第46条规定：“法律、法规、规章规定实施行政许可应当听证的事项，或者行政机关认为需要听证的其他涉及公共利益的重大行政许可事项，行政机关应当向社会公告，并举行听证。”选项A正确。该法第47条第1款规定：“行政许可直接涉及申请人与他人之间重大利益关系的，行政机关在作出行政许可决定前，应当告知申请人、利害关系人享有要求听证的权利。”选项B错误。该法第24条第1款规定：“行政机关在其法定职权范围内，依照法律、法规、规章的规定，可以委托其他行政机关实施行政许可。委托机关应当将受委托行政机关和受委托实施行政许可的内容予以公告。”选项C正确。该法第69条第2款规定：“被许可人以欺骗、贿赂等不正当手段取得行政许可的，应当予以撤销。”选项D错误。

<table>
<tr><td rowspan="6">撤销</td><td>撤销机关</td><td colspan="2">许可决定机关或其上级机关</td></tr>
<tr><td rowspan="2">可以撤销</td><td>法定情形</td><td>①滥用职权、玩忽职守准许许可
②超越职权准许许可
③违反法定程序准许许可
④对不合格的申请人准许许可</td></tr>
<tr><td>法律后果</td><td>被许可人合法权益受到损害的，应给予赔偿</td></tr>
<tr><td rowspan="2">应当撤销</td><td>法定情形</td><td>被许可人以欺骗、贿赂等不正当手段取得许可</td></tr>
<tr><td>法律后果</td><td>被许可人基于许可取得的利益不受保护</td></tr>
<tr><td>不予撤销</td><td colspan="2">符合可撤销和应撤销条件，可能对公共利益造成重大损害，不予撤销</td></tr>
<tr><td rowspan="2">撤回</td><td>法定情形</td><td colspan="2">①许可所依据的法律、法规、规章修改或废止
②准予行政许可所依据的客观情况发生重大变化</td></tr>
<tr><td>法律后果</td><td colspan="2">被许可人合法权益受到损害的，应予补偿</td></tr>
<tr><td>注销</td><td colspan="3">①许可有效期届满未延续
②赋予公民特定资格许可，该公民死亡或丧失行为能力
③法人或者其他组织依法终止
④许可依法被撤销、撤回、吊销
⑤因不可抗力导致许可事项无法实施</td></tr>
</table>

（一）行政许可予以撤销的情形

1. 可以撤销

有下列情形之一的，作出行政许可决定的行政机关或者其上级行政机关，根据利害关系人的请求或者依据职权，可以撤销行政许可：（1）行政机关工作人员滥用职权、玩忽职守作出准予行政许可决定的；（2）超越法定职权作出准予行政许可决定的；（3）违反法定程序作出准予行政许可决定的；（4）对不具备申请资格或者不符合法定条件的申请人准予行政许可的；（5）依法可以撤销行政许可的其他情形。被许可人的合法权益受到损害的，行政机关应当依法给予赔偿。

2. 应当撤销

被许可人以欺骗、贿赂等不正当手段取得行政许可的，应当予以撤销。被许可人基于行政许可取得的利益不受保护。

3. 不予撤销

撤销行政许可，可能对公共利益造成重大损害的，不予撤销。

（二）撤回

公民、法人或者其他组织依法取得的行政许可受法律保护，行政机关不得擅自改变已经生效的行政许可。

行政许可所依据的法律、法规、规章修改或者废止，或者准予行政许可所依据的客观情况发生重大变化的，为了公共利益的需要，行政机关可以依法变更或者撤回已经生效的行政许可。由此给公民、法人或者其他组织造成财产损失的，行政机关应当依法给予补偿。

法律、法规、规章或者规范性文件对变更或者撤回行政许可的补偿标准未作规定的，一般在实际损失范围内确定补偿数额；行政许可属于有限自然资源开发利用、公共资源配置以及直接关系公共利益的特定行业的市场准入等，一般按照实际投入的损失确定补偿数额。

行政机关变更或者撤回已经生效的行政许可，公民、法人或者其他组织仅主张行政补偿的，应当先向行政机关提出申请；行政机关在法定期限或者合理期限内不予答复或者对行政机关作出的补偿决定不服的，可以依法提起行政诉讼。

（三）注销

有下列情形之一的，行政机关应当依法办理有关行政许可的注销手续：（1）行政许可有效期届满未延续的；（2）赋予公民特定资格的行政许可，该公民死亡或者丧失行为能力的；（3）法人或者其他组织依法终止的；（4）行政许可依法被撤销、撤回，或者行政许可证件依法被吊销的；（5）因不可抗力导致行政许可事项无法实施的；（6）法律、法规规定的应当注销行政许可的其他情形。

【真题实战】

1. 食品药品监督管理局向一药店发放药品经营许可证。后接举报称，该药店存在大量非法出售处方药的行为，该局在调查中发现药店的药品经营许可证系提供虚假材料欺骗所得。关于对许可证的处理，该局下列哪一做法是正确的？[1]（2015/47/单）

A. 撤回　　B. 撤销

C. 吊销　　D. 待有效期限届满后注销

2. 关于行政许可的撤销与注销，下列哪些说法是错误的？[2]（2022/模拟/多）

A. 都属于行政处罚　　B. 都是具有可诉性的行政行为

C. 都属于依申请行政行为　　D. 都是裁量行政行为

二、行政许可诉讼的受案范围

为保障《行政许可法》的顺利实施，维护相对人的合法权益，2009 年 12 月 14 日，最高人民法院公布《关于审理行政许可案件若干问题的规定》（以下简称《许可规定》）对相关问题进行了详细的规定。

受案范围	①行政许可决定及不作为，变更、延续、撤回、注销、撤销等事项作出的有关行为及不作为侵犯其合法权益 ②未公开行政许可决定或未提供行政许可监督检查记录侵犯其合法权益 ③不予受理：行政许可过程中的告知补正申请材料、听证等通知行为（导致终止的除外）

行政许可作为一项制度，其运作会衍生出多种类别的行为。同时，行政许可是一项动态过程，在决定作出前可能出现不少过程性行为。当事人可以针对其中哪些行为提出行政诉讼，是行政许可诉讼首先遇到的问题。根据《许可规定》，下列行为可以进入行政诉讼：

1. 行政机关作出的行政许可决定以及相应的不作为。针对当事人提出的许可申请，行政机关审查后，或作出准予许可决定，或作出不予许可决定，当然也可能不予答复。对此公民、法人或者其他组织认为侵犯其合法权益，可以提起行政诉讼。这是行政许可案件的常见形式。

2. 行政许可管理行为及相应的不作为。行政机关准予许可之后，针对被许可人的情况和客观情形可以采取一系列的管理行为，这些行为及相应的不作为同样会侵犯当事人的权益。故

---

〔1〕 答案 B【解析】《行政许可法》第 69 条第 2 款规定："被许可人以欺骗、贿赂等不正当手段取得行政许可的，应当予以撤销。"本案中，该药店的药品经营许可证系提供虚假材料欺骗所得，因此应予撤销，选项 B 正确。

〔2〕 答案 ACD【解析】撤销和注销都属于行政许可的监督和管理，不属于行政处罚。A 选项错误。行政许可的变更、延续、撤回、注销、撤销都是可诉的。B 选项正确。撤销的作出是根据利害关系人的请求或者依据职权；注销也是如此。故 C 选项错误。撤销和注销都有各自的法定情形，不是由行政机关自由裁量，属于羁束行政行为。D 选项错误。

《许可规定》第1条规定："行政机关就行政许可的变更、延续、撤回、注销、撤销等事项作出的有关具体行政行为及其相应的不作为侵犯其合法权益，提起行政诉讼的，人民法院应当依法受理。"

3. 未公开行政许可决定或者未提供行政许可监督检查记录。《行政许可法》课以行政机关公开行政许可决定和提供监督检查记录的义务。公民、法人或者其他组织认为行政机关未履行这些义务侵犯其合法权益，可以提起行政诉讼。

4. 具有事实上终止性的过程行为。《许可规定》第3条规定："公民、法人或者其他组织仅就行政许可过程中的告知补正申请材料、听证等通知行为提起行政诉讼的，人民法院不予受理，但导致许可程序对上述主体事实上终止的除外。"据此，行政机关在行政许可实施过程中采用的程序行为或过程行为原则上不可诉。当事人可以通过诉行政机关作出的最终决定寻求救济。不过，鉴于实践中一些程序行为或过程行为具有事实上的最终性，且影响公民、法人或者其他组织的合法权益，不赋予当事人对其的诉权，难以有效保护当事人的权益。作为例外，《许可规定》允许对这些行为提起诉讼。

【真题实战】

下列当事人提起的诉讼，哪些属于行政诉讼受案范围？[1]（2011/80/多）

A. 某造纸厂向市水利局申请发放取水许可证，市水利局作出不予许可决定，该厂不服复议后

B. 食品药品监管局向申请餐饮服务许可证的李某告知补正申请材料的通知，李某认为通知内容违法而起诉

C. 化肥厂附近居民要求环保局提供对该厂排污许可证监督检查记录，遭到拒绝复议后起诉

D. 某国土资源局以建城市绿化带为由撤回向一公司发放的国有土地使用权证，该公司不服而起诉

【本章主要法律规定】

1. 《行政许可法》

2. 最高人民法院《关于审理行政许可案件若干问题的规定》

【本章阅读案例】

【最高院指导案例88号】

张道文、陶仁等诉四川省简阳市人民政府侵犯客运人力三轮车经营权案

裁判要点：

1. 行政许可具有法定期限，行政机关在作出行政许可时，应当明确告知行政许可的期限，行政相对人也有权利知道行政许可的期限。

---

〔1〕 答案ACD【解析】《许可规定》第1条规定："公民、法人或者其他组织认为行政机关作出的行政许可决定以及相应的不作为，或者行政机关就行政许可的变更、延续、撤回、注销、撤销等事项作出的有关具体行政行为及其相应的不作为侵犯其合法权益，提起行政诉讼的，人民法院应当依法受理。"选项AD正确。该法第3条规定："公民、法人或者其他组织仅就行政许可过程中的告知补正申请材料、听证等通知行为提起行政诉讼的，人民法院不予受理，但导致许可程序对上述主体事实上终止的除外。"本题中，食品药品监管局对李某补正申请材料的通知并不会导致其主体事实上的终止，因此，该项不属于行政诉讼的范围。选项B错误。该法第2条规定："公民、法人或者其他组织认为行政机关未公开行政许可决定或者未提供行政许可监督检查记录侵犯其合法权益，提起行政诉讼的，人民法院应当依法受理。"选项C正确。

2. 行政相对人仅以行政机关未告知期限为由，主张行政许可没有期限限制的，人民法院不予支持。

3. 行政机关在作出行政许可时没有告知期限，事后以期限届满为由终止行政相对人行政许可权益的，属于行政程序违法，人民法院应当依法判决撤销被诉行政行为。但如果判决撤销被诉行政行为，将会给社会公共利益和行政管理秩序带来明显不利影响的，人民法院应当判决确认被诉行政行为违法。

基本案情：

1994 年 12 月 12 日，四川省简阳市人民政府（以下简称“简阳市政府”）以通告的形式，对本市区范围内客运人力三轮车实行限额管理。1996 年 8 月，简阳市政府对人力客运老年车改型为人力客运三轮车（240 辆）的经营者每人收取了有偿使用费 3500 元。1996 年 11 月，简阳市政府对原有的 161 辆客运人力三轮车经营者每人收取了有偿使用费 2000 元。从 1996 年 11 月开始，简阳市政府开始实行经营权的有偿使用，有关部门也对限额的 401 辆客运人力三轮车收取了相关的规费。1999 年 7 月 15 日、7 月 28 日，简阳市政府针对有偿使用期限已届满两年的客运人力三轮车，发布《关于整顿城区小型车辆营运秩序的公告》（以下简称《公告》）和《关于整顿城区小型车辆营运秩序的补充公告》（以下简称《补充公告》）。其中，《公告》要求“原已具有合法证照的客运人力三轮车经营者必须在 1999 年 7 月 19 日至 7 月 20 日到市交警大队办公室重新登记”，《补充公告》要求“经审查，取得经营权的登记者，每辆车按 8000 元的标准（符合《公告》第六条规定的每辆车按 7200 元的标准）交纳经营权有偿使用费”。张道文、陶仁等 182 名客运人力三轮车经营者认为简阳市政府作出的《公告》第六条和《补充公告》第二条的规定形成重复收费，侵犯其合法经营权，向四川省简阳市人民法院提起行政诉讼，要求判决撤销简阳市政府作出的上述《公告》和《补充公告》。

裁判结果：

1999 年 11 月 9 日，四川省简阳市人民法院依照《中华人民共和国行政诉讼法》第五十四条第一项之规定，以（1999）简阳行初字第 36 号判决维持市政府 1999 年 7 月 15 日、1999 年 7 月 28 日作出的行政行为。张道文、陶仁等不服提起上诉。2000 年 3 月 2 日，四川省资阳地区中级人民法院以（2000）资行终字第 6 号行政判决驳回上诉，维持原判。2001 年 6 月 13 日，四川省高级人民法院以（2001）川行监字第 1 号行政裁定指令四川省资阳市（原资阳地区）中级人民法院进行再审。2001 年 11 月 3 日，四川省资阳市中级人民法院以（2001）资行再终字第 1 号判决撤销原一审、二审判决，驳回原审原告的诉讼请求。张道文、陶仁等不服，向四川省高级人民法院提出申诉。2002 年 7 月 11 日，四川省高级人民法院作出（2002）川行监字第 4 号驳回再审申请通知书。张道文、陶仁等不服，向最高人民法院申请再审。2016 年 3 月 23 日，最高人民法院裁定提审本案。2017 年 5 月 3 日，最高人民法院作出（2016）最高法行再 81 号行政判决：一、撤销四川省资阳市中级人民法院（2001）资行再终字第 1 号判决；二、确认四川省简阳市人民政府作出的《关于整顿城区小型车辆营运秩序的公告》和《关于整顿城区小型车辆营运秩序的补充公告》违法。

裁判理由：

最高人民法院认为，本案涉及以下三个主要问题：

关于被诉行政行为的合法性问题。从法律适用上看，《四川省道路运输管理条例》第 4 条规定“各级交通行政主管部门负责本行政区域内营业性车辆类型的调整、数量的投放”和第 24 条规定“经县级以上人民政府批准，客运经营权可以实行有偿使用。”四川省交通厅制定的《四川省小型车辆客运管理规定》（川交运〔1994〕359 号）第八条规定：“各市、地、州运管部门对小型客运车辆实行额度管理时，经当地政府批准可采用营运证有偿使用的办法，但有偿使用期限一次不得超过两年。”可见，四川省地方性法规已经明确对客运经营权可以实行有偿使用。四川省交通厅制定的规范性文件虽然早于地方性法规，但该规范性文件对营运证实行有期限有偿使用与地方性法规并不冲突。基于行政执法和行政管理需要，客运经营权也需要设定一定的期限。从被诉的行政程序上看，程序明显不当。被诉行政行为的内容是对原已具有合法证照的客运人力三轮车经营者实行重新登记，经审查合格者支付有偿使用费，逾期未登记者自动弃权的措施。该被诉行为是对既有的已经取得合法证照的客运人力三轮车经营者收取有偿使用费，而上述客运人力三轮车经营者的权利是在1996年通过经营权许可取得的。前后两个行政行为之间存在承继和连接关系。对于1996年的经营权许可行为，行政机关作出行政许可等授益性行政行为时，应当明确告知行政许可的期限。行政机关在作出行政许可时，行政相对人也有权知晓行政许可的期限。行政机关在1996年实施人力客运三轮车经营权许可之时，未告知张道文、陶仁等人人力客运三轮车两年的经营权有偿使用期限。张道文、陶仁等人并不知道其经营权有偿使用的期限。简阳市政府1996年的经营权许可在程序上存在明显不当，直接导致与其存在前后承继关系的本案被诉行政行为的程序明显不当。

关于客运人力三轮车经营权的期限问题。申请人主张，因简阳市政府在1996年实施人力客运三轮车经营权许可时未告知许可期限，据此认为经营许可是无期限的。最高人民法院认为，简阳市政府实施人力客运三轮车经营权许可，目的在于规范人力客运三轮车经营秩序。人力客运三轮车是涉及公共利益的公共资源配置方式，设定一定的期限是必要的。客观上，四川省交通厅制定的《四川省小型车辆客运管理规定》（川交运〔1994〕359号）也明确了许可期限。简阳市政府没有告知许可期限，存在程序上的瑕疵，但申请人仅以此认为行政许可没有期限限制，最高人民法院不予支持。

关于张道文、陶仁等人实际享受“惠民”政策的问题。简阳市政府根据当地实际存在的道路严重超负荷、空气和噪声污染严重、“脏、乱、差”、“挤、堵、窄”等问题进行整治，符合城市管理的需要，符合人民群众的意愿，其正当性应予肯定。简阳市政府为了解决因本案诉讼遗留的信访问题，先后作出两次“惠民”行动，为实质性化解本案争议作出了积极的努力，其后续行为也应予以肯定。本院对张道文、陶仁等人接受退市营运的运力配置方案并作出承诺的事实予以确认。但是，行政机关在作出行政行为时必须恪守依法行政的原则，确保行政权力依照法定程序行使。

最高人民法院认为，简阳市政府作出《公告》和《补充公告》在行政程序上存在瑕疵，属于明显不当。但是，虑及本案被诉行政行为作出之后，简阳市城区交通秩序得到好转，城市道路运行能力得到提高，城区市容市貌持续改善，以及通过两次“惠民”行动，绝大多数原401辆三轮车已经分批次完成置换，如果判决撤销被诉行政行为，将会给行政管理秩序和社会公共利益带来明显不利影响。最高人民法院根据《最高人民法院关于执行〈中华人民共和国行政诉讼法〉若干问题的解释》第五十八条有关情况判决的规定确认被诉行政行为违法。

第六章　行政处罚

第一节　行政处罚

【复习提要】

《行政处罚法》是我国第一部行政行为法。其中，处罚的种类、设定、实施主体、程序都是命题重点，并需要与《治安管理处罚法》的相关制度进行细节上的区分以及与行政许可、行政强制的相关制度进行区分。

一、行政处罚的定义与种类

（一）行政处罚的定义

行政处罚是指行政机关依法对违反行政管理秩序的公民、法人或者其他组织，以减损权益或者增加义务的方式予以惩戒的行为。基于这一定义，在理解行政处罚时应当考虑以下三个方面的内容。

第一，行政处罚由行政机关实施。行政处罚是一类具体行政行为，实施行政处罚的主体是拥有行政职权的主体，即行政主体。最常见的是行政机关，当然也包括法律法规授权的组织，以及受行政机关委托的组织。从主体的角度看，行政处罚不同于审判机关、检察机关和监察机关等其他主体所实施的制裁，也不同于行政机关对于其内部工作人员所实施的处分。

第二，行政处罚针对的是相对人违反行政管理秩序的行为。违反行政管理秩序即违反行政法律规范。行政管理秩序是法律规定的行政机关与行政相对人之间的权利义务关系，是行政机关在行政管理活动中所追求的秩序。维护行政管理秩序是行政权存在和使用的重要目的。为实现行政秩序，行政相对人必须遵守行政法律规范设定的各项作为与不作为义务，否则将遭受制裁和惩戒。

第三，行政处罚的后果是制裁和惩戒，这也是行政处罚最突出和最核心的特征。制裁的核心是剥夺当事人已有的利益或给予其新的不利益。

（二）行政处罚的种类

行政处罚按其性质划分，大体可以分为五类：一是警告、通告批评的申诫罚。二是罚款、没收违法所得、非法财物的财产罚；三是暂扣许可证件、降低资质等级、吊销许可证件的资格罚；四是限制开展生产经营活动、责令停产停业、责令关闭、限制从业的行为罚；五是涉及人身权利的人身自由罚。

行政处罚
- 警告、通报批评
- 罚款、没收违法所得、非法财物
- 暂扣许可证件、降低资质等级、吊销许可证件
- 限制开展生产经营活动、责令停产停业、责令关闭、限制从业
- 行政拘留
- 法律、行政法规规定的其他行政处罚

在2021年修订《行政处罚法》的过程中调研意见反映，之前行政处罚法所列举的处罚种类较少，不利于行政执法实践和法律的实施。据此，新法将现行单行法律、法规中已经明确规定，行政执法实践中常用的行政处罚种类纳入本法，增加规定通报批评、降低资质等级、限制开展生产经营活动、责令关闭、限制从业的行政处罚种类。

1. 警告、通报批评

警告指行政机关对有违法行为的公民、法人或者其他组织提出告诫，使其认识到行为违法性和社会危害性的一种处罚。警告是行政处罚措施中最轻的一种申诫罚。这类行政处罚一般适用于那些违反行政管理法规较轻微、对社会危害程度不大的行为。警告一般可当场作出。

警告通常仅限于直接告知行为人，而通报批评告知的范围不仅限于行为人本人，还包括与行为人有关的公民、法人或其他组织。另外，公务员在单位内部的通报批评不属于行政处罚，对行政违法相对人的通报批评才属于行政处罚的声誉罚。

2. 罚款、没收违法所得、非法财物

罚款指行政机关依法强制违反行政管理法规的行为人（包括法人及其他组织）在一定期限内缴纳一定数量货币的处罚行为。罚款是一种财产罚。

没收违法所得、非法财物指国家行政机关根据行政管理法规，将行为人的违法所获得的财物或非法财物强制无偿收归国有的一项行政处罚措施。当事人有违法所得，除依法应当退赔的外，应当予以没收。违法所得是指实施违法行为所取得的款项。如：食品卫生监督机构没收禁止生产经营的食品、食品添加剂和非法获得的收入等。没收是一种较为严厉的财产罚，其执行领域具有一定程度的限定性，并非所有违反行政管理法规的案件都可以实行此种处罚。只有对那些为谋取非法收入而违反法律法规的公民、法人或其他组织才可以实行这种财产罚。

3. 暂扣许可证件、降低资质等级、吊销许可证件

暂扣或者吊销许可证是指国家行政机关对违反行政管理法规的公民、法人或者其他组织依法实行暂时扣留其许可证或执照，剥夺其从事某项生产或经营活动权利的行政处罚。如：某饮食企业不符合卫生条件，屡教不改，卫生监督部门就可以吊销其卫生许可证等。暂扣或吊销许可证件的处罚是一种较严重的处罚，主要针对那些严重违反行政管理法规的行为。

降低资质等级是指对违反行政管理法规的企业，由有权机关予以降低其已经取得的资质等级。如建筑工程施工总承包资质分为特级、一级、二级、三级，造成工程质量事故的，责令停业整顿，降低资质等级或者吊销资质证书，没收违法所得，并处罚款。

4. 限制开展生产经营活动、责令停产停业、责令关闭、限制从业

限制开展生产经营活动，比如环保领域规定，企业事业单位和其他生产经营者超过污染物排放标准或者超过重点污染物日最高允许排放总量控制指标的，环境保护主管部门可以责令其采取限制生产措施。通过限制生产这种方式可以使得违法企业及时改正违法行为。

责令停产停业指国家行政机关对违反行政管理法规的工商企业或个体经营户，依法在一定期限内剥夺其从事某项生产或经营活动权利的行政处罚，属于行为罚的一种。如：生产经营被包装材料、容器、运输工具等污染的食品、食品添加剂，情节严重的，由县级以上人民政府食品安全监督管理部门责令停产停业，直至吊销许可证。由于责令停产停业的处罚主要针对那些违反行政管理法规的生产经营者，这种处罚措施将直接影响企业的生产与经营利益，往往是比较严重的行政违法行为才适用。

责令关闭，如环保法规定，对经限期治理逾期未完成治理任务的企业事业单位，除依照国家规定加收超标准排污费外，可以根据所造成的危害后果处以罚款，或者责令停业、关闭。

限制从业，如药品管理法规定，没收违法生产、进口、销售的药品和违法所得以及专门用于违法生产的原料、辅料、包装材料和生产设备，情节严重的，对法定代表人、主要负责人、

直接负责的主管人员和其他责任人员，没收违法行为发生期间自本单位所获收入，并处所获收入百分之三十以上三倍以下的罚款，十年直至终身禁止从事药品生产经营活动，并可以由公安机关处五日以上十五日以下的拘留。

5. 拘留

行政拘留是限制公民人身自由的一种人身自由罚，也是行政处罚中最严厉的处罚之一。拘留期限一般是10日以下，情节严重的15日以下。由于其严厉性，行政处罚法对于此种处罚的限制规定也是最严格的，只有法律能够规定涉及公民人身自由的行政拘留罚，其他如行政法规、地方性法规、规章等都不能设定此种处罚。

6. 法律、行政法规规定的其他行政处罚

上面所列五种处罚只是行政处罚的基本种类，也是运用得最多的种类。法律为了防止现有法律和行政法规规定的处罚的遗漏和今后立法中可能出现的新的处罚措施而设定此项。

【考点点拨】

重点与难点在于责令停产停业的识别。比如一个餐馆获得许可之后营业，发生食品安全问题，会被行政机关责令停产停业，这种就属于对它的处罚，因为本来我可以开门营业，现在不可以了。而还有一种情况就是，一个人没有获得许可擅自采矿，行政机关要求其停止违法行为，不让他开采罚到他了吗？没有，因为他本来就没有资格开采，这是对违法行为的制止，而非制裁，这种就属于行政强制措施。

关于"责令作出"的性质。如《公路安全保护条例》规定责令补种擅自更新采伐的林木，这种恢复原状的行为属于责令改正这种行政命令，不属于处罚。但比如《森林法》规定滥伐林木责令补种五倍林木，已经超出了恢复原状的范围，增加了违法者的义务和负担，则属于行政处罚。

【真题实战】

1. 下列哪一行为属于行政处罚？[1]（2010/44/单）

A. 公安交管局暂扣违章驾车张某的驾驶执照六个月

B. 工商局对一企业有效期届满未申请延续的营业执照予以注销

C. 卫生局对流行性传染病患者强制隔离

D. 食品药品监督局责令某食品生产者召回其已上市销售的不符合食品安全标准的食品

2. 下列哪些行政行为不属于行政处罚？[2]（2016/81/多）

A. 质监局对甲企业涉嫌冒用他人商品识别代码的产品予以先行登记保存

B. 食品药品监管局责令乙企业召回已上市销售的不符合药品安全标准的药品

---

〔1〕 答案A【解析】《行政处罚法》第2条规定，行政处罚是指行政机关依法对违反行政管理秩序的公民、法人或者其他组织，以减损权益或者增加义务的方式予以惩戒的行为。选项A中张某违章驾车，被暂扣驾驶执照是违法行为造成的法律后果，是公安交管局对其的一种惩罚，属于行政处罚。因此选项A应选。行政许可的注销，是消灭行政许可法律关系的一种宣告，不具有惩罚性，不属于行政处罚。选项B错误。卫生局对流行性传染病患者强制隔离，是行政强制措施，不是行政处罚。选项C错误。食品药监局的责令召回不符合食品安全标准的食品，是为了防止危害的发生而采取的一种制止性行为，不是对食品生产者的惩罚，也不属于行政处罚。选项D错误。

〔2〕 答案ABD【解析】《行政处罚法》第56条规定，行政机关在收集证据时，可以采取抽样取证的方法；在证据可能灭失或者以后难以取得的情况下，经行政机关负责人批准，可以先行登记保存，并应当在七日内及时作出处理决定，在此期间，当事人或者有关人员不得销毁或者转移证据。题目中的先行登记保存属于调查阶段，不是行政处罚，选项A当选。食品药监局的责令召回不符合食品安全标准的食品，是为了防止危害的发生而采取的一种制止性行为，不是对食品生产者的惩罚，也不属于行政处罚。选项B当选。丙企业排污超标，属于违法行为，责令停产属于行政处罚的法定种类，选项C是行政处罚，与题意不符，不当选。丁企业销售不合格产品虽然有违法行为，但不是缴纳罚款，而是支付消费者赔偿金，属于履行民事责任，不是行政处罚，选项D当选。

C. 环保局对排污超标的丙企业作出责令停产 6 个月的决定

D. 工商局责令销售不合格产品的丁企业支付消费者 3 倍赔偿金

二、行政处罚的设定

我国行政处罚实行法定原则，行政处罚的设定和实施必须依法进行。法定原则有三方面含义：

依据法定	公民、法人或者其他组织的行为，只有法律明文规定应予行政处罚的才受处罚，否则不受处罚
设定法定	行政处罚设定权只能由法律规定的国家机关在法定职权范围内行使
实施法定	①行政处罚没有依据或者实施主体不具有行政主体资格的，行政处罚无效 ②违反法定程序构成重大且明显违法的，行政处罚无效

设定行政处罚，是国家有权机关创设行政处罚、赋予行政机关行政处罚职权的立法活动。《行政处罚法》根据我国的立法体制，对不同法律文件规定行政处罚的权限划分作出了规定：

立法	种类
法律	可以设定各种行政处罚
行政法规	除限制人身自由之外的行政处罚
地方性法规	除限制人身自由、吊销营业执照之外的行政处罚
部门规章	警告、通告批评或者一定数额罚款
地方政府规章	警告、通告批评或者一定数额罚款

（一）法律的设定权限

法律可以设定各种行政处罚。限制人身自由的行政处罚，只能由法律设定。这一项特别规定，具有排他性，即除法律以外，其他任何形式的规范性文件都不得规定涉及公民人身自由的行政处罚。人身自由权是公民权利中最基本的一项权利。限制人身自由是一种相当严厉的处罚。绝大多数国家的法律都不给予行政法规限制人身自由的权力，其目的在于保护公民的人身自由不受非法侵害。只有法律才可以规定此类处罚。即使是法律规定，也要采取慎重的态度。

（二）行政法规的设定与规定

1. 行政法规可以设定除限制人身自由以外的行政处罚。

2. 法律对违法行为已经作出行政处罚规定，行政法规需要作出具体规定的，必须在法律规定的给予行政处罚的行为、种类和幅度的范围内规定。行政法规是由国务院制定的。对于行政法规设定和规定行政处罚权要掌握两点。第一，除限制人身自由的行政处罚以外，行政法规可设定其余各类行政处罚；第二，行政法规规定的行政处罚不能超越已有的法律所规定的行政处罚的范围。也就是说，法律对某些违法行为没有作出吊销许可证处罚的，而仅作出罚款处罚的，行政法规不能另行增加处罚种类；法律已经规定了行政处罚幅度的，行政法规只能在其处罚幅度内规定处罚，如法律规定了罚款 100 元至 5000 元的幅度，行政法规只能在 100 元至 5000 元之内规定具体的处罚标准，而不能低于或高于这个范围进行处罚。

3. 法律对违法行为未作出行政处罚规定，行政法规为实施法律，可以补充设定行政处罚。拟补充设定行政处罚的，应当通过听证会、论证会等形式广泛听取意见，并向制定机关作出书面说明。行政法规报送备案时，应当说明补充设定行政处罚的情况。

（三）地方性法规的设定与规定

1. 地方性法规可以设定除限制人身自由、吊销营业执照以外的行政处罚。

2. 法律、行政法规对违法行为已经作出行政处罚规定，地方性法规需要作出具体规定的，必须在法律、行政法规规定的给予行政处罚的行为、种类和幅度的范围内规定。

3. 法律、行政法规对违法行为未作出行政处罚规定，地方性法规为实施法律、行政法规，可以补充设定行政处罚。拟补充设定行政处罚的，应当通过听证会、论证会等形式广泛听取意见，并向制定机关作出书面说明。地方性法规报送备案时，应当说明补充设定行政处罚的情况。

（四）规章的设定与规定

1. 部门规章

（1）尚未制定法律、行政法规的，国务院部门规章对违反行政管理秩序的行为，可以设定警告、通报批评或者一定数额罚款的行政处罚。罚款的限额由国务院规定。

（2）国务院部门规章可以在法律、行政法规规定的给予行政处罚的行为、种类和幅度的范围内作出具体规定。

2. 地方政府规章

（1）尚未制定法律、法规的，地方政府规章对违反行政管理秩序的行为，可以设定警告、通报批评或者一定数额罚款的行政处罚。罚款的限额由省、自治区、直辖市人民代表大会常务委员会规定。

（2）地方政府规章可以在法律、法规规定的给予行政处罚的行为、种类和幅度的范围内作出具体规定。

除法律、法规、规章外，其他规范性文件不得设定行政处罚。

同时，《行政处罚法》新增了定期评估制度：国务院部门和省、自治区、直辖市人民政府及其有关部门应当定期组织评估行政处罚的实施情况和必要性，对不适当的行政处罚事项及种类、罚款数额等，应当提出修改或者废止的建议。

【考点点拨】

这个考点怎么理解呢？立法价值是有不同的位阶，其中以人身权为最重要的保护价值，所以行政法规是除了“人身”之外。在其他种类里，罚款、责令停产停业、暂扣许可证、吊销许可证，你觉得哪个最严重？肯定是吊销！所以地方性法规是排除了“人身＋吊销”。

三、行政处罚的实施主体

<table>
<tr><td rowspan="3">一般实施</td><td colspan="2">①具有行政处罚权的行政机关</td></tr>
<tr><td colspan="2">②法律、法规授权的具有管理公共事务职能的组织</td></tr>
<tr><td colspan="2">③依法成立并具有管理公共事务职能的受委托组织</td></tr>
<tr><td rowspan="4">集中实施</td><td>领域</td><td>国家在城市管理、市场监管、生态环境、文化市场、交通运输、应急管理、农业等领域推行建立综合行政执法制度，相对集中行政处罚权</td></tr>
<tr><td>决定主体</td><td>国务院或者省级政府</td></tr>
<tr><td>决定内容</td><td>一个行政机关行使有关行政机关的行政处罚权</td></tr>
<tr><td>例外情形</td><td>限制人身自由的行政处罚只能由公安机关和法律规定的其他机关行使</td></tr>
</table>

（一）行政处罚的一般实施主体

行政处罚由具有行政处罚权的行政机关在法定职权范围内实施。法律、法规授权的具有管理公共事务职能的组织可以在法定授权范围内实施行政处罚。

行政机关依照法律、法规、规章的规定，可以在其法定权限内委托符合规定条件的组织实施行政处罚。行政机关不得委托其他组织或者个人实施行政处罚。委托书应当载明委托的具体事项、权限、期限等内容。委托行政机关和受委托组织应当将委托书向社会公布。委托行政机关对受委托的组织实施行政处罚的行为应当负责监督，并对该行为的后果承担法律责任。受委托组织在委托范围内，以委托行政机关名义实施行政处罚；不得再委托其他任何组织或者个人实施行政处罚。受委托组织必须符合以下条件：依法成立并具有管理公共事务职能；有熟悉有关法律、法规、规章和业务并取得行政执法资格的工作人员；需要进行技术检查或者技术鉴定的，应当有条件组织进行相应的技术检查或者技术鉴定。

（二）行政处罚的集中实施

国家在城市管理、市场监管、生态环境、文化市场、交通运输、应急管理、农业等领域推行建立综合行政执法制度，相对集中行政处罚权。国务院或者省、自治区、直辖市人民政府可以决定一个行政机关行使有关行政机关的行政处罚权。限制人身自由的行政处罚权只能由公安机关和法律规定的其他机关行使。

【考点点拨】

在备考的时候经常“记混了”，要想最后结果输出准确，必须把好“入口关”。比如集中实施，现在听完课看完，觉得还可以，做题为什么会错呢？因为许可里也有集中实施，这就是易混淆的地方。所以注意，许可里只有一个决定主体，即“省政府”，而处罚里是两个，“国务院或省政府”。

（三）行政处罚权的承接

省、自治区、直辖市根据当地实际情况，可以决定将基层管理迫切需要的县级人民政府部门的行政处罚权交由能够有效承接的乡镇人民政府、街道办事处行使，并定期组织评估。决定应当公布。承接行政处罚权的乡镇人民政府、街道办事处应当加强执法能力建设，按照规定范围、依照法定程序实施行政处罚。有关地方人民政府及其部门应当加强组织协调、业务指导、执法监督，建立健全行政处罚协调配合机制，完善评议、考核制度。

四、行政处罚的适用

（一）行政处罚的管辖与适用

情形	具体内容
管辖	①行政处罚由违法行为发生地的行政机关管辖 ②行政处罚由县级以上地方人民政府具有行政处罚权的行政机关管辖
一事不再罚	①对当事人的同一个违法行为，不得给予两次以上罚款的行政处罚 ②同一个违法行为违反多个法律规范应当给予罚款处罚的，按照罚款数额高的规定处罚
移送	违法行为涉嫌犯罪的，行政机关应当及时将案件移送司法机关： ①已经给予当事人行政拘留的，折抵相应刑期 ②已经给予当事人罚款的，折抵相应罚金
违法所得	①当事人有违法所得，除依法应当退赔的外，应当予以没收 ②对违法所得的计算，法律、行政法规、部门规章另有规定的，从其规定
追究时效	①违法行为在2年内未被发现的，不再给予行政处罚；涉及公民生命健康安全、金融安全且有危害后果的，上述期限延长至5年。法律另有规定的除外 ②从违法行为发生之日起计算；违法行为有连续状态的，从行为终了之日起计算

续表

情形	具体内容
法律适用	①实施行政处罚，适用违法行为发生时的法律、法规、规章的规定 ②但是，作出行政处罚决定时，法律、法规、规章已被修改或者废止，且新的规定处罚较轻或者不认为是违法的，适用新的规定

1. 管辖

地域管辖方面，行政处罚由违法行为发生地的行政机关管辖。法律、行政法规、部门规章另有规定的，从其规定。级别管辖方面，行政处罚由县级以上地方人民政府具有行政处罚权的行政机关管辖。法律、行政法规另有规定的，从其规定。

两个以上行政机关都有管辖权的，由最先立案的行政机关管辖。对管辖发生争议的，应当协商解决。协商不成的，报请共同的上一级行政机关指定管辖，也可以直接由共同的上一级行政机关指定管辖。"管辖发生争议"是指两个以上的行政机关在实施某一处罚上，发生互相推诿或者互相争夺管辖权，经各方协商达不成协议等现象。

2. 一事不再罚

一事不再罚要求对当事人的同一个违法行为，不得给予两次以上罚款的行政处罚。也就是说，如果一个违法行为同时触犯了两个以上的法律规范，根据其中的一个法律规范对违法当事人已经处以罚款，不能根据其他法律规范再次处以罚款。而如果其他法律规范规定了其他形式的处罚，则可以作出相应的处罚。这样规定是适宜的，既解决了多头罚款的问题，又使违法行为人的违法行为得到应得的处罚。

【考点点拨】

一事不再罚，要注意把备考和实务分开。这个问题在实务中实施起来较为复杂，而考试则很简单。出题一般就问，一个违法行为，甲机关罚款，乙机关责令停产停业，有没有违反一事不再罚？没有。应对考试就足够了！

3. 行政处罚与刑罚

违法行为涉嫌犯罪的，行政机关应当及时将案件移送司法机关，依法追究刑事责任。在具体的执法实践过程中，界定行政违法与犯罪主要看该行为是触犯了刑事法律的规定，还是违反了行政法律法规。如果违法行为的情节较重或者造成严重后果，符合犯罪构成，触犯了刑事法律的规定，并应受到刑法处罚的，就是犯罪。如果违法行为的情节轻微或者社会危害性小，尚不够刑事处罚，只是触犯了行政法律规范，而应受到行政处罚的，就是行政违法行为。

违法行为构成犯罪，人民法院判处拘役或者有期徒刑时，行政机关已经给予当事人行政拘留的，应当依法折抵相应刑期。违法行为构成犯罪，人民法院判处罚金时，行政机关已经给予当事人罚款的，应当折抵相应罚金；行政机关尚未给予当事人罚款的，不再给予罚款。

对依法不需要追究刑事责任或者免予刑事处罚，但应当给予行政处罚的，司法机关应当及时将案件移送有关行政机关。

（二）行政处罚的裁量

不予处罚	①不满 14 周岁的未成年人有违法行为的 ②精神病人、智力残疾人在不能辨认或者不能控制自己行为时有违法行为的 ③违法行为轻微并及时纠正，没有造成危害后果的 ④初次违法且危害后果轻微并及时改正的，可以不予处罚 ⑤当事人有证据足以证明没有主观过错的，可以不予处罚

续表

从轻或减轻处罚	可以从轻减轻	尚未完全丧失辨认或者控制自己行为能力的精神病人、智力残疾人有违法行为的
	应当从轻减轻	①已满14周岁不满18周岁的未成年人有违法行为的 ②主动消除或者减轻违法行为危害后果的 ③受他人胁迫或者诱骗实施违法行为的 ④主动供述行政机关尚未掌握的违法行为的 ⑤配合行政机关查处违法行为有立功表现的 ⑥法律、法规、规章规定的其他情形

从轻处罚是指在法定处罚范围内对当事人适用较轻的处罚或者较少的罚款。也就是说，行政机关根据违法行为的情节和后果等因素，在法定幅度内酌情确定相应的行政处罚。行政机关在具体确定对违法当事人的罚款处罚时，如果违法当事人有从轻处罚的情节，如主动改正违法行为等，公安机关可以酌情确定科以多少罚款，适当减少罚款数额。

减轻处罚是指在法定处罚范围内对当事人适用较轻处罚种类。也就是说，行政机关根据违法行为的情节和后果等因素，在法定的处罚形式中，选择某一处罚形式。

不予处罚是指对当事人作有违法行为的宣告，但免除其行政处罚。

同时，《行政处罚法》规定，行政机关可以依法制定行政处罚裁量基准，规范行使行政处罚裁量权。行政处罚裁量基准应当向社会公布。

发生重大传染病疫情等突发事件，为了控制、减轻和消除突发事件引起的社会危害，行政机关对违反突发事件应对措施的行为，依法快速、从重处罚。

【真题实战】

运输公司指派本单位司机运送白灰膏。由于泄漏，造成沿途路面大面积严重污染。司机发现后即向公司汇报。该公司即组织人员清扫被污染路面。下列哪些选项是正确的？[1]（2007/86/多）

A. 路面被污染的沿途三个区的执法机关对本案均享有管辖权，如发生管辖权争议，由三个区的共同上级机关指定管辖

B. 对该运输公司应当依法从轻或者减轻行政处罚

C. 本案的违法行为人是该运输公司

D. 本案的违法行为人是该运输公司和司机

五、行政处罚决定的一般规定

（一）公示与公开制度

1. 行政处罚的实施机关、立案依据、实施程序和救济渠道等信息应当公示。

2. 具有一定社会影响的行政处罚决定应当依法公开。公开的行政处罚决定被依法变更、

---

〔1〕 答案ABC【解析】《行政处罚法》第25条规定，两个以上行政机关都有管辖权的，由最先立案的行政机关管辖。对管辖发生争议的，应当协商解决，协商不成的，报请共同的上一级行政机关指定管辖；也可以直接由共同的上一级行政机关指定管辖。因为司机在运输途中，对沿途的路面都造成了污染，所以沿途三个区的执法机关都享有管辖权。对于执法机构的管辖争议，选项A正确。该法第32条第1项规定，当事人主动消除或者减轻违法行为危害后果，应当从轻或者减轻行政处罚。本案中，运输公司在污染事故发生后立即组织清扫，主动减轻路面被污染的后果，选项B正确。本案中，司机受单位的指派运送白石膏，其行为属于职务行为，并不是司机个人行为，因此本案的违法行为人应是运输公司，而不是司机个人，选项C正确，选项D错误。

撤销、确认违法或者确认无效的，行政机关应当在三日内撤回行政处罚决定信息并公开说明理由。

（二）电子技术

1. 行政机关依照法律、行政法规规定利用电子技术监控设备收集、固定违法事实的，应当经过法制和技术审核，确保电子技术监控设备符合标准、设置合理、标志明显，设置地点应当向社会公布。

2. 电子技术监控设备记录违法事实应当真实、清晰、完整、准确。行政机关应当审核记录内容是否符合要求；未经审核或者经审核不符合要求的，不得作为行政处罚的证据。

3. 行政机关应当及时告知当事人违法事实，并采取信息化手段或者其他措施，为当事人查询、陈述和申辩提供便利。不得限制或者变相限制当事人享有的陈述权、申辩权。

（三）执法人员

1. 行政处罚应当由具有行政执法资格的执法人员实施。执法人员不得少于两人，法律另有规定的除外。执法人员应当文明执法，尊重和保护当事人合法权益。

2. 执法人员与案件有直接利害关系或者有其他关系可能影响公正执法的，应当回避。当事人认为执法人员与案件有直接利害关系或者有其他关系可能影响公正执法的，有权申请回避。当事人提出回避申请的，行政机关应当依法审查，由行政机关负责人决定。决定作出之前，不停止调查。

3. 行政机关应当依法以文字、音像等形式，对行政处罚的启动、调查取证、审核、决定、送达、执行等进行全过程记录，归档保存。

（四）当事人陈述和申辩

1. 行政机关在作出行政处罚决定之前，应当告知当事人拟作出的行政处罚内容及事实、理由、依据，并告知当事人依法享有的陈述、申辩、要求听证等权利。

2. 当事人有权进行陈述和申辩。行政机关必须充分听取当事人的意见，对当事人提出的事实、理由和证据，应当进行复核；当事人提出的事实、理由或者证据成立的，行政机关应当采纳。

3. 行政机关不得因当事人陈述、申辩而给予更重的处罚。

六、行政处罚的简易程序

行政处罚程序
- 决定程序
  - 简易程序
  - 普通程序（听证程序）
- 执行程序
  - 财产
  - 人身

简易程序是为事实确凿并有法定依据，处罚较轻的情形设置的，主要特点是当事人程序权利简单，执法人员可以当场决定给予处罚。

<table>
<tr><td>法定内容</td><td colspan="2">①执法人员当场作出行政处罚决定
②行政处罚决定书当场交付当事人</td></tr>
<tr><td rowspan="2">适用条件</td><td rowspan="2">违法事实确凿并有法定依据，警告或罚款</td><td>对公民 200 元以下</td></tr>
<tr><td>对法人或者其他组织 3000 元以下</td></tr>
</table>

续表

决定书	内容	应当载明当事人的违法行为，行政处罚的种类和依据、罚款数额、时间、地点，申请行政复议、提起行政诉讼的途径和期限以及行政机关名称
	形式	执法人员签名或者盖章
	程序	须报所属行政机关备案

（一）适用简易程序的条件

有两项条件：第一，违法事实确凿并有法定依据；第二，处罚种类和幅度分别是对公民处以200元以下、对法人或者其他组织处以3000元以下罚款或者警告的行政处罚的，可以当场作出行政处罚决定。法律另有规定的，从其规定。

（二）执法人员的执法程序

执法人员当场作出行政处罚决定的，应当向当事人出示执法证件，填写预定格式、编有号码的行政处罚决定书，并当场交付当事人。执法人员当场作出的行政处罚决定，应当报所属行政机关备案。

行政处罚决定书应当载明当事人的违法行为，行政处罚的种类和依据、罚款数额、时间、地点，申请行政复议、提起行政诉讼的途径和期限以及行政机关名称，并由执法人员签名或者盖章。当事人拒绝签收的，应当在行政处罚决定书上注明。

（三）当事人的权利和义务

主要权利是《行政处罚法》规定的当事人的各种程序权利，要求执法人员依简易程序规定作出处罚决定的权利，对处罚决定不服依法申请行政复议或者提起行政诉讼的权利。主要义务是依法履行行政处罚决定。

【考点点拨】

简易程序是属于决定程序，就是开罚单的时候，金额较小的情况下可以当场开罚单。注意和当场交钱是两回事，交钱原则上是罚执分离，就是拿着罚单去银行交，例外情况可以当场交，这种属于执行程序。是先做决定，后执行，简易程序是前者。

七、行政处罚的普通程序

（一）处罚的普通程序

立案	符合立案标准的，行政机关应当及时立案	
调查	执法人员不得少于2人，并应当向当事人出示证件	
先行登记保存	条件	证据可能灭失或者以后难以取得
	程序	经行政机关负责人批准
	要求	应当在7日内及时作出处理决定
决定	确有应受行政处罚的违法行为	作出行政处罚决定
	违法行为轻微	依法可以不予行政处罚的，不予行政处罚
	违法事实不能成立	不予行政处罚
	违法行为涉嫌犯罪的	移送司法机关

续表

送达	①行政处罚决定书应当在宣告后当场交付当事人 ②当事人不在场的，行政机关应当在 7 日内依照民事诉讼法的有关规定送达当事人 ③当事人同意并签订确认书的，行政机关可以采用传真、电子邮件等方式，将行政处罚决定书等送达当事人

普通程序是普遍适用的行政处罚程序，主要规则有：

1. 行政调查

除了在简易程序中可以当场作出行政处罚以外，行政机关发现公民、法人或者其他组织有依法应当给予行政处罚违法行为的，必须进行全面、客观和公正的调查，收集有关证据。必要时，依照法律、法规的规定，可以进行检查。

《行政处罚法》规定了行政调查和行政检查中行政机关及其执法人员的权利义务。主要有以下各项：第一，调查或检查时的执法人员不得少于两人，并应向当事人和有关人员出示证件表明身份；第二，执法人员应当具备行政执法资格；第三，执法人员有要求当事人如实回答询问并协助调查或检查的权力；第四，行政机关在收集证据时，可以抽样取证；第五，实行先行登记保存制度。在登记保存证据期间，当事人或有关人员有不得销毁或者转移证据的义务。这种方法适用于证据可能灭失或者以后难以取得的情况。在实施中，须经行政机关负责人批准并登记保存，并在 7 日内作出处理决定。

《行政处罚法》还一并规定了执法人员的回避制度：执法人员与案件有直接利害关系或者有其他关系可能影响公正执法的，应当回避。当事人认为执法人员与案件有直接利害关系或者有其他关系可能影响公正执法的，有权申请回避。当事人提出回避申请的，行政机关应当依法审查，由行政机关负责人决定。决定作出之前，不停止调查。

2. 法制审核

行政处罚决定由行政机关负责人在对调查结果进行审查后，根据不同情况作出决定。行政处罚法规定了作出行政处罚决定的条件和决定的种类。对情节复杂或者重大违法行为给予较重的行政处罚，应由行政机关负责人集体讨论后作出。有下列情形之一，在行政机关负责人作出行政处罚的决定之前，应当由从事行政处罚决定法制审核的人员进行法制审核；未经法制审核或者审核未通过的，不得作出决定：（1）涉及重大公共利益的；（2）直接关系当事人或者第三人重大权益，经过听证程序的；（3）案件情况疑难复杂、涉及多个法律关系的；（4）法律、法规规定应当进行法制审核的其他情形。行政机关中初次从事行政处罚决定法制审核的人员，应当通过国家统一法律职业资格考试取得法律职业资格。

3. 告知当事人

行政机关在作出行政处罚决定之前，应当告知当事人拟作出的行政处罚内容及事实、理由、依据，并告知当事人依法享有的陈述、申辩、要求听证等权利。当事人有权进行陈述和申辩。行政机关必须充分听取当事人的意见，对当事人提出的事实、理由和证据，应当进行复核；当事人提出的事实、理由或者证据成立的，行政机关应当采纳。行政机关不得因当事人陈述、申辩而给予更重的处罚。

行政机关及其执法人员在作出行政处罚决定之前，未依照上述规定向当事人告知拟作出的行政处罚内容及事实、理由、依据，或者拒绝听取当事人的陈述、申辩，不得作出行政处罚决定，当事人明确放弃陈述或者申辩权利的除外。

4. 行政处罚决定书

行政机关应当自行政处罚案件立案之日起 90 日内作出行政处罚决定。法律、法规、规章另有规定的，从其规定。

行政处罚决定书应当载明下列事项：（1）当事人的姓名或者名称、地址；（2）违反法律、法规、规章的事实和证据；（3）行政处罚的种类和依据；（4）行政处罚的履行方式和期限；（5）申请行政复议、提起行政诉讼的途径和期限；（6）作出行政处罚决定的行政机关名称和作出决定的日期。行政处罚决定书必须盖有作出行政处罚决定的行政机关的印章。

【真题实战】

甲公司将承建的建筑工程承包给无特种作业操作资格证书的邓某，邓某在操作时引发事故。某省建设厅作出暂扣甲公司安全生产许可证三个月的决定，市安全监督管理局对甲公司罚款三万元。甲公司对市安全监督管理局罚款不服，向法院起诉。下列哪些选项是正确的?[1]（2009/85/多）

A. 如甲公司对某省建设厅的决定也不服，向同一法院起诉的，法院可以决定合并审理

B. 市安全监督管理局不能适用简易程序作出罚款三万元的决定

C. 某省建设厅作出暂扣安全生产许可证决定前，应为甲公司组织听证

D. 因市安全监督管理局的罚款决定违反一事不再罚要求，法院应判决撤销

（二）行政处罚的听证程序

听证程序，是行政机关在作出行政处罚决定之前，公开举行专门会议，由行政处罚机关调查人员提出指控、证据和处理建议，当事人进行申辩和质证的程序。

听证范围	①较大数额罚款 ②没收较大数额违法所得、没收较大价值非法财物 ③降低资质等级、吊销许可证件 ④责令停产停业、责令关闭、限制从业（口诀：责令也降调） ⑤其他较重的行政处罚 ⑥法律、法规、规章规定的其他情形
告知听证	行政机关拟作出上述行政处罚决定，应当告知当事人有要求听证的权利。当事人要求听证的，行政机关应当组织听证
申请听证	当事人要求听证的，应当在行政机关告知后5日内提出
听证通知	听证7日前，通知当事人及有关人员听证的时间、地点
听证公开	听证公开举行，涉及国家秘密、商业秘密或者个人隐私依法予以保密的除外
听证主持人	由行政机关指定的非本案调查人员主持。当事人认为主持人与本案有直接利害关系的，有权申请回避
听证笔录	①听证应当制作笔录，笔录应当交当事人或者其代理人核对无误后签字或者盖章 ②听证结束后，行政机关应当根据听证笔录作出决定
听证费用	由行政机关承担

---

〔1〕 答案AB【解析】《行政诉讼法解释》第73条第1项规定，人民法院可以决定合并审理的情形：两个以上行政机关分别对同一事实作出行政行为，公民、法人或者其他组织不服向同一人民法院起诉的。选项A正确。《行政处罚法》第51条规定，违法事实确凿并有法定依据，对公民处以二百元以下、对法人或者其他组织处以三千元以下罚款或者警告的行政处罚的，可以当场作出行政处罚决定。法律另有规定的，从其规定。根据该规定，市安全监督管理局不能适用简易程序作出罚款三万元的决定，选项B正确。根据该法第63条所列举的需听证事项可知，暂扣安全生产许可证并不属于听证范围，而且行政处罚的听证为依申请。选项C错误。该法第29条规定了一事不再罚，即对于同一个违法行为，不能给予两次以上罚款。本题中，省建设厅作出的是暂扣甲公司安全生产许可证的决定，所以市安全监督管理局的罚款决定并不违反一事不再罚要求，选项D错误。

听证程序的主要规则有：

1. 举行听证会的条件

第一，行政机关将要作出较大数额罚款；没收较大数额违法所得、没收较大价值非法财物；降低资质等级、吊销许可证件；责令停产停业、责令关闭、限制从业；其他较重的行政处罚等行政处罚决定。第二，经当事人依法提出听证要求，由行政机关组织。

2. 听证会的进行程序

主要内容是由行政机关通知听证会举行的时间和地点；举行听证的方式是公开举行，涉及国家秘密、商业秘密或者个人隐私依法予以保密的除外；听证会由行政机关指定的非本案调查人员主持，当事人认为主持人与本案有直接利害关系的，有权申请回避；当事人可以亲自参加听证，也可以委托1～2人代理；听证的举行，由调查人员提出当事人违法的事实、证据和行政处罚建议，当事人进行申辩和质证；听证应当制作笔录，笔录应当交当事人或者其代理人核对无误后签字或者盖章。当事人或者其代理人拒绝签字或者盖章的，由听证主持人在笔录中注明。

3. 处罚决定的作出

由行政机关在听证结束后，应当根据听证笔录，依照普通程序的有关规定作出处罚决定。

八、行政处罚的执行程序

行政处罚执行制度包括：当事人应当及时履行行政处罚决定规定的义务。原则上，在当事人申请行政复议或提起行政诉讼期间，行政处罚不停止执行，法律另有规定的除外。当事人对限制人身自由的行政处罚决定不服，申请行政复议或者提起行政诉讼的，可以向作出决定的机关提出暂缓执行申请。符合法律规定情形的，应当暂缓执行。当事人申请行政复议或者提起行政诉讼的，加处罚款的数额在行政复议或者行政诉讼期间不予计算。

（一）罚款的收缴

原则上，作出罚款决定的行政机关应当与收缴罚款的机构分离。作出处罚决定的行政机关及其执法人员不得自行收缴罚款。当事人应当自收到行政处罚决定书之日起15日内，到指定的银行或者通过电子支付系统缴纳罚款。银行应当收受罚款，并将罚款直接上缴国库。当场收缴罚款是罚执分离的例外。

对于罚款、没收违法所得或者没收非法财物拍卖的款项，必须全部上缴国库。任何行政机关或者个人不得以任何形式截留、私分或者变相私分。罚款、没收的违法所得或者没收非法财物拍卖的款项，不得同作出行政处罚决定的行政机关及其工作人员的考核、考评直接或者变相挂钩。除依法应当退还、退赔的外，财政部门不得以任何形式向作出行政处罚决定的行政机关返还罚款、没收的违法所得或者没收非法财物拍卖的款项。

当事人确有经济困难，需要延期或者分期缴纳罚款的，经当事人申请和行政机关批准，可以暂缓或者分期缴纳。

（二）可以当场收缴的情形

作为罚执分离的例外情形，符合下列情形之一的，执法人员可以当场收缴罚款。

可当场收缴的行政处罚罚款	可当场收缴的治安管理处罚罚款
①按照简易程序当场作出的100元以下罚款	①被处50元以下罚款，被处罚人对罚款无异议
②按照简易程序当场作出的且不当场收缴事后难以执行的	②被处罚人在当地没有固定住所，不当场收缴事后难以执行的
③在边远、水上、交通不便地区，当事人向指定银行或者通过电子支付系统缴纳确有困难，经当事人提出	

行政机关及其执法人员当场收缴罚款的，必须向当事人出具国务院财政部门或者省、自治区、直辖市人民政府财政部门统一制发的专用票据；不出具财政部门统一制发的专用票据的，当事人有权拒绝缴纳罚款。

执法人员当场收缴的罚款，应当自收缴罚款之日起 2 日内，交至行政机关；在水上当场收缴的罚款，应当自抵岸之日起 2 日内交至行政机关；行政机关应当在 2 日内将罚款缴付指定的银行。

（三）行政处罚的强制执行

除经申请和批准当事人可以暂缓或分期缴纳罚款的以外，当事人逾期不履行行政处罚决定的，作出行政处罚决定的行政机关可以采取以下措施：

1. 到期不缴纳罚款的，每日按罚款数额的 3% 加处罚款，加处罚款的数额不得超出罚款的数额。

2. 根据法律规定，将查封、扣押的财物拍卖、依法处理或者将冻结的存款、汇款划拨抵缴罚款。

3. 根据法律规定，采取其他行政强制执行方式。

4. 依照《行政强制法》的规定申请人民法院强制执行。

行政机关批准延期、分期缴纳罚款的，申请人民法院强制执行的期限，自暂缓或者分期缴纳罚款期限结束之日起计算。

第二节　治安管理处罚

【复习提要】

治安管理处罚是行政处罚的一种，也可以说成是公安机关实施的有关治安管理的行政处罚。《行政处罚法》和《治安管理处罚法》是一般法和特殊法的关系。故当公安机关实施行政行为时规定不一致的，应当适用治安管理处罚法。

一、治安管理处罚的定义和种类

（一）治安管理处罚的定义和种类

治安管理处罚，是公安机关给予实施治安违法行为的公民、法人和其他组织的行政制裁。国务院公安部门负责全国的治安管理工作。县级以上地方各级人民政府公安机关负责本行政区域内的治安管理工作。治安管理处罚由县级以上人民政府公安机关决定；其中警告、五百元以下的罚款可以由公安派出所决定。

治安管理处罚是行政处罚中最具有普遍性的行政部门处罚之一。治安处罚的适用，是公安机关根据违法行为人的责任能力和行为情节对被处罚人实施的处罚。除了法律规定的下述处罚种类之外，公安机关不得采取其他处罚措施。

治安管理处罚的法定种类分为：(1) 警告。(2) 罚款。(3) 行政拘留。(4) 吊销公安机关发放的许可证。(5) 对违反治安管理的外国人，可以附加适用限期出境或者驱逐出境。其中，前四项是主罚种类，最后一项是附加罚种类。

【考点点拨】

做题的时候看到“公安机关”，就是用本节中的治安管理处罚法做题，如果是公安机关之外的环保、市场监管等，就用行政处罚法。

（二）违反治安管理的行为种类

根据违法性质的不同，违反治安管理的行为可以分为以下种类：(1) 扰乱公共秩序的行为。如扰乱机关、团体、企业、事业单位秩序，致使其工作不能正常进行。(2) 妨害公共安全的行为。如非法携带枪支、弹药。(3) 侵犯人身权利、财产权利的行为。如殴打他人，或者故意伤害他人身体。(4) 妨害社会管理的行为。如刻划、涂污或者以其他方式故意损坏国家保护的文物、名胜古迹。

二、治安管理处罚的适用

不予处罚	①不满 14 周岁的人 ②精神病人不能辨认或者不能控制自己行为 ③民间纠纷引起的打架斗殴或损毁他人财物，情节较轻，公安机关可以调解，调解达成协议的，不予处罚 ④违法行为在 6 个月内没有被公安机关发现
减轻或不予处罚	①情节特别轻微的 ②主动消除或者减轻违法后果，并取得被侵害人谅解的 ③出于他人胁迫或者诱骗的 ④主动投案，向公安机关如实陈述自己的违法行为的 ⑤有立功表现的
从重处罚	①有较严重后果的 ②教唆、胁迫、诱骗他人违反治安管理的 ③对报案人、控告人、举报人、证人打击报复的 ④6 个月内曾受过治安管理处罚的

对于因民间纠纷引起的打架斗殴或者损毁他人财物等违反治安管理行为，情节较轻的，公安机关可以调解处理。经公安机关调解，当事人达成协议的，不予处罚。经调解未达成协议或者达成协议后不履行的，公安机关应当依照规定对违反治安管理行为人给予处罚，并告知当事人可以就民事争议依法向人民法院提起民事诉讼。

三、治安管理处罚的程序

治安管理处罚程序由调查、决定和执行三部分组成。

（一）调查程序

传唤	①需要传唤违反治安管理行为人接受调查的，经公安机关办案部门负责人批准，使用传唤证传唤 ②对现场发现的违反治安管理行为人，经出示工作证件，可以口头传唤 ③对无正当理由不接受传唤的，可以强制传唤 ④将传唤的原因和依据告知被传唤人，将传唤的原因和处所通知被传唤人家属
询问	①询问时间不得超过 8 小时 ②情况复杂可能适用拘留处罚的，不超过 24 小时 ③被询问人要求就被询问事项自行提供书面材料的，应当准许
检查	①检查不得少于 2 人，并应当出示工作证件和县级以上政府公安机关开具的检查证明文件 ②确需立即检查的，经出示工作证件，可以当场检查，但检查公民住所除外

公安机关办理治安案件，对与案件有关的需要作为证据的物品，可以扣押；对被侵害人或者善意第三人合法占有的财产，不得扣押，应当予以登记。对与案件无关的物品，不得扣押。

对扣押的物品，应当会同在场见证人和被扣押物品持有人查点清楚，当场开列清单一式二份，由调查人员、见证人和持有人签名或者盖章，一份交给持有人，另一份附卷备查。对扣押的物品，应当妥善保管，不得挪作他用；对不宜长期保存的物品，按照有关规定处理。经查明与案件无关的，应当及时退还；经核实属于他人合法财产的，应当登记后立即退还；满六个月无人对该财产主张权利或者无法查清权利人的，应当公开拍卖或者按照国家有关规定处理，所得款项上缴国库。

【真题实战】

公安局以田某等人哄抢一货车上的财物为由，对田某处以15日行政拘留处罚，田某不服申请复议。下列哪一说法是正确的?[1]（2015/48/单）

A. 田某的行为构成扰乱公共秩序

B. 公安局对田某哄抢的财物应予以登记

C. 公安局对田某传唤后询问查证不得超过12小时

D. 田某申请复议的期限为6个月

（二）决定程序

1. 简易程序

违反治安管理行为事实清楚，证据确凿，处警告或者200元以下罚款的，可以当场作出治安管理处罚决定。

当场作出治安管理处罚决定的，人民警察应当向违反治安管理行为人出示工作证件，并填写处罚决定书。处罚决定书应当当场交付被处罚人；有被侵害人的，并将决定书副本抄送被侵害人。前款规定的处罚决定书，应当载明被处罚人的姓名、违法行为、处罚依据、罚款数额、时间、地点以及公安机关名称，并由经办的人民警察签名或者盖章。当场作出治安管理处罚决定的，经办的人民警察应当在24小时内报所属公安机关备案。

2. 普通程序

公安机关作出治安管理处罚决定前，应当告知违反治安管理行为人作出治安管理处罚的事实、理由及依据，并告知违反治安管理行为人依法享有的权利。违反治安管理行为人有权陈述和申辩。公安机关必须充分听取违反治安管理行为人的意见，对违反治安管理行为人提出的事实、理由和证据，应当进行复核。违反治安管理行为人提出的事实、理由或者证据成立的，公安机关应当采纳。公安机关不得因违反治安管理行为人的陈述、申辩而加重处罚。

公安机关办理治安案件的期限，自受理之日起不得超过30日；案情重大、复杂的，经上一级公安机关批准，可以延长30日。

【真题实战】

1. 某公安局以刘某引诱他人吸食毒品为由对其处以15日拘留，并处3000元罚款的处罚。

---

〔1〕 答案B【解析】《治安管理处罚法》第49条规定，盗窃、诈骗、哄抢、抢夺、敲诈勒索或者故意损毁公私财物属于侵犯财产权利的违法行为，选项A错误。该法第89条第1款规定，公安机关办理治安案件，对与案件有关的需要作为证据的物品，可以扣押；对被侵害人或者善意第三人合法占有的财产，不得扣押，应当予以登记。对与案件无关的物品，不得扣押。选项B正确。该法第83条第1款规定，询问查证的时间不得超过二十四小时。选项C错误。《行政复议法》第20条第1款规定，公民、法人或者其他组织认为行政行为侵犯其合法权益的，可以自知道或者应当知道该行政行为之日起六十日内提出行政复议申请；但是法律规定的申请期限超过六十日的除外。选项D错误。

刘某不服，向法院提起行政诉讼。下列哪些说法是正确的？[1]（2014/79/多）

A. 公安局在作出处罚决定前传唤刘某询问查证，询问查证时间最长不得超过 24 小时

B. 对刘某的处罚不应当适用听证程序

C. 如刘某为外国人，可以附加适用限期出境

D. 刘某向法院起诉的期限为 3 个月

2. 李某多次发送淫秽短信、干扰他人正常生活，公安机关经调查拟对李某作出行政拘留 10 日的处罚。关于此处罚决定，下列哪一做法是适当的？[2]（2016/45/单）

A. 由公安派出所作出

B. 依当场处罚程序作出

C. 应及时通知李某的家属

D. 紧急情况下可以口头方式作出

3. **听证程序**

公安机关作出吊销许可证以及处 2000 元以上罚款的治安管理处罚决定前，应当告知违反治安管理行为人有权要求举行听证。违反治安管理行为人要求听证的，公安机关应当及时依法举行听证。

【真题实战】

1. 公安局认定朱某嫖娼，对其拘留十五日并处罚款 5000 元。关于此案，下列哪些说法是正确的？[3]（2010/83/多）

A. 对朱某的处罚决定书应载明处罚的执行方式和期限

B. 如朱某要求听证，公安局应当及时依法举行听证

C. 朱某有权陈述和申辩，公安局必须充分听取朱某的意见

D. 如朱某对拘留和罚款处罚不服起诉，该案应由公安局所在地的法院管辖

2. 某区公安分局以沈某收购赃物为由，拟对沈某处以 1000 元罚款。该分局向沈某送达了听证告知书，告知其可以在 3 日内提出听证申请，沈某遂提出听证要求。次日，该分局在未进

---

〔1〕 答案 AC【解析】《治安管理处罚法》第 83 条第 1 款规定，询问查证的时间不得超过二十四小时。选项 A 正确。该法第 98 条规定，公安机关作出吊销许可证以及处二千元以上罚款的治安管理处罚决定前，应当告知违反治安管理行为人有权要求举行听证；违反治安管理行为人要求听证的，公安机关应当及时依法举行听证。本题中，刘某对 3000 元罚款的处罚是可以要求听证的，选项 B 错误。该法第 10 条第 2 款规定，对违反治安管理的外国人，可以附加适用限期出境或者驱逐出境，选项 C 正确。《行政诉讼法》第 46 条第 1 款规定，公民、法人或者其他组织直接向人民法院提起诉讼的，应当自知道或者应当知道作出行政行为之日起六个月内提出。法律另有规定的除外。选项 D 错误。

〔2〕 答案 C【解析】《治安管理处罚法》第 91 条规定，治安管理处罚由县级以上人民政府公安机关决定；其中警告、五百元以下的罚款可以由公安派出所决定。选项 A 错误。该法第 100 条规定，违反治安管理行为事实清楚，证据确凿，处警告或者二百元以下罚款的，可以当场作出治安管理处罚决定。选项 B 错误。该法第 83 条第 2 款规定，公安机关应当及时将传唤的原因和处所通知被传唤人家属。选项 C 正确。该法第 96 条第 1 款规定，公安机关作出治安管理处罚决定的，应当制作治安管理处罚决定书。选项 D 错误。

〔3〕 答案 ABCD【解析】《治安管理处罚法》第 96 条第 1 款第 4 项规定，公安机关作出治安管理处罚决定的，应当制作治安管理处罚决定书。决定书应当载明处罚的执行方式和期限，选项 A 正确。该法第 98 条规定，公安机关作出吊销许可证以及处二千元以上罚款的治安管理处罚决定前，应当告知违反治安管理行为人有权要求举行听证；违反治安管理行为人要求听证的，公安机关应当及时依法举行听证。本题中，对朱某的罚款数额是 5000 元，朱某有权要求听证，选项 B 正确。该法第 94 条第 2 款规定，违反治安管理行为人有权陈述和申辩。公安机关必须充分听取违反治安管理行为人的意见，对违反治安管理行为人提出的事实、理由和证据，应当进行复核；违反治安管理行为人提出的事实、理由或者证据成立的，公安机关应当采纳，选项 C 正确。《行政诉讼法解释》第 8 条第 2 款规定：对行政机关基于同一事实，既采取限制公民人身自由的行政强制措施，又采取其他行政强制措施或者行政处罚不服的，由被告所在地或者原告所在地的人民法院管辖。D 项中，公安机关对朱某进行拘留属于治安管理处罚，而非限制公民人身自由的强制措施，不能适用原告所在地加被告所在地的特殊管辖，而应遵循原告就被告的一般管辖。根据最新的司法解释，D 项正确。

行听证的情况下向沈某送达1000元罚款决定。沈某申请复议。下列哪些说法是正确的?[1]（2011/81/多）

A. 该分局在作出决定前，应告知沈某处罚的事实、理由和依据

B. 沈某申请复议的期限为60日

C. 该分局不进行听证并不违法

D. 该罚款决定违法

3. 根据相关法律规定，在行政决定作出前，当事人有权就下列哪些情形要求举行听证?[2]（2017/82/多）

A. 区工商分局决定对个体户王某销售的价值10万元的假冒他人商标的服装予以扣押

B. 县公安局以非法种植罂粟为由对陈某处以3000元罚款

C. 区环保局责令排放污染物严重的某公司停业整顿

D. 胡某因酒后驾车，被公安交管部门吊销驾驶证

（三）执行程序

<table>
<tr><td rowspan="2">财产罚</td><td>原则：罚执分离</td></tr>
<tr><td>例外：当场收缴</td></tr>
<tr><td>人身罚</td><td>暂缓执行（以下条件需同时满足）：
①被处罚人申请复议、提起诉讼
②被处罚人提出暂缓执行拘留的申请
③被处罚人或者其近亲属提出担保人或者保证金
④公安机关认为暂缓不致发生社会危险</td></tr>
</table>

被处罚人不服行政拘留处罚决定，申请行政复议、提起行政诉讼的，可以向公安机关提出暂缓执行行政拘留的申请。公安机关认为暂缓执行行政拘留不致发生社会危险的，由被处罚人或者其近亲属提出符合法律规定条件的担保人，或者按每日行政拘留二百元的标准交纳保证金，行政拘留的处罚决定暂缓执行。担保人应当符合下列条件：与本案无牵连；享有政治权利，人身自由未受到限制；在当地有常住户口和固定住所；有能力履行担保义务。行政拘留的处罚决定被撤销，或者行政拘留处罚开始执行的，公安机关收取的保证金应当及时退还交纳人。

对被决定给予行政拘留处罚的人，由作出决定的公安机关送达拘留所执行。

违反治安管理行为人有下列情形之一，应当给予行政拘留处罚的，不执行行政拘留处罚：（1）已满十四周岁不满十六周岁的；（2）已满十六周岁不满十八周岁，初次违反治安管理的；

---

〔1〕 答案ABD【解析】《治安管理处罚法》第94条第1款规定，公安机关作出治安管理处罚决定前，应当告知违反治安管理行为人作出治安管理处罚的事实、理由及依据，并告知违反治安管理行为人依法享有的权利。选项A正确。《行政复议法》第20条规定，公民、法人或者其他组织认为行政行为侵犯其合法权益的，可以自知道或者应当知道该行政行为之日起六十日内提出行政复议申请；但是法律规定的申请期限超过六十日的除外。选项B正确。《治安管理处罚法》第98条规定，公安机关作出吊销许可证以及处二千元以上罚款的治安管理处罚决定前，应当告知违反治安管理行为人有权要求举行听证；违反治安管理行为人要求听证的，公安机关应当及时依法举行听证。本题中，虽然罚款不到法定听证的2000元，但该分局告知其可以提出听证申请，形成了行政机关的承诺，也因此产生了听证的义务。选项C错误，选项D正确。

〔2〕 答案BCD【解析】区工商分局对假冒他人商标的服装予以扣押属于行政强制措施，《行政强制法》没有规定对行政强制的实施举行听证，选项A错误。《治安管理处罚法》第98条规定，公安机关作出吊销许可证以及处二千元以上罚款的治安管理处罚决定前，应当告知违反治安管理行为人有权要求举行听证；违反治安管理行为人要求听证的，公安机关应当及时依法举行听证。选项BD正确。《行政处罚法》第63条第1款规定，行政机关作出责令停产停业等行政处罚决定之前，应当告知当事人有要求举行听证的权利。选项C正确。

（3）七十周岁以上的；（4）怀孕或者哺乳自己不满一周岁婴儿的。

【真题实战】

1. 张某因打伤李某被公安局处以行政拘留15天的处罚，张某不服，申请行政复议。不久，受害人李某向法院提起刑事自诉，法院经审理认为张某的行为已经构成犯罪，判决拘役2个月。下列哪一选项是正确的？[1]（2007/47/单）

A. 本案调查中，警察经出示工作证件，可以检查张某的住所

B. 如果在法院判决时张某的行政拘留已经执行完毕，则对其拘役的期限为一个半月

C. 如果张某之父为其提供担保，则公安机关可暂缓执行行政拘留

D. 由公安局将张某送到看守所执行行政拘留

2. 经传唤调查，某县公安局以散布谣言，谎报险情为由，决定对孙某处以10日行政拘留，并处500元罚款。下列哪一选项是正确的？[2]（2012/47/单）

A. 传唤孙某时，某县公安局应当将传唤的原因和依据告知孙某

B. 传唤后对孙某的询问查证时间不得超过48小时

C. 孙某对处罚决定不服申请行政复议，应向市公安局申请

D. 如孙某对处罚决定不服直接起诉的，应暂缓执行行政拘留的处罚决定

【本章主要法律规定】

1. 《行政处罚法》

2. 《治安管理处罚法》

---

[1] 答案B【解析】《治安管理处罚法》第87条第1款规定，检查公民住所必须出示工作证件和县级以上人民政府公安机关开具的检查证明文件。选项A错误。《行政处罚法》第35条第1款规定，违法行为构成犯罪，人民法院判处拘役或者有期徒刑时，行政机关已经给予当事人行政拘留的，应当依法折抵相应刑期。选项B正确。根据《治安管理处罚法》第107条规定，暂缓执行拘留需要诸多条件，包括公安机关认为暂缓执行行政拘留不致发生社会危险。选项C错误。该法第103条规定，对被决定给予行政拘留处罚的人，由作出决定的公安机关送达拘留所执行。选项D错误。

[2] 答案A【解析】《治安管理处罚法》第82条第2款规定，公安机关应当将传唤的原因和依据告知被传唤人。选项A正确。该法第83条第1款规定，询问查证的时间不得超过二十四小时。选项B错误。《行政复议法》第24条规定，县级以上地方各级人民政府管辖下列行政复议案件：对本级人民政府工作部门作出的行政行为不服的。因此复议机关只有县政府。选项C错误。《治安管理处罚法》第107条规定，暂缓执行拘留需满足四个法定条件，起诉并不直接导致暂缓执行。选项D错误。

第七章　行政强制

【复习提要】

通常认为，行政强制是指为了实施行政管理或达成行政管理目的，对公民、法人或者其他组织的人身、财产、行为等采取强制的制度。《行政强制法》中分别规定了行政强制措施和行政强制执行，二者的类别、设定、实施程序都是考试的重点内容。

第一节　行政强制的种类与设定

一、行政强制的定义和种类

（一）行政强制的定义

<table>
<tr><td rowspan="4">行政强制</td><td rowspan="2">行政强制措施</td><td>目的</td><td>制止违法行为、防止证据损毁
避免危害发生、控制危险扩大</td></tr>
<tr><td>表现</td><td>对人身自由或财物实施暂时性控制</td></tr>
<tr><td rowspan="2">行政强制执行</td><td>目的</td><td>依法强制履行义务</td></tr>
<tr><td>主体</td><td>行政机关或人民法院</td></tr>
</table>

（二）行政强制的种类

<table>
<tr><td rowspan="2">行政强制</td><td>行政强制措施</td><td>①限制公民人身自由
②查封场所、设施或者财物
③扣押财物
④冻结存款、汇款
⑤其他行政强制措施</td></tr>
<tr><td>行政强制执行</td><td>①加处罚款或者滞纳金
②划拨存款、汇款
③拍卖或者依法处理查封、扣押的场所、设施或者财物
④排除妨碍、恢复原状
⑤代履行
⑥其他强制执行方式</td></tr>
</table>

1. 行政强制措施的种类

（1）限制公民人身自由的强制措施，指为制止违法行为、避免危害发生、控制危险扩大等情形，行政机关依法对公民的人身自由实施暂时性限制。

（2）查封是行政机关对公民、法人或者其他组织的场所或物品进行封存，不准转移和处理的措施，可以适用于财物，也可适用于场所和设施。

（3）扣押指行政机关将公民、法人或者其他组织的财物移至另外场所加以扣留，不准被执行人占有、使用和处分的措施。

（4）冻结指限制金融资产流动的行政强制措施，包括冻结存款和冻结汇款。

2. **行政强制执行的种类**

（1）加处罚款或者滞纳金。这是间接强制的执行方式，属于执行罚。比如《行政处罚法》规定，行政相对人到期不交罚款，每日按罚款数额的百分之三加处罚款。

（2）划拨存款、汇款。这是直接强制的执行方式，采用这种执行方式的行政机关，需要法律的明确授权。目前，行政机关划拨存款、汇款只适用于税收、社保费征收等少数领域。

（3）拍卖或者依法处理查封、扣押的场所、设施或者财物。《行政处罚法》规定，采用此种执行方式，必须由法律规定。目前《税收征收管理法》、《海关法》以及《行政强制法》规定了此执行方式。此外，行政机关拍卖财物必须委托拍卖机构依法拍卖。

（4）排除妨碍、恢复原状。比如《道路交通安全法》规定了此执行方式。

（5）代履行。这是指行政机关依法作出要求当事人履行排除妨碍、恢复原状等义务的行政决定。当事人逾期不履行，经催告仍不履行，其后果已经或者将危害交通安全、造成环境污染或者破坏自然资源的，行政机关可以代履行，或者委托没有利害关系的第三人代履行。

（三）行政强制的特征

1. **行政强制措施的特征**

行政强制措施是指行政机关在行政管理过程中，为制止违法行为、防止证据损毁、避免危害发生、控制危险扩大等情形，依法对公民的人身自由实施暂时性限制，或者对公民、法人或者其他组织的财物实施暂时性控制的行为。行政强制措施有以下特征：

（1）预防性和制止性。行政强制措施的目的在于预防、制止或控制危害社会行为的发生或扩大。

（2）临时性和中间性。行政强制措施常常是行政机关作出最终处理决定的前奏和准备。

（3）主体只能是行政机关和经授权的组织。

2. **行政强制执行的特征**

行政强制执行是行政机关或由行政机关申请法院对不履行行政机关依法作出的行政处理决定中规定的义务，采取强制手段，强迫其履行义务，或达到与履行义务相同状态的行为。行政强制执行有以下特征：

（1）行政强制执行的执行主体包括行政机关和人民法院。与实施行政强制措施的主体只能是行政机关和经授权的组织不同，行政强制执行的主体除行政机关和经授权的组织外，还包括法院。

（2）行政强制执行以公民、法人或者其他组织不履行具体行政行为所确定的义务为前提。公民、法人或者其他组织所负义务是生效具体行政行为确定的义务，如果公民、法人或者其他组织自动履行义务，则不产生强制执行问题。行政强制执行只能在公民、法人或者其他组织不履行义务时才能进行。

（3）行政强制执行目的在于以强制的方式迫使当事人履行义务，或达到与履行义务相同的状态，即实现具体行政行为所确定的义务内容。

【真题实战】

1 某区城管局以甲摆摊卖“麻辣烫”影响环境为由，将其从事经营的小推车等物品扣押。

在实施扣押过程中，城管执法人员李某将甲打伤。对此，下列哪一说法是正确的？[1]（2010/46/单）

A. 扣押甲物品的行为，属于行政强制执行措施

B. 李某殴打甲的行为，属于事实行为

C. 因甲被打伤，扣押甲物品的行为违法

D. 甲被打伤的损失，应由李某个人赔偿

2. 李某长期吸毒，多次自费戒毒均未成功。某公安局在一次检查中发现后，将李某送至强制隔离戒毒所进行强制隔离戒毒。强制隔离戒毒属于下列哪一性质的行为？[2]（2013/43/单）

A. 行政处罚　　B. 行政强制措施

C. 行政强制执行　　D. 行政许可

3. 下列哪一行政行为不属于行政强制措施？[3]（2016/46/单）

A. 审计局封存转移会计凭证的被审计单位的有关资料

B. 公安交通执法大队暂扣酒后驾车的贾某机动车驾驶证 6 个月

C. 税务局扣押某企业价值相当于应纳税款的商品

D. 公安机关对醉酒的王某采取约束性措施至酒醒

（四）行政强制的原则

法定性	依照法定的权限、范围、条件和程序
适当性	采用非强制手段可以达到行政管理目的的，不得设定和实施行政强制
教育性	教育与强制相结合

二、行政强制的设定

行政强制的设定是由立法创设行政强制，本质是国家对行政强制的立法规定，涉及哪些法律规范可以对哪些种类的行政强制作出规定。行政强制包括行政强制措施和行政强制执行，二者的种类不同，设定也有很大差异。

（一）行政强制措施由法律、法规设定

立法	条件	种类
法律	无	任何种类
行政法规	尚未制定法律 属于国务院行政管理职权事项	除限制人身自由、冻结存款汇款之外

〔1〕 答案 B【解析】扣押甲物品的行为属于行政强制措施，不是行政强制执行措施。行政强制措施为第一阶段，行政强制执行在相对人不履行义务后面出现。选项 A 错误。行政机关及其工作人员在行使行政职权时造成相对人人身或财产损害的行为，是行政事实行为。选项 B 正确。甲被打伤与扣押行为本身是否合法没有直接关联，不能因为甲被打伤，就认定扣押行为本身违法。选项 C 错误。《国家赔偿法》第 7 条第 1 款规定，行政机关及其工作人员行使行政职权侵犯公民、法人和其他组织的合法权益造成损害的，该行政机关为赔偿义务机关。选项 D 错误。

〔2〕 答案 B【解析】本题考核行政强制的类型，本题中的强制隔离戒毒行为属于限制公民人身自由的行政强制措施。

〔3〕 答案 B【解析】《行政处罚法》第 9 条规定，暂扣或者吊销许可证件属于行政处罚。ACD 都属于行政强制措施，不符合题意。

续表

立法	条件	种类
地方性法规	尚未制定法律、行政法规 属于地方性事务	查封场所、设施或者财物 扣押财物
其他规范性文件	不得设定	

1. 法律的设定

法律可以对所有的行政强制措施进行设定，且下列行政强制措施的设定由法律保留：限制公民人身自由的行政强制措施、冻结存款、汇款，以及其他应由法律设定的事项。这些措施只能由法律作出设定。

2. 行政法规的设定

当某一领域或事项尚未制定法律，如相关事项属于国务院行政管理职权事项的，行政法规可以设定由法律保留的行政强制措施之外的措施，即限制公民人身自由的行政强制措施、冻结存款、汇款，以及其他应由法律设定的行政强制措施以外的其他行政强制措施。

3. 地方性法规的设定

根据《行政强制法》的规定，地方性法规对行政强制措施的设定权为，尚未制定法律、行政法规，且属于地方性事务的。可以设定的行政强制措施有两类，即查封场所、设施或者财物和扣押财物。

除法律、法规以外的其他规范性文件，均不得设定行政强制措施。

4. 规定

在某一领域或事项已出台法律的情形下，如已制定的法律设定了行政强制措施，且对行政强制措施的对象、条件、种类作了规定的，行政法规只能对已创设的行政强制措施作出细化规定，不得作出扩大规定；如已制定的法律未设定行政强制措施，行政法规原则上不得设定行政强制措施。

对法律已设定的行政强制措施，地方性法规只能对法律所规定的行政强制措施的对象、条件、种类作出细化规定，加以具体化，扩大规定无效。如法律中未设定行政强制措施的，地方性法规不得设定行政强制措施。

（二）行政强制执行由法律设定

行政机关的自行强制执行必须由法律设定，其他行政法规、法规、规章及其他规范性文件不得设定行政机关强制执行。与行政处罚、行政许可的设定相比，《行政强制法》对行政强制的设定采取了从严的思路。

【真题实战】

关于省、自治区、直辖市政府规章的设定权，下列说法正确的是：[1]（2019/模拟/多）

A. 可以设定临时性的行政许可　　B. 可以设定一定数量的罚款

C. 可以设定查封扣押财物的行政强制措施　　D. 可以设定加处滞纳金的行政强制执行

（三）行政强制的论证和评价

起草法律草案、法规草案，拟设定行政强制的，起草单位应当采取听证会、论证会等形式

---

〔1〕 答案 AB【解析】《行政许可法》第 15 条第 1 款规定，省、自治区、直辖市人民政府规章可以设定临时性的行政许可。选项 A 正确。《行政处罚法》第 14 条第 2 款规定，尚未制定法律、法规的，地方政府规章对违反行政管理秩序的行为，可以设定警告、通报批评或者一定数额罚款的行政处罚。选项 B 正确。《行政强制法》第 10 条第 4 款规定，法律、法规以外的其他规范性文件不得设定行政强制措施。选项 C 错误。《行政强制法》第 13 条第 1 款规定，行政强制执行由法律设定。选项 D 错误。

听取意见，并向制定机关说明设定该行政强制的必要性、可能产生的影响以及听取和采纳意见的情况。

行政强制的设定机关应当定期对其设定的行政强制进行评价，并对不适当的行政强制及时予以修改或者废止。行政强制的实施机关可以对已设定的行政强制的实施情况及存在的必要性适时进行评价，并将意见报告该行政强制的设定机关。公民、法人或者其他组织可以向行政强制的设定机关和实施机关就行政强制的设定和实施提出意见和建议。有关机关应当认真研究论证，并以适当方式予以反馈。

【考点点拨】

做此部分题目的时候同学们有时会产生困惑，即题目经常将行政许可、行政处罚、行政强制的设定权限综合起来考查。此部分内容具有一定难度，为了帮助同学们更好地掌握，此处进行系统的梳理和总结。

1. 行政法规的具体立法权限

此处是难点问题，即结合行政行为法具体判断行政法规的立法权限。

行政行为种类	行政法规设定的立法权限
行政许可	尚未制定法律的行政许可
行政处罚	限制人身自由除外的行政处罚
行政强制措施	除限制人身自由、冻结存款汇款之外的行政强制措施
行政强制执行	无权设定

2. 行政规章的具体立法权限

此处是难点问题，即结合行政行为法具体判断行政规章的立法权限。

<table>
<tr><th>行政行为种类</th><th>地方政府规章设定的立法权限</th><th>部门规章设定的立法权限</th></tr>
<tr><td>行政许可</td><td>省级地方政府规章可以设定临时性许可</td><td>无权设定</td></tr>
<tr><td>行政处罚</td><td colspan="2">警告、通报批评、一定数额的罚款</td></tr>
<tr><td>行政强制措施</td><td colspan="2" rowspan="2">无权设定</td></tr>
<tr><td>行政强制执行</td></tr>
</table>

上述表格是便于后期复习的总结，具体考点展开如下。

（1）行政许可的设定

法律可以设定行政许可。尚未制定法律的，行政法规可以设定行政许可。必要时，国务院可以采用发布决定的方式设定行政许可。实施后，除临时性行政许可事项外，国务院应当及时提请全国人民代表大会及其常务委员会制定法律，或者自行制定行政法规。

尚未制定法律、行政法规的，地方性法规可以设定行政许可；尚未制定法律、行政法规和地方性法规的，因行政管理的需要，确需立即实施行政许可的，省、自治区、直辖市人民政府规章可以设定临时性的行政许可。临时性的行政许可实施满一年需要继续实施的，应当提请本级人民代表大会及其常务委员会制定地方性法规。地方性法规和省、自治区、直辖市人民政府规章，不得设定应当由国家统一确定的公民、法人或者其他组织的资格、资质的行政许可；不得设定企业或者其他组织的设立登记及其前置性行政许可。其设定的行政许可，不得限制其他地区的个人或者企业到本地区从事生产经营和提供服务，不得限制其他地区的商品进入本地区市场。

（2）行政处罚的设定

法律可以设定各种行政处罚。限制人身自由的行政处罚，只能由法律设定。

行政法规可以设定除限制人身自由以外的行政处罚。法律对违法行为已经作出行政处罚规定，行政法规需要作出具体规定的，必须在法律规定的给予行政处罚的行为、种类和幅度的范围内规定。法律对违法行为未作出行政处罚规定，行政法规为实施法律，可以补充设定行政处罚。拟补充设定行政处罚的，应当通过听证会、论证会等形式广泛听取意见，并向制定机关作出书面说明。行政法规报送备案时，应当说明补充设定行政处罚的情况。

地方性法规可以设定除限制人身自由、吊销营业执照以外的行政处罚。法律、行政法规对违法行为已经作出行政处罚规定，地方性法规需要作出具体规定的，必须在法律、行政法规规定的给予行政处罚的行为、种类和幅度的范围内规定。法律、行政法规对违法行为未作出行政处罚规定，地方性法规为实施法律、行政法规，可以补充设定行政处罚。拟补充设定行政处罚的，应当通过听证会、论证会等形式广泛听取意见，并向制定机关作出书面说明。地方性法规报送备案时，应当说明补充设定行政处罚的情况。

尚未制定法律、行政法规的，国务院部门规章对违反行政管理秩序的行为，可以设定警告、通报批评或者一定数额罚款的行政处罚。罚款的限额由国务院规定。国务院部门规章可以在法律、行政法规规定的给予行政处罚的行为、种类和幅度的范围内作出具体规定。

尚未制定法律、法规的，地方政府规章对违反行政管理秩序的行为，可以设定警告、通报批评或者一定数额罚款的行政处罚。罚款的限额由省、自治区、直辖市人民代表大会常务委员会规定。地方政府规章可以在法律、法规规定的给予行政处罚的行为、种类和幅度的范围内作出具体规定。

（3）行政强制的设定

行政强制措施由法律设定。尚未制定法律，且属于国务院行政管理职权事项的，行政法规可以设定除限制公民人身自由、冻结存款、汇款和应当由法律规定的行政强制措施以外的其他行政强制措施。尚未制定法律、行政法规，且属于地方性事务的，地方性法规可以设定查封场所、设施或者财物、扣押财物的行政强制措施。法律、法规以外的其他规范性文件不得设定行政强制措施。

法律对行政强制措施的对象、条件、种类作了规定的，行政法规、地方性法规不得作出扩大规定。法律中未设定行政强制措施的，行政法规、地方性法规不得设定行政强制措施。但是，法律规定特定事项由行政法规规定具体管理措施的，行政法规可以设定除限制公民人身自由、冻结存款、汇款和应当由法律规定的行政强制措施以外的其他行政强制措施。

行政强制执行由法律设定。

【真题实战】

关于部门规章的权限，下列哪一说法是正确的?[1]（2013/48/单）

A. 尚未制定法律、行政法规，对违反管理秩序的行为，可以设定暂扣许可证的行政处罚

B. 尚未制定法律、行政法规，且属于规章制定部门职权的，可以设定扣押财物的行政强制措施

C. 可以在上位法设定的行政许可事项范围内，对实施该许可作出具体规定

〔1〕 答案 C【解析】《行政处罚法》第 13 条第 2 款规定，尚未制定法律、行政法规的，国务院部门规章对违反行政管理秩序的行为，可以设定警告、通报批评或者一定数额罚款的行政处罚。罚款的限额由国务院规定。选项 AD 错误。《行政强制法》第 10 条第 4 款规定，法律、法规以外的其他规范性文件不得设定行政强制措施。因此规章无权设定行政强制措施，选项 B 错误。《行政许可法》第 16 条第 3 款规定，规章可以在上位法设定的行政许可事项范围内，对实施该行政许可作出具体规定，选项 C 正确。

D. 可以设定除限制人身自由以外的行政处罚

第二节　行政强制措施的程序

《行政强制法》对行政强制措施程序作出了大量细致的规定，意在增加可操作性和规范性。行政强制措施程序是指行政机关实施各类行政强制措施均需要遵守的程序环节和要求，包括一般程序和特殊程序。实施行政强制措施的一般程序，指行政机关实施各类行政强制措施均需要遵守的程序环节和要求。除一般程序要求外，行政机关实施限制公民人身自由、查封扣押、冻结等行政强制措施的，还须遵循特别程序要求。

一、行政强制措施的一般程序

<table>
<tr><td>实施主体</td><td colspan="2">①法律、法规规定的行政机关
②法律、行政法规授权的具有管理公共事务职能的组织
③行政强制措施权不得委托</td></tr>
<tr><td rowspan="2">批准程序</td><td>一般情况</td><td>实施前须向行政机关负责人报告并经批准</td></tr>
<tr><td>紧急情况</td><td>需要当场实施，执法人员应当在实施后 24 小时内向行政机关负责人报告，并补办批准手续</td></tr>
<tr><td>执法人员</td><td colspan="2">两名以上行政执法人员，出示执法身份证件</td></tr>
</table>

（一）行政强制措施的实施主体

行政强制措施由法律、法规规定的行政机关在法定职权范围内实施。行政强制措施权不得委托。依据《行政处罚法》的规定行使相对集中行政处罚权的行政机关，可以实施法律、法规规定的与行政处罚权有关的行政强制措施。行政强制措施应当由行政机关具备资格的行政执法人员实施，其他人员不得实施。

法律、行政法规授权的具有管理公共事务职能的组织在法定授权范围内，以自己的名义实施行政强制，适用有关行政机关的规定。

【考点点拨】

对行为法实施主体中的受委托组织进行总结：

	对受委托组织的要求
行政许可	其他行政机关
行政处罚	具有管理公共事务职能的组织
行政强制	①行政强制措施不得委托 ②对已采取行政强制措施的财物，行政机关可以委托第三人保管

（二）行政强制措施的一般程序

行政机关实施行政强制措施应当遵守下列规定：（1）实施前须向行政机关负责人报告并经批准；（2）由两名以上行政执法人员实施；（3）出示执法身份证件；（4）通知当事人到场；（5）当场告知当事人采取行政强制措施的理由、依据以及当事人依法享有的权利、救济途径；（6）听取当事人的陈述和申辩；（7）制作现场笔录，现场笔录由当事人和行政执法人员签名或者盖章，当事人拒绝的，在笔录中予以注明；（8）当事人不到场的，邀请见证人到场，由见证人和行政执法人员在现场笔录上签名或者盖章。

（三）即时强制

情况紧急，需要当场实施行政强制措施的，行政执法人员应当在24小时内向行政机关负责人报告，并补办批准手续。行政机关负责人认为不应当采取行政强制措施的，应当立即解除。

【真题实战】

1. 某公安交管局交通大队民警发现王某驾驶的电动三轮车未悬挂号牌，遂作出扣押的强制措施。关于扣押应遵守的程序，下列哪些说法是正确的?[1]（2015/78/多）

A. 由两名以上交通大队行政执法人员实施扣押

B. 当场告知王某扣押的理由和依据

C. 当场向王某交付扣押决定书

D. 将三轮车及其车上的物品一并扣押，当场交付扣押清单

2. 某市质监局发现王某开设的超市销售伪劣商品，遂依据《产品质量法》对发现的伪劣商品实施扣押。关于扣押的实施，下列哪一说法是错误的?[2]（2017/48/单）

A. 因扣押发生的保管费用由王某承担

B. 应制作现场笔录

C. 应制作并当场交付扣押决定书和扣押清单

D. 不得扣押与违法行为无关的财物

二、限制人身自由的特殊程序

依照法律规定实施限制公民人身自由的行政强制措施，除应当履行一般程序外，还应当遵守下列规定：

1. 当场告知或者实施行政强制措施后立即通知当事人家属实施行政强制措施的行政机关、地点和期限。

2. 紧急情况下当场实施行政强制措施的，在返回行政机关后，立即向行政机关负责人报告并补办批准手续。

三、查封、扣押的特殊程序

对象	①限于涉案的场所、设施或者财物 ②不得查封、扣押与违法行为无关的场所、设施或者财物 ③不得查封、扣押公民个人及其所扶养家属的生活必需品

〔1〕 答案ABC【解析】《行政强制法》第18条第2项规定，行政机关实施行政强制措施应当由两名以上行政执法人员实施。选项A正确。该法第18条第5项规定，行政机关实施行政强制措施时，应当当场告知当事人采取行政强制措施的理由、依据以及当事人依法享有的权利、救济途径。选项B正确。该法第24条第1款规定，行政机关决定实施查封、扣押的，应当履行本法第18条规定的程序，制作并当场交付查封、扣押决定书和清单。选项C正确。该法第23条第1款规定，查封、扣押限于涉案的场所、设施或者财物，不得查封、扣押与违法行为无关的场所、设施或者财物；不得查封、扣押公民个人及其所扶养家属的生活必需品。据此可知，本案只可扣押三轮车，不得扣押车上的物品。选项D错误。

〔2〕 答案A【解析】《行政强制法》第26条第3款规定，因查封、扣押发生的保管费用由行政机关承担。选项A错误。该法第18条第7项规定，行政机关实施行政强制措施应当制作现场笔录。选项B正确。该法第24条第1款规定，行政机关决定实施查封、扣押的，应当履行本法第18条规定的程序，制作并当场交付查封、扣押决定书和清单。选项C正确。该法第23条第1款规定，查封、扣押限于涉案的场所、设施或者财物，不得查封、扣押与违法行为无关的场所、设施或者财物；不得查封、扣押公民个人及其所扶养家属的生活必需品。选项D正确。

续表

形式	①制作决定书和清单，当场交付 ②清单一式二份，由当事人和行政机关分别保存
期限	30 日 +30 日
费用	因查封、扣押发生的保管费用和检测、检验、检疫或者技术鉴定的费用由行政机关承担
义务	①对查封、扣押的对象，行政机关应当妥善保管，不得使用或者损毁；造成损失的，应当承担赔偿责任 ②对查封的对象，行政机关可以委托第三人保管。因第三人的原因造成的损失，行政机关先行赔付后，有权向第三人追偿

（一）查封、扣押的对象

查封、扣押应当由法律、法规规定的行政机关实施，其他任何行政机关或者组织不得实施。查封、扣押限于涉案的场所、设施或者财物，不得查封、扣押与违法行为无关的场所、设施或者财物；不得查封、扣押公民个人及其所扶养家属的生活必需品。当事人的场所、设施或者财物已被其他国家机关依法查封的，不得重复查封。

（二）查封、扣押的程序

行政机关决定实施查封、扣押的，应当履行行政强制措施的一般程序，制作并当场交付查封、扣押决定书和清单。查封、扣押决定书应当载明下列事项：（1）当事人的姓名或者名称、地址；（2）查封、扣押的理由、依据和期限；（3）查封、扣押场所、设施或者财物的名称、数量等；（4）申请行政复议或者提起行政诉讼的途径和期限；（5）行政机关的名称、印章和日期。查封、扣押清单一式二份，由当事人和行政机关分别保存。

（三）查封、扣押的期限

查封、扣押的期限不得超过 30 日；情况复杂的，经行政机关负责人批准，可以延长，但是延长期限不得超过 30 日。法律、行政法规另有规定的除外。延长查封、扣押的决定应当及时书面告知当事人，并说明理由。对物品需要进行检测、检验、检疫或者技术鉴定的，查封、扣押的期间不包括检测、检验、检疫或者技术鉴定的期间。检测、检验、检疫或者技术鉴定的期间应当明确，并书面告知当事人。

检测、检验、检疫或者技术鉴定的费用由行政机关承担。

（四）查封、扣押的保管义务

对查封、扣押的场所、设施或者财物，行政机关应当妥善保管，不得使用或者损毁；造成损失的，应当承担赔偿责任。对查封的场所、设施或者财物，行政机关可以委托第三人保管，第三人不得损毁或者擅自转移、处置。因第三人的原因造成的损失，行政机关先行赔付后，有权向第三人追偿。

因查封、扣押发生的保管费用由行政机关承担。

（五）查封、扣押后的处理

行政机关采取查封、扣押措施后，应当及时查清事实，在规定的期限内作出处理决定。对违法事实清楚，依法应当没收的非法财物予以没收；法律、行政法规规定应当销毁的，依法销毁；应当解除查封、扣押的，作出解除查封、扣押的决定。

行政机关作出解除查封、扣押决定的情形：当事人没有违法行为；查封、扣押的场所、设施或者财物与违法行为无关；行政机关对违法行为已经作出处理决定，不再需要查封、扣押；查封、扣押期限已经届满等。

【真题实战】

1. 某工商局以涉嫌非法销售汽车为由扣押某公司5辆汽车。下列哪些说法是错误的?[1](2012/80/多)

A. 工商局可以委托城管执法局实施扣押

B. 工商局扣押汽车的最长期限为90日

C. 对扣押车辆，工商局可以委托第三人保管

D. 对扣押车辆进行检测的费用，由某公司承担

2. 区城管局认定甲在道路上违法经营，将小推车等物品扣押，并于两天后向甲交付了扣押决定书和清单。二十天后，区城管局对扣押物品予以没收并进行销毁。下列哪些选项是正确的?[2](2022/模拟/多)

A. 城管局实施的扣押行为违法

B. 扣押发生的费用由当事人承担

C. 没收扣押物品属于行政处罚

D. 对物品的销毁应有法律、行政法规的依据

四、冻结的特殊程序

主体	冻结存款、汇款应当由法律规定的行政机关实施，不得委托给其他行政机关或者组织
对象	冻结存款、汇款的数额应当与违法行为涉及的金额相当；已被其他国家机关依法冻结的，不得重复冻结
冻结通知书	行政机关向金融机构交付冻结通知书
冻结决定书	行政机关应当在3日内向当事人交付冻结决定书
期限	30日+30日

第三节　行政强制执行的程序

一、行政强制执行的一般程序

我国行政强制执行实行由行政机关和法院共享强制执行权的模式，二者各自的权限涉及行政强制执行的运行。对行政机关自行强制执行程序，下列是必须要遵循的程序。

主体	具有行政强制执行权的行政机关：海关、公安、国安、税务和县级以上人民政府
催告	①作出强制执行决定前，应当事先催告当事人履行义务 ②应当以书面形式作出，直接送达当事人
陈述申辩	当事人收到催告书后有权进行陈述和申辩

---

〔1〕 答案ABD【解析】《行政强制法》第17条第1款规定，行政强制措施由法律、法规规定的行政机关在法定职权范围内实施。行政强制措施权不得委托。选项A错误。该法第25条第1款规定，查封、扣押的期限最长不得超过六十日。选项B错误。该法第26条第2款规定，可以委托第三人保管。选项C正确。该法第25条第3款规定，检测、检验、检疫或者技术鉴定的费用由行政机关承担。选项D错误。

〔2〕 答案ACD【解析】区城管局两天后才交付了扣押决定书和清单，没有当时交付，因此该行政行为违法。A选项正确。扣押发生的费用应由行政机关承担。B选项错误。行政处罚的种类包括罚款、没收违法所得、没收非法财物等，没收属于行政处罚。C选项正确。《行政强制法》规定，对违法事实清楚，依法应当没收的非法财物予以没收；法律、行政法规规定应当销毁的，依法销毁。因此，对物品的销毁应有法律、行政法规的依据。D选项正确。

续表

执行决定	①经催告，当事人逾期仍不履行行政决定，且无正当理由的，行政机关可以作出强制执行决定 ②应当以书面形式作出，直接送达当事人
原则	①不得在夜间或者法定节假日实施行政强制执行，情况紧急的除外 ②不得对居民生活采取停止供水、供电、供热、供燃气等方式

（一）催告

行政机关作出强制执行决定前，应当事先催告当事人履行义务。催告应当以书面形式作出，并载明下列事项：履行义务的期限；履行义务的方式；涉及金钱给付的，应当有明确的金额和给付方式；当事人依法享有的陈述权和申辩权。

（二）陈述与申辩

当事人收到催告书后有权进行陈述和申辩。行政机关应当充分听取当事人的意见，对当事人提出的事实、理由和证据，应当进行记录、复核。当事人提出的事实、理由或者证据成立的，行政机关应当采纳。

（三）强制执行决定

经催告，当事人逾期仍不履行行政决定，且无正当理由的，行政机关可以作出强制执行决定。强制执行决定应当以书面形式作出，并载明下列事项：当事人的姓名或者名称、地址；强制执行的理由和依据；强制执行的方式和时间；申请行政复议或者提起行政诉讼的途径和期限；行政机关的名称、印章和日期。在催告期间，对有证据证明有转移或者隐匿财物迹象的，行政机关可以作出立即强制执行决定。

催告书、行政强制执行决定书应当直接送达当事人。当事人拒绝接收或者无法直接送达当事人的，应当依照民事诉讼法的有关规定送达。

【考点点拨】

行政强制执行的主体比较有限，主要包括：海关、公安、国安、税务和县级以上人民政府。可以记口诀"海公先睡"，即海关、公安、县政府（谐音先）、税务（谐音睡）。

【真题实战】

规划局认定一公司所建房屋违反规划，向该公司发出《拆除所建房屋通知》，要求公司在15日内拆除房屋。到期后，该公司未拆除所建房屋，该局发出《关于限期拆除所建房屋的通知》，要求公司在10日内自动拆除，否则将依法强制执行。下列哪些说法是正确的？[1]（2012/84/多）

A. 《拆除所建房屋通知》与《关于限期拆除所建房屋的通知》性质不同

B. 《关于限期拆除所建房屋的通知》系行政处罚

C. 公司可以对《拆除所建房屋通知》提起行政诉讼

D. 在作出《拆除所建房屋通知》时，规划局可以适用简易程序

---

〔1〕 答案 AC【解析】《拆除所建房屋通知》属于行政决定书，《行政强制法》第35条规定，关于限期拆除所建房屋的通知属于行政强制执行前的催告书。选项A正确，选项B错误。拆除所建房屋通知属于对该公司作出的行政行为，且影响了相对人的权利义务关系，相对人不服，可以提起行政诉讼。选项C正确。《行政处罚法》第51条规定，违法事实确凿并有法定依据，对公民处以二百元以下、对法人或者其他组织处以三千元以下罚款或者警告的行政处罚的，可以当场作出行政处罚决定。选项D错误。

二、金钱给付义务执行的特殊程序

执行罚，指在当事人逾期不履行义务时，行政机关要求当事人承担一定的金钱给付义务，促使其履行义务的执行方式。如当事人不缴纳罚款，行政机关依法加处罚款或者滞纳金。值得注意的是，这里虽使用了“罚款”一词，但不是行政处罚，而是一种行政强制执行方式。

对行政机关依法作出金钱给付义务的行政决定，当事人逾期不履行的，行政机关可以依法采取加处罚款或者滞纳金进行间接强制执行。除一般程序要求外，针对具体强制执行措施，行政机关还应遵循特别程序要求。

（一）间接强制执行

先采取间接强制措施。行政机关依法作出金钱给付义务的行政决定，当事人逾期不履行的，行政机关可以依法加处罚款或者滞纳金。加处罚款或者滞纳金的标准应当告知当事人。加处罚款或者滞纳金的数额不得超出金钱给付义务的数额。

（二）直接强制执行

行政机关实施加处罚款或者滞纳金超过 30 日，经催告当事人仍不履行的，具有行政强制执行权的行政机关可以强制执行，没有行政强制执行权的行政机关应当申请人民法院强制执行。但是，当事人在法定期限内不申请行政复议或者提起行政诉讼，经催告仍不履行的，在实施行政管理过程中已经采取查封、扣押措施的行政机关，可以将查封、扣押的财物依法拍卖抵缴罚款。

划拨存款、汇款应当由法律规定的行政机关决定，并书面通知金融机构。金融机构接到行政机关依法作出划拨存款、汇款的决定后，应当立即划拨。法律规定以外的行政机关或者组织要求划拨当事人存款、汇款的，金融机构应当拒绝。划拨的存款、汇款以及拍卖和依法处理所得的款项应当上缴国库或者划入财政专户。任何行政机关或者个人不得以任何形式截留、私分或者变相私分。

【真题实战】

1. 原《环境保护法》规定，当事人对行政处罚决定不服，可以在接到处罚通知之日起十五日内申请复议，也可以在接到处罚通知之日起十五日内直接向法院起诉。某县环保局依据《环境保护法》对违法排污企业作出罚款处罚决定，该企业不服。对此，下列哪一说法是正确的?〔1〕（2010/48/单）

A. 如该企业申请复议，申请复议的期限应为六十日

B. 如该企业直接起诉，提起诉讼的期限应为三个月

C. 如该企业逾期不缴纳罚款，县环保局可从该企业的银行账户中划拨相应款项

D. 如该企业逾期不缴纳罚款，县环保局可扣押该企业的财产并予以拍卖

2. 某市质监局发现一公司生产劣质产品，查封了公司的生产厂房和设备，之后决定没收

---

〔1〕 答案 A【解析】《行政复议法》第 20 条第 1 款规定，公民、法人或者其他组织认为行政行为侵犯其合法权益的，可以自知道或者应当知道该行政行为之日起六十日内提出行政复议申请；但是法律规定的申请期限超过六十日的除外。选项 A 正确。《行政诉讼法》第 46 条第 1 款规定，提起行政诉讼的期限一般为 6 个月，法律另有规定除外。据此，《环境保护法》对直接起诉的期限作出特别的规定为 15 日，应予适用。选项 B 错误。划拨款项和扣押财产拍卖都属于行政强制执行的内容，《环境保护法》中没有赋予环保机关直接强制执行的权力，县环保局只能申请法院强制执行。选项 CD 错误。

全部劣质产品、罚款10万元。该公司逾期不缴纳罚款。下列哪一选项是错误的?[1]（2012/48/单）

A. 实施查封时应制作现场笔录

B. 对公司的处罚不能适用简易程序

C. 对公司逾期缴纳罚款，质监局可以每日按罚款数额的3%加处罚款

D. 质监局可以通知该公司的开户银行划拨其存款

三、代履行的特殊程序

代履行，也可称为代执行，指如当事人拒不履行的义务为可由他人代替履行的义务时，行政机关请他人代为履行，并要求当事人承担相应费用的执行方式。代履行有两个特征：第一，当事人应履行的义务为可替代义务，即此义务可以当事人亲自履行，也可以由他人履行，如排除妨碍、恢复原状属于此种义务。如某项义务必须当事人亲自履行，不能适用代履行；第二，代履行的费用应由当事人承担。

《行政强制法》第50条规定，行政机关依法作出要求当事人履行排除妨碍、恢复原状等义务的行政决定，当事人逾期不履行，经催告仍不履行，其后果已经或者将危害交通安全、造成环境污染或者破坏自然资源的，行政机关可以代履行，或者委托没有利害关系的第三人代履行。

送达	代履行前应当送达决定书
催告	代履行3日前，催告当事人履行
	当事人履行的，停止代履行
监督	代履行时，作出决定的行政机关派员到场监督
签章	代履行完毕，工作人员、代履行人和当事人应当在文书上签名或盖章
费用	由当事人承担，法律另有规定除外
禁止	不得采用暴力、胁迫及其他非法方式

（一）代履行的程序

代履行应当遵守下列规定：（1）代履行前送达决定书，代履行决定书应当载明当事人的姓名或者名称、地址，代履行的理由和依据、方式和时间、标的、费用预算以及代履行人；（2）代履行3日前，催告当事人履行，当事人履行的，停止代履行；（3）代履行时，作出决定的行政机关应当派员到场监督；（4）代履行完毕，行政机关到场监督的工作人员、代履行人和当事人或者见证人应当在执行文书上签名或者盖章。代履行不得采用暴力、胁迫以及其他非法方式。

（二）代履行的费用

代履行的费用按照成本合理确定，由当事人承担。但是，法律另有规定的除外。

---

〔1〕 答案D【解析】《行政强制法》第18条第7项规定，行政机关实施行政强制措施应当制作现场笔录。选项A正确。《行政处罚法》第51条规定，违法事实确凿并有法定依据，对公民处以二百元以下、对法人或者其他组织处以三千元以下罚款或者警告的行政处罚的，可以当场作出行政处罚决定。选项B正确。《行政处罚法》第72条第1款第1项规定，到期不缴纳罚款的，每日按罚款数额的百分之三加处罚款，加处罚款的数额不得超出罚款的数额，选项C正确。《行政强制法》第47条第2款规定，法律规定以外的行政机关或者组织要求划拨当事人存款、汇款的，金融机构应当拒绝。法律没有授予质监局强制执行的权力，选项D错误。

（三）立即实施代履行

需要立即清除道路、河道、航道或者公共场所的遗洒物、障碍物或者污染物，当事人不能清除的，行政机关可以决定立即实施代履行；当事人不在场的，行政机关应当在事后立即通知当事人，并依法作出处理。

【考点点拨】

代履行的费用需要重点记忆，因为行政法以不收费为原则，需要收费的情形作为例外规定，就成了考试的高频考点。

【真题实战】

代履行是行政机关强制执行的方式之一。有关代履行，下列哪些说法是错误的？〔1〕（2014/81/多）

A. 行政机关只能委托没有利害关系的第三人代履行

B. 代履行的费用均应当由负有义务的当事人承担

C. 代履行不得采用暴力、胁迫以及其他非法方式

D. 代履行3日前应送达决定书

四、执行的中止、终结和和解

（一）中止执行

有下列情形之一的，中止执行：当事人履行行政决定确有困难或者暂无履行能力的；第三人对执行标的主张权利，确有理由的；执行可能造成难以弥补的损失，且中止执行不损害公共利益的；行政机关认为需要中止执行的其他情形。

中止执行的情形消失后，行政机关应当恢复执行。对没有明显社会危害，当事人确无能力履行，中止执行满3年未恢复执行的，行政机关不再执行。

（二）终结执行

有下列情形之一的，终结执行：公民死亡，无遗产可供执行，又无义务承受人的；法人或者其他组织终止，无财产可供执行，又无义务承受人的；执行标的灭失的；据以执行的行政决定被撤销的；行政机关认为需要终结执行的其他情形。

在执行中或者执行完毕后，据以执行的行政决定被撤销、变更，或者执行错误的，应当恢复原状或者退还财物；不能恢复原状或者退还财物的，依法给予赔偿。

（三）执行和解

实施行政强制执行，行政机关可以在不损害公共利益和他人合法权益的情况下，与当事人达成执行协议。执行协议可以约定分阶段履行；当事人采取补救措施的，可以减免加处的罚款或者滞纳金。执行协议应当履行。当事人不履行执行协议的，行政机关应当恢复强制执行。

【真题实战】

在行政强制执行过程中，行政机关依法与甲达成执行协议。事后，甲应当履行协议而不履行，行政机关可采取下列哪一措施？〔2〕（2015/49/单）

A. 申请法院强制执行　　B. 恢复强制执行

---

〔1〕答案ABD【解析】《行政强制法》第50条规定，行政机关可以代履行，或者委托没有利害关系的第三人代履行。选项A错误。该法第51条第2款规定，代履行的费用按照成本合理确定，由当事人承担。但是，法律另有规定的除外。选项B错误。该法第51条第3款规定，代履行不得采用暴力、胁迫以及其他非法方式。选项C正确。该法第51条第1款第1项规定，代履行前送达决定书，并未规定送达决定书的时间。选项D错误。

〔2〕答案B【解析】《行政强制法》第42条第2款规定，执行协议应当履行。当事人不履行执行协议的，行政机关应当恢复强制执行。选项B正确。

C. 以甲为被告提起民事诉讼　　　　D. 以甲为被告提起行政诉讼

五、申请人民法院强制执行

《行政强制法》第53条规定，当事人在法定期限内不申请行政复议或者提起行政诉讼，又不履行行政决定的，没有行政强制执行权的行政机关可以自被执行人的法定起诉期限届满之日起3个月内，依法申请人民法院强制执行。

综合相关规定，人民法院根据行政机关的申请执行其行政行为，应当具备以下条件：一是行政行为依法可以由人民法院执行；二是行政行为已经生效并具有可执行内容；三是申请人是作出该行政行为的行政机关或者法律、法规、规章授权的组织；四是被申请人是该行政行为所确定的义务人；五是被申请人在行政行为确定的期限内或者行政机关催告期限内未履行义务；六是申请人在法定期限内提出申请；七是被申请执行的行政案件属于受理执行申请的人民法院管辖。

<table>
<tr><td rowspan="4">申请</td><td>条件</td><td colspan="2">①当事人在法定期限内不申请行政复议或者提起行政诉讼，又不履行行政决定
②催告书送达10日后当事人仍未履行义务
③自期限届满之日起3个月内申请法院执行</td></tr>
<tr><td rowspan="2">管辖法院</td><td>原则</td><td>行政机关所在地法院</td></tr>
<tr><td>例外</td><td>不动产所在地法院</td></tr>
<tr><td>申请执行材料</td><td colspan="2">①强制执行申请书
②行政决定书及作出决定的事实、理由和依据
③当事人的意见及行政机关催告情况
④申请强制执行标的情况</td></tr>
<tr><td rowspan="2">受理</td><td>受理</td><td colspan="2">人民法院接到行政机关强制执行的申请，应当在5日内受理</td></tr>
<tr><td>不予受理</td><td colspan="2">行政机关可以在15日内向上一级人民法院申请复议</td></tr>
<tr><td>审查</td><td>方式</td><td colspan="2">书面审查，特殊情况可以听取意见</td></tr>
<tr><td rowspan="4">裁定</td><td>书面审查</td><td colspan="2">审判庭自受理之日起7日内作出执行裁定</td></tr>
<tr><td>听取意见</td><td colspan="2">自受理之日起30日内作出是否执行的裁定：
①明显缺乏事实根据的
②明显缺乏法律、法规依据的
③其他明显违法并损害被执行人合法权益的</td></tr>
<tr><td rowspan="2">不予执行</td><td colspan="2">说明理由，并在5日内将不予执行的裁定送达行政机关</td></tr>
<tr><td colspan="2">行政机关可自收到裁定之日起15日内向上一级法院申请复议</td></tr>
<tr><td>费用</td><td colspan="3">行政机关不缴纳申请费，强制执行的费用由被执行人承担</td></tr>
</table>

（一）催告

行政机关申请人民法院强制执行前，应当催告当事人履行义务。催告书送达十日后当事人仍未履行义务的，行政机关可以向所在地有管辖权的人民法院申请强制执行；执行对象是不动产的，向不动产所在地有管辖权的人民法院申请强制执行。

（二）申请材料

行政机关或者行政行为确定的权利人申请法院强制执行前，有充分理由认为被执行人可能逃避执行的，可以申请法院采取财产保全措施。权利人申请强制执行的，应当提供相应的财产担保。

行政机关向人民法院申请强制执行，应当提供下列材料：（1）强制执行申请书；（2）行政决定书及作出决定的事实、理由和依据；（3）当事人的意见及行政机关催告情况；（4）申请强制执行标的情况；（5）法律、行政法规规定的其他材料。

强制执行申请书应当由行政机关负责人签名，加盖行政机关的印章，并注明日期。

（三）法院强制执行的受理

人民法院接到行政机关强制执行的申请，应当在五日内受理。

行政机关对人民法院不予受理的裁定有异议的，可以在15日内向上一级人民法院申请复议，上一级人民法院应当自收到复议申请之日起十五日内作出是否受理的裁定。

（四）法院强制执行的审查

人民法院对行政机关强制执行的申请进行书面审查，对符合规定，且行政决定具备法定执行效力的，除特殊情形外，人民法院应当自受理之日起7日内作出执行裁定。

（五）法院强制执行的裁定

人民法院发现有下列情形之一的，在作出裁定前可以听取被执行人和行政机关的意见：明显缺乏事实根据的；明显缺乏法律、法规依据的；其他明显违法并损害被执行人合法权益的。这种情况下，人民法院应当自受理之日起30日内作出是否执行的裁定。裁定不予执行的，应当说明理由，并在五日内将不予执行的裁定送达行政机关。

行政机关对人民法院不予执行的裁定有异议的，可以自收到裁定之日起15日内向上一级人民法院申请复议，上一级人民法院应当自收到复议申请之日起30日内作出是否执行的裁定。因情况紧急，为保障公共安全，行政机关可以申请人民法院立即执行。经人民法院院长批准，人民法院应当自作出执行裁定之日起五日内执行。

（六）法院强制执行的费用

行政机关申请人民法院强制执行，不缴纳申请费。强制执行的费用由被执行人承担。人民法院以划拨、拍卖方式强制执行的，可以在划拨、拍卖后将强制执行的费用扣除。依法拍卖财物，由人民法院委托拍卖机构依照《拍卖法》的规定办理。

划拨的存款、汇款以及拍卖和依法处理所得的款项应当上缴国库或者划入财政专户，不得以任何形式截留、私分或者变相私分。

【本章主要法律规定】

《行政强制法》

第八章　其他行政行为

【复习提要】

除了行政行为三部曲，还有一些其他的行政行为也需要学习，包括行政协议、行政给付、行政确认以及行政指导。

第一节　行政协议

行政协议是新时代中国特色社会主义市场经济不断发展的必然产物，是现代行政管理活动发生重大变革的重要体现，是公众社会治理参与权和公共资源分享权的必然结果，是现代社会服务行政、给付行政等发展理念的具体体现。行政机关通过与公民、法人或者其他组织协商签订的协议，一方面充分发挥了市场在资源配置中的决定性作用，让一切生产要素在公开、公平、公正的程序中竞争；另一方面能够更好发挥政府的职能作用，让社会资本潜力充分释放，更好地实现行政管理和公共服务目标。

行政协议，是指行政机关为了实现行政管理或者公共服务目标，与公民、法人或者其他组织协商订立的具有行政法上权利义务内容的协议。行政协议包括四个要素：一是主体要素，即一方当事人必须为行政机关；二是目的要素，即必须是为了实现行政管理或者公共服务目标；三是内容要素，协议内容必须具有行政法上的权利义务内容；四是意思要素，即协议双方当事人必须协商一致。

一、受案范围与管辖

可诉事项	不可诉事项
①政府特许经营协议 ②土地、房屋等征收征用补偿协议 ③矿业权等国有自然资源使用权出让协议 ④政府投资的保障性住房的租赁、买卖等协议 ⑤政府与社会资本合作协议 ⑥其他行政协议	①行政机关之间因公务协助等事由而订立的协议 ②行政机关与其工作人员订立的劳动人事协议

当事人书面协议约定选择被告所在地、原告所在地、协议履行地、协议订立地、标的物所在地等与争议有实际联系地点的法院管辖的，法院从其约定，但违反级别管辖和专属管辖的除外。

二、原告资格

因行政协议的订立、履行、变更、终止等发生纠纷，公民、法人或者其他组织作为原告，以行政机关为被告提起行政诉讼的，人民法院应当依法受理。

行政相对人	公民、法人或其他组织
利害关系人	①参与招标、拍卖、挂牌等竞争性活动，认为行政机关应当依法与其订立行政协议但行政机关拒绝订立，或者认为行政机关与他人订立行政协议损害其合法权益的公民、法人或者其他组织 ②认为征收征用补偿协议损害其合法权益的被征收征用土地、房屋等不动产的用益物权人、公房承租人 ③其他认为行政协议的订立、履行、变更、终止等行为损害其合法权益的公民、法人或者其他组织

三、举证责任

原告	原告主张撤销、解除行政协议的，对撤销、解除行政协议的事由承担举证责任
被告	被告对于自己具有法定职权、履行法定程序、履行相应法定职责以及订立、履行、变更、解除行政协议等行为的合法性承担举证责任
其他	对行政协议是否履行发生争议的，由负有履行义务的当事人承担举证责任

四、法律适用

公民、法人或者其他组织对行政机关不依法履行、未按照约定履行行政协议提起诉讼的，诉讼时效参照民事法律规范确定；对行政机关变更、解除行政协议等行政行为提起诉讼的，起诉期限依照行政诉讼法及其司法解释确定。

人民法院审理行政协议案件，应当适用《行政诉讼法》的规定；《行政诉讼法》没有规定的，参照适用《民事诉讼法》的规定。

《最高人民法院关于审理行政协议案件若干问题的规定》自 2020 年 1 月 1 日起施行。2015 年 5 月 1 日后订立的行政协议发生纠纷的，适用《行政诉讼法》及该规定。2015 年 5 月 1 日前订立的行政协议发生纠纷的，适用当时的法律、行政法规及司法解释。

【考点点拨】

行政协议无效的情形包括：行政法方面，行政行为有实施主体不具有行政主体资格或者没有依据等重大且明显违法情形，法院应当确认行政协议无效。民法方面，法院可以适用民事法律规范确认行政协议无效。

行政协议无效的原因在一审法庭辩论终结前消除的，法院可以确认行政协议有效。

五、裁判类型

行政协议约定仲裁条款的，人民法院应当确认该条款无效，但法律、行政法规或者我国缔结、参加的国际条约另有规定的除外。

人民法院审理行政协议案件，应当对被告订立、履行、变更、解除行政协议的行为是否具有法定职权、是否滥用职权、适用法律法规是否正确、是否遵守法定程序、是否明显不当、是否履行相应法定职责进行合法性审查。

判决驳回原告诉讼请求	在履行行政协议过程中，可能出现严重损害国家利益、社会公共利益的情形，被告作出变更、解除协议的行政行为后，原告请求撤销该行为，人民法院经审理认为该行为合法的，判决驳回原告诉讼请求；给原告造成损失的，判决被告予以补偿
判决撤销	原告认为行政协议存在胁迫、欺诈、重大误解、显失公平等情形而请求撤销，人民法院经审理认为符合法律规定可撤销情形
判决解除	原告请求解除行政协议，人民法院认为符合约定或者法定解除情形且不损害国家利益、社会公共利益和他人合法权益

同时，原告还可以在诉讼中变更诉讼请求：原告以被告违约为由请求人民法院判令其承担违约责任，人民法院经审理认为行政协议无效的，应当向原告释明，并根据原告变更后的诉讼请求判决确认行政协议无效；因被告的行为造成行政协议无效的，人民法院可以依法判决被告承担赔偿责任。原告经释明后拒绝变更诉讼请求的，人民法院可以判决驳回其诉讼请求。

人民法院审理行政协议案件，可以依法进行调解。人民法院进行调解时，应当遵循自愿、合法原则，不得损害国家利益、社会公共利益和他人合法权益。

第二节　行政给付

行政给付有狭义和广义之分。狭义的行政给付，是政府提供必需的生存条件、防范生活风险和社会共同生活条件的行政义务。例如，政府向公民提供最低生活保障金，提供失业、疾病、养老保险，提供公共交通通讯和生活用水用电用气。行政给付属于授益行政行为，是积极行政职能的表现。在我国，城市居民最低生活保障金、农村的五保户救济金、遭遇自然灾害的生活救济金和国家承担社会保险费用等，都属于行政给付的范围。

第三节　行政确认

行政确认是指行政主体对行政相对人的法律地位、法律关系和法律事实进行甄别，给予确定、认可、证明并予以宣告的具体行政行为。行政确认主要包括四方面的含义和特征：第一，行政确认的主体是特定的国家行政机关或法律、法规授权的组织。第二，行政确认的内容是对相对人的法律关系或法律事实的确认。针对法律规范规定需要确认的事项，行政主体依据法定条件，按照一定程序，确定特定的法律关系或法律事实是否存在，达到确定或否定行政相对方法律地位或权利义务的目的。第三，行政确认是具体行政行为。第四，行政确认行为是羁束性行政行为。该类行政行为，行政主体对行政规范的适用没有或少有选择和裁量的余地。行政确认是对特定法律事实或法律关系是否存在的宣告，而某种法律事实或法律关系是否存在，是由客观事实和法律规定决定的，行政主体没有或少有裁量的余地，只能严格按照法律规定和技术规范进行。

行政确认的主要形式包括：（1）确定。确定是指对个人或者组织法律地位与权利义务的确定，如颁发土地使用证、宅基地使用证与房屋产权证书，以确定相对人的财产所有权。（2）认定。指对个人或者组织已有的法律地位、权利义务以及确认事项是否符合法律要求的承认和肯定。例如，对交通事故责任的认定，对企业性质的判定和产品质量是否合格的认证。（3）证明。证明是指行政主体向其他人明确肯定被证明对象的法律地位、权利义务或者某种情况。如各种学历、学位证明、居民身份、货物原产地证明等。(4) 登记。登记是指行政主体应申请人申请，在政府有关登记簿册中记载相对人的某种情况或者事实，并依法予以正式确认的行为。如房屋产权登记和户口登记等。(5) 鉴证。鉴证是指行政主体对某种法律关系的合法性予以审查后，确认或者证明其效力的行为。

行政确认的作用是：第一，行政确认是国家行政管理的一种重要手段，并能为法院审判活动提供准确、客观的事实依据。第二，行政确认有利于行政机关进行科学管理，有利于保护个人、组织的合法权益。第三，行政确认有利于预防和解决各种纠纷。

第四节　行政指导

行政指导行为是行政机关以倡导、示范、建议、咨询等方式，引导公民自愿配合而达到行政管理目的的行为，属于非权力行政方式，具有自愿性、灵活性、简便性和经济性的特征。由于行政指导行为不具备强制力，因而公民有权利决定是否遵从行政指导行为。

公民、法人或者其他组织对行政指导行为不服，依法提起诉讼的，不属于人民法院行政诉讼的受案范围。

【真题实战】

某县公安局开展整治非法改装机动车的专项行动，向社会发布通知：禁止改装机动车，发现非法改装机动车的，除依法暂扣行驶证、驾驶证6个月外，机动车所有人须到指定场所学习交通法规5日并出具自行恢复原貌的书面保证，不自行恢复的予以强制恢复。某县公安局依此通知查处10辆机动车，要求其所有人到指定场所学习交通法规5日并出具自行恢复原貌的书面保证。下列哪一说法是正确的?〔1〕(2014/45/单)

A. 通知为具体行政行为

B. 要求10名机动车所有人学习交通法规5日的行为为行政指导

C. 通知所指的暂扣行驶证、驾驶证6个月为行政处罚

D. 通知所指的强制恢复为行政强制措施

第五节　行政奖励

通常认为，行政奖励是行政机关给予模范遵纪守法或为国家和社会做出成就和贡献的公民、法人或者其他组织相应的物质或者精神奖励，以达到表彰先进、激励后进，调动和激发相关人员积极性和创造性的制度。行政奖励具有以下特征：

一是给予当事人的褒奖。这是行政奖励的本质特征。从权利义务角度分析，行政奖励是一种对当事人纯粹有利的决定。

二是以激励为导向的管理措施。行政奖励不是靠处罚、强制方式实现行政管理目的的，而主要是通过激励促成当事人的合作而实现有关目标的。

---

〔1〕 答案C【解析】通知是对社会做出的一定时期内反复适用的规范性文件，不是具体行政行为，选项A错误。要求其所有人到指定场所学习交通法规5日并出具自行恢复原貌的书面保证，县交通局的行为具备强制力，机动车所有人必须参加学习，不是行政指导，选项B错误。《行政处罚法》第9条规定，暂扣或者吊销许可证件属于行政处罚，选项C正确。排除妨碍、恢复原状属于行政强制执行，选项D错误。

三是授奖者为行政机关。作为一种制度安排，奖励存在于各种组织形态之中。不过，行政奖励与一般奖励的区别之处在于授奖者为行政机关，其资金来自政府财政。行政奖励具有官方性，体现出官方意志性。

第六节　行政裁决

一、行政裁决的特征

行政裁决指行政机关居间对特定民事争议作出的有约束力的处理行为。行政裁决具有下列特征：

一是解决民事争议。行政裁决旨在解决民事争议，这是行政裁决有别于其他行政行为的重要特征。

二是主体是行政机关。行政裁决主体为行使职权的行政机关或法定组织，而不是司法机关或民间仲裁机关。

三是具有法律约束力。行政裁决是行政机关依法作出的有约束力的行政行为，因此民事争议双方当事人对裁决不服，应提起行政诉讼，而不是直接提起民事诉讼。

二、行政裁决的作用

传统上，民事争议一般交由法院或者特定机关（如仲裁机关）来解决，行政机关较少负担司法性职能。不过，在现代社会，行政机关越来越多负起一定的解决民事争议的职能。其采用的方式有行政调解、行政仲裁等，与行政调解等方式相比，行政裁决显然具有正式性和约束力。行政裁决的存在有以下意义：

一是有利于民事争议的快速解决。与法院运用司法程序解决不同，行政裁决是由行政机关运用行政程序或者准司法程序解决的，具有快捷性、灵活性和成本低的优势。

二是有利于解决具有专业性的民事争议。行政机关并不负责解决所有的民事争议。行政裁决事项主要限于与行政管理有关的民事争议，这些争议具有专业性，行政机关熟悉这些事项，由行政机关先行解决可以发挥行政机关的专业优势，如《土地管理法》第 14 条规定，土地所有权和使用权争议，由当事人协商解决；协商不成的，由人民政府处理。单位之间的争议，由县级以上人民政府处理；个人之间、个人与单位之间的争议，由乡级人民政府或者县级以上人民政府处理。当事人对有关人民政府的处理决定不服的，可以自接到处理决定通知之日起三十日内，向人民法院起诉。在土地所有权和使用权争议解决前，任何一方不得改变土地利用现状。

三是有利于分担法院的压力。在现代社会因社会利益的分层、多元，争议和纠纷也呈现多发、易发的态势，法院在解决纠纷和争议时也面临着各种压力。由行政机关发挥自身优势，先行解决部分争议，可以过滤一些纠纷和争议，减轻法院的负担。

第七节　行政征收与征用

一、行政征收

行政征收有两种类型：一种是税费征收，另一种是公益征收。前者是指行政机关为取得财政收入或者进行经济调控，依法强制无偿取得公民、法人或其他组织财产所有权的行政行为，包括征税和行政收费。后者是指行政机关为了公共利益，需要依法以强制方式取得公民、法人或其他组织的财产权益，并给予相应补偿的行政行为，如房屋征收。二者的区别是，税费征收是无偿的，而公益征收则需要给予相对人补偿。

行政征收的主要方式包括：

1. 征税。征税是税务机关依法强制的、无偿的向纳税义务人收取税款的行政行为，包括对内税收征收和涉外税收征收两个方面。

2. 行政收费。行政收费是行政机关在国家税收之外向公民、法人或其他组织征收的各种费用。

3. 土地征收。指国家为了公共利益需要依法对集体所有的土地进行征收并给予补偿。《土地管理法》对土地征收主体、程序、补偿等作出了较为明确的规定。

4. 房屋征收。指国家为了公共利益的需要，依法对房屋进行征收并给予补偿。

二、行政征用

行政征用是指行政机关为了公共利益需要依法强制使用公民、法人或其他组织的财产并给予补偿的行政行为。如《突发事件应对法》第 12 条规定：有关人民政府及其部门为应对突发事件，可以征用单位和个人的财产。被征用的财产在使用完毕或者突发事件应急处置工作结束后，应当及时返还。财产被征用或者征用后毁损、灭失的，应当给予补偿。

行政征用具有如下特征：一是限制性。与行政征收的效果是把财产的所有权从公民、法人或其他组织转移给国家不同，行政征用只是限制了公民、法人或其他组织对其财产的使用，不产生所有权的转移。这是行政征用与行政征收的区别。二是强制性。行政征用是国家单方意志体现，不以公民、法人或其他组织同意为前提。三是补偿性。行政征用具有补偿性，在这一点上与行政与公益征收具有一定的相同性。

【本章主要法律规定】

《最高人民法院关于审理行政协议案件若干问题的规定》

【本章阅读案例】

【最高院指导案例 76 号】

萍乡市亚鹏房地产开发有限公司诉萍乡市国土资源局不履行行政协议案

裁判要点：

行政机关在职权范围内对行政协议约定的条款进行的解释，对协议双方具有法律约束力。人民法院经过审查，根据实际情况，可以作为审查行政协议的依据。

基本案情：

2004 年 1 月 13 日，江西省萍乡市土地收购储备中心受萍乡市肉类联合加工厂委托，经被告萍乡市国土资源局（以下简称市国土局）批准，在萍乡日报上刊登了国有土地使用权公开挂牌出让公告，定于 2004 年 1 月 30 日至 2004 年 2 月 12 日在土地交易大厅公开挂牌出让 TG－0403 号国有土地使用权，地块位于萍乡市安源区后埠街万公塘，土地出让面积为 23173.3 平方米，开发用地为商住综合用地，冷藏车间维持现状，容积率 2.6，土地使用年限为 50 年。萍乡市亚鹏房地产开发有限公司（以下简称亚鹏公司）于 2006 年 2 月 12 日以投标竞拍方式并以人民币 768 万元取得了 TG－0403 号国有土地使用权，并于 2006 年 2 月 21 日与被告市国土局签订了《国有土地使用权出让合同》。合同约定出让宗地的用途为商住综合用地，冷藏车间维持现状。土地使用权出让金为每平方米331.42元，总额计人民币768万元。2006年3月2日，市国土局向亚鹏公司颁发了萍国用（2006）第43750号和萍国用（2006）第43751号两本国有土地使用证，其中萍国用（2006）第43750号土地证地类（用途）为工业，使用权类为出让，使用权面积为8359平方米，萍国字（2006）第43751号土地证地类为商住综合用地。对此，亚鹏公司认为约定的“冷藏车间维持现状”是维持冷藏库的使用功能，并非维持地类性质，要求将其中一证地类由“工业”更正为“商住综合”；但市国土局认为维持现状是指冷藏车间保留工业用地性质出让，且该公司也是按照冷藏车间为工业出让地缴纳的土地使用权出让金，故不同意更正土地用途。2012年7月30日，萍乡市规划局向萍乡市土地收购储备中心作出《关于要求解释〈关于萍乡市肉类联合加工厂地块的函〉》中有关问题的复函，主要内容是：我局在2003年10月8日出具规划条件中已明确了该地块用地性质为商住综合用地（冷藏车间约7300平方米，下同）但冷藏车间维持现状。根据该地块控规，其用地性质为居住（兼容商业），但由于地块内的食品冷藏车间是目前我市唯一的农产品储备保鲜库，也是我市重要的民生工程项目，因此，暂时保留地块内约7300平方米冷藏库的使用功能，未经政府或相关主管部门批准不得拆除。2013年2月21日，市国土局向亚鹏书面答复：一、根据市规划局出具的规划条件和宗地实际情况，同意贵公司申请TG-0403号地块中冷藏车间用地的土地用途由工业用地变更为商住用地。二、由于贵公司取得该宗地中冷藏车间用地使用权是按工业用地价格出让的，根据《中华人民共和国城市房地产管理法》之规定，贵公司申请TG-0403号地块中冷藏车间用地的土地用途由工业用地变更为商住用地，应补交土地出让金。补交的土地出让金可按该宗地出让时的综合用地（住宅、办公）评估价值减去的同等比例计算，即297.656万元*70%=208.36万元。三、冷藏车间用地的土地用途调整后，其使用功能未经市政府批准不得改变。亚鹏公司于2013年3月10日向法院提起行政诉讼，要求判令被告将萍国用（2006）第43750号国有土地使用证上的地类用途由“工业”更正为商住综合用地（冷藏车间维持现状）。撤销被告“关于对市亚鹏房地产有限公司TG-0403号地块有关土地用途问题的答复”中第二项关于补交土地出让金208.36万元的决定。

裁判结果：

江西省萍乡市安源区人民法院于2014年4月23日作出（2014）安行初字第6号行政判决：一、被告萍乡市国土资源局在本判决生效之日起九十天内对萍国用（2006）第43750号国有土地使用证上的8359.1㎡的土地用途应依法予以更正。二、撤销被告萍乡市国土资源局于2013年2月21日作出的《关于对市亚鹏房地产开发有限公司TG-0403号地块有关土地用途的答复》中第二项补交土地出让金208.36万元的决定。宣判后，萍乡市国土资源局提出上诉。江西省萍乡市中级人民法院于2014年8月15日作出（2014）萍行终字第10号行政判决：驳回上诉，维持原判。

裁判理由：

法院生效裁判认为：行政协议是行政机关为实现公共利益或者行政管理目标，在法定职责范围内与公民、法人或者其他组织协商订立的具有行政法上权利义务内容的协议，本案行政协议即是市国土局代表国家与亚鹏公司签订的国有土地使用权出让合同。行政协议强调诚实信用、平等自愿，一经签订，各方当事人必须严格遵守，行政机关无正当理由不得在约定之外附加另一方当事人义务或单方变更解除。本案中，TG-0403号地块出让时对外公布的土地用途是“开发用地为商住综合用地，冷藏车间维持现状”，出让合同中约定为“出让宗地的用途为商住综合用地，冷藏车间维持现状”。但市国土局与亚鹏公司就该约定的理解产生分歧，而萍乡市规划局对原萍乡市肉类联合加工厂复函确认TG-0403号国有土地使用权面积23173.3平方米（含冷藏车间）的用地性质是商住综合用地。萍乡市规划局的解释与挂牌出让公告明确的用地性质一致，且该解释是萍乡市规划局在职权范围内作出的，符合法律规定和实际情况，有助于树立诚信政府形象，并无重大明显的违法情形，具有法律效力，并对市国土局关于土地使用性质的判断产生约束力。因此，对市国土局提出的冷藏车间占地为工业用地的主张不予支持。亚鹏公司要求市国土局对“萍国用（2006）第43750号”土地证（土地使用权面积8359.1平方米）地类更正为商住综合用地，具有正当理由，市国土局应予以更正。亚鹏公司作为土地受让方按约支付了全部价款，市国土局要求亚鹏公司如若变更土地用途则应补交土地出让金，缺乏事实依据和法律依据，且有违诚实信用原则。

【指导案例59号】

戴世华诉济南市公安消防支队消防验收纠纷案

裁判要点：

建设工程消防验收备案结果通知含有消防竣工验收是否合格的评定，具有行政确认的性质，当事人对公安机关消防机构的消防验收备案结果通知行为提起行政诉讼的，人民法院应当依法予以受理。

相关法条：

《中华人民共和国消防法》第4条、第13条

基本案情：

原告戴世华诉称：原告所住单元一梯四户，其居住的801室坐东朝西，进户门朝外开启。距离原告门口0.35米处的南墙挂有高1.6米、宽0.7米、厚0.25米的消火栓。人员入室需后退避让，等门扇开启后再前行入室。原告的门扇开不到60至70度根本出不来。消防栓的设置和建设影响原告的生活。请求依法撤销被告济南市公安消防支队批准在其门前设置的消防栓通过验收的决定；依法判令被告责令报批单位依据国家标准限期整改。

被告济南市公安消防支队辩称：建设工程消防验收备案结果通知是按照建设工程消防验收评定标准完成工程检查，是检查记录的体现。如果备案结果合格，则表明建设工程是符合相关消防技术规范的；如果不合格，公安机关消防机构将依法采取措施，要求建设单位整改有关问题，其性质属于技术性验收，并不是一项独立、完整的具体行政行为，不具有可诉性，不属于人民法院行政诉讼的受案范围，请求驳回原告的起诉。

法院经审理查明：针对戴世华居住的馆驿街以南棚户区改造工程1－8号楼及地下车库工程，济南市公安消防支队对其消防设施抽查后，于2011年11月21日作出济公消验备［2011］第0172号《建设工程消防验收备案结果通知》。

裁判结果：

济南高新技术产业开发区人民法院于2012年11月13日作出（2012）高行初字第2号行政裁定，驳回原告戴世华的起诉。戴世华不服一审裁定提起上诉。济南市中级人民法院经审理，于2013年1月17日作出（2012）济行终字第223号行政裁定：一、撤销济南高新技术产业开发区人民法院作出的（2012）高行初字第2号行政裁定；二、本案由济南高新技术产业开发区人民法院继续审理。

裁判理由：

法院生效裁判认为：关于行为的性质。《中华人民共和国消防法》（以下简称《消防法》）第四条规定：“县级以上地方人民政府公安机关对本行政区域内的消防工作实施监督管理，并由本级人民政府公安机关消防机构负责实施。”《公安部建设工程消防监督管理规定》第三条第二款规定：“公安机关消防机构依法实施建设工程消防设计审核、消防验收和备案、抽查，对建设工程进行消防监督。”第二十四条规定：“对本规定第十三条、第十四条规定以外的建设工程，建设单位应当在取得施工许可、工程竣工验收合格之日起七日内，通过省级公安机关

消防机构网站进行消防设计、竣工验收消防备案，或者到公安机关消防机构业务受理场所进行消防设计、竣工验收消防备案。”上述规定表明，建设工程消防验收备案就是特定的建设工程施工人向公安机关消防机构报告工程完成验收情况，消防机构予以登记备案，以供消防机构检查和监督，备案行为是公安机关消防机构对建设工程实施消防监督和管理的行为。消防机构实施的建设工程消防备案、抽查的行为具有行使行政职权的性质，体现出国家意志性、法律性、公益性、专属性和强制性，备案结果通知是备案行为的组成部分，是备案行为结果的具体表现形式，也具有上述行政职权的特性，应该纳入司法审查的范围。

关于行为的后果。《消防法》第十三条规定：“按照国家工程建设消防技术标准需要进行消防设计的建设工程竣工，依照下列规定进行消防验收、备案：……（二）其他建设工程，建设单位在验收后应当报公安机关消防机构备案，公安机关消防机构应当进行抽查。依法应当进行消防验收的建设工程，未经消防验收或者消防验收不合格的，禁止投入使用；其他建设工程经依法抽查不合格的，应当停止使用。”公安部《建设工程消防监督管理规定》第二十五条规定：“公安机关消防机构应当在已经备案的消防设计、竣工验收工程中，随机确定检查对象并向社会公告。对确定为检查对象的，公安机关消防机构应当在二十日内按照消防法规和国家工程建设消防技术标准完成图纸检查，或者按照建设工程消防验收评定标准完成工程检查，制作检查记录。检查结果应当向社会公告，检查不合格的，还应当书面通知建设单位。建设单位收到通知后，应当停止施工或者停止使用，组织整改后向公安机关消防机构申请复查。公安机关消防机构应当在收到书面申请之日起二十日内进行复查并出具书面复查意见。”上述规定表明，在竣工验收备案行为中，公安机关消防机构并非仅仅是简单地接受建设单位向其报送的相关资料，还要对备案资料进行审查，完成工程检查。消防机构实施的建设工程消防备案、抽查的行为能产生行政法上的拘束力。对建设单位而言，在工程竣工验收后应当到公安机关消防机构进行验收备案，否则，应当承担相应的行政责任，消防设施经依法抽查不合格的，应当停止使用，并组织整改；对公安机关消防机构而言，备案结果中有抽查是否合格的评定，实质上是一种行政确认行为，即公安机关消防机构对行政相对人的法律事实、法律关系予以认定、确认的行政行为，一旦消防设施被消防机构评定为合格，那就视为消防机构在事实上确认了消防工程质量合格，行政相关人也将受到该行为的拘束。

据此，法院认为作出建设工程消防验收备案通知，是对建设工程消防设施质量监督管理的最后环节，备案结果通知含有消防竣工验收是否合格的评定，具有行政确认的性质，是公安机关消防机构作出的具体行政行为。备案手续的完成能产生行政法上的拘束力。故备案行为是可诉的行政行为，人民法院可以对其进行司法审查。原审裁定认为建设工程消防验收备案结果通知性质属于技术性验收通知，不是具体行政行为，并据此驳回上诉人戴世华的起诉，确有不当。

第九章　行政程序与政府信息公开

【复习提要】

政府信息公开一直是重点的命题内容，这一点在主客观题目上都有体现。政府信息公开的范围、方式、程序以及救济，构成了这一章节的重点内容。

第一节　行政程序

行政程序，是行政机关实现其行政职能的方式方法的总称。方式方法体现为时间和空间形式，因此行政程序是行政方式方法和时间、步骤的结合形式。行政程序法之所以在现代行政法中取得特别重要的地位，是因为政府行政管理在现代社会中作用的加强。行政法在确认政府行政职能的必要性、合法性后，将重点放在政府实现行政职能程序的正当性、合法性上。行政程序的中心是行政决策程序，特别是使公民、法人或者其他组织负担义务的行政决策程序。因为行政程序的重要目标是实现维护重要公共利益和保护公民、法人或者其他组织合法权益的平衡，所以公民、法人或者其他组织等利益相关人对行政决策程序的参与程度，成为衡量行政程序正当性、合法性的重要标准。作为行政法的基本制度之一，当代行政程序法高度重视对利益相关人程序权的保障。

行政程序主要包括以下基本制度。

一、听证制度

听证制度在行政程序中的地位受到特别重视。一般而言，行政程序的中心问题是利益相关人的参与。因为听证能够为利益相关人的参与提供充分的机会，特别是类似于司法审判型的听证能够使利益相关人的参与权得到充分的行使，所以听证被认为是行政程序中最重要的基本制度。

我国行政立法中规定的听证制度，较早出现于行政处罚法。听证是行政处罚决定程序之一，适用于责令停产停业、吊销许可证或者执照和较大数额罚款等对当事人权益影响较大的行政处罚。对此有关部门在相关规定中提出了听证的具体实施办法。例如，《价格法》第 23 条要求建立听证会制度，适用于制定关系群众切身利益的公用事业价格、公益性服务价格、自然垄断经营的商品价格等政府指导价、政府定价。《立法法》第 74 条第 1 款规定行政法规起草过程中听取意见可以采取听证会的形式。《规章制定程序条例》第 16 条第 2 款规定了起草规章听证会的组织程序。上述这些法律法规和规章有关听证程序的规定，是具体行政行为和抽象行政行为中适用听证程序的范例。

二、说明理由制度

说明理由是关于行政决定必须阐明其理由和真实用意的行政决策程序制度，特别适用于行使裁量权限制和不利于当事人的行政决定。这一制度的意义主要是防止行政专横和权力滥用，便于司法审查和法制监督。行政决定所持有的理由需要确切的事实根据和法律政策根据，所以说明理由与指明事实根据和法律政策依据相关联。说明理由是最低限度的程序正当性要求。

我国行政立法中规定说明理由制度的，比较典型的是《行政处罚法》。该法第 44 条规定："行政机关在作出行政处罚决定之前，应当告知当事人拟作出的行政处罚内容及事实、理由、依据，并告知当事人依法享有的陈述、申辩、要求听证等权利。"该法第 62 条同时规定："行政机关及其执法人员在作出行政处罚决定之前，未依照规定向当事人告知拟作出的行政处罚内容及事实、理由、依据，或者拒绝听取当事人的陈述、申辩，不得作出行政处罚决定；当事人明确放弃陈述或者申辩权利的除外。"

三、行政案卷制度

行政案卷是关于行政决定只能以行政案卷体现的事实作为根据的行政程序制度。行政案卷是有关案件事实的证据、调查或者听证记录等案件材料的总和。行政案卷的构成和形成应当依据法律的规定。行政决定只能以行政案卷体现的事实为根据，不得以行政案卷以外的、没有经过法定程序认定的事实为根据。法律设立行政案卷制度的意义，在于使行政决定建立于按照法定程序形成的客观事实之上，规范认定程序和认定结果的权威性，排除外界对行政决定的不当影响和干预，便于司法审查和法治监督。

我国直接和明确规定行政案卷制度的是关于行政诉讼的司法解释。2002 年 9 月 11 日最高人民法院制定的《关于审理反倾销行政案件应用法律若干问题的规定》第 7 条第 2 款和第 3 款规定："人民法院依据被告的案卷记录审查被诉反倾销行为的合法性。被告在作出被诉反倾销行政行为时没有记入案卷的事实材料，不能作为认定该行为合法的根据。"这一规定在对反倾销行政行为司法审查的意义上，规定了行政案卷唯一性的制度。《行政诉讼法》第 35 条规定："在诉讼过程中，被告及其诉讼代理人不得自行向原告、第三人和证人收集证据。"2002 年 7 月公布的最高人民法院《关于行政诉讼证据若干问题的规定》（以下简称《行政证据规定》）第 60 条规定三种证据不能作为认定被诉具体行政行为合法的依据：（1）被告及其诉讼代理人在作出具体行政行为后或者在诉讼程序中自行收集的证据；（2）被告在行政程序中非法剥夺公民、法人或者其他组织依法享有的陈述、申辩或者听证权利所采用的证据；（3）原告或者第三人在诉讼程序中提供的、被告在行政诉讼中未作为具体行政行为依据的证据。上述规定为在我国行政管理中普遍实行行政案卷制度奠定了基础。

第二节　政府信息公开制度

"阳光是最好的防腐剂"，政府信息公开可以将政府的活动置于公众的监督之下，可以推进行政公正，对防止腐败具有重要作用。

一、政府信息公开的范围

政府信息即行政机关在履行职责过程中制作或者获取的，以一定形式记录、保存的信息。政府信息公开是指公民、组织对行政机关在行使行政职权的过程中掌握或控制的信息拥有知情权，除法律明确规定的不予公开事项外，行政机关应当通过有效方式向公众和当事人公开。

要想切实落实好政府信息公开，需要政府信息公开的运作及保证政府信息公开切实落实的制度，包括政府信息公开的范围、要求公开方式和程序、监督救济等内容。

<table>
<tr><td>主动公开</td><td colspan="2">对涉及公众利益调整、需要公众广泛知晓或者需要公众参与决策的政府信息，行政机关应当主动公开</td></tr>
<tr><td>申请公开</td><td colspan="2">除行政机关主动公开的政府信息外，公民、法人或者其他组织可以申请信息公开</td></tr>
<tr><td rowspan="3">不公开</td><td>绝对不公开</td><td>①国家秘密
②法律、行政法规禁止公开的政府信息
③公开后可能危及国家安全、公共安全、经济安全、社会稳定的政府信息</td></tr>
<tr><td>可以不公开</td><td>①行政机关的内部事务信息，包括人事管理、后勤管理、内部工作流程等方面的信息，可以不予公开
②行政机关在履行行政管理职能过程中形成的讨论记录、过程稿、磋商信函、请示报告等过程性信息以及行政执法案卷信息，可以不予公开</td></tr>
<tr><td>相对不公开</td><td>商业秘密、个人隐私等公开会对第三方合法权益造成损害的政府信息</td></tr>
</table>

（一）主动公开的政府信息

行政机关应当主动公开本行政机关的下列政府信息：（1）行政法规、规章和规范性文件；（2）机关职能、机构设置、办公地址、办公时间、联系方式、负责人姓名；（3）国民经济和社会发展规划、专项规划、区域规划及相关政策；（4）国民经济和社会发展统计信息；（5）办理行政许可和其他对外管理服务事项的依据、条件、程序以及办理结果；（6）实施行政处罚、行政强制的依据、条件、程序以及本行政机关认为具有一定社会影响的行政处罚决定；（7）财政预算、决算信息；（8）行政事业性收费项目及其依据、标准；（9）政府集中采购项目的目录、标准及实施情况；（10）重大建设项目的批准和实施情况；（11）扶贫、教育、医疗、社会保障、促进就业等方面的政策、措施及其实施情况；（12）突发公共事件的应急预案、预警信息及应对情况；（13）环境保护、公共卫生、安全生产、食品药品、产品质量的监督检查情况；（14）公务员招考的职位、名额、报考条件等事项以及录用结果；（15）法律、法规、规章和国家有关规定规定应当主动公开的其他政府信息。

除上述政府信息外，设区的市级、县级人民政府及其部门还应当根据本地方的具体情况，主动公开涉及市政建设、公共服务、公益事业、土地征收、房屋征收、治安管理、社会救助等方面的政府信息；乡（镇）人民政府还应当根据本地方的具体情况，主动公开贯彻落实农业农村政策、农田水利工程建设运营、农村土地承包经营权流转、宅基地使用情况审核、土地征收、房屋征收、筹资筹劳、社会救助等方面的政府信息。

【考点点拨】

政府信息公开的方式分为两种，一种是行政机关依职权主动公开，一种是相对人申请公开。主动公开的信息，不需要当事人申请，行政机关应当依职权主动进行公开。

（二）不得公开的政府信息

依法确定为国家秘密的政府信息，法律、行政法规禁止公开的政府信息，以及公开后可能危及国家安全、公共安全、经济安全、社会稳定的政府信息，不予公开。

（三）可以不公开的政府信息

行政机关的内部事务信息，包括人事管理、后勤管理、内部工作流程等方面的信息，可以不予公开。

行政机关在履行行政管理职能过程中形成的讨论记录、过程稿、磋商信函、请示报告等过程性信息以及行政执法案卷信息，可以不予公开。法律、法规、规章规定上述信息应当公开的，从其规定。

【考点点拨】

注意可以不公开的信息包括两种：内部信息、过程性信息。

（四）相对不公开的政府信息

涉及商业秘密、个人隐私等公开会对第三方合法权益造成损害的政府信息，行政机关不得公开。但是，第三方同意公开或者行政机关认为不公开会对公共利益造成重大影响的，予以公开。

依申请公开的政府信息公开会损害第三方合法权益的，行政机关应当书面征求第三方的意见。第三方应当自收到征求意见书之日起15个工作日内提出意见。第三方逾期未提出意见的，由行政机关决定是否公开。第三方不同意公开且有合理理由的，行政机关不予公开。行政机关认为不公开可能对公共利益造成重大影响的，可以决定予以公开，并将决定公开的政府信息内容和理由书面告知第三方。

【真题实战】

因黄某认为补偿数额过低，向乙区政府申请公开其他被征收人补偿数额的信息，区政府以涉及第三人隐私为由拒绝公开。乙区政府以涉及第三人隐私为由拒绝黄某的公开申请的行为是否合法？（2020主观卷第六题第6问）[1]

二、政府信息公开的程序

（一）主动公开的程序

各级人民政府应当加强对政府信息公开工作的组织领导。国务院办公厅是全国政府信息公开工作的主管部门，负责推进、指导、协调、监督全国的政府信息公开工作。

各级人民政府应当在国家档案馆、公共图书馆、政务服务场所设置政府信息查阅场所，并配备相应的设施、设备，为公民、法人和其他组织获取政府信息提供便利。行政机关可以根据需要设立公共查阅室、资料索取点、信息公告栏、电子信息屏等场所、设施，公开政府信息。行政机关应当及时向国家档案馆、公共图书馆提供主动公开的政府信息。

县级以上人民政府部门应当在每年1月31日前向本级政府信息公开工作主管部门提交本行政机关上一年度政府信息公开工作年度报告并向社会公布。县级以上地方人民政府的政府信息公开工作主管部门应当在每年3月31日前向社会公布本级政府上一年度政府信息公开工作年度报告。

（二）依申请公开的程序

1. 申请公开的方式

除行政机关主动公开的政府信息外，公民、法人或者其他组织可以向地方各级人民政府、对外以自己名义履行行政管理职能的县级以上人民政府部门（含派出机构、内设机构）申请获取相关政府信息。

公民、法人或者其他组织申请获取政府信息的，应当向行政机关的政府信息公开工作机构提出，并采用包括信件、数据电文在内的书面形式；采用书面形式确有困难的，申请人可以口头提出，由受理该申请的政府信息公开工作机构代为填写政府信息公开申请。

政府信息公开申请应当包括下列内容：（1）申请人的姓名或者名称、身份证明、联系方式；（2）申请公开的政府信息的名称、文号或者便于行政机关查询的其他特征性描述；（3）申请公开的政府信息的形式要求，包括获取信息的方式、途径。

---

[1] 违法。《政府信息公开条例》第32条规定，依申请公开的政府信息公开会损害第三方合法权益的，行政机关应当书面征求第三方的意见。行政机关认为不公开可能对公共利益造成重大影响的，可以决定予以公开。本案中，甲市政府不能以涉及第三人隐私为由拒绝公开。

【考点点拨】

申请公开既能书面又能口头，申请公开需要提供身份证明，不需要说明理由。

【真题实战】

1. 因一高压线路经过某居民小区，该小区居民李某向某市规划局申请公开高压线路图。下列哪些说法是正确的?[1]（2008/90/多）

A. 李某提交书面申请时应出示本人有效身份证明

B. 李某应说明申请信息的用途

C. 李某可以对公开信息方式提出自己要求

D. 某市规划局公开信息时，可以向李某依法收取相关成本费

2. 申请人申请公开下列哪些政府信息时，应当出示有效身份证件或证明文件?[2]（2009/44/多）

A. 要求税务机关公开本人缴纳个人所得税情况的信息

B. 要求区政府公开该区受理和审理行政复议案件的信息

C. 要求县卫生局公开本县公共卫生费用使用情况的信息

D. 要求市公安局公开办理养犬证收费情况的信息

2. **申请公开的行政机关处理**

适用情形	行政机关处理
申请内容不明确	①行政机关应当给予指导和释明，并自收到申请之日起 7 个工作日内一次性告知申请人作出补正，说明需要补正的事项和合理的补正期限 ②答复期限自行政机关收到补正的申请之日起计算
信息已经主动公开	告知申请人获取该政府信息的方式、途径
信息可以公开	提供该政府信息，或者告知申请人获取该政府信息的方式、途径和时间
不予公开	告知申请人不予公开并说明理由
经检索没有所申请公开信息	告知申请人该政府信息不存在
不属于本行政机关负责公开	告知申请人并说明理由；能够确定负责公开该政府信息的行政机关的，告知申请人该行政机关的名称、联系方式
已答复或重复申请	告知申请人不予重复处理
申请的数量、频次明显超过合理范围	行政机关可以要求申请人说明理由。行政机关认为申请理由不合理的，告知申请人不予处理

申请公开的信息中含有不应当公开或者不属于政府信息的内容，但是能够作区分处理的，行政机关应当向申请人提供可以公开的政府信息内容，并对不予公开的内容说明理由。

申请人申请公开政府信息的数量、频次明显超过合理范围，行政机关可以要求申请人说明理由。行政机关认为申请理由不合理的，告知申请人不予处理；行政机关认为申请理由合理，

[1] 答案 AC【解析】根据《政府信息公开条例》第 29 条第 2 款的规定，政府信息公开申请应当提供申请人的身份证明，选项 A 正确。该条规定，申请书并不要求说明用途，可以提出形式要求。选项 B 错误，选项 C 正确。该法第 42 条第 1 款规定：“行政机关依申请提供政府信息，不收取费用。但是，申请人申请公开政府信息的数量、频次明显超过合理范围的，行政机关可以收取信息处理费。”本案不属于收取信息处理费的情形，选项 D 错误。

[2] 答案 ABCD【解析】根据《政府信息公开条例》第 29 条第 2 款的规定，政府信息公开申请应当提供申请人的身份证明。根据新法，ABCD 正确。

但是无法在规定的期限内答复申请人的，可以确定延迟答复的合理期限并告知申请人。

【真题实战】

某环保联合会对某公司提起环境民事公益诉讼，因在诉讼中需要该公司的相关环保资料，遂向县环保局提出申请公开该公司的排污许可证、排污口数量和位置等有关环境信息。申请书中载明了单位名称、住所地、联系人及电话并加盖了公章、获取信息的方式等。县环保局收到申请后，要求环保联合会提供申请人身份的证明材料。环保联合会提供了社会团体登记证复印件。县环保局以申请公开的内容不明确为由拒绝公开，该环保联合会复议后提起行政诉讼。关于本案的信息公开申请及其处理，下列说法正确的是：[1]（2017/97/任）

A. 环保联合会可采用数据电文形式提出信息公开

B. 环保联合会不具有提出此信息公开申请的资格

C. 县环保局有权要求环保联合会提供申请人身份的证明材料

D. 县环保局认为申请内容不明确的，应告知环保联合会作出更改、补充

（三）公开的机关、期限与费用

<table>
<tr><td rowspan="3">公开机关</td><td>制作机关</td><td>行政机关制作的政府信息</td></tr>
<tr><td>获取机关</td><td>行政机关从公民、法人或者其他组织获取的政府信息</td></tr>
<tr><td>制作或最初获取机关</td><td>行政机关获取的其他行政机关的政府信息</td></tr>
<tr><td rowspan="2">公开期限</td><td>依职权公开</td><td>自该信息形成或者变更之日起20个工作日</td></tr>
<tr><td>依申请公开</td><td>当场答复，或收到申请起20个工作日+20个工作日</td></tr>
<tr><td>公开费用</td><td colspan="2">①不收取费用
②但是，申请人申请公开政府信息的数量、频次明显超过合理范围的，行政机关可以收取信息处理费</td></tr>
</table>

1. **负责公开的机关**

（1）“谁制作的谁公开”。行政机关制作的政府信息，由制作该政府信息的行政机关负责公开。行政机关设立的派出机构、内设机构依照法律、法规对外以自己名义履行行政管理职能的，可以由该派出机构、内设机构负责与所履行行政管理职能有关的政府信息公开工作。两个以上行政机关共同制作的政府信息，由牵头制作的行政机关负责公开。

（2）“谁获取的谁公开”。行政机关从公民、法人和其他组织获取的政府信息，由获取该政府信息的行政机关负责公开。

（3）“流转的找源头”。行政机关获取的其他行政机关的政府信息，由制作或者最初获取该政府信息的行政机关负责公开。法律、法规对政府信息公开的权限另有规定的，从其规定。

2. **信息公开的时限**

属于主动公开范围的政府信息，应当自该政府信息形成或者变更之日起20个工作日内及

---

[1] 答案ACD【解析】《政府信息公开条例》第29条第1款规定：“公民、法人或者其他组织申请获取政府信息的，应当向行政机关的政府信息公开工作机构提出，并采用包括信件、数据电文在内的书面形式；采用书面形式确有困难的，申请人可以口头提出，由受理该申请的政府信息公开工作机构代为填写政府信息公开申请。”选项A正确。该法第27条规定：“除行政机关主动公开的政府信息外，公民、法人或者其他组织可以向地方各级人民政府、对外以自己名义履行行政管理职能的县级以上人民政府部门（含本条例第十条第二款规定的派出机构、内设机构）申请获取相关政府信息。”选项B错误。该法第29条第2款规定：“政府信息公开申请应当包括下列内容：（一）申请人的姓名或者名称、身份证明、联系方式。”选项C正确。政府信息公开申请内容不明确的，行政机关应当给予指导和释明，并自收到申请之日起7个工作日内一次性告知申请人作出补正，说明需要补正的事项和合理的补正期限。选项D正确。

时公开。法律、法规对政府信息公开的期限另有规定的，从其规定。

行政机关收到政府信息公开申请，能够当场答复的，应当当场予以答复。行政机关不能当场答复的，应当自收到申请之日起20个工作日内予以答复；需要延长答复期限的，应当经政府信息公开工作机构负责人同意并告知申请人，延长的期限最长不得超过20个工作日。行政机关征求第三方和其他机关意见所需时间不计算在内。

【考点点拨】

如何确定行政机关“收到”信息公开申请的时间？

（1）申请人当面提交政府信息公开申请的，以提交之日为收到申请之日。

（2）申请人以邮寄方式提交政府信息公开申请的，以行政机关签收之日为收到申请之日；以平常信函等无需签收的邮寄方式提交政府信息公开申请的，政府信息公开工作机构应当于收到申请的当日与申请人确认，确认之日为收到申请之日。

（3）申请人通过互联网渠道或者政府信息公开工作机构的传真提交政府信息公开申请的，以双方确认之日为收到申请之日。

【真题实战】

1. 2002年，甲乙两村发生用地争议，某县政府召开协调会并形成会议纪要。2008年12月，甲村一村民向某县政府申请查阅该会议纪要。下列哪个选项是正确的？[1]（2009/81/单）

A. 该村民可以口头提出申请

B. 因会议纪要形成于《政府信息公开条例》实施前，故不受《条例》规范

C. 因会议纪要不属于政府信息，某县政府可以不予公开

D. 如某县政府提供有关信息，可以向该村民收取检索、复制、邮寄等费用

2. 区房管局向某公司发放房屋拆迁许可证。被拆迁人王某向区房管局提出申请，要求公开该公司办理拆迁许可证时所提交的建设用地规划许可证，区房管局作出拒绝公开的答复。对此，下列哪些说法是正确的？[2]（2010/45/多）

A. 王某提出申请时，应出示有效身份证件

B. 因王某与申请公开的信息无利害关系，拒绝公开是正确的

C. 因区房管局不是所申请信息的制作主体，拒绝公开是正确的

---

〔1〕 答案A【解析】根据《政府信息公开条例》第29条第1款的规定，信息公开的申请书面口头都可以，选项A正确。该法规定，政府信息公开的范围并没有根据时间划分，不管是《政府信息公开条例》实施前的信息还是实施后的信息，属于应当公开的信息，都应当公开。选项B错误。该会议纪要是行政机关在履行职责过程中制作或者获取的，以一定形式记录、保存的信息，属于政府信息。选项第一句话错误。该法第16条第2款规定：“行政机关在履行行政管理职能过程中形成的讨论记录、过程稿、磋商信函、请示报告等过程性信息以及行政执法案卷信息，可以不予公开。”选项第二句正确。选项C错误。该法第42条第1款规定：“行政机关依申请提供政府信息，不收取费用。但是，申请人申请公开政府信息的数量、频次明显超过合理范围的，行政机关可以收取信息处理费。”本案不属于收取信息处理费的情形，选项D错误。

〔2〕 答案AC【解析】根据《政府信息公开条例》第29条第2款的规定，政府信息公开申请应当提供申请人的身份证明，选项A正确。该法第27条规定：“除行政机关主动公开的政府信息外，公民、法人或者其他组织可以向地方各级人民政府、对外以自己名义履行行政管理职能的县级以上人民政府部门（含本条例第十条第二款规定的派出机构、内设机构）申请获取相关政府信息。”选项B错误。该法第10条第1款规定：“行政机关制作的政府信息，由制作该政府信息的行政机关负责公开。行政机关从公民、法人和其他组织获取的政府信息，由保存该政府信息的行政机关负责公开；行政机关获取的其他行政机关的政府信息，由制作或者最初获取该政府信息的行政机关负责公开。”本题中，建设用地规划许可证不是区房管局制作的，该信息的公开不属于区房管局的职责范围，因此，区房管局以此为由拒绝王某的申请是正确的。选项C正确。根据该法第33条的规定，能够当场答复的，应当当场予以答复；不能当场答复的，应当自收到申请之日起20个工作日内予以答复；特殊情况可再延长20个工作日，即最长40个工作日。选项D错误。

D. 拒绝答复应自收到王某申请之日起一个月内作出

3. 李某2018年10月至2019年3月期间连续一百余次申请公开镇政府的各种政府信息。2019年5月份，李某再一次向镇政府申请公开防汛信息。镇政府的做法，下列正确的是?[1]（2019/模拟/任）

A. 可以收取相应的信息处理费用

B. 以其不具有申请人资格为由不予处理

C. 以其此前多次申请为由不予处理

D. 可以要求其说明理由

三、政府信息公开的监督与救济

（一）监督

政府信息公开工作主管部门应当加强对政府信息公开工作的日常指导和监督检查，对行政机关未按照要求开展政府信息公开工作的，予以督促整改或者通报批评；需要对负有责任的领导人员和直接责任人员追究责任的，依法向有权机关提出处理建议。

公民、法人或者其他组织认为行政机关未按照要求主动公开政府信息或者对政府信息公开申请不依法答复处理的，可以向政府信息公开工作主管部门提出。政府信息公开工作主管部门查证属实的，应当予以督促整改或者通报批评。

（二）救济

公民、法人或者其他组织认为行政机关在政府信息公开工作中侵犯其合法权益的，可以向上一级行政机关或者政府信息公开工作主管部门投诉、举报，也可以依法申请行政复议或者提起行政诉讼。

四、政府信息公开的诉讼

（一）政府信息公开的受案范围

应予受理	①行政机关拒绝提供或者逾期不予答复，复议后起诉 ②认为行政机关提供的政府信息不符合其在申请中要求的内容或者法律、法规规定的适当形式 ③认为行政机关主动公开或者依他人申请公开政府信息侵犯其商业秘密、个人隐私的 ④认为行政机关提供的与其自身相关的政府信息记录不准确，要求该行政机关予以更正，该行政机关拒绝更正、逾期不予答复或者不予转送有权机关处理，复议后起诉
不予受理	①因申请内容不明确，行政机关要求申请人作出更改、补充且对申请人权利义务不产生实际影响的告知行为 ②要求行政机关提供政府公报、报纸、杂志、书籍等公开出版物，行政机关予以拒绝的 ③要求行政机关为其制作、搜集政府信息，或者对若干政府信息进行汇总、分析、加工，行政机关予以拒绝的 ④申请查阅案卷材料，行政机关告知其应当按照相关法律、法规的规定办理的

〔1〕 答案AD【解析】《政府信息公开条例》第42条第1款规定："行政机关依申请提供政府信息，不收取费用。但是，申请人申请公开政府信息的数量、频次明显超过合理范围的，行政机关可以收取信息处理费。"选项A正确。《政府信息公开条例》第27条规定："除行政机关主动公开的政府信息外，公民、法人或者其他组织可以向地方各级人民政府、对外以自己名义履行行政管理职能的县级以上人民政府部门（含本条例第十条第二款规定的派出机构、内设机构）申请获取相关政府信息。"选项B错误。《政府信息公开条例》第35条规定："申请人申请公开政府信息的数量、频次明显超过合理范围，行政机关可以要求申请人说明理由。行政机关认为申请理由不合理的，告知申请人不予处理；行政机关认为申请理由合理，但是无法在本条例第三十三条规定的期限内答复申请人的，可以确定延迟答复的合理期限并告知申请人。"选项C错误，选项D正确。

政府信息公开诉讼还进行了特殊程序的规定：公民、法人或者其他组织认为行政机关不依法履行主动公开政府信息义务，直接向人民法院提起诉讼的，应当告知其先向行政机关申请获取相关政府信息。对行政机关的答复或者逾期不予答复不服的，复议后可以向人民法院提起诉讼。

【考点点拨】

一般来说，对于行政机关依职权行为的不作为，相对人可以直接向法院起诉；但是，基于行政机关应主动公开而没公开的信息可能数量较多，本着“穷尽救济原则”，此时不允许相对人直接去起诉，而是直接和行政机关沟通，没有效果之后再去诉讼。

（二）政府信息公开的举证责任

被告	拒绝提供	拒绝的根据以及履行法定告知和说明理由义务的情况
	涉密	认定公共利益以及不公开可能对公共利益造成重大影响的理由
	拒绝更正	拒绝的理由
原告	起诉被告拒绝更正	向被告提出过更正申请以及政府信息与其自身相关且记录不准确的事实根据

被告拒绝向原告提供政府信息的，应当对拒绝的根据以及履行法定告知和说明理由义务的情况举证。因公共利益决定公开涉及商业秘密、个人隐私政府信息的，被告应当对认定公共利益以及不公开可能对公共利益造成重大影响的理由进行举证和说明。被告拒绝更正与原告相关的政府信息记录的，应当对拒绝的理由进行举证和说明。被告能够证明政府信息涉及国家秘密，请求在诉讼中不予提交的，人民法院应当准许。被告主张政府信息不存在，原告能够提供该政府信息系由被告制作或者保存的相关线索的，可以申请人民法院调取证据。

原告起诉被告拒绝更正政府信息记录的，应当提供其向被告提出过更正申请以及政府信息与其自身相关且记录不准确的事实根据。

【真题实战】

1. 沈某向住建委申请公开一企业向该委提交的某危改项目纳入危改范围的意见和申报材料。该委以信息中有企业联系人联系电话和地址等个人隐私为由拒绝公开，沈某复议后起诉，法院受理。下列哪个说法是正确的?[1]（2015/79/单）

A. 在作出拒绝公开决定前，住建委无需书面征求企业联系人是否同意公开的意见

B. 本案的起诉期限为 6 个月

C. 住建委应对拒绝公开的根据及履行法定告知和说明理由义务的情况举证

D. 住建委拒绝公开答复合法

2. 某环保联合会对某公司提起环境民事公益诉讼，因在诉讼中需要该公司的相关环保资料，遂向县环保局提出申请公开该公司的排污许可证、排污口数量和位置等有关环境信息。申

---

〔1〕 答案 C【解析】《政府信息公开条例》第 32 条规定：“依申请公开的政府信息公开会损害第三方合法权益的，行政机关应当书面征求第三方的意见。第三方应当自收到征求意见书之日起 15 个工作日内提出意见。第三方逾期未提出意见的，由行政机关依照本条例的规定决定是否公开。第三方不同意公开且有合理理由的，行政机关不予公开。行政机关认为不公开可能对公共利益造成重大影响的，可以决定予以公开，并将决定公开的政府信息内容和理由书面告知第三方。”选项 AD 错误。《行政诉讼法》第 45 条规定，公民、法人或者其他组织不服复议决定的，可以在收到复议决定书之日起十五日内向人民法院提起诉讼。选项 B 错误。《最高人民法院关于审理政府信息公开行政案件若干问题的规定》第 5 条第 1 款规定：“被告拒绝向原告提供政府信息的，应当对拒绝的根据以及履行法定告知和说明理由义务的情况举证。”选项 C 正确。

请书中载明了单位名称、住所地、联系人及电话并加盖了公章、获取信息的方式等。县环保局收到申请后，要求环保联合会提供申请人身份的证明材料。环保联合会提供了社会团体登记证复印件。县环保局以申请公开的内容不明确为由拒绝公开，该环保联合会复议后提起行政诉讼。若法院受理此案，关于此案的审理，下列说法正确的是：[1]（2017/99/任）

A. 法院审理第一审行政案件，当事人各方同意适用简易程序的，可适用简易程序

B. 县环保局负责人出庭应诉的，可另委托1至2名诉讼代理人

C. 县环保局应当对拒绝的根据及履行法定告知和说明理由义务的情况举证

D. 法院应要求环保联合会对其所申请的信息与其自身生产、生活、科研等需要的相关性进行举证

（三）政府信息公开的裁判

1. 人民法院审理政府信息公开行政案件，应当视情况采取适当的审理方式，以避免泄露涉及国家秘密、商业秘密、个人隐私或者法律规定的其他应当保密的政府信息。

2. 被告对依法应当公开的政府信息拒绝或者部分拒绝公开的，人民法院应当撤销或者部分撤销被诉不予公开决定，并判决被告在一定期限内公开。尚需被告调查、裁量的，判决其在一定期限内重新答复。

3. 被告提供的政府信息不符合申请人要求的内容或者法律、法规规定的适当形式的，人民法院应当判决被告按照申请人要求的内容或者法律、法规规定的适当形式提供。

4. 人民法院经审理认为被告不予公开的政府信息内容可以作区分处理的，应当判决被告限期公开可以公开的内容。

5. 被告依法应当更正而不更正与原告相关的政府信息记录的，人民法院应当判决被告在一定期限内更正。尚需被告调查、裁量的，判决其在一定期限内重新答复。被告无权更正的，判决其转送有权更正的行政机关处理。

6. 被告公开政府信息涉及原告商业秘密、个人隐私且不存在公共利益等法定事由的，人民法院应当判决确认公开政府信息的行为违法，并可以责令被告采取相应的补救措施；造成损害的，根据原告请求依法判决被告承担赔偿责任。政府信息尚未公开的，应当判决行政机关不得公开。

7. 有下列情形之一，被告已经履行法定告知或者说明理由义务的，人民法院应当判决驳回原告的诉讼请求：（1）不属于政府信息、政府信息不存在、依法属于不予公开范围或者依法不属于被告公开的；（2）申请公开的政府信息已经向公众公开，被告已经告知申请人获取该政府信息的方式和途径的；（3）起诉被告逾期不予答复，理由不成立的；（4）以政府信息侵犯其商业秘密、个人隐私为由反对公开，理由不成立的；（5）要求被告更正与其自身相关的政府信息记录，理由不成立的；（6）不能合理说明申请获取政府信息系根据自身生产、生活、科研等特殊需要，且被告据此不予提供的；（7）无法按照申请人要求的形式提供政府信息，且被告已通过安排申请人查阅相关资料、提供复制件或者其他适当形式提供的；（8）其

---

〔1〕 答案 ABC【解析】根据《行政诉讼法》第82条第1款的规定，人民法院审理下列第一审行政案件，认为事实清楚、权利义务关系明确、争议不大的，可以适用简易程序：被诉行政行为是依法当场作出的；案件涉及款额二千元以下的；属于政府信息公开案件的。选项A正确。2018年《适用行政诉讼法解释》第128条第2款规定："行政机关负责人出庭应诉的，可以另行委托一至二名诉讼代理人。"选项B正确。《最高人民法院关于审理政府信息公开行政案件若干问题的规定》第5条第1款规定："被告拒绝向原告提供政府信息的，应当对拒绝的根据以及履行法定告知和说明理由义务的情况举证。"选项C正确。信息公开不要求申请人具有利害关系，选项D错误。

他应当判决驳回诉讼请求的情形。

【真题实战】

1. 田某认为区人社局记载有关他的社会保障信息有误，要求更正，该局拒绝。田某向法院起诉。下列哪些说法是正确的？〔1〕（2012/81/多）

A. 田某应先申请行政复议再向法院起诉

B. 区人社局应对拒绝更正的理由进行举证和说明

C. 田某应提供区人社局记载有关他的社会保障信息有误的事实根据

D. 法院应判决区人社局在一定期限内更正

2. 刘某系某工厂职工，该厂经区政府批准后改制。刘某向区政府申请公开该厂进行改制的全部档案、拖欠原职工工资如何处理等信息。区政府作出拒绝公开的答复，刘某复议后向法院起诉。下列哪一说法是正确的？〔2〕（2011/43/单）

A. 区政府在作出拒绝答复时，应告知刘某并说明理由

B. 刘某向法院起诉的期限为二个月

C. 此案应由区政府所在地的区法院管辖

D. 因刘某与所申请的信息无利害关系，区政府拒绝公开答复是合法的

【本章主要法律规定】

1.《中华人民共和国政府信息公开条例》

2.《最高人民法院关于审理政府信息公开行政案件若干问题的规定》

---

〔1〕 答案 ABC【解析】《行政诉讼法》第 23 条规定，申请政府信息公开，行政机关不予公开的，属于复议前置事项，选项 A 正确。《最高人民法院关于审理政府信息公开行政案件若干问题的规定》第 5 条第 3 款规定："被告拒绝更正与原告相关的政府信息记录的，应当对拒绝的理由进行举证和说明。"选项 B 正确。该法第 5 条第 7 款规定："原告起诉被告拒绝更正政府信息记录的，应当提供其向被告提出过更正申请以及政府信息与其自身相关且记录不准确的事实根据。"选项 C 正确。该法第 9 条第 4 款规定："被告依法应当更正而不更正与原告相关的政府信息记录的，人民法院应当判决被告在一定期限内更正。尚需被告调查、裁量的，判决其在一定期限内重新答复。被告无权更正的，判决其转送有权更正的行政机关处理。"选项 D 错误。

〔2〕 答案 A【解析】《政府信息公开条例》第 36 条第 3 项规定："行政机关依据本条例的规定决定不予公开的，告知申请人不予公开并说明理由。"选项 A 正确。《行政诉讼法》第 45 条规定，公民、法人或者其他组织不服复议决定的，可以在收到复议决定书之日起十五日内向人民法院提起诉讼。选项 B 错误。本案中，如果复议机关作出维持决定，则按照区政府来确定级别管辖，即由中院进行管辖。如果复议改变，则按照复议机关市政府确定级别管辖，也由中院进行管辖。所以，选项 C 错误。《政府信息公开条例》第 27 条规定："除行政机关主动公开的政府信息外，公民、法人或者其他组织可以向地方各级人民政府、对外以自己名义履行行政管理职能的县级以上人民政府部门（含本条例第十条第二款规定的派出机构、内设机构）申请获取相关政府信息。"因此，刘某具有申请查阅的申请人资格，区政府以此为由拒绝公开的答复违法。选项 D 错误。

第十章　行政复议

【复习提要】

行政复议制度与行政诉讼有很多相近之处，在学习行政复议时，应当把握行政复议与诉讼的相同和不同之处。本章的考查重点包括：被申请人与复议机关、复议程序、复议与诉讼的关系等。尤其需要注意的是，新《行政复议法》于 2024 年 1 月 1 日起施行，新增及新修法条必然成为今年的命题重点。

第一节　复议受案范围

行政复议，是指行政机关根据上级行政机关对下级行政机关的监督权，在当事人的申请和参加下，按照行政复议程序对具体行政行为进行合法性和适当性审查，并作出裁决解决行政争议的活动。

《行政复议法》的立法目的是：为了防止和纠正违法的或者不当的行政行为，保护公民、法人和其他组织的合法权益，监督和保障行政机关依法行使职权，发挥行政复议化解行政争议的主渠道作用，推进法治政府建设。

【考点点拨】

行政复议是“上对下”，复议机关既审查合法性又审查合理性；行政诉讼是“外部”的司法审查，以审查合法性为原则。

一、行政复议的受案范围

行政复议受案范围是指，行政当事人申请行政复议的事项范围。确定行政复议范围有两个方面，一是可以受理的事项，二是行政复议的排除事项。

（一）行政复议可以受理的事项

有下列情形之一的，公民、法人或者其他组织可以依照本法申请行政复议：

（1）对行政机关作出的行政处罚决定不服；

（2）对行政机关作出的行政强制措施、行政强制执行决定不服；

（3）申请行政许可，行政机关拒绝或者在法定期限内不予答复，或者对行政机关作出的有关行政许可的其他决定不服；

（4）对行政机关作出的确认自然资源的所有权或者使用权的决定不服；

（5）对行政机关作出的征收征用决定及其补偿决定不服；

（6）对行政机关作出的赔偿决定或者不予赔偿决定不服；

（7）对行政机关作出的不予受理工伤认定申请的决定或者工伤认定结论不服；

（8）认为行政机关侵犯其经营自主权或者农村土地承包经营权、农村土地经营权；

（9）认为行政机关滥用行政权力排除或者限制竞争；

（10）认为行政机关违法集资、摊派费用或者违法要求履行其他义务；

（11）申请行政机关履行保护人身权利、财产权利、受教育权利等合法权益的法定职责，行政机关拒绝履行、未依法履行或者不予答复；

(12) 申请行政机关依法给付抚恤金、社会保险待遇或者最低生活保障等社会保障，行政机关没有依法给付；

(13) 认为行政机关不依法订立、不依法履行、未按照约定履行或者违法变更、解除政府特许经营协议、土地房屋征收补偿协议等行政协议；

(14) 认为行政机关在政府信息公开工作中侵犯其合法权益；

(15) 认为行政机关的其他行政行为侵犯其合法权益。

【考点点拨】

在上述事项中的第5、6、7、13、14项为《行政复议法》的新增事项，但事实上，这些事项之前已经通过其他法律法规规定纳入了复议的受案范围，所以不能称之为实质修改。行政复议的受案范围与行政诉讼的受案范围基本相同，而后者分值更多，因此将在行政诉讼章节展开讲解。

(二) 规范性文件的附带性审查

公民、法人或者其他组织认为行政机关的行政行为所依据的下列规范性文件不合法，在对行政行为申请行政复议时，可以一并向行政复议机关提出对该规范性文件的附带审查申请：国务院部门的规范性文件；县级以上地方各级人民政府及其工作部门的规范性文件；乡、镇人民政府的规范性文件；法律、法规、规章授权的组织的规范性文件。前款所列规范性文件不含规章。规章的审查依照法律、行政法规办理。

申请人依提出对有关规范性文件的附带审查申请，行政复议机关有权处理的，应当在30日内依法处理；无权处理的，应当在7日内转送有权处理的行政机关依法处理。接受转送的行政机关、国家机关应当自收到转送之日起60日内，将处理意见回复转送的行政复议机关。

行政复议机关有权处理有关规范性文件或者依据的，行政复议机构应当自行政复议中止之日起3日内，书面通知规范性文件或者依据的制定机关就相关条款的合法性提出书面答复。制定机关应当自收到书面通知之日起10日内提交书面答复及相关材料。行政复议机构认为必要时，可以要求规范性文件或者依据的制定机关当面说明理由，制定机关应当配合。

行政复议机关认为相关条款合法的，在行政复议决定书中一并告知；认为相关条款超越权限或者违反上位法的，决定停止该条款的执行，并责令制定机关予以纠正。

【考点点拨】

《行政复议法》主要新增了两个方面的规定：一是对于复议机关认为文件违法，通知制定机关提出答复，增加了与文件制定机关的沟通程序；二是认为文件违法，可以直接决定停止执行，明确了复议机关的处理方法。

【真题实战】

为严格本地生猪屠宰市场管理，某县政府以文件形式规定，凡本县所有猪类屠宰单位和个人，须在规定期限内到生猪管理办公室申请办理生猪屠宰证，违者予以警告或罚款。个体户张某未按文件规定申请办理生猪屠宰证，生猪管理办公室予以罚款200元。下列哪些说法是错误的？[1] (2008/84/多)

---

[1] 答案ABC【解析】《行政复议法》第56条规定，申请人依照本法第十三条的规定提出对有关规范性文件的附带审查申请，行政复议机关有权处理的，应当在三十日内依法处理；无权处理的，应当在七日内转送有权处理的行政机关依法处理。本题中复议机关应当自己依法处理。选项A错误。《行政许可法》和《行政处罚法》并未规定对违法设定行政许可和处罚的追责制度。选项B错误。生猪管理办公室为政府的内设机构，在没有法律法规授权的情况下做出的行政行为的法律后果应归属于县政府，本题被申请人和被告为县政府而非生猪管理办，选项C错误，选项D正确。

A. 若张某在对罚款不服申请复议时一并对县政府文件提出审查申请，复议机关应当转送有权机关依法处理

B. 某县政府的文件属违法设定许可和处罚，有权机关应依据《行政处罚法》和《行政许可法》对相关责任人给予行政处分

C. 生猪管理办公室若以自己名义作出罚款决定，张某申请复议应以其为被申请人

D. 若张某直接向法院起诉，应以某县政府为被告

二、行政复议的排除事项

行政复议法明确排除的事项包括：

1. 行政法规和规章。当事人认为行政法规、规章违法，可以按照立法法等法律和相关行政法规的规定提出审查建议，或向有关国家机关提出处理请求，由有关国家机关根据规定处理。

2. 行政机关对行政机关工作人员的奖惩、任免等决定。对这些决定引起的争议，按照法律、行政法规的规定提出申诉。这里所说的法律法规，主要是指公务员法等。

3. 行政机关对民事纠纷作出的调解。对这些处理引起的争议，当事人可以依法申请仲裁或者向人民法院提起民事诉讼。行政机关处理的民事纠纷，包括乡政府和城镇街道办事处的司法助理员、民政助理员主持的调解，劳动部门对劳动争议的调解，公安部门对治安争议的调解等。

4. 国防、外交等国家行为（《行政复议法》第12条）

第二节　复议参加人

一、复议申请人

行政复议申请人是指认为行政主体存在对其合法权益进行侵害的行政行为，向行政复议机关提出对此行政行为审查并依照法律规定作出裁决的申请的主体。行政复议申请人的类型主要包括行政相对人和利害关系人两种类型。申请行政复议的公民、法人或者其他组织是申请人。

（一）申请资格转移

有权申请行政复议的公民死亡的，其近亲属可以申请行政复议。有权申请行政复议的法人或者其他组织终止的，其权利义务承受人可以申请行政复议。

（二）代理申请

申请人、第三人可以委托1至2名律师、基层法律服务工作者或者其他代理人代为参加行政复议。申请人、第三人委托代理人的，应当向行政复议机构提交授权委托书、委托人及被委托人的身份证明文件。授权委托书应当载明委托事项、权限和期限。申请人、第三人变更或者解除代理人权限的，应当书面告知行政复议机构。公民在特殊情况下无法书面委托的，可以口头委托。

行政复议期间，申请人、第三人及其委托代理人可以按照规定查阅、复制被申请人提出的书面答复、作出行政行为的证据、依据和其他有关材料，除涉及国家秘密、商业秘密、个人隐私或者可能危及国家安全、公共安全、社会稳定的情形外，行政复议机构应当同意。行政复议机关应当为申请人、第三人查阅有关材料提供必要条件。

（三）行政复议代表人

同一行政复议案件申请人超过 5 人的，推选 1 至 5 名代表参加行政复议。

【考点点拨】

需要注意需要注意在行政复议法中，对于委托制度，只有“公民”可以口头，法人、其他组织只能书面。以及在行政诉讼法中，对于委托制度，无论主体是谁，都只能书面。

二、复议被申请人与复议机关

行政复议被申请人，是作出被申请复议的具体行政行为的行政机关。行政机关与被申请复议的行政行为之间的直接关系是确定被申请人的根据。

（一）对行政机关的行为不服

<table>
<tr><th>复议被申请人</th><th colspan="2">复议机关</th></tr>
<tr><td>地方各级人民政府</td><td colspan="2">上一级政府（被申请人为省级政府的除外）</td></tr>
<tr><td rowspan="3">政府的工作部门</td><td>原则找同级政府</td><td>本级人民政府
（被申请人为国务院工作部门的除外）</td></tr>
<tr><td>垂直找上级部门</td><td>找上一级主管部门：海关、外汇管理、金融、税务、国安</td></tr>
<tr><td>司法局找两头</td><td>找本级政府或者上一级司法局</td></tr>
<tr><td>派出机关</td><td colspan="2">设立机关</td></tr>
</table>

1. 各级人民政府为复议被申请人

对地方各级人民政府的行政行为不服的，向上一级地方人民政府申请行政复议。

2. 政府工作部门为复议被申请人

公民、法人或者其他组织对行政行为不服申请行政复议的，作出行政行为的行政机关或者法律、法规、规章授权的组织是被申请人。

对县级以上地方各级人民政府工作部门的行政行为不服的，向该部门的本级人民政府申请行政复议。县级以上地方各级人民政府办理以本级人民政府工作部门为被申请人的行政复议案件，应当将发生法律效力的行政复议决定书、意见书同时抄告被申请人的上一级主管部门。

对海关、金融、税务、外汇管理等实行垂直领导的行政机关和国家安全机关的具体行政行为不服的，向上一级主管部门申请行政复议。

对履行行政复议机构职责的地方人民政府司法行政部门的行政行为不服的，可以向本级人民政府申请行政复议，也可以向上一级司法行政部门申请行政复议。

【考点点拨】

《行政复议法》的修改和考查重点在于行政复议的相对集中管辖，即对于县公安局的行为不服，只能找县政府做复议机关。

实施垂直领导的工作部门“海关、外汇管理、金融、税务”，可以记口诀“海外金税”。

3. 省部级为被申请人的特殊情形

对国务院部门或者省级人民政府的行政行为不服的，向作出该行政行为的国务院部门或者省级人民政府申请行政复议。对行政复议决定不服的，可以向人民法院提起行政诉讼；也可以向国务院申请裁决，国务院作出的是最终裁决。

4. 自我纠正的特殊情形

对当场作出或者依据电子技术监控设备记录的违法事实作出的行政处罚决定不服申请行政复议的，可以通过作出行政处罚决定的行政机关提交行政复议申请。行政机关收到行政复议申请后，应当及时处理；认为需要维持行政处罚决定的，应当自收到行政复议申请之日起 5 日内转送行政复议机关。

这项规定是促使原行政机关直接化解行政争议，原行政机关在收到复议申请后应当进行实质处理：如认为该决定不合法、不合理，则该机关自己变更、撤销该决定；如认为该决定合法合理应予维持，为了相对人的合法权益，则转送给行政复议机关，进入复议程序进行审理。

（二）对行政机构的行为不服

适用情形	复议被申请人	复议机关
派出所作警告和罚款	派出所	所属公安局的同级人民政府
派出所作拘留	所属公安局	
办公室、临时机构（未经授权）	所属机关	所属机关的复议机关

对县级以上地方各级人民政府工作部门依法设立的派出机构依照法律、法规、规章规定，以派出机构的名义作出的行政行为不服的行政复议案件，由本级人民政府管辖。

根据治安管理处罚法，派出所的法定职权范围是“警告、500 元以下罚款”。因此，如果派出所作 1000 元的罚款决定，属于幅度越权，此时仍由派出所为被申请人；如果派出所作出拘留决定，超越治安管理处罚法有关“警告、500 元以下罚款”的授权，属于种类越权，应当由所属的公安局承担违法拘留的后果。在复议机关的确定方面，公安局是政府的工作部门，复议机关为同级人民政府。派出所是派出机构，复议机关找设立其的工作部门的同级人民政府，即公安局的同级政府。

（三）对其他组织的行为不服

适用情形	复议被申请人
法律法规授权组织	自己
委托关系	委托机关
两个以上行政机关	共同
经批准的具体行政行为	批准机关
被撤销或变更的行政机关	继续行使其职权的行政机关

县级以上地方各级人民政府管辖对本级人民政府或者其工作部门管理的法律、法规、规章授权的组织作出的行政行为不服的行政复议案件。行政机关委托的组织作出行政行为的，委托的行政机关是被申请人。两个以上行政机关以共同的名义作出同一行政行为的，共同作出行政行为的行政机关是被申请人。作出行政行为的行政机关被撤销或者职权变更的，继续行使其职权的行政机关是被申请人。

【真题实战】

1. 甲市乙县公安局所辖派出所以李某制造噪声干扰他人正常生活为由，处以 500 元罚款。李某不服申请复议。下列哪个机关是本案的复议机关？[1]（2011/84/单）

A. 乙县公安局　　B. 乙县政府

---

〔1〕 答案 B【解析】《行政复议法》第 24 条规定，对县级以上地方各级人民政府工作部门依法设立的派出机构依照法律、法规、规章规定，以派出机构的名义作出的行政行为不服的行政复议案件，由本级人民政府管辖。派出所是派出机构，复议机关为设立其的公安局的同级人民政府，即乙县政府。选项 B 正确。

C. 甲市公安局　　　　　　　　　　　　D. 甲市政府

2. 县食药局认定某公司用超保质期的食品原料生产食品，根据《食品安全法》没收违法生产的食品和违法所得，并处5万元罚款。公司不服申请行政复议。下列哪些说法是正确的？[1]（2017/84/多）

A. 公司可向市食药局申请行政复议，也可向县政府申请行政复议

B. 公司可委托1至2名代理人参加行政复议

C. 公司提出行政复议申请时错列被申请人的，行政复议机构应告知公司变更被申请人

D. 对县食药局的决定，申请行政复议是向法院起诉的必经前置程序

三、复议第三人

行政复议第三人是指，公民、法人或者其他组织对被申请行政复议的行政行为或复议案件处理结果认为同其存在利害关系，经复议机关通知或申请参加行政复议活动的主体。

第三人不参加行政复议，不影响行政复议案件的审理。行政复议第三人参加行政复议是其自身的一项权利，权利既可以行使，亦可以放弃，在复议机关通知第三人参加行政复议而不参加的情况下，应将此情况记录在案，行政复议第三人是否参加案件对案件的审理不构成影响。

【考点点拨】

行政复议中，第三人的委托制度、查阅复制权、不履行复议决定的做法，同行政复议的申请人。

【真题实战】

关于行政复议第三人，下列哪一选项是错误的？[2]（2009/45/单）

A. 第三人可以委托一至二名代理人参加复议

B. 第三人不参加行政复议，不影响复议案件的审理

C. 复议机关应为第三人查阅有关材料提供必要条件

D. 第三人与申请人逾期不起诉又不履行复议决定的强制执行制度不同

第三节　复议程序

一、申请复议的期限

（一）一般申请期限

一般申请期限	①自知道或者应当知道该行政行为之日起60日内提出行政复议申请 ②但是法律规定的申请期限超过60日的除外

〔1〕 答案BC【解析】《行政复议法》第24条规定，县级以上地方各级人民政府管辖下列行政复议案件：对本级人民政府工作部门作出的行政行为不服的。因此复议机关只有县政府。选项A错误。《行政复议法》第17条规定，申请人、第三人可以委托一至二名律师、基层法律服务工作者或者其他代理人代为参加行政复议。选项B正确。《行政复议法实施条例》第22条规定，申请人提出行政复议申请时错列被申请人的，行政复议机构应当告知申请人变更被申请人。选项C正确。5万元的罚款不属于复议前置事项。选项D错误。

〔2〕 答案D【解析】《行政复议法》第17条规定，申请人、第三人可以委托一至二名律师、基层法律服务工作者或者其他代理人代为参加行政复议。选项A正确。该法第16条规定，第三人不参加行政复议，不影响行政复议案件的审理。选项B正确。《行政复议法实施条例》第35条规定，行政复议机关应当为申请人、第三人查阅有关材料提供必要条件。选项C正确。《行政复议法》第78条规定了申请人和第三人不履行行政决定的做法，二者的制度是一样的。选项D错误。

续表

起算点	①当场作出行政行为的，自行政行为作出之日起计算 ②载明行政行为的法律文书直接送达的，自受送达人签收之日起计算 ③载明行政行为的法律文书邮寄送达的，自受送达人在邮件签收单上签收之日起计算；没有邮件签收单的，自受送达人在送达回执上签名之日起计算 ④行政行为通过公告形式告知受送达人的，自公告规定的期限届满之日起计算 ⑤行政机关作出行政行为时未告知，事后补充告知的，自申请人收到行政机关补充告知的通知之日起计算 ⑥被申请人能够证明申请人知道行政行为的，自证据证明其知道行政行为之日起计算
不作为的起算点	①有履行期限规定的，自履行期限届满之日起计算 ②没有履行期限规定的，自行政机关收到申请满60日起计算 ③紧急情况下请求行政机关履行保护人身权、财产权的法定职责，行政机关不履行的，行政复议申请期限不受前款规定的限制

公民、法人或者其他组织认为行政行为侵犯其合法权益的，可以自知道或者应当知道该行政行为之日起60日内提出行政复议申请；但是法律规定的申请期限超过60日的除外。因不可抗力或者其他正当理由耽误法定申请期限的，申请期限自障碍消除之日起继续计算。

【考点点拨】

注意行政复议期限的判断标准："就长不就短"。

【真题实战】

甲市乙区政府决定征收某村集体土地100亩。该村50户村民不服，申请行政复议。下列哪一说法是错误的？[1]（2013/50/单）

A. 申请复议的期限为30日

B. 村民应推选1至5名代表参加复议

C. 甲市政府为复议机关

D. 如要求申请人补正申请材料，应在收到复议申请之日起5日内书面通知申请人

（二）不知道的申请期限

1. "知一半"：知道内容，不知道复议

行政机关作出行政行为时，未告知公民、法人或者其他组织申请行政复议的权利、行政复议机关和申请期限的，申请期限自公民、法人或者其他组织知道或者应当知道申请行政复议的权利、行政复议机关和申请期限之日起计算，但是自知道或者应当知道行政行为内容之日起最长不得超过1年。

2. "全不知"：不知道内容

不动产提出的行政复议申请自行政行为作出之日起超过20年，其他行政复议申请自行政行为作出之日起超过5年的，行政复议机关不予受理。

---

〔1〕 答案A【解析】《行政复议法》第20条规定，公民、法人或者其他组织认为行政行为侵犯其合法权益的，可以自知道或者应当知道该行政行为之日起六十日内提出行政复议申请；但是法律规定的申请期限超过六十日的除外。本案申请复议的期限应为60日，选项A错误。

二、复议申请的提出与受理

复议的提出	可以书面或口头
复议的受理	行政复议申请符合下列规定的，应当予以受理： ①有明确的申请人和符合规定的被申请人 ②申请人与被申请行政复议的行政行为有利害关系 ③有具体的行政复议请求和理由 ④在法定申请期限内提出 ⑤属于行政复议法规定的行政复议范围 ⑥属于复议机关的管辖范围 ⑦行政复议机关未受理过该申请人就同一行政行为提出的行政复议申请，并且人民法院未受理过该申请人就同一行政行为提起的行政诉讼 对不符合规定的行政复议申请，应当在审查期限内决定不予受理并说明理由
复议的费用	受理行政复议申请，不得向申请人收取任何费用

（一）行政复议的申请

申请人申请行政复议，可以书面申请；书面申请有困难的，也可以口头申请。书面申请的，可以通过邮寄或者行政复议机关指定的互联网渠道等方式提交行政复议申请书，也可以当面提交行政复议申请书。行政机关通过互联网渠道送达行政行为决定书的，应当同时提供提交行政复议申请书的互联网渠道。口头申请的，行政复议机关应当当场记录申请人的基本情况、行政复议请求、申请行政复议的主要事实、理由和时间。申请人对两个以上行政行为不服的，应当分别申请行政复议。

申请人书面申请行政复议的，应当在行政复议申请书中载明下列事项：（1）申请人的基本情况，包括：公民的姓名、性别、年龄、身份证号码、工作单位、住所、邮政编码；法人或者其他组织的名称、住所、邮政编码和法定代表人或者主要负责人的姓名、职务；（2）被申请人的名称；（3）行政复议请求、申请行政复议的主要事实和理由；（4）申请人的签名或者盖章；（5）申请行政复议的日期。

（二）行政复议的受理

行政复议机关应当在收到行政复议申请后的5日内，对申请进行审查并作出有关受理的决定：

（1）对符合法律规定的，行政复议机关应当予以受理。行政复议申请的审查期限届满，行政复议机关未作出不予受理决定的，审查期限届满之日起视为受理。

（2）对不符合规定的行政复议申请，行政复议机关应当在审查期限内决定不予受理并说明理由；不属于本机关管辖的，还应当在不予受理决定中告知申请人有管辖权的行政复议机关。

（3）行政复议申请材料不齐全或者表述不清楚，无法判断行政复议申请是否符合规定的，行政复议机关应当自收到申请之日起5日内书面通知申请人补正。补正通知应当一次性载明需要补正的事项。申请人应当自收到补正通知之日起10日内提交补正材料。有正当理由不能按期补正的，行政复议机关可以延长合理的补正期限。无正当理由逾期不补正的，视为申请人放弃行政复议申请，并记录在案。

（4）行政复议机关受理行政复议申请后，发现该行政复议申请不符合受理条件的，应当决定驳回申请并说明理由。

公民、法人或者其他组织依法提出行政复议申请，行政复议机关无正当理由不予受理、驳回申请或者受理后超过行政复议期限不作答复的，申请人有权向上级行政机关反映，上级行政机关应当责令其纠正；必要时，上级行政复议机关可以直接受理。

三、行政复议的审理

行政复议机关依照法律、法规、规章审理行政复议案件。

关于行政复议期间有关“3 日”“5 日”“7 日”“10 日”的规定是指工作日，不含法定休假日。

（一）简易程序

法定适用	审理下列行政复议案件，认为事实清楚、权利义务关系明确、争议不大的，可以适用简易程序： ①被申请行政复议的行政行为是当场作出 ②被申请行政复议的行政行为是警告或者通报批评 ③案件涉及款额 3000 元以下 ④属于政府信息公开案件
同意适用	除上述规定以外的案件，当事人各方同意适用简易程序的，可以适用简易程序
审理程序	①复议机构应当自受理之日起 3 日内，将复议申请书副本或者复议申请笔录复印件发送被申请人 ②被申请人应当自收到 5 日内，提出书面答复，并提交作出行政行为的证据、依据和其他有关材料
审理方式	可以书面审理
审理期限	应当自受理申请之日起 30 日内作出行政复议决定

（二）普通程序

行政复议机构应当自行政复议申请受理之日起 7 日内，将行政复议申请书副本或者行政复议申请笔录复印件发送被申请人。被申请人应当自收到行政复议申请书副本或者行政复议申请笔录复印件之日起 10 日内，提出书面答复，并提交作出行政行为的证据、依据和其他有关材料。

适用普通程序审理的行政复议案件，行政复议机构应当当面或者通过互联网、电话等方式听取当事人的意见，并将听取的意见记录在案。因当事人原因不能听取意见的，可以书面审理。行政复议机构审理行政复议案件，应当由 2 名以上行政复议人员参加。

适用普通程序审理的行政复议案件，行政复议机关应当自受理申请之日起 60 日内作出行政复议决定；但是法律规定的行政复议期限少于 60 日的除外。情况复杂，不能在规定期限内作出行政复议决定的，经行政复议机构的负责人批准，可以适当延长，并书面告知当事人；但是延长期限最多不得超过 30 日。

（三）听证程序

应当听证	审理重大、疑难、复杂的行政复议案件
可以听证	①行政复议机构认为有必要听证 ②申请人请求听证

续表

听证人员	听证由1名行政复议人员任主持人，2名以上行政复议人员任听证员，1名记录员制作听证笔录
通知	应当于举行听证的5日前将听证的时间、地点和拟听证事项书面通知当事人
效力	应当根据听证笔录、审查认定的事实和证据，作出行政复议决定

申请人无正当理由拒不参加听证的，视为放弃听证权利。被申请人的负责人应当参加听证。不能参加的，应当说明理由并委托相应的工作人员参加听证。

（四）行政复议委员会

构成	县级以上各级人民政府应当建立相关政府部门、专家、学者等参与的行政复议委员会
职能	①为办理行政复议案件提供咨询意见 ②就复议中的重大事项和共性问题研究提出意见
应当提出意见	①案情重大、疑难、复杂 ②专业性、技术性较强 ③省级政府管辖自己作出的案件 ④行政复议机构认为有必要
效力	①行政复议机构应当记录复议委员会的咨询意见 ②应当将咨询意见作为复议决定的重要参考依据

四、行政复议的制度

（一）行政复议的举证责任

	举证责任
行政机关（被申请人）	被申请人对其作出的行政行为的合法性、适当性负有举证责任
申请人	①认为被申请人不履行法定职责的，提供曾经要求被申请人履行法定职责的证据，但是被申请人应当依职权主动履行法定职责或者申请人因正当理由不能提供的除外 ②提出行政赔偿请求的，提供受行政行为侵害而造成损害的证据，但是因被申请人原因导致申请人无法举证的，由被申请人承担举证责任

行政复议期间，被申请人不得自行向申请人和其他有关单位或者个人收集证据；自行收集的证据不作为认定行政行为合法性、适当性的依据。

调查取证时，行政复议人员不得少于2人，并应当出示行政复议工作证件。行政复议期间涉及专门事项需要鉴定的，当事人可以自行委托鉴定机构进行鉴定，也可以申请行政复议机构委托鉴定机构进行鉴定。鉴定费用由当事人承担。鉴定所用时间不计入行政复议审理期限。

【考点点拨】

此处规定的“鉴定费用由当事人承担”，与“复议不收费”原则并不冲突。“复议不收费”指的是行政复议的申请不收取费用，进而区别于行政诉讼的案件受理费。而鉴定费用不是交给复议机关，而是交给专门的鉴定机构，因此鉴定费用当事人还是需要承担的。

（二）复议的调解与和解

1. 复议的调解

调解与和解作为解决纠纷的手段，无论在行政活动中，还是民事活动中，均有广泛的运用。就一般的调解与和解的理解来看，和解是双方当事人在平等自愿的基础上达成的协议，和解往往没有国家机关的参与；就调解而言，调解活动须在公权力机关的主持下进行，调解协议具有法律约束力，亦可做具有强制执行的效力属性的理解，在一方当事人不履行调解协议的情况下，另一方当事人可就调解协议申请强制执行，而和解协议则不具有强制执行的效力，更多的体现当事人的自觉履行和意思自治的层面。

行政复议机关办理行政复议案件，可以进行调解。调解应当遵循合法、自愿的原则，不得损害国家利益、社会公共利益和他人合法权益，不得违反法律、法规的强制性规定。

当事人经调解达成协议的，行政复议机关应当制作行政复议调解书，经各方当事人签字或者签章，并加盖行政复议机关印章，即具有法律效力。调解未达成协议或者调解书生效前一方反悔的，行政复议机关应当依法审查或者及时作出行政复议决定。

【考点点拨】

需要注意的是，《行政复议法》不再对调解的类型作出限制，而是进入到复议程序的案件，都可以进行调解，以实现实质化解行政争议。

【真题实战】

某区食品药品监管局以某公司生产经营超过保质期的食品违反《食品安全法》为由，作出处罚决定。公司不服，申请行政复议。关于此案，下列哪一说法是正确的？[1]（2008/48/单）

A. 申请复议期限为 60 日

B. 公司不得以电子邮件形式提出复议申请

C. 行政复议机关不能进行调解

D. 公司如在复议决定作出前撤回申请，行政复议中止

2. 复议的和解

当事人在行政复议决定作出前可以自愿达成和解，和解内容不得损害国家利益、社会公共利益和他人合法权益，不得违反法律、法规的强制性规定。

当事人达成和解后，由申请人向行政复议机构撤回行政复议申请。行政复议机构准予撤回行政复议申请、行政复议机关决定终止行政复议的，申请人不得再以同一事实和理由提出行政复议申请。但是，申请人能够证明撤回行政复议申请违背其真实意愿的除外。

法律、法规未规定行政复议为提起行政诉讼必经程序，公民、法人或者其他组织向复议机关申请行政复议后，又经复议机关同意撤回复议申请，在法定起诉期限内对原行政行为提起诉讼的，人民法院应当依法立案。

（三）行政复议意见书与建议书

1. 行政复议意见书

行政复议机关在办理行政复议案件过程中，发现被申请人或者其他下级行政机关的有关行政行为违法或者不当的，可以向其制发行政复议意见书。有关机关应当自收到行政复议意见书

[1] 答案 A【解析】《行政复议法》第 20 条规定，公民、法人或者其他组织认为行政行为侵犯其合法权益的，可以自知道或者应当知道该行政行为之日起六十日内提出行政复议申请；但是法律规定的申请期限超过六十日的除外。选项 A 正确。该法第 22 条规定，申请人申请行政复议，可以书面申请；书面申请有困难的，也可以口头申请。选项 B 错误。该法第 5 条规定，行政复议机关办理行政复议案件，可以进行调解。选项 C 错误。该法第 41 条规定，申请人撤回行政复议申请，行政复议机构准予撤回，行政复议机关决定终止行政复议。选项 D 错误。

之日起60日内，将纠正相关违法或者不当行政行为的情况报送行政复议机关。

2. 行政复议建议书

行政复议期间行政复议机构发现法律、法规、规章实施中带有普遍性的问题，可以制作行政复议建议书，向有关机关提出完善制度和改进行政执法的建议。

【真题实战】

关于行政复议，下列哪些说法是正确的？[1]（2011/47/多）

A.《行政复议法》规定，被申请人应自收到复议申请书或笔录复印件之日起10日提出书面答复，此处的10日指工作日

B. 行政复议期间，被申请人不得改变被申请复议的具体行政行为

C. 行政复议期间，复议机关发现被申请人的相关行政行为违法，可以制作行政复议意见书

D. 行政复议实行对具体行政行为进行合法性审查原则

（四）复议的中止与终结

中止复议是指因特殊情况的发生而将已经进行的行政复议程序停止的行政法律制度。终止复议是指因特殊情况的发生而将已经进行的行政复议程序结束的行政法律制度。行政复议中，中止复议与终结复议两种状态并非互相对立，中止复议可向终结复议转化。此外，中止复议后待中止原因消除可恢复行政复议案件的审理。

中止复议	终止复议
①作为申请人的公民死亡，其近亲属尚未确定是否参加行政复议 ②作为申请人的公民丧失参加行政复议的行为能力，尚未确定法定代理人参加行政复议 ③作为申请人的法人或者其他组织终止，尚未确定权利义务承受人 ④作为申请人的公民下落不明 ⑤申请人、被申请人因不可抗力或者其他正当理由，不能参加行政复议 ⑥进行调解、和解，申请人和被申请人同意中止 ⑦行政复议案件涉及的法律适用问题需要有权机关作出解释或者确认 ⑧需要以其他案件的审理结果为依据，而其他案件尚未审结 ⑨对有关规范性文件进行附带审查	①申请人要求撤回复议申请，复议机关准许 ②作为申请人的公民死亡，没有近亲属或者其近亲属放弃行政复议权利 ③作为申请人的法人或者其他组织终止，没有权利义务承受人或者其权利义务承受人放弃行政复议权利 ④申请人对行政拘留或者限制人身自由的行政强制措施不服申请行政复议后，因同一违法行为涉嫌犯罪，被采取刑事强制措施 ⑤中止复议中的前三项事由满60日，原因仍未消除

[1] 答案AC【解析】《行政复议法》第88条规定，本法关于行政复议期间有关“三日”“五日”“七日”“十日”的规定是指工作日，不含法定休假日。选项A正确。行政复议期间，被申请人可以改变被申请复议的行政行为。选项B错误。《行政复议法》第76条规定，行政复议机关在办理行政复议案件过程中，发现被申请人或者其他下级行政机关的有关行政行为违法或者不当的，可以向其制发行政复议意见书。选项C正确。行政复议机关对被申请人的行政行为既审查合法性也审查合理性。选项D错误。

【真题实战】

关于行政复议有关事项的处理，下列哪些说法是正确的?[1]（2010/84/多）

A. 申请人因不可抗力不能参加行政复议致行政复议中止满六十日的，行政复议终止

B. 复议进行现场勘验的，现场勘验所用时间不计入复议审理期限

C. 申请人对行政拘留不服申请复议，复议期间因申请人同一违法行为涉嫌犯罪，该行政拘留变更为刑事拘留的，行政复议中止

D. 行政复议期间涉及专门事项需要鉴定的，当事人可以自行委托鉴定机构进行鉴定

五、复议决定

行政复议机关审理行政复议案件，由行政复议机构对行政行为进行审查，提出意见，经行政复议机关的负责人同意或者集体讨论通过后，以行政复议机关的名义作出行政复议决定。

行政复议机关作出行政复议决定，应当制作行政复议决定书，并加盖行政复议机关印章。行政复议决定书一经送达，即发生法律效力。行政复议机关不得作出对申请人更为不利的变更决定，但是第三人提出相反请求的除外。

（一）对被申请人行政机关有利

维持决定	行政行为认定事实清楚，证据确凿，适用依据正确，程序合法，内容适当
驳回复议请求	行政复议机关受理申请人认为被申请人不履行法定职责的行政复议申请后，发现被申请人没有相应法定职责或者在受理前已经履行法定职责

（二）对申请人有利

变更决定	①事实清楚，证据确凿，适用依据正确，程序合法，但是内容不适当 ②事实清楚，证据确凿，程序合法，但是未正确适用依据 ③事实不清、证据不足，经行政复议机关查清事实和证据	
撤销决定	适用情形	①主要事实不清、证据不足 ②违反法定程序 ③适用的依据不合法 ④超越职权或者滥用职权
	具体要求	①行政复议机关决定撤销或者部分撤销该行政行为，并可以责令被申请人在一定期限内重新作出行政行为 ②责令被申请人重新作出行政行为的，被申请人不得以同一事实和理由作出与被申请行政复议的行政行为相同或者基本相同的行政行为，但是行政复议机关以违反法定程序为由决定撤销或者部分撤销的除外

[1] 答案BD【解析】《行政复议法》第41条规定，行政复议中止满60日而终止的情形不包括不可抗力原因。选项A错误。《行政复议法实施条例》第34条规定，需要现场勘验的，现场勘验所用时间不计入行政复议审理期限。选项B正确。《行政复议法》第41条规定，同一违法行为由行政拘留变更为刑事拘留的情况，应为终止而非中止。选项C错误。《行政复议法实施条例》第37条规定，行政复议期间涉及专门事项需要鉴定的，当事人可以自行委托鉴定机构进行鉴定，也可以申请行政复议机构委托鉴定机构进行鉴定。鉴定费用由当事人承担。鉴定所用时间不计入行政复议审理期限。选项D正确。

续表

<table>
<tr><td rowspan="2">确认违法</td><td>能撤不撤</td><td>①依法应予撤销，但是撤销会给国家利益、社会公共利益造成重大损害
②程序轻微违法，但是对申请人权利不产生实际影响</td></tr>
<tr><td>不需撤销或者履行</td><td>①行政行为违法，但是不具有可撤销内容
②被申请人改变原违法行政行为，申请人仍要求撤销或者确认该行政行为违法
③被申请人不履行或者拖延履行法定职责，责令履行没有意义</td></tr>
<tr><td>履行决定</td><td colspan="2">被申请人不履行法定职责的，行政复议机关决定被申请人在一定期限内履行</td></tr>
<tr><td>确认无效</td><td colspan="2">行政行为有实施主体不具有行政主体资格或者没有依据等重大且明显违法情形</td></tr>
</table>

【真题实战】

某区工商分局对一公司未取得出版物经营许可证销售电子出版物100套的行为，予以取缔，并罚款6000元。该公司向区政府申请复议。下列哪些说法是正确的？[1]（2015/80/多）

A. 公司可委托代理人代为参加行政复议

B. 在复议过程中区工商分局不得自行向申请人和其他有关组织或个人收集证据

C. 区政府应采取开庭审理方式审查此案

D. 如区工商分局的决定不适当，区政府应予以撤销

（三）赔偿与补偿决定

1. 赔偿决定

申请人在申请行政复议时一并提出行政赔偿请求，行政复议机关对依照《国家赔偿法》的有关规定应当不予赔偿的，在作出行政复议决定时，应当同时决定驳回行政赔偿请求；对符合《国家赔偿法》的有关规定应当给予赔偿的，在决定撤销或者部分撤销、变更行政行为或者确认行政行为违法、无效时，应当同时决定被申请人依法给予赔偿；确认行政行为违法的，还可以同时责令被申请人采取补救措施。

申请人在申请行政复议时没有提出行政赔偿请求的，行政复议机关在依法决定撤销或者部分撤销、变更罚款，撤销或者部分撤销违法集资、没收财物、征收征用、摊派费用以及对财产的查封、扣押、冻结等行政行为时，应当同时责令被申请人返还财产，解除对财产的查封、扣押、冻结措施，或者赔偿相应的价款。

2. 行政协议案件的赔偿与补偿

被申请人不依法订立、不依法履行、未按照约定履行或者违法变更、解除行政协议的，行政复议机关决定被申请人承担依法订立、继续履行、采取补救措施或者赔偿损失等责任。

被申请人变更、解除行政协议合法，但是未依法给予补偿或者补偿不合理的，行政复议机关决定被申请人依法给予合理补偿。

（四）复议决定的履行

被申请人应当履行行政复议决定书、调解书、意见书。被申请人不履行或者无正当理由拖延履行行政复议决定书、调解书、意见书的，行政复议机关或者有关上级行政机关应当责令其限期履行，并可以约谈被申请人的有关负责人或者予以通报批评。

---

〔1〕答案AB【解析】《行政复议法》第17条规定，申请人、第三人可以委托一至二名律师、基层法律服务工作者或者其他代理人代为参加行政复议。选项A正确。该法第46条的规定，行政复议期间，被申请人不得自行向申请人和其他有关单位或者个人收集证据。选项B正确。该法第49条规定，适用普通程序审理的行政复议案件，行政复议机构应当当面或者通过互联网、电话等方式听取当事人的意见，选项C错误。该法第63条规定，具体行政行为内容不适当的，应当作变更决定，选项D错误。

申请人、第三人逾期不起诉又不履行行政复议决定书、调解书的，或者不履行最终裁决的行政复议决定的，按照下列规定分别处理：

（1）维持行政行为的行政复议决定书，由作出行政行为的行政机关依法强制执行，或者申请人民法院强制执行；

（2）变更行政行为的行政复议决定书，由行政复议机关依法强制执行，或者申请人民法院强制执行；

（3）行政复议调解书，由行政复议机关依法强制执行，或者申请人民法院强制执行。

同时，行政复议法还对复议机关的监督进行了规定：行政复议机关不依照本法规定履行行政复议职责，对负有责任的领导人员和直接责任人员依法给予警告、记过、记大过的处分；经有权监督的机关督促仍不改正或者造成严重后果的，依法给予降级、撤职、开除的处分。

【真题实战】

某县政府依田某申请作出复议决定，撤销某县公安局对田某车辆的错误登记，责令在30日内重新登记，但某县公安局拒绝进行重新登记。田某可以采取下列哪一项措施？[1]（2008/45/单）

A. 申请法院强制执行

B. 对某县公安局的行为申请行政复议

C. 向法院提起行政诉讼

D. 请求某县政府责令某县公安局登记

第四节 复议与诉讼的关系

行政复议与行政诉讼同为解决行政争议或纠纷为目的而适用的法律手段，作为公民保护自身合法权益的需要，行政复议与行政诉讼都发挥着重要的作用，就行政复议与行政诉讼的关系来看，主要包括以下几种类型：即复议与诉讼的自由选择、复议前置、复议终局、复议后选择裁决终局这几种形式。行政复议与行政诉讼间并非相互排斥的关系，二者互相关联、互相补充，在解决行政纠纷案件上亦为前后衔接的关系。

一、自由选择型

选择解决行政纠纷的方式是行政复议还是行政诉讼，由行政相对人进行选择，行政相对人既可以选择行政复议，也可以选择行政诉讼的方式。行政案件中的大部分案件为自由选择型。但是，行政复议已经被依法受理的，当事人在法定复议期限以内不得提起诉讼；行政诉讼已经被依法受理的，则不得再申请行政复议。

《行政诉讼法》规定，对属于人民法院受案范围的行政案件，公民、法人或者其他组织可以先向行政机关申请复议，对复议决定不服的，再向人民法院提起诉讼；也可以直接向人民法院提起诉讼。法律、行政法规规定应当先向行政机关申请复议，对复议决定不服再向人民法院提起诉讼的，依照法律、法规的规定。

如：《行政许可法》规定，公民、法人或者其他组织对行政机关实施行政许可，有权依法

〔1〕答案D【解析】《行政复议法》第77条规定，被申请人不履行或者无正当理由拖延履行行政复议决定书、调解书、意见书的，行政复议机关或者有关上级行政机关应当责令其限期履行，并可以约谈被申请人的有关负责人或者予以通报批评。本案应由县政府责令公安局限期登记，选项D正确。

申请行政复议或者提起行政诉讼；其合法权益因行政机关违法实施行政许可受到损害的，有权依法要求赔偿。《行政处罚法》规定，公民、法人或者其他组织对行政机关所给予的行政处罚不服的，有权依法申请行政复议或者提起行政诉讼。《行政强制法》规定，公民、法人或者其他组织对行政机关实施行政强制，有权依法申请行政复议或者提起行政诉讼；因行政机关违法实施行政强制受到损害的，有权依法要求赔偿。

二、复议前置型

行政复议前置，是指行政相对人对法律、行政法规规定的特定具体行政行为不服，在寻求法律救济途径时，应当先选择向行政复议机关申请行政复议，而不能直接向人民法院提起行政诉讼；如果经过行政复议之后行政相对人对复议决定仍有不同意见的，才可以向人民法院提起行政诉讼。

下列情形之一的，申请人应当先向行政复议机关申请行政复议，对行政复议决定不服的，可以再依法向人民法院提起行政诉讼：

1. 对当场作出的行政处罚决定不服

《行政处罚法》规定，违法事实确凿并有法定依据，对公民处以200元以下、对法人或者其他组织处以3000元以下罚款或者警告的行政处罚的，可以当场作出行政处罚决定。法律另有规定的，从其规定。

2. 对行政机关作出的侵犯其已经依法取得的自然资源的所有权或者使用权的决定不服

公民、法人或者其他组织认为行政机关的行政行为侵犯其已经取得的土地、矿藏、水流、森林、山岭、草原、荒地、滩涂、海域等自然资源的所有权或者使用权的，应当先申请行政复议；对行政复议决定不服的，可以依法向人民法院起诉。

2003年，最高法院给山西高院批复："公民、法人或者其他组织认为行政机关确认土地、矿藏、水流、森林、山岭、草原、荒地、滩涂、海域等自然资源的所有权或者使用权的具体行政行为，侵犯其已经依法取得的自然资源所有权或者使用权的，经行政复议后，才可以向人民法院提起行政诉讼，但法律另有规定的除外；对涉及自然资源所有权或者使用权的行政处罚、行政强制措施等其他具体行政行为提起行政诉讼的，不适用《行政复议法》第二十三条的规定，此复。"

2005年，最高法院行政庭给甘肃省高院批复：最高人民法院法释［2003］5号批复中的"确认"，是指当事人对自然资源的权属发生争议后，行政机关对争议的自然资源的所有权或者使用权所作的确权决定。有关土地等自然资源所有权或者使用权的初始登记，属于行政许可性质，不应包括在行政确认范畴之内。

3. 认为行政机关存在未履行法定职责情形

即申请行政机关履行保护人身权利、财产权利、受教育权利等合法权益的法定职责，行政机关拒绝履行、未依法履行或者不予答复。

4. 申请政府信息公开，行政机关不予公开

《政府信息公开条例》规定，除行政机关主动公开的政府信息外，公民、法人或者其他组织可以向地方各级人民政府、对外以自己名义履行行政管理职能的县级以上人民政府部门申请获取相关政府信息。行政机关不公开的，属于复议前置事项。

5. 纳税争议案件

纳税人、扣缴义务人、纳税担保人对税务机关确定纳税主体、征税对象、征税范围、减税、免税及退税、适用税率、计税依据、纳税环节、纳税期限、纳税地点以及税款征收方式等发生的争议，必须先依照税务机关的纳税决定缴纳或者解缴税款及滞纳金或者提供相应的担

保，然后可以依法申请行政复议；对行政复议决定不服的，可以依法向人民法院起诉。

注意：当事人对税务机关的处罚决定、强制执行措施或者税收保全措施不服的，可以依法申请行政复议，也可以依法向人民法院起诉，属于自由选择案件。

6. 经营者集中案件

《反垄断法》规定，经营者集中具有或者可能具有排除、限制竞争效果的，国务院反垄断执法机构应当作出禁止经营者集中的决定。但是，经营者能够证明该集中对竞争产生的有利影响明显大于不利影响，或者符合社会公共利益的，国务院反垄断执法机构可以作出对经营者集中不予禁止的决定。对不予禁止的经营者集中，国务院反垄断执法机构可以决定附加减少集中对竞争产生不利影响的限制性条件。

对反垄断执法机构对以上经营者集中作出的决定不服的，可以先依法申请行政复议；对行政复议决定不服的，可以依法提起行政诉讼。

对复议前置的情形，行政机关在作出行政行为时应当告知公民、法人或者其他组织先向行政复议机关申请行政复议。法律、行政法规规定应当先向行政复议机关申请行政复议、对行政复议决定不服再向人民法院提起行政诉讼的，行政复议机关决定不予受理、驳回申请或者受理后超过行政复议期限不作答复的，公民、法人或者其他组织可以自收到决定书之日起或者行政复议期限届满之日起 15 日内，依法向人民法院提起行政诉讼。

【考点点拨】

第一项“当场作出的行政处罚决定”、第三项“不作为案件”、第四项“不公开案件”为《行政复议法》新增的复议前置事项。

【真题实战】

下列哪种情形下当事人必须先申请复议，对复议决定不服的才能提起行政诉讼?〔1〕（2007/49/单）

A. 县政府为汪某颁发集体土地使用证，杨某认为该行为侵犯了自己已有的集体土地使用权

B. 高某因为偷税被某税务机关处罚，高某不服

C. 派出所因顾某打架对其作了处罚，顾某认为处罚太重

D. 对县国土资源局作出的处罚不服

三、复议终局型

复议终局型案件是指行政案件仅能使用行政复议的方式解决，并且行政复议的裁决是终局性裁决，不得提起行政诉讼。

外国人对继续盘问、拘留审查、限制活动范围、遣送出境措施不服的，不能自由选择，应依法申请行政复议，该行政复议决定为最终决定。

四、复议后选择裁决终局型

《行政复议法》规定，对国务院部门或者省、自治区、直辖市人民政府的行政行为不服的，向作出该行政行为的国务院部门或者省、自治区、直辖市人民政府申请行政复议。对行政

---

〔1〕 答案 A【解析】《行政复议法》第 23 条规定，对行政机关作出的侵犯其已经依法取得的自然资源的所有权或者使用权的决定不服的，应当先申请行政复议。选项 A 正确。《行政处罚法》第 7 条规定，公民、法人或者其他组织对行政机关所给予的行政处罚，享有陈述权、申辩权；对行政处罚不服的，有权依法申请行政复议或者提起行政诉讼。即行政处罚案件属于自由选择型，选项 BCD 错误。

复议决定不服的，可以向人民法院提起行政诉讼；也可以向国务院申请裁决，国务院作出的裁决为最终裁决。

【真题实战】

1. 李某购买中巴车从事个体客运，但未办理税务登记，且一直未缴纳税款。某县税务局要求李某限期缴纳税款1500元并决定罚款1000元。后因李某逾期未缴纳税款和罚款，该税务局将李某的中巴车扣押，李某不服。下列哪些说法是不正确的？[1]（2006/80/多）

A. 对缴纳税款和罚款决定，李某应当先申请复议，再提起诉讼

B. 李某对上述三行为不服申请复议，应向某县税务局的上一级税务局申请

C. 对扣押行为不服，李某可以直接向法院提起诉讼

D. 该税务局扣押李某中巴车的措施，可以交由县交通局采取

2. 国务院某部对一企业作出罚款50万元的处罚。该企业不服，向该部申请行政复议。下列哪一说法是正确的？[2]（2012/49/单）

A. 在行政复议中，不应对罚款决定的适当性进行审查

B. 企业委托代理人参加行政复议的，可以口头委托

C. 如在复议过程中企业撤回复议的，即不得再以同一事实和理由提出复议申请

D. 如企业对复议决定不服向国务院申请裁决，企业对国务院的裁决不服向法院起诉的，法院不予受理

【本章主要法律规定】

1. 《行政复议法》

2. 《行政复议法实施条例》

---

〔1〕 答案AD【解析】纳税争议是复议前置程序，而对罚款决定不服的应认定为行政处罚决定不服，此种情况属于自由选择事项，选项A错误。《行政复议法》27条规定，对海关、金融、外汇管理等实行垂直领导的行政机关、税务和国家安全机关的行政行为不服的，向上一级主管部门申请行政复议。选项B正确。《行政强制法》第8条规定，公民、法人或者其他组织对行政机关实施行政强制，享有陈述权、申辩权；有权依法申请行政复议或者提起行政诉讼；因行政机关违法实施行政强制受到损害的，有权依法要求赔偿。选项C正确。扣押巴车的行为属行政强制措施，强制措施不得委托，选项D错误。

〔2〕 答案D【解析】行政复议机关应当对被申请人的行政行为的合法性和合理性进行审查，选项A错误。《行政复议法实施条例》第10条规定，公民在特殊情况下无法书面委托的，可以口头委托。企业没有口头委托的权利，选项B错误。该法第38条第2款规定，申请人撤回行政复议申请的，不得再以同一事实和理由提出行政复议申请。但是，申请人能够证明撤回行政复议申请违背其真实意思表示的除外。表述过于绝对，选项C错误。对国务院某部的行为不服，对其申请行政复议后，向国务院申请的裁决为终局裁决。选项D正确。

第十一章　行政诉讼概述

【应试指南】

通过行政诉讼概述的学习，了解行政诉讼的定义、基本原则。考查重点是行政诉讼以审查行政行为的合法性为原则，以及行政诉讼的审理对象。

行政救济制度是指行政相对人因国家行政机关的违法或不当行政处分使其利益或权利受到损害时，依法向有关行政机关或司法机关请求撤销或变更其违法不当的行政行为，从而使其受到损害的权利或利益得到救济的制度。

一、行政救济的结构

<table>
<tr><td>侵权主体</td><td colspan="2">行政主体</td></tr>
<tr><td>侵权客体</td><td colspan="2">公民、法人、其他组织的合法权益</td></tr>
<tr><td rowspan="3">归责原则</td><td>行政复议</td><td>违法与不当原则</td></tr>
<tr><td>行政诉讼</td><td>违法原则</td></tr>
<tr><td>国家赔偿</td><td>侵害原则</td></tr>
<tr><td>因果联系</td><td colspan="2">职务行为与损害后果之间存在因果联系</td></tr>
</table>

二、行政诉讼的概念和特征

行政诉讼是法院应公民、法人或者其他组织的请求，通过审查行政行为合法性的方式，解决特定范围内行政争议的活动。行政诉讼专指法院运用诉讼程序解决行政争议的活动。根据我国《宪法》规定，各级人民法院是国家的审判机关，法院是通过审判方式解决行政争议的唯一机关。法院诉讼活动的种类很多。例如，法院代表国家行使刑罚权，追究犯罪人刑事责任的活动是刑事诉讼；法院代表国家解决民事纠纷进行的司法活动是民事诉讼；只有法院解决行政争议的司法活动才能称之为行政诉讼。在我国，行政诉讼与刑事诉讼、民事诉讼并称为三大诉讼，是国家诉讼制度的基本形式之一。

首先，行政诉讼是法院通过审判方式进行的一种司法活动。称为司法活动，是因为解决行政争议的方式和途径不止司法一种，有行政复议机关的复议活动，也有行政申诉处理活动，还有权力机关的监督处理活动。行政诉讼专指法院动用诉讼程序解决行政争议的活动。

其次，行政诉讼是通过审查行政行为合法性的方式解决行政争议的活动。行政诉讼以审查行政行为为核心内容。行政诉讼的审理形式及裁判形式都不同于民事诉讼和刑事诉讼，独具特色。例如，被告对行政行为合法性负举证责任；行政诉讼的裁判以确认、撤销判决为主要形式等。

再次，行政诉讼是解决特定范围内行政争议的活动。行政争议是行政机关行使职权实施公务活动时引发的纠纷。此类争议形式多样、种类繁多，既有行政机关与行政机关之间、行政机关与公务人员之间的内部争议，也有行政机关与公民、法人和其他组织之间的外部争议；既有因行政机关实施抽象行政行为引发的争议，也有行政机关实施具体行政行为引发的争议；既有行政机关实施法律行为引起的争议，也有行政机关实施事实行为引起的争议。并非所有的行政争议都能够通过法院的诉讼活动得到解决，法院解决的行政争议是特定范围内的争议。按照《行政诉讼法》的规定，法院总体上解决行政机关实施行政行为时与公民、法人和其他组织发生的争议。

最后，行政诉讼当事人的地位具有特殊性。一方面，行政诉讼的原告恒定为作为行政管理相对一方的公民、法人或其他组织；行政诉讼的被告恒定为作为行政主体的行政机关或法律、法规授权的组织。行政机关享有国家法律赋予的命令权、强制权等，行政机关完全可通过自身享有的这些权力迫使当事人服从行政命令，履行行政义务，行政机关无须通过向法院起诉的方式达到行政目标。作为行政管理相对一方的公民、法人和其他组织则不然，他们有义务服从行政管理，不得直接与行政机关相对抗。这是保障行政机关实施管理、行使权力、维护社会秩序和公共利益的重要前提。如果公民、法人和其他组织认为行政机关的行政行为侵犯其权益，可以通过行政复议或行政诉讼等方式寻求救济，请求法院审查行政行为的合法性并作裁判。另一方面，行政诉讼当事人的权利义务具有特定性。行政诉讼原告享有起诉权、撤诉权，而被告不享有起诉权和反诉权，同时对行政行为合法性承担举证责任。

三、行政诉讼的基本原则

行政诉讼基本原则是指《行政诉讼法》规定的，贯穿于行政诉讼的主要过程，对行政诉讼活动起支配作用的基本行为准则，对行政诉讼活动有拘束力。无论是人民法院还是诉讼当事人、其他诉讼参与人都要遵循。

<table>
<tr><th>原则</th><th colspan="2">内容</th></tr>
<tr><td rowspan="2">①保障诉权</td><td>法院义务</td><td>人民法院应保障公民、法人和其他组织的起诉权利，对应当受理的行政案件依法受理</td></tr>
<tr><td>行政机关义务</td><td>行政机关及其工作人员不得干预、阻碍人民法院受理行政案件</td></tr>
<tr><td rowspan="2">②被告出庭</td><td>负责人</td><td>被诉行政机关负责人应当出庭应诉</td></tr>
<tr><td>委托</td><td>不能出庭的，应当委托行政机关相应的工作人员出庭</td></tr>
<tr><td>③独立审判</td><td colspan="2">人民法院独立行使审判权，不受行政机关、社会团体和个人的干涉</td></tr>
<tr><td colspan="3">④以事实为依据，以法律为准绳</td></tr>
<tr><td>⑤合法性审查</td><td colspan="2">人民法院审理行政案件，对行政行为是否合法进行审查</td></tr>
<tr><td>⑥审理制度</td><td colspan="2">合议制；回避；公开审判；两审终审</td></tr>
<tr><td>⑦平等权</td><td colspan="2">当事人在行政诉讼中法律地位平等</td></tr>
<tr><td colspan="3">⑧使用民族语言文字权利</td></tr>
<tr><td>⑨法律监督</td><td colspan="2">人民检察院有权对行政诉讼实行法律监督</td></tr>
</table>

（一）被告出庭应诉制

1. 行政机关负责人出庭应诉

被诉行政机关负责人应当出庭应诉。行政机关负责人，包括行政机关的正职、副职负责人以及其他参与分管的负责人。行政机关负责人出庭应诉的，应当向人民法院提交能够证明该行政机关负责人职务的材料。行政机关负责人出庭应诉的，可以另行委托1~2名诉讼代理人。

涉及重大公共利益、社会高度关注或者可能引发群体性事件等案件以及人民法院书面建议行政机关负责人出庭的案件，被诉行政机关负责人应当出庭。被诉行政机关负责人出庭应诉的，应当在当事人及其诉讼代理人基本情况、案件由来部分予以列明。

对于同一审级需要多次开庭的同一案件，行政机关负责人到庭参加一次庭审的，一般可以认定其已经履行出庭应诉义务，但人民法院通知行政机关负责人再次出庭的除外。行政机关负责人在一个审理程序中出庭应诉，不免除其在其他审理程序出庭应诉的义务。

2. 行政机关工作人员出庭

行政机关负责人不能出庭的，应当委托行政机关相应的工作人员出庭，不得仅委托律师出庭。行政机关负责人有正当理由不能出庭应诉的，应当向人民法院提交情况说明，并加盖行政机关印章或者由该机关主要负责人签字认可。行政机关拒绝说明理由的，不发生阻止案件审理的效果，人民法院可以向监察机关、上一级行政机关提出司法建议。

“行政机关负责人不能出庭”的情形包括：（1）不可抗力；（2）意外事件；（3）需要履行他人不能代替的公务；（4）无法出庭的其他正当事由。

“行政机关相应的工作人员”，包括该行政机关具有国家行政编制身份的工作人员以及其他依法履行公职的人员。被诉行政行为是地方人民政府作出的，地方人民政府法制工作机构的工作人员，以及被诉行政行为具体承办机关工作人员，可以视为被诉人民政府相应的工作人员。行政机关委托行使行政职权的组织或者下级行政机关的工作人员，可以视为行政机关相应的工作人员。行政机关委托相应的工作人员出庭应诉的，应当向人民法院提交加盖行政机关印章的授权委托书，并载明工作人员的姓名、职务和代理权限。

3. 负责人和工作人员不出庭的法律后果

行政机关负责人和行政机关相应的工作人员均不出庭，仅委托律师出庭的或者人民法院书面建议行政机关负责人出庭应诉，行政机关负责人不出庭应诉的，人民法院应当记录在案和在裁判文书中载明，并可以建议有关机关依法作出处理。

（二）行政行为的合法性审查

《行政诉讼法》第70条规定：“行政行为有下列情形之一的，人民法院判决撤销或者部分撤销，并可以判决被告重新作出行政行为：主要证据不足的；适用法律、法规错误的；违反法定程序的；超越职权的；滥用职权的；明显不当的。”

根据《行政诉讼法》的规定，人民法院审查行政行为合法性的具体内容包括：

1. 行政机关是否享有作出行政行为的权限，是否超越法定的职责权限以及是否依法享有事务管辖权、级别管辖权和地域管辖权，上述任何一方面违法都构成无权限或者超越职权。

2. 行政行为的证据是否确凿充分、事实是否清楚，行政行为的证据是否具有合法性、客观性和相关性。

3. 行政行为适用法律依据是否正确。

4. 行政行为程序是否合法。行政机关不得违反法定程序，行政机关遗漏程序步骤、颠倒顺序、超越时限以及违反法定行为方式的，所作出的行政行为违法。

5. 行政行为的目的是否合法。行政机关不得借用合法的形式，实现非法的目的。否则，构成滥用职权，行政行为就会被撤销。

6. 行政行为是否明显不当。与修正前的《行政诉讼法》相比，该规定把“明显不当”列入了合法性审查范围之列，作为认定行政行为违法的标准，并可以予以撤销或部分撤销，从而大大拓展了合法性审查的范围。

【真题实战】

1997年沈某取得一房屋的房产证。2001年5月其儿媳李某以委托代理人身份到某市房管局办理换证事宜，在申请书一栏中填写“房屋为沈某、沈某某（沈某的儿子）共有”，但沈某后领取的房产证中在共有人一栏空白。2005 年沈某将此房屋卖给赵某，并到某市房管局办理了房屋转移登记手续，赵某领取了房产证。沈某某以他是该房屋的共有人为由向某市人民政府申请复议，某市人民政府以房屋转移登记事实不清撤销了房屋登记。赵某和沈某不服，向法院提起行政诉讼。下列哪些说法是正确的?[1]（2006/83/多）

A. 沈某某和李某为本案的第三人

B. 某市房管局办理此房屋转移登记行为是否合法不属本案的审查对象

C. 某市房管局为沈某办理换证行为是否合法不属本案的审查对象

D. 李某是否有委托代理权是法院审理本案的核心

四、行政诉讼与民事诉讼、刑事诉讼

（一）行政诉讼与民事诉讼的关系

二者的联系多种多样：

第一，附带关系。行政诉讼解决的相当一部分行政争议与民事争议交织在一起，解决行政争议成为解决民事争议的前提条件。法院通过行政诉讼处理行政争议时，有可能也有必要一并解决与此相关的民事争议，这就是行政附带民事诉讼。它体现了诉讼经济原则，便于当事人双方解决争议，也可以避免出现一事多判的矛盾结果。在行政争议与民事纠纷涉及同一案件事实、由同一法院管辖、行政裁判和民事裁判可能发生冲突并且附带审理有助于提高诉讼效率的情况下，可以采取行政诉讼附带民事诉讼的方式。

第二，先后关系。在民事诉讼过程中，如果出现行政争议的先决性或行政行为合法性的审查问题，通常情况下，民事诉讼应当中止，等待行政诉讼的判决结果。在行政诉讼过程中，如果案件的审判须以相关民事案件的审理结果为依据时，则行政诉讼应中止，等待民事诉讼的裁判结果。

第三，排斥关系。针对同一争议，行政机关已经作出处理或者人民法院已经作出行政裁判的，当事人不得再提起民事诉讼。例如，最高人民法院有批复规定，行政机关对土地争议的处理决定生效后，一方当事人不履行的，对方当事人不应以民事侵权案向法院起诉，可向行政机关提出申请执行，该行政机关依照《行政诉讼法》第 97 条的规定，可以申请人民法院强制执行，或依法强制执行。

（二）行政诉讼与刑事诉讼的关系

由于犯罪行为可能同时构成行政违法行为，在公安司法机关追究刑事责任的同时，行政机关也可能追究行政处分或者行政处罚的行政法律责任。在出现事实或者法律竞合的情况下，行政诉讼和刑事诉讼之间可能发生冲突，这就有必要正确处理两者之间的关系，具体而言：

第一，移送关系。人民法院在审理行政案件过程中发现本案涉及犯罪需要追究刑事责任的，如果刑事责任涉及的案件事实与行政争议涉及的案件事实之间没有法律上的关联性，即犯罪事实构成另案事实的，应当将有关案件材料移交公安司法机关处理。

第二，先后关系。人民法院在审理行政案件过程中发现涉及犯罪事实与本案事实具有法律上的关联性，公安司法机关有关犯罪事实的处理影响本案事实认定或者法律适用的，人民法院应当裁定中止行政诉讼，将有关案件材料移交公安司法机关，等公安司法机关作出最终生效裁判后，继续进行行政诉讼。

---

〔1〕 答案 BC【解析】李某只是以委托代理人的身份到房管局办理换证事宜，与某市人民政府的复议行为没有利害关系，所以不是第三人。选项 A 错误。赵某和沈某是对政府撤销登记的行为不服，因此法院的审理对象是审查撤销行为的合法性，选项 BC 正确。本案是行政诉讼，民事关系不是本案的审理核心，选项 D 错误。

第三，排斥关系。刑事诉讼和行政诉讼可能发生冲突的，原则上不同时进行，当事人也不得同时提起。根据最高人民法院《关于行政机关工作人员执行职务致人伤亡构成犯罪的赔偿诉讼程序的批复》的规定，行政机关工作人员执行职务致人伤亡的，人民法院不受理受害人提出的刑事附带民事诉讼，而应当告知受害人按照国家赔偿法的有关规定，提起行政侵权赔偿诉讼。在该解释发布之前已经按照刑事诉讼附带民事诉讼处理的，人民法院不再受理当事人的行政赔偿诉讼请求。

【本章主要法律规定】

《行政诉讼法》第 1 ~ 11 条

第十二章　行政诉讼受案范围

【应试指南】

行政诉讼的受案范围是每年考试的必考内容，客观题和主观题中都有考查。这一部分的考查，易掉进命题老师设置的陷阱。学习时需要准确把握行政诉讼的受案范围，以及规范性文件的附带性审查。

第一节　行政诉讼受案范围

行政诉讼的受案范围是指，在行政诉讼中，人民法院可以受理何种类型的行政案件。

一、受案标准

确定标准是指法律规定受案范围时所应用的要素，总体上有两个：权利标准和行为标准。

<table>
<tr><td rowspan="2">保护权益</td><td rowspan="2">合法权益</td><td>主要标准</td><td>①人身权
②财产权</td></tr>
<tr><td>其他标准</td><td>①社会保障权
②知情权
③公平竞争权</td></tr>
<tr><td>受案范围</td><td>行政行为</td><td colspan="2">①取代具体行政行为
②包括法律、法规、规章授权的组织做出的行为</td></tr>
</table>

二、受案范围

《行政诉讼法》第 6 条规定：“人民法院审理行政案件，对行政行为是否合法进行审查。”与刑事诉讼和民事诉讼相比，行政行为合法性审查原则是行政诉讼最有特色的基本原则。第一，人民法院审查的是行政行为。修正前的《行政诉讼法》对行政诉讼受案范围的基本范围划定为“具体行政行为”；修正后的《行政诉讼法》第 2 条第 1 款删除了“具体”两字，把基本范围界定为“行政行为”，整体上扩大了行政诉讼受案范围。第二，从内容来看，人民法院以审查行政行为的合法性为原则。法院对被诉行政为的审查不是无限制审查，而是在一定限度内进行审查，即审查的标准是行政行为是否合法。

行政行为	①对行政拘留、暂扣或者吊销许可证和执照、责令停产停业、没收违法所得、没收非法财物、罚款、警告等行政处罚不服
	②对限制人身自由或者对财产的查封、扣押、冻结等行政强制措施和行政强制执行不服
	③申请行政许可，行政机关拒绝或者在法定期限内不予答复，或者对行政机关作出的有关行政许可的其他决定不服
	④对行政机关作出的关于确认土地、矿藏、水流、森林、山岭、草原、荒地、滩涂、海域等自然资源的所有权或者使用权的决定不服
	⑤对征收、征用决定及其补偿决定不服
	⑥申请行政机关履行保护人身权、财产权等合法权益的法定职责，行政机关拒绝履行或者不予答复
	⑦认为行政机关侵犯其经营自主权或者农村土地承包经营权、农村土地经营权
	⑧认为行政机关滥用行政权力排除或者限制竞争
	⑨认为行政机关违法集资、摊派费用或者违法要求履行其他义务
	⑩认为行政机关没有依法支付抚恤金、最低生活保障待遇或者社会保险待遇
	⑪认为行政机关不依法履行、未按照约定履行或者违法变更、解除政府特许经营协议、土地房屋征收补偿协议等协议
	⑫认为行政机关侵犯其他人身权、财产权等合法权益

司法解释规定的受案范围：国际贸易案件、反倾销案件、反补贴案件、少年收容教养案件、社会保险基金案件、教育行政案件、设施使用费征收案件、计划生育案件、乡政府收费案件。

根据《行政诉讼法》第12条规定，人民法院应当予以受理的行政案件有：

（一）行政处罚案件

行政处罚是行政机关依法对违反行政管理秩序的公民、法人或者其他组织的惩戒。包括：

1. 声誉罚。即对行为人违法行为所作的正式否定评价内容的行政处罚。主要包括警告、通报批评两种。

2. 财产罚。即以剥夺或者限制公民的财产权为内容的行政处罚。包括：（1）罚款。行政机关依法强制违法公民在一定期限内向国家缴纳一定数量的货币的处罚形式。在认定罚款这种处罚形式时，值得注意的问题是，区分作为行政强制执行措施的罚款即执行罚与行政处罚的罚款。如《行政处罚法》规定，当事人逾期不履行行政处罚决定的，作出行政处罚决定的行政机关可以采取下列措施：到期不缴纳罚款的，每日按罚款数额的3%加处罚款。这一条文规定的“3%加处罚款”，虽然也使用了“罚款”一词，但属于执行罚，而不是行政处罚。（2）没收违法所得、没收非法财物。这里的关键问题有两个：一是“违法所得”和“非法财物”的认定。“违法所得”是指当事人通过法律禁止的途径、手段或者方法取得的任何财产权益。“非法财物”是指当事人用于非法目的或者用来从事违法犯罪行为的物品。二是“没收”的范围。并非所有的违法所得或者非法财物都可以没收。行政机关在适用没收的处罚时，需要注意公民基本生存权保障、处罚与违法行为相适应等原则。

3. 资格罚。即以剥夺或者限制公民从事特定行为的资格为内容的行政处罚。其主要形式是暂扣许可证件、降低资质等级、吊销许可证件。

4. 行为罚。即责令公民为或者不为一定行为的处罚形式，主要有限制开展生产经营活动、责令停产停业、责令关闭、限制从业。

5. 人身罚。是对公民人身自由加以限制的一种处罚方式。行政拘留主要是由治安行政管理机关对违反治安管理的人短期剥夺其人身自由的制裁方式。

（二）行政强制案件

公民、法人和其他组织对限制人身自由或者对财产的查封、扣押、冻结等行政强制措施和行政强制执行不服的，可以向法院起诉。行政强制案件包括行政强制措施案件和行政强制执行案件。

根据《行政强制法》的规定，行政强制措施是行政机关为了实现特定的行政管理目的，直接使用强制力限制公民人身权或者财产权的措施。针对这些措施，公民、法人和其他组织有权向法院起诉，属于行政诉讼受案范围。

根据《行政强制法》的规定，行政强制执行是指行政机关或者行政机关申请人民法院，对不履行行政决定的公民、法人或者其他组织，依法强制履行义务的行为。针对行政机关的行政强制执行行为，公民、法人或者其他组织不服，可以向法院起诉。

（三）行政许可案件

申请行政许可，行政机关拒绝或者在法定期限内不予答复，或者对行政机关作出的有关行政许可的其他决定不服起诉的，属于受案范围。

行政许可是行政机关应行政相对人的申请，经审查后决定是否解除法律的一般禁止，并且允许其从事某种行为享有某种权利或者资格的行政行为。

这里需要注意的是，认定行政许可的标准是内在特征而不是名称。行政许可涉及公安、卫生、土地、城建、取用水、开采矿等各行各业，立法分散，名称不统一，如登记、批准、同意、执照、许可、检验、准许、特许、注册、备案、审核、鉴定等。因此，在认定行政机关的一个行为是否属于行政许可时，应当着眼于内容和内在的特征，而不是名称。

行政许可案件形成的条件是：

1. 颁发有关证照对行政机关来说是一种依申请的行政行为，从法定程序上讲，必须是公民先提出申请。

2. 行政机关拒绝或者在法定期限内不予答复，或者对行政机关作出的有关行政许可的其他决定不服。

（四）行政确权案件

行政确权案件是指对行政机关作出的关于确认土地、矿藏、水流、森林、山岭、草原、荒地、滩涂、海域等自然资源的所有权或者使用权的决定不服而提起的行政诉讼。行政确权行为是行政机关依职权或应申请，对当事人之间就自然资源的所有权或使用权的归属发生的争议予以甄别、认定，并作出裁决的行为。

（五）征收、征用案件

征收、征用是行政机关较常采用的一种行政管理手段。征收是指行政机关为了公共利益的需要，依照法律规定强制从行政相对人处有偿或无偿获取一定财物（费）或劳务的行为。征用则是指行政机关为了公共利益的需要，依照法律规定强制取得原属于公民、法人或者其他组织的财产使用权的行为。

（六）不履行法定职责案件

这是公民认为行政机关拒不履行保护人身权、财产权等合法权益的法定职责而引起的行政案件。这里需要注意的问题是这种案件的形成条件。人民法院在审查这类案件决定是否受理时，最重要的是要分清作为被告的行政机关是否有相应的法定职责。这类案件的诉讼标的往往是行政机关的不作为，如果行政机关本身原本就无此法定职责，当然也就不存在被诉的不作为行为。这种案件形成的一般条件是：

1. 公民向行政机关提出了保护申请。申请的作用在于使行政机关知晓情况，以便履行保护职责。但是，行政机关已经通过其他途径知道有关情况时除外。此时，无论当事人是否提出请求保护的申请，都不是案件形成的条件。例如，当某公民遭到歹徒抢劫时，被执行治安巡逻的民警看见，即使该公民未申请民警保护，民警也必须主动履行保护职责，否则，该公民有权对民警所在的公安机关起诉。

2. 接到申请的行政机关负有法定职责。行政机关各有自己的法定职责分工，如果公民选择了错误的行政机关，该行政机关予以拒绝的，仍然不构成拒不履行法定职责。但是，接到申请的行政机关有告知正确机关的义务。

3. 行政机关对公民、法人或者其他组织的申请拒绝履行或者不予答复。在公民面临侵害而申请保护的情况下，行政机关拒绝履行或者不予及时答复的，即构成不履行法定职责。

（七）侵犯法律规定的经营自主权和农村土地承包经营权、农村土地经营权的案件

公民、法人和其他组织认为行政机关侵犯其经营自主权或者农村土地承包经营权、农村土地经营权向法院起诉的，属于受案范围。

经营自主权是指个人或者企业依法对自身的机构、人员、财产、原材料供应、生产、销售等各方面事务自主管理经营的权利。这里需要注意的问题是：

1. "法律"的含义。在这里，对"法律"应作广义的理解，包括宪法、法律、行政法规、地方性法规和行政规章，凡上述法律文件所确定的经营自主权，都在行政诉讼制度的保护之列。

2. 经营自主权的主体。法定经营自主权的主体主要是各种企业和经济组织，包括国有企业、集体企业、合资企业、外资企业、私营企业等。在个人从事经营活动时，也享有经营自主权，如个体经营户、承包经营户等。

3. 经营自主权的含义和内容。经营自主权是指个人或者企业依法对自身的机构、人员、财产、原材料供应、生产、销售等各方面事务自主管理经营的权利。经营自主权包括：(1) 企业对其经营管理的财产的占有、使用和依法处分的权利；(2) 机构设置、人事管理和劳动用工自主权；(3) 生产经营决策权和投资决策权；(4) 产品、劳务定价权；(5) 产品销售权；(6) 物资采购权；(7) 进出口权；(8) 留用资金支配权；(9) 联营、兼并权；(10) 拒绝摊派权等。

农村土地承包经营权是指土地承包经营权人对其承包经营的集体所有或国家所有由集体使用的土地，依法享有的占有、使用和收益的权利。

（八）侵犯公民公平竞争权的案件

这类案件是指公民、法人和其他组织认为行政机关滥用行政权力排除或者限制竞争而引起的行政诉讼案件。行政机关在对具有相互竞争关系的公民、法人和其他组织实施行政管理时，他方公民、法人和其他组织认为自己具有同等或更优越的条件却未能取得成功的，或者受到不公平对待，可以以其公平竞争权受到侵害提起行政诉讼。

（九）违法要求履行义务案件

这类案件是指公民、法人或者其他组织认为行政机关违法集资、摊派费用或者违法要求履行其他义务而引起的行政诉讼案件。行政机关违法要求公民履行的义务可能是财产义务，也可能是行为义务。主要情形是：(1) 法律、法规没有设定义务，但行政机关要求公民履行义务。(2) 行政机关违反法定程序要求履行义务，如收费不出具法定的收据。

（十）行政给付案件

这类案件是指公民申请行政机关依法支付抚恤金、最低生活保障待遇或者社会保险待遇，

行政机关没有依法支付而引起的行政诉讼案件。

抚恤金是指法律规定对某些伤残人员或死亡人员遗属，为抚慰和保障其生活而发放的专项费用，包括伤残抚恤金和遗属抚恤金。伤残抚恤金的发放对象是革命残废军人、因公致残的职工及其他人员，遗属抚恤金的发放对象是革命烈士、牺牲人员或其他死亡人员的遗属。最低生活保障费是政府向城镇居民发放的维持其基本生活需要的社会救济金。社会保险金是公民在年老、疾病、工伤、失业、生育等情况发生时，向社会保障机构申请发放的社会救济金。按照《社会保险法》第 2 条的规定，社会保险制度包括基本养老保险、基本医疗保险、工伤保险、失业保险、生育保险等。

这类案件通常表现为：(1) 不按法定标准发放；(2) 扣减金额；(3) 不按期限发放。

（十一）行政协议案件

一直以来，行政诉讼所要解决的争议被理解为由单方行政行为引发的争议。行政合同属于双方行政行为，能否进入行政诉讼存有不同的看法。《行政诉讼法》规定，公民、法人和其他组织认为行政机关不依法履行、未按照约定履行或者违法变更、解除政府特许经营协议、土地房屋征收补偿协议等协议的，属于受案范围。这是《行政诉讼法》修订对行政诉讼受案范围作出的重大调整和改变。出于立法策略考虑，未使用“行政合同”一词，而用“行政协议”加以替代。

（十二）其他侵犯人身权、财产权案件

《行政诉讼法》第 12 条第 1 款第 12 项规定也属于概括式规定，是对上述 11 种案件之外的其他涉及人身权、财产权等合法权益的行政行为引起的行政案件的概括，在立法技术上是对上述 11 种案件的列举性规定的衔接和补充。

（十三）法律、法规规定的其他行政案件

在对属于受案范围的案件作了列举式规定之后，《行政诉讼法》第 12 条第 2 款进而规定：“除前款规定外，人民法院受理法律、法规规定可以提起诉讼的其他行政案件。”根据该款规定，凡因行政机关行政活动涉及公民合法权益而形成的行政争议案件，即使《行政诉讼法》未做列举，只要其他法律、法规规定可以提起行政诉讼，则都属于行政诉讼的受案范围，人民法院都应予以受理。

（十四）司法解释规定的案件

最高人民法院发布的有关司法解释规定的受案范围：国际贸易案件、反倾销案件、反补贴案件、少年收容教养案件、社会保险基金案件、教育行政案件、设施使用费征收案件、计划生育案件、乡政府收费案件。

【真题实战】

下列哪一选项不属于行政诉讼的受案范围?[1]（2008/44/单）

A. 因某企业排污影响李某的鱼塘，李某要求某环保局履行监督职责，遭拒绝后向法院起诉

B. 某市政府发出通知，要求非本地生产乳制品须经本市技术监督部门检验合格方可在本地销售，违者予以处罚。某外地乳制品企业对通知提起诉讼

C. 刘某与某公司签订房屋预售合同，某区房管局对此进行预售预购登记。后刘某了解到

---

[1] 答案 B【解析】根据《行政诉讼法》第 12 条的规定，申请行政机关履行保护人身权、财产权等合法权益的法定职责，行政机关拒绝履行或者不予答复的，可以就此提起行政诉讼。选项 A 不当选。市政府的通知是不针对特定对象，可以反复适用的抽象行政行为，不可以直接提起行政诉讼，选项 B 当选。房管局对商品房进行预售预购登记，属于对相对人权益产生影响的行政行为，可诉，选项 C 不当选。条例是抽象行政行为，但本题是对张某作出的决定，可诉，选项 D 不当选。

某公司向其销售的房屋系超出规划面积和预售面积房屋，遂以某区房管局违法办理登记为由提起诉讼

D.《公司登记管理条例》规定，设立公司应当先向工商登记管理机关申请名称预先核准。张某对名称预先核准决定不服提起诉讼

【考点点拨】

2014 年《行政诉讼法》发生了重大修改，新的《行政诉讼法》以“行政行为”替代了“具体行政行为”，也就是说诉讼法的法条中这一用词不存在了。但作为理论分类，具体行政行为仍然存在，如大纲中“具体行政行为的理论”。

同时，新的《行政诉讼法》在受案范围上也发生了重要变化：（1）新增确权案件。此处确权为广义，包括初次确权及二次确权。（2）新增征收、征用案件。（3）新增排除或者限制竞争的案件。（4）新增行政协议案件。

三、排除事项

排除事项	①国防、外交等国家行为
	②行政法规、规章或者行政机关制定、发布的具有普遍约束力的决定、命令
	③行政机关对行政机关工作人员的奖惩、任免等决定
	④法律规定由行政机关最终裁决的行政行为
	⑤公安、国家安全等机关依照刑事诉讼法的明确授权实施的行为
	⑥调解行为以及法律规定的仲裁行为
	⑦行政指导行为
	⑧驳回当事人对行政行为提起申诉的重复处理行为
	⑨行政机关作出的不产生外部法律效力的行为
	⑩行政机关为作出行政行为而实施的准备、论证、研究、层报、咨询等过程性行为
	⑪行政机关根据人民法院的生效裁判、协助执行通知书作出的执行行为，但行政机关扩大执行范围或者采取违法方式实施的除外
	⑫上级行政机关基于内部层级监督关系对下级行政机关作出的听取报告、执法检查、督促履责等行为
	⑬行政机关针对信访事项作出的登记、受理、交办、转送、复查、复核意见等行为
	⑭对公民、法人或者其他组织权利义务不产生实际影响的行为

根据《行政诉讼法》和相关司法解释，人民法院不予受理的情形包括：

（一）国家行为

国家行为是指国务院、中央军事委员会、国防部、外交部等根据宪法和法律的授权，以国家的名义实施的有关国防和外交事务的行为，以及经宪法和法律授权的国家机关宣布紧急状态、实施戒严和总动员等行为。

从相关司法解释和相关理论来看，国家行为有对外、对内两种含义：

1. 对外意义上的国家行为，指经国防部、外交部等中央国家机关，在国际事务中，代表整个国家行使国际法权利和履行国际法义务的国防、外交行为。与一般行政行为的区别在于：（1）名义。对外国家行为通常是以中华人民共和国的名义实施。一般的行政行为通常以特定

行政机关的名义实施。(2) 相对方和客体不同。对外国家行为的对象是另一个国家、国际组织等国际法主体，针对国际关系事项。一般行政行为的对象则是特定的公民、法人或者其他组织，针对国内具体行政事务。(3) 依据不同。对外国家行为的依据包括宪法、国际惯例、国际条约，而一般的行政行为通常依据国内法中次于宪法的法律、行政法规、地方性法规和行政规章。

2. 对内意义上的国家行为，是指经宪法和法律授权的特定国家机关，在对国内全局性、重大性的国家事务中，代表整个国家对内实施的统治行为。它区别于一般行政行为之处在于全局性和危急性，即对内的国家行为处理的是涉及国家统一、领土完整、政权存亡、基本政局能否稳定的危急问题，主要是为了防止国家分裂、应对灾害等而采取的宣布总动员、进入紧急状态和其他紧急措施。

(二) 抽象行政行为

抽象行政行为是指行政机关制定行政法规、行政规章和发布具有普遍约束力的决定、命令的行为。具体包括：(1) 国务院制定行政法规的行为；(2) 国务院各部委制定部门规章的行为；(3) 省、自治区、直辖市和设区的市、自治州的人民政府制定地方规章的行为；(4) 行政机关发布具有普遍约束力的决定、命令的行为，即针对不特定对象发布的能反复适用的行政规范性文件。

抽象行政行为虽被排除在行政诉讼受案范围之外，但2014年《行政诉讼法》在修订时作出调整，允许对部分抽象行政行为间接或附带提出审查要求。《行政诉讼法》第53条规定："公民、法人或者其他组织认为行政行为所依据的国务院部门和地方人民政府及其部门制定的规范性文件不合法，在对行政行为提起诉讼时，可以一并请求对该规范性文件进行审查。前款规定的规范性文件不含规章。"这意味着公民、法人或者其他组织不能直接起诉行政规范性文件，而只能间接对其提出审查要求。

(三) 行政机关对其工作人员的奖惩、任免等决定

这是指行政机关作出的涉及行政机关工作人员权利义务的决定。公务员对涉及本人的下列人事处理不服的，可以自知道该人事处理之日起30日内向原处理机关申请复核；对复核结果不服的，可以自接到复核决定之日起15日内，按照规定向同级公务员主管部门或者做出该人事处理的机关的上一级机关提出申诉；也可以不经复核，自知道该人事处理之日起30日内直接提出申诉：①处分；②辞退或者取消录用；③降职；④定期考核定为不称职；⑤免职；⑥申请辞职、提前退休未予批准；⑦未按规定确定或者扣减工资、福利、保险待遇；⑧法律、法规规定可以申诉的其他情形。行政机关的内部人事处理行为，不能提起行政诉讼。

(四) 法律规定由行政机关最终裁决的行政行为

这里所说的"法律"是指全国人民代表大会及其常务委员会制定、通过的规范性文件。目前作出了这种规定的法律是：

1. 《行政复议法》规定，对省部级的行政行为不服的，向省部级自己提出行政复议。对该行政复议决定不服的，可以向人民法院提起行政诉讼；也可以向国务院申请裁决，国务院作出最终裁决。

2. 《出入境管理法》规定了两种最终裁决：(1) 公安机关出入境管理机构作出的有关普通签证、外国人居留决定为最终决定。《出入境管理法》第36条规定："公安机关出入境管理机构作出的不予办理普通签证延期、换发、补发，不予办理外国人停留居留证件、不予延长居留期限的决定为最终决定。" (2) 针对外国人和其他境外人员的强制措施的行政复议决定。《出入境管理法》第64条规定："外国人对依照出境入境管理法规定对其实施的继续盘问、拘留审查、限制活动范围、遣送出境措施不服的，可以依法申请行政复议，该行政复议决定为最

终决定。其他境外人员对依照出境入境管理法规定对其实施的遣送出境措施不服，申请行政复议的，适用前款规定。”

（五）公安、国家安全等机关依照刑事诉讼法的明确授权实施的行为

公安、国家安全等国家机关具有行政机关和侦查机关的双重身份，可以对刑事犯罪嫌疑人实施刑事强制措施，也可以对公民实施行政处罚、行政强制措施。这就产生一个机关两种行为的划分问题。在理解公安、国家安全等机关“依照刑事诉讼法的明确授权实施的行为”时，需要注意如下因素：

1. 主体。这类行为只能是公安、国家安全、海关、军队保卫部门、监狱具有侦查职能的机关，并且通常由其内部专门负责刑事侦查的机构和工作人员具体实施。

2. 时间。刑事诉讼行为必须在刑事立案之后在侦查犯罪行为的过程中实施，公安、安全机关在刑事立案之前实施的行为一般应当认为是行政行为。

3. 依据。该类行为必须在《刑事诉讼法》的明确授权范围之内。从《刑事诉讼法》的规定来看，公安、国家安全等机关能实施的刑事诉讼行为包括：讯问刑事犯罪嫌疑人、询问证人、检查、搜查、扣押物品（物证、书证）、冻结存款、汇款、通缉、拘传、取保候审、保外就医、监视居住、刑事拘留、执行逮捕等。公安、国家安全等机关在上述《刑事诉讼法》授权范围之外所实施的行为，均不在此类行为之列。例如，没收财产或实施罚款等不在《刑事诉讼法》明确授权的范围之列。

4. 对象。该类行为必须针对《刑事诉讼法》规定的对象。公安、国家安全等机关只能对刑事犯罪嫌疑人等对象实施刑事强制措施。如果公安、国家安全等机关对与侦查犯罪行为无关的公民采取强制措施的，是对《刑事诉讼法》授权范围的超越。在这种情况下，尽管它们具有“刑事强制措施”的名义，实际上仍是行政行为。公民起诉的，人民法院应当受理。

（六）调解行为以及法律规定的仲裁行为

调解行为和仲裁行为本质不是行政行为，即使调解和仲裁行为由行政机关实施也不是行政行为。行政调解指行政机关劝导发生民事争议的当事人自愿达成协议的一种行政活动。行政调解针对的是发生了民事权益争议的当事人，没有强制性。也就是说，行政调解的最终结果是纠纷当事人自愿达成调解协议。由于行政调解没有公权力的强制属性，对当事人没有法律约束力，因此没有可诉性。

例外情形是：（1）行政机关借调解之名，违背当事人的意志作出具有强制性的决定；（2）行政机关为了实施调解或者在调解过程中实施了行政行为，如采取了强制措施。在这两种情形下，公民可以针对强制性决定或者强制措施起诉。

行政机关下设的仲裁机构以中立身份按照法定程序对平等主体之间的民事纠纷作出有法律拘束力的裁决的，当事人一方不服裁决，应当依法提起民事诉讼。

（七）行政指导行为

行政指导行为是行政机关以倡导、示范、建议、咨询等方式，引导公民自愿配合而达到行政管理目的的行为，属于非权力行政方式。其特点是自愿性、灵活性、简便性和经济性。公民是否遵从行政指导，完全取决于自己的意愿。因此，《行政诉讼法解释》将其排除在受案范围之外。如果行政机关在实施行政指导时，通过利益引诱、反复说服教育甚至威胁等方式强迫行政相对人服从的，这种行政指导实际上是行政行为，公民可以起诉。

（八）驳回当事人对行政行为提起申诉的重复处理行为

重复处理行为是指行政机关根据公民的申请或者申诉，对原有的生效行政行为作出的没有任何改变的二次决定。重复处理行为实质上是对原已生效的行政行为的简单重复，并没有新形成事实或者权利义务状态。

这里需要注意的问题是引起重复处理行为的条件是当事人对原行政行为不服而提出了申诉，并且这里的“申诉”行为不是申请复议行为，而是指当事人在超过复议申请期限和起诉期限的情况下，对已经生效的行政行为不服而向有关行政机关提出的申诉。

人民法院不受理重复处理行为的主要原因是维护公共行政的稳定性和效率。如果驳回申诉的重复处理行为具有可诉性，任何公民都可以不遵守复议和起诉期限，都可以用最简单的申诉启动诉讼程序，法律规定的救济期限也就失去了意义。

（九）行政机关作出的不产生外部法律效力的行为

对外性或者外部性，是可诉的行政行为的重要特征。行政机关在行政管理时对内部所实施的行为，如行政机关的内部沟通、会签意见、内部报批等，不对外发生法律效力，不对公民、法人或者其他组织合法权益产生影响，不属于可诉的行为。如区政府向海事部门征求意见之后做出了行政行为，则相对人只能对区政府的决定提起行政诉讼，而不能就海事部门的意见起诉。因为海事部门与区政府进行的是行政机关之间的沟通，对外产生效力的是区政府的决定。

（十）行政过程性行为

行政机关在作出行政行为之前，常常要为作出行政行为进行准备、论证、研究、层报、咨询等，这些行为尚不具备最终的法律效力，因此不具有可诉性。故司法解释将“行政机关为作出行政行为而实施的准备、论证、研究、层报、咨询等过程性行为”排除在受案范围之外。

（十一）协助执行行为

《行政诉讼法解释》规定，行政机关根据人民法院的生效裁判、协助执行通知书作出的执行行为，不属于行政诉讼受案范围。这是因为可诉的行政行为应当是行政机关基于自身意思表示作出的行为，行政机关依照法院生效裁判作出的行为，本质上属于履行生效裁判的行为，并非行政机关自身依职权主动作出的行为。但是，行政机关扩大执行范围或者采取违法方式实施的行为，具有可诉性。

（十二）内部层级监督行为

《行政诉讼法解释》规定，上级行政机关基于内部层级监督关系对下级行政机关作出的听取报告、执法检查、督促履责等行为，不属于行政诉讼受案范围。内部层级监督属于行政机关上下级之间管理的内部事务，这类行为不直接设定当事人新的权利义务关系，不属于可诉行为。

（十三）信访处理行为

信访处理行为指行政机关针对信访事项作出的登记、受理、交办、转送、复查、复核意见等行为。根据《信访工作条例》的规定，信访工作机构依据条例作出的登记、受理、交办、转送、承办、协调处理、监督检查、指导信访事项等行为，对信访人不具有强制力，对信访人的实体权利义务不产生实质影响，因此不具有可诉性。

（十四）对公民、法人或其他组织的权利义务不产生实际影响的行为

这主要是指行政机关在作出行政行为之前实施的各种准备行为，例如，行政机关开会讨论、征求意见等。由于行政行为尚未作出，最终的法律结论没有形成，起诉的客体没有形成。

这里需要注意：“实际影响”是指使公民、法人或者其他组织的权利、义务发生了变化，如限制、减少权利，增加、免除、减少义务等。“实际影响”包括有利影响与不利影响。“没有实际影响”意味着行政活动没有使公民权利义务发生实在的变动。

【真题实战】

1. 下列选项属于行政诉讼受案范围的是：[1]（2015/98/任）

A. 方某在妻子失踪后向公安局报案要求立案侦查，遭拒绝后向法院起诉确认公安局的行为违法

B. 区房管局以王某不履行双方签订的房屋征收补偿协议为由向法院起诉

C. 某企业以工商局滥用行政权力限制竞争为由向法院起诉

D. 黄某不服市政府发布的征收土地补偿费标准直接向法院起诉

2. 下列哪一选项属于法院行政诉讼的受案范围？[2]（2017/49/单）

A. 张某对劳动争议仲裁裁决不服向法院起诉的

B. 某外国人对出入境边检机关实施遣送出境措施不服申请行政复议，对复议决定不服向法院起诉的

C. 财政局工作人员李某对定期考核为不称职不服向法院起诉的

D. 某企业对县政府解除与其签订的政府特许经营协议不服向法院起诉的

3. 市林业局接到关于孙某毁林采矿的举报，遂致函当地县政府，要求调查。县政府召开专题会议形成会议纪要：由县林业局、矿产资源管理局与安监局负责调查处理。经调查并与孙某沟通，三部门形成处理意见：要求孙某合法开采，如发现有毁林或安全事故，将依法查处。再次接到举报后，三部门共同发出责令孙某立即停止违法开采，对被破坏的生态进行整治的通知。就上述事件中的行为的属性及是否属于行政诉讼受案范围，下列说法正确的是：[3]（2013/98/任）

A. 市林业局的致函不具有可诉性

B. 县政府的会议纪要具有可诉性

C. 三部门的处理意见是行政合同行为

D. 三部门的通知具有可诉性

---

〔1〕 答案 C【解析】根据2018年《行政诉讼法解释》第1条的规定，公安、国家安全等机关依照刑事诉讼法的明确授权实施的行为不属于行政诉讼受案范围。选项A错误。《行政诉讼法》第2条第1款规定："公民、法人或者其他组织认为行政机关和行政机关工作人员的行政行为侵犯其合法权益，有权依照本法向人民法院提起诉讼。"行政机关的地位只能是被告，选项B错误。根据《行政诉讼法》第12条的规定，行政相对人认为行政机关滥用行政权力排除或者限制竞争属于受案范围，选项C正确。市政府发布的征收土地补偿费标准是抽象行政行为，不属于受案范围，选项D错误。

〔2〕 答案 D【解析】根据2018年《行政诉讼法解释》第1条的规定，调解行为以及法律规定的仲裁行为不属于人民法院行政诉讼的受案范围。选项A错误。根据《出境入境管理法》第64条第1款的规定，外国人对依照本法规定对其实施的继续盘问、拘留审查、限制活动范围、遣送出境措施不服的，可以依法申请行政复议，该行政复议决定为最终决定。选项B错误。根据《行政诉讼法》第13条的规定，行政机关对行政机关工作人员的奖惩、任免等决定不属于人民法院行政诉讼的受案范围。选项C错误。根据《行政诉讼法》第12条第11项的规定，认为行政机关不依法履行、未按照约定履行或者违法变更、解除政府特许经营协议、土地房屋征收补偿协议等协议的，属于人民法院行政诉讼的受案范围。选项D正确。

〔3〕 答案 AD【解析】市林业局的致函行为不属于具有拘束的具体行政行为，不具有可诉性。选项A正确。县政府的会议纪要不属于具有拘束的具体行政行为，不具有可诉性。选项B错误。行政合同行为的双方当事人是行政主体和行政相对人，且是为了达成某项行政目标，三部门的处理意见不是行政合同。选项C错误。三部门的通知是具体行政行为，且会对孙某的权利义务产生实际影响，具有可诉性。选项D正确。

第二节　规范性文件的附带性审查

<table>
<tr><td rowspan="1">审查内容</td><td>行政行为所依据的规范性文件</td><td>①国务院部门制定的规范性文件
②地方人民政府及部门制定的规范性文件
③不含规章</td></tr>
<tr><td>启动方式</td><td>附带性审查</td><td>①对行政行为提起诉讼时，一并请求对该规范性文件进行审查
②应当在第一审开庭审理前提出；有正当理由的，也可以在法庭调查中提出</td></tr>
<tr><td>审查结果</td><td colspan="2">认为规范性文件不合法，不作为认定行政行为合法的依据，并在裁判理由中予以阐明</td></tr>
<tr><td>与制定机关沟通</td><td colspan="2">①法院应当向规范性文件的制定机关提出处理建议，并可以抄送制定机关的同级人民政府、上一级行政机关、监察机关以及规范性文件的备案机关
②规范性文件不合法的，人民法院可以在裁判生效之日起3个月内，向规范性文件制定机关提出修改或者废止该规范性文件的司法建议。规范性文件由多个部门联合制定的，人民法院可以向该规范性文件的主办机关或者共同上一级行政机关发送司法建议
③接收司法建议的行政机关应当在收到司法建议之日起60日内予以书面答复。情况紧急的，法院可以建议制定机关或者其上一级行政机关立即停止执行该规范性文件</td></tr>
<tr><td>备案</td><td colspan="2">法院认为规范性文件不合法的，应当在裁判生效后报送上一级人民法院进行备案。涉及国务院部门、省级行政机关制定的规范性文件，司法建议还应当分别层报最高人民法院、高级人民法院备案</td></tr>
</table>

一、附带性审查的提出

公民、法人或者其他组织认为行政行为所依据的国务院部门和地方人民政府及其部门制定的规范性文件不合法，在对行政行为提起诉讼时，可以一并请求对该规范性文件进行审查。上述规范性文件不含规章。公民、法人或者其他组织请求人民法院一并审查规范性文件，应当在第一审开庭审理前提出；有正当理由的，也可以在法庭调查中提出。

二、制定机关的意见

人民法院在对规范性文件审查过程中，发现规范性文件可能不合法的，应当听取规范性文件制定机关的意见。制定机关申请出庭陈述意见的，人民法院应当准许。行政机关未陈述意见或者未提供相关证明材料的，不能阻止人民法院对规范性文件进行审查。

三、规范性文件的审查标准

人民法院对规范性文件进行一并审查时，可以从规范性文件制定机关是否超越权限或者违反法定程序、作出行政行为所依据的条款以及相关条款等方面进行。有下列情形之一的，属于“规范性文件不合法”：（1）超越制定机关的法定职权或者超越法律、法规、规章的授权范围的；（2）与法律、法规、规章等上位法的规定相抵触的；（3）没有法律、法规、规章依据，违法增加公民、法人和其他组织义务或者减损公民、法人和其他组织合法权益的；（4）未履行法定批准程序、公开发布程序，严重违反制定程序的；（5）其他违反法律、法规以及规章规定的情形。

四、规范性文件不合法的处理

（一）对案件的处理

人民法院经审查认为行政行为所依据的规范性文件合法的，应当作为认定行政行为合法的依据；经审查认为规范性文件不合法的，不作为人民法院认定行政行为合法的依据，并在裁判理由中予以阐明。

（二）对制定机关提出建议

作出生效裁判的人民法院应当向规范性文件的制定机关提出处理建议，并可以抄送制定机关的同级人民政府、上一级行政机关、监察机关以及规范性文件的备案机关。

规范性文件不合法的，人民法院可以在裁判生效之日起3个月内，向规范性文件制定机关提出修改或者废止该规范性文件的司法建议。规范性文件由多个部门联合制定的，人民法院可以向该规范性文件的主办机关或者共同上一级行政机关发送司法建议。接收司法建议的行政机关应当在收到司法建议之日起60日内予以书面答复。情况紧急的，人民法院可以建议制定机关或者其上一级行政机关立即停止执行该规范性文件。

（三）报送法院备案

人民法院认为规范性文件不合法的，应当在裁判生效后报送上一级人民法院进行备案。涉及国务院部门、省级行政机关制定的规范性文件，司法建议还应当分别层报最高人民法院、高级人民法院备案。

【真题实战】

（2016年卷四第七题）材料一（案情）：孙某与村委会达成在该村采砂的协议，期限为5年。孙某向甲市乙县国土资源局申请采矿许可，该局向孙某发放采矿许可证，载明采矿的有效期为2年，至2015年10月20日止。

2015年10月15日，乙县国土资源局通知孙某，根据甲市国土资源局日前发布的《严禁在自然保护区采砂的规定》，采矿许可证到期后不再延续，被许可人应立即停止采砂行为，撤回采砂设施和设备。

孙某以与村委会协议未到期、投资未收回为由继续开采，并于2015年10月28日向乙县国土资源局申请延续采矿许可证的有效期。该局通知其许可证已失效，无法续期。

2015年11月20日，乙县国土资源局接到举报，得知孙某仍在采砂，以孙某未经批准非法采砂，违反《矿产资源法》为由，发出《责令停止违法行为通知书》，要求其停止违法行为。孙某向法院起诉请求撤销通知书，一并请求对《严禁在自然保护区采砂的规定》进行审查。

孙某为了解《严禁在自然保护区采砂的规定》内容，向甲市国土资源局提出政府信息公开申请。

问题：孙某一并审查的请求是否符合要求？根据有关规定，原告在行政诉讼中提出一并请求审查行政规范性文件的具体要求是什么？[1]

【本章主要法律规定】

1. 《行政诉讼法》第12条、第13条
2. 最高人民法院《关于适用〈中华人民共和国行政诉讼法〉的解释》第1条、第2条

---

〔1〕本案中，因《严禁在自然保护区采砂的规定》并非被诉行政行为（责令停止违法行为通知）作出的依据，孙某的请求不成立。根据《行政诉讼法》第53条和《行政诉讼法解释》的规定，原告在行政诉讼中一并请求审查规范性文件需要符合下列要求：一是该规范性文件为国务院部门和地方政府及其部门制定的规范性文件，但不含规章；二是该规范性文件是被诉行政行为作出的依据；三是应在第一审开庭审理前提出；有正当理由的，也可以在法庭调查中提出。

【本章阅读案例】

【最高院指导案例 22 号】

魏永高、陈守志诉来安县人民政府收回土地使用权批复案

裁判要点：

地方人民政府对其所属行政管理部门的请示作出的批复，一般属于内部行政行为，不可对此提起诉讼。但行政管理部门直接将该批复付诸实施并对行政相对人的权利义务产生了实际影响，行政相对人对该批复不服提起诉讼的，人民法院应当依法受理。

基本案情：

2010 年 8 月 31 日，安徽省来安县国土资源和房产管理局向来安县人民政府报送《关于收回国有土地使用权的请示》，请求收回该县永阳东路与塔山中路部分地块土地使用权。9 月 6 日，来安县人民政府作出《关于同意收回永阳东路与塔山中路部分地块国有土地使用权的批复》。来安县国土资源和房产管理局收到该批复后，没有依法制作并向原土地使用权人送达收回土地使用权决定，而直接交由来安县土地储备中心付诸实施。魏永高、陈守志的房屋位于被收回使用权的土地范围内，其对来安县人民政府收回国有土地使用权批复不服，提起行政复议。2011 年 9 月 20 日，滁州市人民政府作出《行政复议决定书》，维持来安县人民政府的批复。魏永高、陈守志仍不服，提起行政诉讼，请求人民法院撤销来安县人民政府上述批复。

裁判结果：

滁州市中级人民法院于 2011 年 12 月 23 日作出（2011）滁行初字第 6 号行政裁定：驳回魏永高、陈守志的起诉。魏永高、陈守志提出上诉，安徽省高级人民法院于 2012 年 9 月 10 日作出（2012）皖行终字第 14 号行政裁定：一、撤销滁州市中级人民法院（2011）滁行初字第 6 号行政裁定；二、指令滁州市中级人民法院继续审理本案。

裁判理由：

法院生效裁判认为：根据《土地储备管理办法》和《安徽省国有土地储备办法》以收回方式储备国有土地的程序规定，来安县国土资源行政主管部门在来安县人民政府作出批准收回国有土地使用权方案批复后，应当向原土地使用权人送达对外发生法律效力的收回国有土地使用权通知。来安县人民政府的批复属于内部行政行为，不向相对人送达，对相对人的权利义务尚未产生实际影响，一般不属于行政诉讼的受案范围。但本案中，来安县人民政府作出批复后，来安县国土资源行政主管部门没有制作并送达对外发生效力的法律文书，即直接交来安县土地储备中心根据该批复实施拆迁补偿安置行为，对原土地使用权人的权利义务产生了实际影响。原土地使用权人也通过申请政府信息公开知道了该批复的内容，并对批复提起了行政复议，复议机关作出复议决定时也告知了诉权，该批复已实际执行并外化为对外发生法律效力的具体行政行为。因此，对该批复不服提起行政诉讼的，人民法院应当依法受理。

第十三章 行政诉讼的管辖

【应试指南】

管辖是指关于不同级别和地方的人民法院之间受理第一审行政案件的权限分工，是涉及行政审判的组织体制、公民诉权保护等基本问题的重要诉讼法律制度。管辖中的级别管辖与地域管辖是每年考试的必考点。其中，级别管辖需要区分清楚基层法院和中级法院的分工，地域管辖的难点在于经复议案件的管辖，以及限制人身自由的强制措施的管辖。

第一节 级别管辖

级别管辖解决不同审级法院之间管辖权的划分，《行政诉讼法》在规定方式上采用了列举式与概括式两种。例如，中级人民法院管辖海关案件等属于列举性规定，重大复杂标准属于概括式规定。

基层法院	管辖第一审行政案件
中级法院	①对国务院部门或者县级以上地方人民政府所作的行政行为 ②海关处理的案件 ③本辖区内重大、复杂的案件（社会影响重大的共同诉讼、涉外或者涉及港澳台案件） ④其他法律规定由中级人民法院管辖的案件
高级法院	本辖区内重大、复杂的第一审行政案件
最高法院	全国范围内重大、复杂的第一审行政案件

一、基层人民法院的管辖

《行政诉讼法》第14条规定："基层人民法院管辖第一审行政案件。"据此，除法律规定由上级法院管辖的特殊情形之外，行政案件都应由基层人民法院负责管辖。

二、中级人民法院的管辖

根据《行政诉讼法》第15条的规定，中级人民法院管辖的第一审行政案件有：

（一）县级以上政府或国务院部门作被告的案件

对国务院部门或者县级以上地方人民政府所作的行政行为提起诉讼的案件。规定这类案件由中级人民法院管辖主要是出于案件重要性的考虑，这些行政机关所作出的行政行为影响范围广泛，由中级人民法院管辖有助于法院排除干扰。

（二）海关处理的案件

主要是海关处理的纳税案件和海关处理的行政处罚案件。这类案件由中级人民法院管辖的主要原因是：海关的设置与分布多在大中城市，与一般的行政区划不一致；海关的业务与政策水平要求较高，需要高度的统一性，由中级人民法院管辖有助于保障审判质量。

（三）本辖区内重大、复杂的案件

“重大、复杂”的客观条件是：案件所涉及的人数众多，在本辖区内影响较大；案件本身比较复杂，案件在查处方面有相当的困难与干扰；案件在本辖区内有示范作用。对此，根据《行政诉讼法解释》第 5 条的规定，重大、复杂的案件是指以下情形：

1. 社会影响重大的共同诉讼、集团诉讼案件。集团诉讼是共同诉讼的一种特殊形式。这类诉讼主要是农村土地承包案件、土地征用案件、城市规划拆迁案件。

2. 涉外行政案件。涉外行政案件必须是案件的当事人、依据、客体或者执行涉及其他国家或者国际组织。

3. 涉及香港、澳门、台湾地区的行政案件。

4. 其他重大、复杂案件。这是人民法院裁定管辖的情形，即基层人民法院认为案件重大，不适合由自己管辖的，可以请求中级人民法院移转管辖。

三、高级人民法院的管辖

《行政诉讼法》第 16 条规定：“高级人民法院管辖本辖区内重大、复杂的第一审行政案件。”

《行政诉讼法》如此规定的主要原因是：高级人民法院的主要任务是监督和指导辖区内基层人民法院、中级人民法院的审理工作，审理不服中级人民法院裁判提起上诉的案件和申诉案件。高级人民法院管辖的案件应当在本级行政区域内具有示范或者重要意义。

四、最高人民法院的管辖

《行政诉讼法》第 17 条规定：“最高人民法院管辖全国范围内重大、复杂的第一审行政案件。”最高人民法院是全国最高的审判机关，主要任务是对全国各级各类的法院的审判工作进行监督与指导，运用司法解释权对审判工作中所涉及的法律具体应用问题进行司法解释，以及审理不服各高级人民法院裁判而提起的上诉案件。因此，所管辖的必须是全国范围内的确属重大、复杂的行政案件。

第二节　地域管辖

地域管辖解决行政案件由哪个地区的法院受理的问题。对此，行政诉讼法采取了“概括式”规定方式。《行政诉讼法》第 18 条第 1 款规定：“行政案件由最初作出行政行为的行政机关所在地法院管辖。经复议的案件，也可以由复议机关所在地人民法院管辖。”

一般原则	由最初作出行政行为的行政机关所在地管辖
复议案件	原机关所在地 + 复议机关所在地
限制人身自由的行政强制措施	被告所在地 + 原告所在地（原告户籍所在地、经常居住地、被限制人身自由所在地）
不动产	不动产所在地

一、“原告就被告”的原则

一般地域管辖采取了“原告就被告”原则。行政案件原则上由最初作出行政行为的行政机关所在地法院管辖。制度设计的主要原因便利当事人诉讼及便于法院通知、调查取证与执行。

二、经复议案件

经复议案件，无论复议决定是维持还是改变，都可以由原机关所在地或复议机关所在地进行管辖。《行政诉讼法》第26条第2款规定："经复议的案件，复议机关决定维持原行政行为的，作出原行政行为的行政机关和复议机关是共同被告；复议机关改变原行政行为的，复议机关是被告。"但复议的结果，不影响案件的地域管辖，都可以由原机关所在地或复议机关所在地进行管辖。

作出原行政行为的行政机关和复议机关为共同被告的，以作出原行政行为的行政机关确定案件的级别管辖。

三、人身权案件

限制人身自由的行政强制措施案件，由被告所在地或者原告所在地法院管辖。其中，原告所在地，包括原告的户籍所在地、经常居住地和被限制人身自由地。所谓经常居住地，是指公民离开住所地连续居住满1年以上的地方。所谓被限制人身自由所在地，是指公民被羁押、限制人身自由的场所的所在地。

同时，对行政机关基于同一事实，既采取限制公民人身自由的行政强制措施，又采取其他行政强制措施或者行政处罚不服的，既可以向被告所在地人民法院提起诉讼，也可以向原告所在地人民法院提起诉讼，受诉人民法院可一并管辖。

四、不动产案件

不动产案件，由不动产所在地的人民法院管辖。所谓不动产，是指形体上不可移动或者移动就会损失其经济价值的财产，如土地、建筑物、滩涂、山林、草原等。

"因不动产提起的行政诉讼"是指因行政行为导致不动产物权变动而提起的诉讼。不动产已登记的，以不动产登记簿记载的所在地为不动产所在地；不动产未登记的，以不动产实际所在地为不动产所在地。

【真题实战】

1. A市李某驾车送人前往B市，在B市甲县与乙县居民范某的车相撞，并将后者打伤。B市甲县公安局决定扣留李某的汽车，对其拘留5日并处罚款300元。下列哪一选项是正确的？[1]（2008/83/单）

A. 李某可向B市公安局申请行政复议

B. 对扣留汽车行为，李某可向甲县人民法院起诉

C. 李某应先申请复议，方能提起行政诉讼

D. 范某可向乙县人民法院起诉

2. 甲、乙两村分别位于某市两县境内，因土地权属纠纷向市政府申请解决，市政府裁决争议土地属于甲村所有。乙村不服，向省政府申请复议，复议机关确认争议的土地属于乙村所

---

〔1〕 答案B【解析】《行政复议法》第24条第1款第1项规定："县级以上地方各级人民政府管辖下列行政复议案件：（一）对本级人民政府工作部门作出的行政行为不服的。"本案中，县公安局的复议机关为区政府。选项A错误。《行政诉讼法》第18条第1款规定："行政案件由最初作出行政行为的行政机关所在地人民法院管辖。"甲区是作出扣留决定的甲县公安局所在地，选项B正确。本案中的事项不属于复议前置的案件，选项C错误。《行政诉讼法》第19条规定："对限制人身自由的行政强制措施不服提起的诉讼，由被告所在地或者原告所在地人民法院管辖。"本案中范某是受害人，且行政机关作出的拘留是行政处罚，基于以上任一原因，范某都不能在其所在地起诉，选项D错误。

有。甲村不服行政复议决定，提起行政诉讼。下列哪个法院对本案有管辖权？[1]（2007/39/单）

A. 争议土地所在地的基层人民法院　　B. 争议土地所在地的中级人民法院

C. 市政府所在地的基层人民法院　　D. 省政府所在地的中级人民法院

3. 甲县宋某到乙县访亲，因醉酒被乙县公安局扣留24小时。宋某认为乙县公安局的行为违法，提起行政诉讼。下列哪些说法是正确的？[2]（2012/79/多）

A. 扣留宋某的行为为行政处罚　　B. 甲县法院对此案有管辖权

C. 乙县法院对此案有管辖权　　D. 宋某的亲戚为本案的第三人

第三节　共同管辖与裁定管辖

一、共同管辖

（一）共同管辖的情形

共同管辖是指两个以上的法院对同一个诉讼案件都有合法的管辖权的情况。《行政诉讼法》规定的共同管辖情况主要有：

1. 经过复议的案件，行政复议机关和原行政机关所在地的人民法院都有权管辖。

2. 采取限制人身自由的行政强制措施案件，被告所在地的法院与原告户籍地、住所地、被限制人身自由地的法院都有权管辖。如果行政机关基于同一事实既对人身又对财产实施行政处罚或者采取行政强制措施的，被限制人身自由的公民、被扣押或者没收财产的公民、法人或者其他组织对上述行为均不服的，既可以向被告所在地人民法院提起诉讼，也可以向原告所在地人民法院提起诉讼，受诉人民法院可一并管辖。

3. 临界不动产案件，有关行政区域的人民法院都有权管辖。这里比较常见的是因临界库区、保护区而发生的案件。

（二）共同管辖的解决

为了避免和解决管辖权争议，《行政诉讼法》和《行政诉讼法解释》进行了规定：

1. 原告选择。两个以上人民法院都有管辖权的案件，原告可以选择其中一个人民法院提起诉讼。

2. 最先立案的人民法院管辖。原告向两个以上有管辖权的人民法院提起诉讼的，由最先立案的人民法院管辖。

3. 受诉人民法院一并管辖。即在限制人身自由的强制措施案件中，行政机关同时采取其

---

〔1〕 答案B【解析】《行政诉讼法》第20条规定：“因不动产提起的行政诉讼，由不动产所在地人民法院管辖。”根据该法第15条的规定，对国务院部门或者县级以上地方人民政府所作的行政行为提起诉讼的第一审案件，由中级人民法院管辖。本案中，甲村对省人民政府的复议决定不服提起行政诉讼，应该由争议土地所在地的中级人民法院审理。选项B正确。

〔2〕 答案BC【解析】对醉酒的人进行管束，以避免对其本人的危险或对他人的安全构成威胁的行为属于行政强制措施。选项A错误。《行政诉讼法》第19条规定：“对限制人身自由的行政强制措施不服提起的诉讼，由被告所在地或者原告所在地人民法院管辖。”本案中，甲县为宋某的户籍所在地，乙县为被告所在地、原告被限制人身自由地，这两地法院对此案均有管辖权。选项B、C正确。《行政诉讼法》第29条第1款规定：“公民、法人或者其他组织同被诉行政行为有利害关系但没有提起诉讼，或者同案件处理结果有利害关系的，可以作为第三人申请参加诉讼，或者由人民法院通知参加诉讼。”宋某的亲戚与被诉行政行为及案件处理结果并无利害关系，不能成为本案第三人。选项D错误。

他行政强制措施或者行政处罚的，原告可以选择被告所在地或原告所在地法院，受诉人民法院可以一并管辖，通过一个诉讼程序审查若干个行政行为。

4. 协商管辖或者指定管辖。因共同管辖发生争议的，有关法院可以协商。协商不成的，由共同的上级人民法院指定管辖。

二、裁定管辖

<table>
<tr><td rowspan="2">移送管辖</td><td>原受理法院</td><td>受理后发现不属于本院管辖，移送有管辖权的法院</td></tr>
<tr><td>受移送法院</td><td>①应当受理
②认为不属于本院管辖，应当报请上级法院指定管辖，不得再自行移送</td></tr>
<tr><td>指定管辖</td><td colspan="2">①特殊原因不能行使管辖权
②对管辖权发生争议</td></tr>
<tr><td>管辖权转移</td><td colspan="2">①上级有权审理下级第一审案件（取消了管辖权下放）
②下级认为其管辖的第一审案件需要上级审理或者指定管辖的，可以报请上级法院决定</td></tr>
<tr><td>管辖异议</td><td colspan="2">法院受理案件后，被告提出管辖异议的，应当在收到起诉状副本之日起 15 日内提出</td></tr>
</table>

（一）移送管辖

移送管辖是指受诉人民法院在决定受理之后发现案件不属于自己管辖，将案件移送给有管辖权的法院。

1. 移送案件的法院已经决定受理，诉讼程序已经开始但未审结。

2. 移送案件的法院对本案无管辖权，必须移送。

3. 受移送的人民法院应当受理。受移送的人民法院认为受移送的案件按照规定不属于本院管辖的，应当报请上级人民法院指定管辖，不得再自行移送。

4. 必须作出移送案件的裁定。受移送的法院不得拒收、退回或再自行移送。

（二）指定管辖

指定管辖，是指上级法院决定将行政案件交由下级法院管辖。

1. 由于特殊原因，有管辖权的法院不能行使管辖权。

2. 法院之间发生管辖权争议。同级法院之间发生争议，应当互相协商；协商不成的，应当报请共同上级法院决定管辖（《行政诉讼法》23 条）。

（三）管辖权转移

管辖权转移，是指基于上级法院裁定，下级法院将自己管辖的行政案件转交上级法院审理。

1. 转移的法院与接受的法院之间应当具有审级关系。

2. 移转管辖的理由由法院裁量，但需要出于正当理由。

【本章主要法律规定】

1. 《行政诉讼法》第 14 ~ 24 条

2. 《行政诉讼法解释》第 3 ~ 11 条

3. 《最高人民法院关于行政案件管辖若干问题的规定》已于 2019 年 7 月 20 日被《最高人民法院关于废止部分司法解释（第十三批）的决定》废止。

第十四章　行政诉讼参加人

【应试指南】

诉讼参加人是指在整个或部分诉讼过程中参加行政诉讼，对行政诉讼程序能够产生重大影响的人，包括当事人和诉讼代理人。诉讼参加人不同于诉讼参与人，后者范围更宽，除了诉讼参加人之外，还包括证人、鉴定人、翻译人、勘验人等。这类诉讼参与人在法律上与案件没有利害关系。

本章的原告、被告、第三人的确定，都是历年考试的必考内容。

第一节　原　告

行政诉讼原告是指认为行政行为侵犯其合法权益，而依法向人民法院提起诉讼的公民、法人或者其他组织。

一、原告的一般规定

	原告资格
一般规定	行政行为相对人和利害关系人
资格转移	①公民死亡，其近亲属为原告 ②法人或其他组织终止的，承受其权利的法人或其他组织为原告
利害关系人	①被诉的行政行为涉及其相邻权或者公平竞争权的 ②在行政复议等行政程序中被追加为第三人的 ③要求行政机关依法追究加害人法律责任的 ④撤销或者变更行政行为涉及其合法权益的 ⑤为维护自身合法权益向行政机关投诉，具有处理投诉职责的行政机关作出或者未作出处理的
共同原告	推选 2 ~ 5 人为诉讼代表人或者法院指定

（一）相邻权人的原告资格

相邻权是指不动产的占有人在行使其物权时，对与其相邻的他人不动产所享有的特定支配权。根据《民法典》有关相邻关系的规定，相邻权主要包括截水、排水、通行、通风、采光等权利。如果被诉行政行为侵害了有关公民的相邻权，利害关系即告成立。例如，规划部门许可某公司修建 30 层大楼，影响了与之相邻的其他房主的采光权、通风权，这些业主均具有对规划部门的许可行为提起行政诉讼的原告资格。

（二）公平竞争权人的原告资格

公民、法人或者其他组织认为行政机关滥用行政权力排除或者限制竞争的，可以向法院起诉，事实上赋予公平竞争权受到侵害的人原告资格。例如，若干企业竞投出租车营运权，政府以行政决定形式将出租车营运权批给某个企业，其他参加投标的企业均可以公平竞争权受到侵害为由提起行政诉讼。

（三）受害人的原告资格

受害人是指受到加害人违法行为侵害的人。在发生侵害时，行政机关处罚了加害人，但受害人认为处罚轻微。

（四）投诉举报者的原告资格

为维护自身合法权益向行政机关投诉，具有处理投诉职责的行政机关作出或者未作出处理的公民、法人或者其他组织具有原告主体资格。

（五）资格转移

有权提起诉讼的公民死亡，其近亲属可以提起诉讼。“近亲属”，包括配偶、父母、子女、兄弟姐妹、祖父母、外祖父母、孙子女、外孙子女和其他具有扶养、赡养关系的亲属。有权提起诉讼的法人或者其他组织终止，承受其权利的法人或者其他组织可以提起诉讼。

（六）共同原告

当事人一方为10人以上的，由当事人推选代表人2~5人。当事人推选不出的，可以由人民法院在起诉的当事人中指定代表人。代表人可以委托1~2人作为诉讼代理人。

【真题实战】

某公司向规划局交纳了一定费用后获得了该局发放的建设用地规划许可证。刘某的房屋紧邻该许可规划用地，刘某认为建筑工程完成后将遮挡其房屋采光，向法院起诉请求撤销该许可决定。下列哪一说法是正确的？[1]（2013/47/单）

A. 规划局发放许可证不得向某公司收取任何费用

B. 因刘某不是该许可的利害关系人，规划局审查和决定发放许可证无需听取其意见

C. 因刘某不是该许可的相对人，不具有原告资格

D. 因建筑工程尚未建设，刘某权益受侵犯不具有现实性，不具有原告资格

【考点点拨】

行政诉讼原告资格的确定需要考虑争议的性质。《行政诉讼法解释》第13条规定，债权人以行政机关对债务人所作的行政行为损害债权实现为由提起行政诉讼的，人民法院应当告知其就民事争议提起民事诉讼。也就是说甲和乙之间如果是民事争议，则应当通过民事诉讼加以解决。

二、企业原告资格的确定

	原告资格
股份制企业	企业为原告，法定代表人、股东会、董事会以企业名义起诉 （认为行政行为侵犯企业经营自主权）
联营企业、中外合资或者合作企业	企业为原告或者联营、合资、合作各方为原告 （认为企业权益或自己一方权益受到侵害）
非国有企业	该企业为原告或者法定代表人为原告 （被行政机关注销、撤销、合并、强令兼并、出售、分立或改变企业隶属关系的）

〔1〕 答案A【解析】《行政许可法》第58条第2款规定，行政机关提供行政许可申请书格式文本，不得收费。选项A正确。本题中，刘某认为建筑工程完成后将遮挡其房屋采光，刘某是行政许可的利害关系人，选项B错误。本题中刘某不是该具体行政行为的相对人，但该具体行政行为的作出对刘某产生了直接的影响，该影响不以具有现实侵害为前提，因此作为该具体行政行为的利害关系人，刘某具有原告资格。选项CD错误。

（一）股份制企业的诉权

股份制企业的股东会、董事会等认为行政机关作出的行政行为侵犯企业经营自主权的，可以企业名义提起诉讼。作出这种规定的主要原因是股份制企业的不同机构往往由不同投资方控制，在企业内部各个投资方意见出现分歧的情况下，认为行政行为侵犯其合法权益的部分投资方难以行使诉权，其实体权益不能得到保护。

（二）投资人的原告资格

在有两个以上投资人投资组成的合资、合作或者联营企业中，投资组成的企业利益即是投资方的利益。联营企业、中外合资企业、中外合作企业的联营、合资、合作各方，认为联营、合资、合作企业权益或者自己一方合法权益受行政行为侵害的，均可以以自己的名义提起诉讼。

（三）非国有企业的诉权

非国有企业被行政机关注销、撤销、合并、强令兼并、出售、分立或者改变企业隶属关系的原告确认。在这种情况下，企业或者其法定代表人可以提起诉讼。作出这种规定的主要考虑是实践中出现了行政机关通过人事任免等手段侵犯企业经营自主权的情况。因此，赋予法定代表人诉权具有保护法定代表人经营权、企业经营自主权和防止行政机关规避法律等多重意义。

【真题实战】

1. 甲厂是某市建筑装潢公司下属的独立核算的集体企业，2007 年 1 月某市建筑装潢公司经批准与甲厂脱离隶属关系。2007 年 4 月，行政机关下达文件批准某市建筑装潢公司的申请，将甲厂并入另一家集体企业乙厂。对此行为，下列何者有权向法院起诉？[1]（2008/86/多）

A. 甲厂　　B. 乙厂

C. 甲厂法定代表人　　D. 乙厂法定代表人

2. 某市工商局发现，某中外合资游戏软件开发公司生产的一种软件带有暴力和色情内容，决定没收该软件，并对该公司处以三万元罚款。中方投资者接受处罚，但外方投资者认为处罚决定既损害了公司的利益也侵害自己的权益，向法院提起行政诉讼。下列哪一选项是正确的？[2]（2009/47/单）

A. 外方投资者只能以合资公司的名义起诉

B. 外方投资者可以自己的名义起诉

C. 法院受理外方投资者起诉后，应追加未起诉的中方投资者为共同原告

D. 外方投资者只能以保护自己的权益为由提起诉讼

3. 一公司为股份制企业，认为行政机关作出的决定侵犯企业经营自主权，下列哪些主体有权以该公司的名义提起行政诉讼？[3]（2013/82/多）

A. 股东　　B. 监事会　　C. 股东会　　D. 董事会

---

〔1〕 答案 ABCD【解析】《行政诉讼法解释》第 16 条第 3 款规定，非国有企业被行政机关注销、撤销、合并、强令兼并、出售、分立或者改变企业隶属关系的，该企业或者其法定代表人可以提起诉讼。根据上述规定，选项 ABCD 正确。

〔2〕 答案 B【解析】《行政诉讼法解释》第 16 条第 2 款规定：“联营企业、中外合资或者合作企业的联营、合资、合作各方，认为联营、合资、合作企业权益或者自己一方合法权益受行政行为侵害的，可以自己的名义提起诉讼。”选项 B 项正确，选项 ACD 错误。

〔3〕 答案 CD【解析】《行政诉讼法解释》第 16 条第 1 款规定：“股份制企业的股东会、董事会等认为行政机关作出的行政行为侵犯企业经营自主权的，可以企业名义提起诉讼。”选项 CD 正确。

三、其他情形原告资格的确定

	原告资格
非营利法人的出资人、设立人	事业单位、社会团体、基金会、社会服务机构等非营利法人的出资人、设立人认为行政行为损害法人合法权益的，可以自己的名义提起诉讼
业主委员会	①业主委员会对于行政机关作出的涉及业主共有利益的行政行为，可以自己的名义提起诉讼 ②业主委员会不起诉的，专有部分占建筑物总面积过半数或者占总户数过半数的业主可以提起诉讼
检察院	①检察院在履行职责中发现生态环境和资源保护、食品药品安全、国有财产保护、国有土地使用权出让等领域负有监督管理职责的行政机关违法行使职权或者不作为，致使国家利益或者社会公共利益受到侵害的，应当向行政机关提出检察建议，督促其依法履行职责 ②行政机关不依法履行职责的，检察院依法向法院提起诉讼

（一）非营利法人的原告资格

事业单位、社会团体、基金会、社会服务机构等非营利法人的出资人、设立人认为行政行为损害法人合法权益的，可以自己的名义提起诉讼。

（二）涉及业主共有利益的原告主体资格

业主委员会对于行政机关作出的涉及业主共有利益的行政行为，可以自己的名义提起诉讼。业主委员会不起诉的，专有部分占建筑物总面积过半数或者占总户数过半数的业主可以提起诉讼。

（三）行政公益诉讼

第一，只能由检察院提出；第二，发生在生态环境和资源保护、食品药品安全、国有财产保护、国有土地使用权出让等领域；第三，检察院必须履行检察建议的前置程序。

第二节　被　告

行政诉讼被告是指由原告指控其行政行为违法，经人民法院通知应诉的行政机关或法律法规授权的组织。

一、被告的一般规定

行为主体		被告资格
行政机关		行政机关
非政府组织	法律、法规、规章授权的组织	法律、法规、规章授权的组织
	行政机关委托的组织	委托机关
行政机关组建的机构		组建机关

续表

行为主体		被告资格
行政机构	派出所做警告和罚款	派出所
	派出所做拘留	所属公安局
经批准的行政行为		在对外发生法律效力的文书上署名的机关
被撤销或职权变更的行政机关		继续行使其职权的行政机关
两个以上的行政机关		共同被告

（一）被告是行政机关或者法律、法规、规章授权的组织

行政机关是指依法独立享有与行使行政职权的国家机关。行政机关能够以自己的名义独立行使行政职权，有独立的机构、编制和经费。公民、法人或者其他组织直接向人民法院提起诉讼的，作出行政行为的行政机关是被告。

法律、法规、规章授权的组织虽然不是行政机关，但依法取得一定的行政职权。

（二）被告是委托机关

行政机关委托的组织所作的行政行为，委托的行政机关是被告。没有法律、法规或者规章规定，行政机关授权其内设机构、派出机构或者其他组织行使行政职权的，属于委托。当事人不服提起诉讼的，应当以该行政机关为被告。

（三）被告是组建机关

行政机关组建并赋予行政管理职能但不具有独立承担法律责任能力的机构，以自己的名义作出行政行为，当事人不服提起诉讼的，应当以组建该机构的行政机关为被告。

（四）上级批准机关是被告

当事人不服经上级行政机关批准的行政行为，向人民法院提起诉讼的，以在对外发生法律效力的文书上署名的机关为被告。

（五）行政机关被撤销或者职权变更被告的确定

行政机关被撤销或者职权变更的，继续行使其职权的行政机关是被告。没有继续行使其职权的行政机关的，以其所属的人民政府为被告；实行垂直领导的，以垂直领导的上一级行政机关为被告。

（六）共同被告

两个以上行政机关作出同一行政行为的，共同作出行政行为的行政机关是共同被告。

【真题实战】

甲银行与乙公司签订了贷款合同并约定乙以其拥有使用权的土地作抵押。双方在镇政府内设机构镇土地管理所办理了土地使用权抵押登记，该所出具了《证明》。因乙不能归还到期贷款，甲经法院强制执行时，发现乙用于抵押的国有土地使用证系伪造。甲遂对镇土地管理所出具的抵押证明提起行政诉讼。下列哪些选项是正确的？[1]（2007/82/多）

A. 本案的被告应当是镇土地管理所

B. 本案的被告应当是镇政府

〔1〕 答案 BCD【解析】镇土地管理所是镇政府的内设机构，未经法律法规授权不具有对外行政管理职能，不是行政主体，法律后果应由镇政府承担。选项 A 错误，选项 B 正确。同时，由于其并非行政主体，因此对外作出的证明行为是超越职权的违法行为，选项 C 正确。证明行为是一种准行政行为，对于其应该适用确认违法判决。选项 D 正确。

C. 镇土地管理所出具抵押证明的行为是超越职权的行为

D. 法院应当判决确认抵押证明违法

二、拆除房屋的被告确定

情形	被告
县级以上地方政府根据城乡规划法的规定，责成有关职能部门对违法建筑实施强制拆除	①以作出强制拆除决定的行政机关为被告 ②没有强制拆除决定书的，以具体实施强制拆除行为的职能部门为被告
当事人对集体土地征收中强制拆除房屋等行为不服提起诉讼的	
县级以上地方人民政府已经作出国有土地上房屋征收与补偿决定，当事人不服具体实施房屋征收与补偿工作中的强制拆除房屋等行为提起诉讼的	

1. 县级以上地方人民政府根据城乡规划法的规定，责成有关职能部门对违法建筑实施强制拆除，公民、法人或者其他组织不服强制拆除行为提起诉讼，人民法院应当以作出强制拆除决定的行政机关为被告；没有强制拆除决定书的，以具体实施强制拆除行为的职能部门为被告。

2. 公民、法人或者其他组织对集体土地征收中强制拆除房屋等行为不服提起诉讼的，除有证据证明系县级以上地方人民政府具体实施外，人民法院应当以作出强制拆除决定的行政机关为被告；没有强制拆除决定书的，以具体实施强制拆除等行为的行政机关为被告。

3. 县级以上地方人民政府已经作出国有土地上房屋征收与补偿决定，公民、法人或者其他组织不服具体实施房屋征收与补偿工作中的强制拆除房屋等行为提起诉讼的，人民法院应当以作出强制拆除决定的行政机关为被告；没有强制拆除决定书的，以县级以上地方人民政府确定的房屋征收部门为被告。

【考点点拨】

“先文书，后行为”，无论是对违法建筑的拆除不服，还是对土地房屋征收中的拆除不服，都是先找作拆除决定的机关作被告，没有强制拆除决定书的，以具体实施强制拆除行为的职能部门为被告。

三、复议案件被告的确定

情形		被告资格
复议机关作为	维持决定	原机关和复议机关（共同被告）
	改变决定	复议机关
复议机关不作为	诉原行政行为	原机关
	诉复议机关不作为	复议机关

（一）复议案件被告的确定

经复议的案件，复议机关决定维持原行政行为的，作出原行政行为的行政机关和复议机关是共同被告；复议机关改变原行政行为的，复议机关是被告。

复议机关在法定期限内未作出复议决定，公民、法人或者其他组织起诉原行政行为的，作出原行政行为的行政机关是被告；起诉复议机关不作为的，复议机关是被告。

（二）复议案件的维持与改变

“复议机关改变原行政行为”，是指复议机关改变原行政行为的处理结果。

1. 复议机关改变原行政行为所认定的主要事实和证据、改变原行政行为所适用的规范依据，但未改变原行政行为处理结果的，视为复议机关维持原行政行为。

2. 复议机关确认原行政行为无效，属于改变原行政行为。复议机关确认原行政行为违法，属于改变原行政行为，但复议机关以违反法定程序为由确认原行政行为违法的除外。

3. 复议机关驳回复议申请或者复议请求的情形属于维持原行政行为，但以复议申请不符合受理条件为由驳回的除外。

4. 行政复议决定既有维持原行政行为内容，又有改变原行政行为内容或者不予受理申请内容的，作出原行政行为的行政机关和复议机关为共同被告。

【考点点拨】

区分复议维持和复议改变的关键点就在于结果是否改变。

【真题实战】

1. 县计生委认定孙某违法生育第二胎，决定对孙某征收社会抚养费40 000元。孙某向县政府申请复议，要求撤销该决定。县政府维持该决定，并在征收总额中补充列入遗漏的3000元未婚生育社会抚养费。孙某不服，向法院起诉。下列哪些选项是正确的？[1]（2010/86/多选）

A. 此案的被告应为县计生委与县政府

B. 此案应由中级法院管辖

C. 此案的复议决定违法

D. 被告应当在收到起诉状副本之日起十日内提交答辩状

2. 某药厂以本厂过期药品作为主原料，更改生产日期和批号生产出售。甲市乙县药监局以该厂违反原《药品管理法》第49条第1款关于违法生产药品规定，决定没收药品并处罚款20万元。药厂不服向县政府申请复议，县政府依原《药品管理法》第49条第3款关于生产劣药行为的规定，决定维持处罚决定。药厂起诉。关于本案的被告和管辖，下列说法正确的有：[2]（2012/97/任）

A. 被告为乙县药监局和县政府，由乙县法院管辖

B. 被告为乙县药监局，甲市中级法院对此案有管辖权

C. 被告为乙县政府，乙县法院对此案有管辖权

D. 被告为乙县政府，由甲市中级法院管辖

3. 李某不服县公安局对其作出的行政拘留5日的处罚，向县政府申请行政复议，县政府作

---

〔1〕 答案BC【解析】《行政诉讼法》第26条第2款规定，经复议的案件，复议机关决定维持原行政行为的，作出原行政行为的行政机关和复议机关是共同被告；复议机关改变原行政行为的，复议机关是被告。县政府在征收总额中补充列入遗漏的3000元未婚生育社会抚养费，属于对原行政行为的改变，此案应以复议机关即县政府为被告，选项A错误。根据该法第15条的规定，县级以上人民政府作被告的案件由中级人民法院管辖。选项B正确。《行政复议法》第63条第2款的规定，“行政复议机关不得作出对申请人更为不利的变更决定，但是第三人提出相反请求的除外。”县政府在征收总额中补充列入遗漏的费用，该复议决定违法，选项C正确。《行政诉讼法》第67条第1款的规定，人民法院应当在立案之日起五日内，将起诉状副本发送被告。被告应当在收到起诉状副本之日起十五日内向人民法院提交作出行政行为的证据和所依据的规范性文件，并提出答辩状。选项D错误。

〔2〕 答案A【解析】《行政诉讼法解释》第22条第1款的规定，行政诉讼法第二十六条第二款规定的“复议机关改变原行政行为”，是指复议机关改变原行政行为的处理结果。本题中的复议决定是维持。根据修正后的法律，复议维持的情况下原机关和复议机关做共同被告。此外，复议维持的情况下级别管辖按照原机关的级别确定，即应由乙县法院进行管辖。因此，选项A正确。

出维持决定。李某不服，提起行政诉讼。下列哪些选项是正确的?[1]（2015/82/多）

A. 李某可向市公安局申请行政复议

B. 被告为县政府和县公安局

C. 县政府所在地的法院对本案无管辖权

D. 如李某的起诉状内容有欠缺，法院应给予指导和释明，并一次性告知需要补正的内容

四、其他情形被告的确定

（一）开发区管理机构被告的确定

当事人对由国务院、省级人民政府批准设立的开发区管理机构作出的行政行为不服提起诉讼的，以该开发区管理机构为被告；对由国务院、省级人民政府批准设立的开发区管理机构所属职能部门作出的行政行为不服提起诉讼的，以其职能部门为被告；对其他开发区管理机构所属职能部门作出的行政行为不服提起诉讼的，以开发区管理机构为被告；开发区管理机构没有行政主体资格的，以设立该机构的地方人民政府为被告。

（二）村委会或者居委会被告的确定

当事人对村民委员会或者居民委员会依据法律、法规、规章的授权履行行政管理职责的行为不服提起诉讼的，以村民委员会或者居民委员会为被告。

当事人对村民委员会、居民委员会受行政机关委托作出的行为不服提起诉讼的，以委托的行政机关为被告。

（三）事业单位或者行业协会被告的确定

当事人对高等学校等事业单位以及律师协会、注册会计师协会等行业协会依据法律、法规、规章的授权实施的行政行为不服提起诉讼的，以该事业单位、行业协会为被告。

当事人对高等学校等事业单位以及律师协会、注册会计师协会等行业协会受行政机关委托作出的行为不服提起诉讼的，以委托的行政机关为被告。

（四）房屋征收部门被告的确定

市、县级人民政府确定的房屋征收部门组织实施房屋征收与补偿工作过程中作出行政行为，被征收人不服提起诉讼的，以房屋征收部门为被告。

征收实施单位受房屋征收部门委托，在委托范围内从事的行为，被征收人不服提起诉讼的，应当以房屋征收部门为被告。

【考点点拨】

开发区带“国、省”的当被告；房屋征收带“市、县”的当被告，其余的遵循授权与委托的一般法理。

---

〔1〕 答案 BD【解析】《行政复议法》第 24 条第 1 款规定，县级以上地方各级人民政府管辖下列行政复议案件：对本级人民政府工作部门作出的行政行为不服的。因此，复议机关只有县政府，不包括市公安局。A 选项错误。《行政诉讼法》第 26 条第 2 款规定，经复议的案件，复议机关决定维持原行政行为的，作出原行政行为的行政机关和复议机关是共同被告；复议机关改变原行政行为的，复议机关是被告。选项 B 正确。该法第 18 条第 1 款规定，行政案件由最初作出行政行为的行政机关所在地人民法院管辖。经复议的案件，也可以由复议机关所在地人民法院管辖。选项 C 错误。该法第 51 条第 3 款规定，起诉状内容欠缺或者有其他错误的，应当给予指导和释明，并一次性告知当事人需要补正的内容。不得未经指导和释明即以起诉不符合条件为由不接收起诉状。选项 D 正确。

五、被告的变更与追加

行政组织		被告
错列被告		①告知原告变更被告 ②原告不同意变更的，裁定驳回起诉
少列被告	原则（如联合执法）	应当追加被告而原告不同意追加的，法院应当通知其以第三人的身份参加诉讼
	例外（如复议维持）	应当告知原告追加被告。原告不同意追加的，法院应当将另一机关列为共同被告

（一）错列被告

原告起诉的被告不适格，人民法院应当告知原告变更被告；原告不同意变更的，裁定驳回起诉。

（二）少列被告

应当追加被告而原告不同意追加的，人民法院应当通知其以第三人的身份参加诉讼。

复议机关决定维持原行政行为的，作出原行政行为的行政机关和复议机关是共同被告。原告只起诉作出原行政行为的行政机关或者复议机关的，人民法院应当告知原告追加被告。原告不同意追加的，人民法院应当将另一机关列为共同被告。

【真题实战】

某区卫计局以董某擅自开展诊疗活动为由作出没收其违法诊疗工具并处5万元罚款的处罚。董某向区政府申请复议，区政府维持了原处罚决定。董某向法院起诉。下列哪一说法是正确的?[1]（2016/49/单）

A. 如董某只起诉区卫计局，法院应追加区政府为第三人

B. 本案应以区政府确定案件的级别管辖

C. 本案可由区卫计局所在地的法院管辖

D. 法院应对原处罚决定和复议决定进行合法性审查，但不对复议决定作出判决

第三节　第三人

行政诉讼的第三人是指因与被提起行政诉讼的行政行为有利害关系，通过申请或法院通知形式，参加到诉讼中来的当事人。

---

〔1〕 答案C【解析】《行政诉讼法解释》第134条第1款规定，复议机关决定维持原行政行为的，作出原行政行为的行政机关和复议机关是共同被告。原告只起诉作出原行政行为的行政机关或者复议机关的，人民法院应当告知原告追加被告。原告不同意追加的，人民法院应当将另一机关列为共同被告。选项A错误。该法第134条第3款规定，复议机关作共同被告的案件，以作出原行政行为的行政机关确定案件的级别管辖。本案应以区卫计局确定案件的级别管辖，选项B错误。《行政诉讼法》第18条第1款规定，行政案件由最初作出行政行为的行政机关所在地人民法院管辖。经复议的案件，也可以由复议机关所在地人民法院管辖。选项C正确。该法第79条规定，复议机关与作出原行政行为的行政机关为共同被告的案件，人民法院应当对复议决定和原行政行为一并作出裁判。选项D错误。

资格	①同被诉行政行为有利害关系但没有提起诉讼 ②或者同案件处理结果有利害关系 ③应当追加被告而原告不同意追加，法院应通知其作为第三人参加诉讼（复议机关作共同被告除外） ④应当追加的原告，既不愿意参加诉讼，又不放弃实体权利的，应追加为第三人
途径	①作为第三人申请参加诉讼 ②由法院通知参加诉讼
权利	法院判决第三人承担义务或者减损第三人权益的，第三人有权提出上诉或者申请再审

一、第三人的确定

第三人主要有以下几种：

1. 行政处罚案件中的受害人或加害人。在行政处罚案件中，加害人不服处罚作为原告起诉，受害人则可以作为第三人参加诉讼。如果受害人对处罚不服而以原告身份向法院起诉，加害人可以第三人名义参加诉讼。

2. 行政处罚案件中的共同被处罚人。在一个行政处罚案件中，行政机关处罚了两个以上的违法行为人，其中一部分人向法院起诉，而另一部分被处罚人没有起诉的，可以作为第三人参加诉讼。

3. 行政裁决案件中的当事人。公民、法人或者其他组织之间发生民事权益纠纷，由行政机关确权裁决，一部分当事人不服向法院起诉，另一部分可作为第三人参加诉讼。

4. 两个以上行政机关作出相互矛盾的行政行为，非被告的行政机关可以是第三人。

5. 与行政机关共同署名作出处理决定的非行政组织。这种组织既不是行政机关，也不是授权组织，不能作被告，但赔偿责任不免除。该组织应作为第三人参加诉讼，以承担相应的法律责任。

6. 被告型第三人。应当追加被告而原告不同意追加的，法院应通知其作为第三人参加诉讼。如果只有一个被告而原告指控又不正确的，法院应要求原告变更为正确的被告。原告如不同意变更的，则驳回起诉。但是，如果应当有两个或两个以上的正确被告，而原告只诉其中部分被告，不同意诉其他具有被告资格的行政机关的，原则上这些行政机关作为第三人参加诉讼。不过，因复议机关决定维持原行政行为，作出原行政行为的行政机关和复议机关作共同被告时，原告只起诉作出原行政行为的行政机关或者复议机关的，法院应当告知原告追加被告。原告不同意追加的，法院应当将另一机关列为共同被告。

7. 原告型第三人。人民法院追加共同诉讼的当事人时，应当通知其他当事人。应当追加的原告，已明确表示放弃实体权利的，可不予追加；既不愿意参加诉讼，又不放弃实体权利的，应追加为第三人，其不参加诉讼，不能阻碍人民法院对案件的审理和裁判。

二、第三人的权利义务

1. 第三人经传票传唤无正当理由拒不到庭，或者未经法庭许可中途退庭的，不发生阻止案件审理的效果。

2. 与行政案件处理结果有利害关系的第三人，可以申请参加诉讼，或者由人民法院通知其参加诉讼。人民法院判决其承担义务或者减损其权益的第三人，有权提出上诉或者申请再审。

3. 经人民法院准许，第三人可以参加调解。人民法院认为有必要的，可以通知第三人参加调解。

【真题实战】

1. 李某从田某处购得一辆轿车，但未办理过户手续。在一次查验过程中，某市公安局认定该车系走私车，予以没收。李某不服，向市政府申请复议，后者维持了没收决定。李某提起行政诉讼。下列哪些选项是正确的?[1]（2009/46/多）

A. 市政府为本案的被告

B. 田某不能成为本案的第三人

C. 市公安局所在地的法院对本案有管辖权

D. 市政府所在地的法院对本案有管辖权

2. 黄某与张某之妻发生口角，被张某打成轻微伤。某区公安分局决定对张某拘留五日。黄某认为处罚过轻遂向法院起诉，法院予以受理。下列哪些选项是正确的?[2]（2009/86/多）

A. 某区公安分局在给予张某拘留处罚后，应及时通知其家属

B. 张某之妻为本案的第三人

C. 本案既可以由某区公安分局所在地的法院管辖，也可以由黄某所在地的法院管辖

D. 张某不符合申请暂缓执行拘留的条件

3. 经王某请求，国家专利复审机构宣告授予李某的专利权无效，并于2011年5月20日向李某送达决定书。6月10日李某因交通意外死亡。李某妻子不服决定，向法院提起行政诉讼。下列哪一说法是正确的?[3]（2012/46/单）

A. 李某妻子应以李某代理人身份起诉

B. 法院应当通知王某作为第三人参加诉讼

C. 本案原告的起诉期限为60日

---

〔1〕 答案CD【解析】《行政诉讼法》第26条第2款规定，经复议的案件，复议机关决定维持原行政行为的，作出原行政行为的行政机关和复议机关是共同被告；复议机关改变原行政行为的，复议机关是被告。选项A错误。该法第29条第1款规定，公民、法人或者其他组织同被诉行政行为有利害关系但没有提起诉讼，或者同案件处理结果有利害关系的，可以作为第三人申请参加诉讼，或者由人民法院通知参加诉讼。根据该规定，田某可以成为本案的第三人。选项B错误。该法第18条第1款规定，行政案件由最初作出行政行为的行政机关所在地人民法院管辖。经复议的案件，也可以由复议机关所在地人民法院管辖。本案中市公安局所在地和市政府所在地的法院都有管辖权。选项CD项正确。因此，根据修正后的新法，本题正确答案为CD。

〔2〕 答案AD【解析】《治安管理处罚法》第97条第1款规定，公安机关应当向被处罚人宣告治安管理处罚决定书，并当场交付被处罚人；无法当场向被处罚人宣告的，应当在2日内送达被处罚人。决定给予行政拘留处罚的，应当及时通知被处罚人的家属。选项A正确。《行政诉讼法》第29条第1款规定，公民、法人或者其他组织同被诉行政行为有利害关系但没有提起诉讼，或者同案件处理结果有利害关系的，可以作为第三人申请参加诉讼，或者由人民法院通知参加诉讼。本题中，张某为本案的第三人，并不是张某之妻，选项B错误。该法第19条规定，对限制人身自由的行政强制措施不服提起的诉讼，由被告所在地或者原告所在地人民法院管辖。C项中，受害人黄某提起行政诉讼，适用原告就被告的一般管辖，选项C错误。《治安管理处罚法》第107条规定，被处罚人不服行政拘留处罚决定，申请行政复议、提起行政诉讼的，可以向公安机关提出暂缓执行行政拘留的申请。本题并不是被处罚人提起行政诉讼，所以张某不符合申请暂缓执行行政拘留的条件，选项D正确。

〔3〕 答案B【解析】《行政诉讼法》第25条第2款规定，有权提起诉讼的公民死亡，其近亲属可以提起诉讼。本案李某已死亡，作为原告的诉讼资格已发生移转，其近亲属可以以自己的名义提起行政诉讼，而不是以代理人的身份提起。选项A错误。《专利法》第46条第2款规定，人民法院应当通知无效宣告请求程序的对方当事人作为第三人参加诉讼。选项B正确。《行政诉讼法》第46条第1款规定，公民、法人或者其他组织直接向人民法院提起诉讼的，应当自知道或者应当知道作出行政行为之日起六个月内提出。法律另有规定的除外。《专利法》第46条第2款规定，国务院专利行政部门宣告专利权无效或者维持专利权的决定不服的，可以自收到通知之日起三个月内向人民法院起诉。选项C错误。本案不属于复议前置事项，原告无须先申请行政复议再起诉，选项D错误。

D. 本案原告应先申请行政复议再起诉

4. 村民甲带领乙、丙等人，与造纸厂协商污染赔偿问题。因对提出的赔偿方案不满，甲、乙、丙等人阻止生产，将工人李某打伤。公安局接该厂厂长举报，经调查后决定对甲拘留15日、乙拘留5日，对其他人未作处罚。甲向法院提起行政诉讼，法院受理。下列哪些人员不能成为本案的第三人?〔1〕(2012/82/多)

A. 丙　　B. 乙　　C. 李某　　D. 造纸厂厂长

第四节　共同诉讼与诉讼代理人

一、共同诉讼与诉讼代表人

当事人一方或者双方为二人以上，因同一行政行为发生的行政案件，或者因同类行政行为发生的行政案件、人民法院认为可以合并审理并经当事人同意的，为共同诉讼。共同诉讼人是指原告或被告一方为两个以上，诉讼客体相同，并且诉讼主张一致。

<table>
<tr><td rowspan="6">共同诉讼</td><td rowspan="3">适用条件</td><td colspan="2">前提：当事人一方或双方为二人以上</td></tr>
<tr><td colspan="2">①因同一行政行为发生的案件</td></tr>
<tr><td colspan="2">②同类行政行为发生的案件（法院认为可以合并审理且当事人同意）</td></tr>
<tr><td rowspan="3">代表人</td><td>产生途径</td><td>由当事人推选</td></tr>
<tr><td>法律意义</td><td>代表人的诉讼行为对其所代表的当事人发生效力</td></tr>
<tr><td>法律限制</td><td>但代表人变更、放弃诉讼请求或者承认对方当事人的诉讼请求，应当经被代表的当事人同意</td></tr>
</table>

共同诉讼的特征是：

1. 当事人一方是两个以上的公民、法人或者其他组织。
2. 诉讼标的相同。所谓相同，是指同一或者同类两种情况。
3. 诉讼主张一致。所谓一致，是指共同诉讼人之间的诉讼主张之间没有根本冲突或者实质性的差异，并不是指诉讼主张完全相同。
4. 案件属同一人民法院管辖，并且人民法院决定进行合并审理。

二、诉讼代理人

行政诉讼代理人即以当事人名义，在代理权限内，代理当事人进行诉讼活动的人。

行政诉讼代理人分为如下三种：

（一）法定代理人

是指依法直接享有代理权限，代替无诉讼行为能力的公民进行行政诉讼的人。这种代理权

〔1〕答案AD【解析】《行政诉讼法》第29条第1款规定，公民、法人或者其他组织同被诉行政行为有利害关系但没有提起诉讼，或者同案件处理结果有利害关系的，可以作为第三人申请参加诉讼，或者由人民法院通知参加诉讼。本案中，丙没有受到行政处罚，与行政处罚没有利害关系，不能成为本案的第三人。选项A当选。公安局基于甲、乙同一个违反治安管理行为的事实作出行政处罚的决定，甲提起行政诉讼，乙没有提起行政诉讼，则乙为第三人。选项B不当选。被侵害人与案件结果有利害关系，可以作为第三人参加诉讼。选项C不当选。造纸厂厂长与行政处罚没有利害关系，因此厂长不能成为本案的利害关系人。选项D当选。

直接根据法律设定而产生，不以被代理人的意志为转移。条件是：被代理人是无行为能力的人，即未成年人、精神病人等；代理人与被代理人之间存在亲权或监护关系。首先是父母、配偶、子女、兄弟姐妹等。如果被代理人没有作为监护人的亲属，则由其所在单位或者住所地居委会、村委会作为其监护人，即法定代理人。

（二）指定代理人

即由人民法院指定代理无诉讼行为能力的当事人进行行政诉讼的人。指定代理的条件是：被代理人属于无诉讼行为能力的公民；被代理人无法定代理人，或者虽有法定代理人，但法定代理人互相推诿代理责任或者不能行使代理权；由法院依职权指定，无须被指定人同意。

（三）委托代理人

<table>
<tr><td>主体资格</td><td colspan="2">① 律师、基层法律服务工作者
② 当事人的近亲属或者工作人员（与当事人有合法劳动人事关系的职工）
③ 当事人所在社区、单位及有关社会团体推荐的公民</td></tr>
<tr><td>委托方式</td><td colspan="2">① 应当提交载明委托事项和具体权限的授权委托书；当事人解除或者变更委托的，应当书面报告法院
② 公民在特殊情况下无法书面委托的，也可以由他人代书，并由自己捺印等方式确认，法院应当核实并记录在卷；被诉行政机关或者其他有义务协助的机关拒绝法院向被限制人身自由的公民核实的，视为委托成立</td></tr>
<tr><td rowspan="2">法律权利</td><td>律师</td><td>① 查阅、复制本案有关材料
② 收集与本案有关的证据
③ 对于涉及国家秘密、商业秘密和个人隐私的，应当保密</td></tr>
<tr><td>当事人和其他诉讼代理人</td><td>① 查阅、复制本案庭审材料（取消了法院的许可条件）
② 但涉及国家秘密、商业秘密和个人隐私的内容除外</td></tr>
</table>

受当事人、法定代理人委托，代为进行行政诉讼的人就是委托代理人。当事人、法定代理人，可以委托1至2人作为诉讼代理人。下列人员可以被委托为诉讼代理人：律师、基层法律服务工作者；当事人的近亲属或者工作人员；当事人所在社区、单位以及有关社会团体推荐的公民。代理诉讼的律师，有权按照规定查阅、复制本案有关材料，有权向有关组织和公民调查，收集与本案有关的证据。对涉及国家秘密、商业秘密和个人隐私的材料，应当依照法律规定保密。当事人和其他诉讼代理人有权按照规定查阅、复制本案庭审材料，但涉及国家秘密、商业秘密和个人隐私的内容除外。

其中，与当事人有合法劳动人事关系的职工，可以当事人工作人员的名义作为诉讼代理人。以当事人的工作人员身份参加诉讼活动，应当提交以下证据之一加以证明：缴纳社会保险记录凭证；领取工资凭证；其他能够证明其为当事人工作人员身份的证据。有关社会团体推荐公民担任诉讼代理人的，应当符合下列条件：社会团体属于依法登记设立或者依法免予登记设立的非营利性法人组织；被代理人属于该社会团体的成员，或者当事人一方住所地位于该社会团体的活动地域；代理事务属于该社会团体章程载明的业务范围；被推荐的公民是该社会团体的负责人或者与该社会团体有合法劳动人事关系的工作人员。专利代理人经中华全国专利代理人协会推荐，可以在专利行政案件中担任诉讼代理人。

当事人委托诉讼代理人，应当向人民法院提交由委托人签名或者盖章的授权委托书。委托书应当载明委托事项和具体权限。公民在特殊情况下无法书面委托的，也可以由他人代书，并由自己捺印等方式确认，人民法院应当核实并记录在卷；被诉行政机关或者其他有义务协助的机关拒绝人民法院向被限制人身自由的公民核实的，视为委托成立。当事人解除或者变更委托的，应当书面报告人民法院。

【考点点拨】

注意区分：公民因被限制人身自由而不能提起诉讼的，其近亲属可以依其口头或者书面委托以该公民的名义提起诉讼。近亲属起诉时无法与被限制人身自由的公民取得联系，近亲属可以先行起诉，并在诉讼中补充提交委托证明。

【真题实战】

1. 区城乡建设局批复同意某银行住宅楼选址，并向其颁发许可证。拟建的住宅楼与张某等120户居民居住的住宅楼间距为9.45米。张某等20人认为该批准行为违反了国家有关规定，向法院提起了行政诉讼。对此，下列哪个选项是错误的?〔1〕(2007/80/单)

A. 因该批准行为涉及张某等人相邻权，故张某等人有权提起行政诉讼

B. 张某等20户居民应当推选2至5名诉讼代表人参加诉讼

C. 法院可以通知未起诉的100户居民作为第三人参加诉讼

D. 张某等20户居民应当提供符合法定起诉条件的证据材料

2. 甲县政府设立的临时机构基础设施建设指挥部，认定有10户居民的小区自建的围墙及附属房系违法建筑，指令乙镇政府具体负责强制拆除。10户居民对此决定不服起诉。下列说法正确的是:〔2〕(2011/100/任)

A. 本案被告为乙镇政府

B. 本案应由中级法院管辖

C. 如10户居民在指定期限内未选定诉讼代表人的，法院可以依职权指定

D. 如10户居民对此决定申请复议，复议机关为甲县政府

3. 村民甲、乙因自留地使用权发生争议，乡政府作出处理决定，认定使用权归属甲。乙不服向县政府申请复议，县政府以甲乙二人争议属于农村土地承包经营纠纷，乡政府无权作出

---

〔1〕 答案C【解析】《行政诉讼法》第25条第1款规定，行政行为的相对人以及其他与行政行为有利害关系的公民、法人或者其他组织，有权提起诉讼。选项A正确。《行政诉讼法解释》第29条第3款规定，行政诉讼法第二十八条规定的代表人为二至五人。代表人可以委托一至二人作为诉讼代理人。选项B正确。《行政诉讼法解释》第30条第1款规定，行政机关的同一行政行为涉及两个以上利害关系人，其中一部分利害关系人对行政行为不服提起诉讼，人民法院应当通知没有起诉的其他利害关系人作为第三人参加诉讼。本案中是应当通知，选项C错误。居民作为原告，应当提供符合法定起诉条件的证据材料，选项D正确。

〔2〕 答案BC【解析】《行政诉讼法解释》第20条第1款规定：行政机关组建并赋予行政管理职能但不具有独立承担法律责任能力的机构，以自己的名义作出行政行为，当事人不服提起诉讼的，应当以组建该机构的行政机关为被告。本案被告应当为县政府，因为强制拆除决定是由“甲县政府设立的临时机构基础设施建设指挥部”作出的，应由甲县政府为被告。选项A错误。根据《行政诉讼法》第15条第1款的规定，对国务院部门或者县级以上地方人民政府所作的行政行为提起诉讼的案件，由中级人民法院管辖。选项B正确。《行政诉讼法解释》第29条第2款规定：根据行政诉讼法第二十八条的规定，当事人一方人数众多的，由当事人推选代表人。当事人推选不出的，可以由人民法院在起诉的当事人中指定代表人。选项C正确。《行政复议法》第24条第1款规定，县级以上地方各级人民政府管辖下列行政复议案件：(二)对下一级人民政府作出的行政行为不服的。本题中，被申请人是甲县人民政府，复议机关应为其上一级人民政府。选项D错误。

处理决定为由，撤销乡政府的决定。甲不服向法院起诉。下列说法正确的是[1]：（2013/100/任）

A. 县政府撤销乡政府决定的同时应当确定系争土地权属

B. 甲的代理人的授权委托书应当载明委托事项和具体权限

C. 本案被告为县政府

D. 乙与乡政府为本案的第三人

【本章主要法律规定】

1.《行政诉讼法》第25～32条

2.《最高人民法院关于〈中华人民共和国行政诉讼法的解释》第12～33条

3. 最高人民法院《关于正确确定县级以上地方人民政府行政诉讼被告资格若干问题的规定》

【本章阅读案例】

【最高院指导案例77号】

罗镕荣诉吉安市物价局物价行政处理案

裁判要点：

1. 行政机关对与举报人有利害关系的举报仅作出告知性答复，未按法律规定对举报进行处理，不属于《行政诉讼法解释》第1条第10项规定的“对公民、法人或者其他组织权利义务不产生实际影响的行为”，因而具有可诉性，属于人民法院行政诉讼的受案范围。

2. 举报人就其自身合法权益受侵害向行政机关进行举报的，与行政机关的举报处理行为具有法律上的利害关系，具备行政诉讼原告主体资格。

基本案情：

原告罗镕荣诉称：2012年5月20日，其在江西省吉安市吉州区井冈山大道电信营业厅办理手机号码时，吉安电信公司收取了原告20元卡费并出具了发票。原告认为吉安电信公司收取原告首次办理手机号码的卡费，违反了《集成电路卡应用和收费管理办法》中不得向用户单独收费的禁止性规定，故向被告吉安市物价局申诉举报，并提出了要求被告履行法定职责进行查处和作出书面答复等诉求。被告虽然出具了书面答复，但答复函中只写明被告调查时发现一个文件及该文件的部分内容。答复函中并没有对原告申诉举报信中的请求事项作出处理，被告的行为违反了《中华人民共和国价格法》《价格违法行为举报规定》等相关法律规定。请求法院确认被告在处理原告申诉举报事项中的行为违法，依法撤销被告的答复，判令被告依法查处原告申诉举报信所涉及的违法行为。

被告吉安市物价局辩称：原告的起诉不符合行政诉讼法的有关规定。行政诉讼是指公民、

---

[1] 答案BC【解析】《土地管理法》第14条第1款、第2款的规定，土地所有权和使用权争议，由当事人协商解决；协商不成的，由人民政府处理。单位之间的争议，由县级以上人民政府处理；个人之间、个人与单位之间的争议，由乡级人民政府或者县级以上人民政府处理。村民甲、乙因自留地使用权发生争议，乡政府有权处理。县政府撤销乡政府决定的同时不应确定系争土地权属，选项A错误。《行政复议法实施条例》第10条规定，申请人、第三人可以委托1至2名代理人参加行政复议。申请人、第三人委托代理人的，应当向行政复议机构提交授权委托书。授权委托书应当载明委托事项、权限和期限。选项B正确。《行政诉讼法》第26条第2款规定，经复议的案件，复议机关决定维持原行政行为的，作出原行政行为的行政机关和复议机关是共同被告；复议机关改变原行政行为的，复议机关是被告。选项C正确。《行政诉讼法》第29条第1款规定，公民、法人或者其他组织同被诉行政行为有利害关系但没有提起诉讼，或者同案件处理结果有利害关系的，可以作为第三人申请参加诉讼，或者由人民法院通知参加诉讼。乙是本案的第三人，乡政府不是本案的第三人。选项D错误。

法人、其他组织对于行政机关的具体行政行为不服提起的诉讼。本案中，被告于2012年7月3日对原告作出的答复不是一种具体行政行为，不具有可诉性。被告对原告的答复符合《价格违法行为举报规定》的程序要求，答复内容也是告知原告，被告经过调查后查证的情况。请求法院依法驳回原告的诉讼请求。

法院经审理查明：2012年5月28日，原告罗镕荣向被告吉安市物价局邮寄一份申诉举报函，对吉安电信公司向原告收取首次办理手机卡卡费20元进行举报，要求被告责令吉安电信公司退还非法收取原告的手机卡卡费20元，依法查处并没收所有电信用户首次办理手机卡被收取的卡费，依法奖励原告和书面答复原告相关处理结果。2012年5月31日，被告收到原告的申诉举报函。2012年7月3日，被告作出《关于对罗镕荣2012年5月28日〈申诉书〉办理情况的答复》，并向原告邮寄送达。答复内容为："2012年5月31日我局收到您反映吉安电信公司新办手机卡用户收取20元手机卡卡费的申诉书后，我局非常重视，及时进行调查，经调查核实：江西省通管局和江西省发改委联合下发的《关于江西电信全业务套餐资费优化方案的批复》（赣通局〔2012〕14号）规定：UIM卡收费上限标准：入网50元/张，补卡、换卡：30元/张。我局非常感谢您对物价工作的支持和帮助。"原告收到被告的答复后，以被告的答复违法为由诉至法院。

裁判结果：

江西省吉安市吉州区人民法院于2012年11月1日作出（2012）吉行初字第13号判决：撤销吉安市物价局《关于对罗镕荣2012年5月28日〈申诉书〉办理情况的答复》，限其在15日内重新作出书面答复。宣判后，当事人未上诉，判决已发生法律效力。

裁判理由：

法院生效裁判认为：关于吉安市物价局举报答复行为的可诉性问题。根据《中华人民共和国行政诉讼法》（以下简称《行政诉讼法》，1989年4月4日通过）第47条第1款规定，公民、法人或者其他组织申请行政机关履行保护其人身权、财产权等合法权益的法定职责，行政机关在接到申请之日起两个月内不履行的，公民、法人或者其他组织可以向人民法院提起诉讼。法律、法规对行政机关履行职责的期限另有规定的，从其规定。本案中，吉安市物价局依法应对罗镕荣举报的吉安市电信公司收取卡费行为是否违法进行调查认定，并告知调查结果，但其作出的举报答复将《关于江西电信全业务套餐资费优化方案的批复》（以下简称《批复》）中规定的UIM卡收费上限标准进行了罗列，未载明对举报事项的处理结果。此种以告知《批复》有关内容代替告知举报调查结果行为，未能依法履行保护举报人财产权的法定职责，本身就是对罗镕荣通过正当举报途径寻求救济的权利的一种侵犯，不属于《最高人民法院关于执行〈中华人民共和国行政诉讼法〉若干问题的解释》（以下简称《行政诉讼法解释》）第一条第十项规定的"对公民、法人或者其他组织权利义务不产生实际影响的行为"的范围，具有可诉性，属于人民法院行政诉讼的受案范围。

关于罗镕荣的原告资格问题。根据《行政诉讼法》第2条、第25条第1款及《行政诉讼法解释》第12条规定，举报人就举报处理行为提起行政诉讼，必须与该行为具有法律上的利害关系。本案中，罗镕荣虽然要求吉安市物价局"依法查处并没收所有电信用户首次办理手机卡被收取的卡费"，但仍是基于认为吉安电信公司收取卡费行为侵害其自身合法权益，向吉安市物价局进行举报，并持有收取费用的发票作为证据。因此，罗镕荣与举报处理行为具有法律上的利害关系，具有行政诉讼原告主体资格，依法可以提起行政诉讼。

关于举报答复合法性的问题。《价格违法行为举报规定》第11条规定："价格主管部门应当在举报办结后15个工作日内告知举报人对被举报的价格违法行为的处理结果。"本案中，吉安市物价局作为价格主管部门，依法具有受理价格违法行为举报，并对价格是否违法进行审查，提出分类处理意见的法定职责。罗镕荣在申诉举报函中明确列举了 3 项举报请求，且要求吉安市物价局在查处结束后书面告知罗镕荣处理结果，该答复未依法载明吉安市物价局对被举报事项的处理结果，违反了《价格违法行为举报规定》第 11 条的规定，不具有合法性，应予以纠正。

第十五章　行政诉讼程序

【应试指南】

行政诉讼程序包括起诉与受理、一审、二审与再审。其中，命题重点为起诉期限的判断，尤其注意与行政复议期限不同的规则；一审的程序，尤其是简易程序的适用与制度；二审的审理对象和审理原则。

第一节　起诉与受理

起诉与受理是行政诉讼开始必经的两个环节。起诉是公民、法人或者其他组织要求法院启动行政诉讼程序的主张，受理则是法院对符合法定起诉条件的认可和接受，二者共同构成了行政诉讼程序的开始。

一、起诉的期限

一般期限	自知道或应当知道行政行为作出之日起 6 个月内提出，法律另有规定的除外
不知道起诉期限	自知道或者应当知道起诉期限之日起计算，但从知道或者应当知道行政行为内容之日起最长不得超过 1 年
不知道行政行为内容	自知道或者应当知道该行政行为内容之日起计算 ①因不动产提起的诉讼，自作出之日起不得超过 20 年 ②其他案件，自作出之日起不得超过 5 年
不作为案件	①法律法规有履职期限规定的，从其规定 ②没有履职期限规定，行政机关在接到申请之日起 2 个月内不履行 ③紧急情况下不受前项期限限制
经复议案件	①自收到复议决定书之日起 15 日内起诉 ②复议机关逾期不作决定的，自复议期满 15 日内起诉

（一）一般期限

一般期限是指由行政诉讼法明确规定，适用于一般行政案件的起诉期限。该期限可分为直接向法院提起行政诉讼的一般期限与不服行政复议提起行政诉讼的一般期限两种。《行政诉讼法》规定，公民、法人或者其他组织直接向人民法院提起诉讼的，应当自知道或者应当知道作出行政行为之日起 6 个月内提出。因此，直接起诉的一般期限为自知道或者应当知道作出行政行为之日起 6 个月。根据《行政诉讼法》规定，不服行政复议而起诉的一般期限为 15 日，即在收到复议决定书之日起 15 日内向人民法院提起诉讼；若复议机关逾期不作决定的，申请人可以在复议期满之日起 15 日内向人民法院提起诉讼。公民、法人或者其他组织向复议机关申请行政复议后，复议机关作出维持决定的，应当以复议机关和原行为机关为共同被告，并以复议决定送达时间确定起诉期限。

（二）特别期限

《行政诉讼法》规定，公民、法人或者其他组织直接向人民法院提起诉讼的，应当自知道或者应当知道作出行政行为之日起6个月内提出。法律另有规定的除外。此处的“法律另有规定的除外”就是对特别期限的规定。

特别期限是指为《行政诉讼法》所认可，由其他单行法律所规定的起诉期限，即直接向人民法院提起行政诉讼或不服行政复议提起行政诉讼的期限，法律另有规定的，应当适用相关单行法律对提起诉讼期限的规定，而不适用《行政诉讼法》中关于行政诉讼起诉期限的一般规定。这里的“法律”一般应理解为由全国人民代表大会及其常委会依照立法程序制定的法律。单行法律对特别起诉期限的规定，没有统一标准，需要视具体法律而定。

值得注意的是，此处判断的规则需要与《行政复议法》的申请复议的期限相区分。《行政复议法》规定，公民、法人或者其他组织认为行政行为侵犯其合法权益的，可以自知道或者应当知道该行政行为之日起60日内提出行政复议申请；但是法律规定的申请期限超过60日的除外。复议法中对于特殊法是有条件的适用，即需要判断与60天的长短；而行政诉讼的起诉期限不需要判断与6个月的长短，直接适用特别期限。

【考点点拨】

对于特殊法的具体时间，考试大纲不做要求，题目中会直接提供，同学们只需要掌握判断规则即可。

（三）最长保护期限

根据《行政诉讼法》的规定，行政诉讼的起诉期限应当自知道或者应当知道作出行政行为之日起计算。因此，如何判断公民、法人或者其他组织知道或者应当知道行政行为作出的时间，对计算起诉期限至关重要。公民、法人或者其他组织何时知道，原则上以行政机关明确告知其诉权和起诉期限为标准。此种计算方法有助于督促行政机关依法行政，切实保护公民、法人或者其他组织的合法权益。不过，为避免从行政行为作出到公民、法人或者其他组织起诉这一期限过长，从而造成法律关系的不确定，《行政诉讼法》及《行政诉讼法解释》对最长保护期限及特殊情况下的起诉期限作出了具体规定。

1. 不知诉权

行政机关未告知公民、法人或者其他组织诉权或起诉期限的最长保护期。行政机关作出行政行为时，未告知公民、法人或者其他组织起诉期限的，起诉期限从公民、法人或者其他组织知道或者应当知道起诉期限之日起计算，但从知道或者应当知道行政行为内容之日起最长不得超过1年。

【考点点拨】

这个诉讼中规定的制度，是为了督促行政机关依法行政，即在做决定时应当告知当事人不服该行为时，起诉的途径和期限，否则行政机关将承担不利的后果。比如一个罚单是2021年1月1日送达给当事人的，正常的起诉期限是到当年的7月1日（6个月）；但如果这个罚单上没有写“当事人不服该行为，可以于6个月内向某某法院提起行政诉讼”，没有给当事人一个救济的指引，那此时的起算点就从1月1日延长到行政机关补充告知那天，比如3月1日才告知起诉期限，那么这个人事实上在9月1日之前都可以起诉。

2. 不知内容

公民、法人或者其他组织不知道行政行为内容时起诉期限的计算。与公民、法人或者其他组织不知道诉权或者起诉期限相比，不知道行政行为内容是更为严重的情形，对当事人的影响更大。因不动产提起诉讼的案件自行政行为作出之日起超过20年，其他案件自行政行为作出之日起超过5年提起诉讼的，人民法院不予受理。其中，涉及不动产的主要是有关房屋所有权、使用权以及土地、林地、自然资源等案件。将该类案件的最长保护期限规定为20年。

【考点点拨】

法律要保护相对人的权益，因此设置的起算点是从“知道”起，但如果一直不知道呢？“法律不保护沉睡的权利”，故土地房屋超过20年，其他超过5年，你才知道利益受侵害了，对不起也管不了了。

3. 不作为案件

行政机关不履行法定职责时起诉期限的计算。公民、法人或者其他组织申请行政机关履行保护其人身权、财产权等合法权益的法定职责，行政机关在接到申请之日起2个月内不履行的，公民、法人或者其他组织可以向人民法院提起诉讼。法律、法规对行政机关履行职责的期限另有规定的，从其规定。公民、法人或其他组织对行政机关不履行法定职责提起诉讼的，应当在行政机关履行法定职责期限届满之日起6个月内提出。公民、法人或者其他组织在紧急情况下请求行政机关履行保护其人身权、财产权等合法权益的法定职责，行政机关不履行的，提起诉讼不受上述履行职责期限的限制。

【考点点拨】

也是从“知道”起算，此处属于从“知道其不作为之日”起算。

【真题实战】

1. 因甲公司不能偿还到期债务，贷款银行向法院提起民事诉讼。2004年6月7日，银行在诉讼中得知市发展和改革委员会已于2004年4月6日根据申请，将某小区住宅项目的建设业主由甲公司变更为乙公司。后银行认为行政机关的变更行为侵犯了其合法债权，于2006年1月9日向法院提起行政诉讼，请求确认市发展和改革委员会的变更行为违法。下列关于起诉期限的哪种说法符合法律规定？[1]（2006/47/单）

A. 原告应当在知道具体行政行为内容之日起5年内提起行政诉讼

B. 原告应当在知道具体行政行为内容之日起20年内提起行政诉讼

C. 原告应当在知道具体行政行为内容之日起2年内提起行政诉讼

D. 原告应当在知道具体行政行为内容之日起6个月内提起行政诉讼

2. 某国土资源局以陈某违反《土地管理法》为由，向陈某送达决定书，责令其在10日内拆除擅自在集体土地上建造的房屋3间，恢复土地原状。陈某未履行决定。下列哪一说法是错误的？[2]（2011/48/单）

A. 国土资源局的决定书应载明不服该决定申请行政复议或提起行政诉讼的途径和期限

---

〔1〕 答案D【解析】《行政诉讼法》第46条规定，公民、法人或者其他组织直接向人民法院提起诉讼的，应当自知道或者应当知道作出行政行为之日起6个月内提出。法律另有规定的除外。因不动产提起诉讼的案件自行政行为作出之日起超过20年，其他案件自行政行为作出之日起超过5年提起诉讼的，人民法院不予受理。原告应当在知道行政行为内容之日起6个月内提起行政诉讼。选项D正确。

〔2〕 答案D【解析】根据《行政处罚法》第59条的规定，行政处罚决定书应当载明申请行政复议、提起行政诉讼的途径和期限。选项A正确。为当事人授予权利、利益或者免除负担义务的，是授益的具体行政行为；为当事人设定义务或者剥夺其权益的，是负担的具体行政行为。选项B正确。《行政诉讼法》第46条第1款规定，公民、法人或者其他组织直接向人民法院提起诉讼的，应当自知道或者应当知道作出行政行为之日起6个月内提出。法律另有规定的除外。《土地管理法》第83条规定，依照本法规定，责令限期拆除在非法占用的土地上新建的建筑物和其他设施的，建设单位或者个人必须立即停止施工，自行拆除；对继续施工的，作出处罚决定的机关有权制止。建设单位或者个人对责令限期拆除的行政处罚决定不服的，可以在接到责令限期拆除决定之日起15日内，向人民法院起诉；期满不起诉又不自行拆除的，由作出处罚决定的机关依法申请人民法院强制执行，费用由违法者承担。相对于《行政诉讼法》来说，《土地管理法》是特别法，根据特别法优于一般法的原理，陈某对决定不服提起诉讼的，应依《土地管理法》规定的期限起诉。选项C正确。根据《土地管理法》第83条的规定，国土资源局无权自行拆除陈某所建的房屋，应申请人民法院强制执行。选项D错误。

B. 国土资源局的决定为负担性具体行政行为

C. 因《土地管理法》对起诉期限有特别规定，陈某对决定不服提起诉讼的，应依该期限规定

D. 如陈某不履行决定又未在法定期限内申请复议或起诉的，国土资源局可以自行拆除陈某所建房屋

3. 原《反不正当竞争法》规定，当事人对监督检查部门作出的处罚决定不服的，可以自收到处罚决定之日起15日内向上一级主管机关申请复议；对复议决定不服的，可以自收到复议决定书之日起15日内向法院提起诉讼；也可以直接向法院提起诉讼。某县工商局认定某企业利用广告对商品作引人误解的虚假宣传，构成不正当竞争，处10万元罚款。该企业不服，申请复议。下列哪些说法是正确的？〔1〕(2014/80/多)

A. 复议机关应当为该工商局的上一级工商局

B. 申请复议期间为15日

C. 如复议机关作出维持决定，该企业向法院起诉，起诉期限为15日

D. 对罚款决定，该企业可以不经复议直接向法院起诉

二、起诉的条件

提起行政诉讼必须符合起诉的一般条件、时间条件和程序条件。

起诉条件	①原告是行政行为的相对人和利害关系人 ②明确的被告 ③具体的诉讼请求和事实根据 ④属于法院受案范围和受诉法院管辖
起诉方式	①应当向法院递交起诉状，并按照被告人数提出副本 ②书写起诉状确有困难的，可以口头起诉

（一）适格的原告

行政行为的相对人以及其他与行政行为有利害关系的公民、法人或者其他组织，有权提起诉讼。公民、法人或者其他组织提起诉讼时应当提交以下起诉材料：（1）原告的身份证明材料以及有效联系方式；（2）被诉行政行为或者不作为存在的材料；（3）原告与被诉行政行为具有利害关系的材料；（4）人民法院认为需要提交的其他材料。

由法定代理人或者委托代理人代为起诉的，还应当在起诉状中写明或者在口头起诉时向人民法院说明法定代理人或者委托代理人的基本情况，并提交法定代理人或者委托代理人的身份证明和代理权限证明等材料。

（二）明确的被告

原告提供被告的名称等信息足以使被告与其他行政机关相区别的，可以认定为“有明确的被告”。起诉状列写被告信息不足以认定明确的被告的，人民法院可以告知原告补正；原告补

〔1〕 答案CD【解析】《行政复议法》第24条第1款第1项规定，县级以上地方各级人民政府管辖下列行政复议案件：（一）对本级人民政府工作部门作出的行政行为不服的。本案中，复议机关应为县政府。选项A错误。该法第20条第1款规定，公民、法人或者其他组织认为行政行为侵犯其合法权益的，可以自知道或者应当知道该行政行为之日起六十日内提出行政复议申请；但是法律规定的申请期限超过六十日的除外。选项B错误。《行政诉讼法》第45条规定，公民、法人或者其他组织不服复议决定的，可以在收到复议决定书之日起15日内向人民法院提起诉讼。复议机关逾期不作决定的，申请人可以在复议期满之日起15日内向人民法院提起诉讼。法律另有规定的除外。选项C正确。本案不是复议前置的事项，选项D正确。

正后仍不能确定明确的被告的，人民法院裁定不予立案。

（三）具体的诉讼请求

“有具体的诉讼请求”是指：（1）请求判决撤销或者变更行政行为；（2）请求判决行政机关履行特定法定职责或者给付义务；（3）请求判决确认行政行为违法；（4）请求判决确认行政行为无效；（5）请求判决行政机关予以赔偿或者补偿；（6）请求解决行政协议争议；（7）请求一并审查规章以下规范性文件；（8）请求一并解决相关民事争议；（9）其他诉讼请求。

当事人单独或者一并提起行政赔偿、补偿诉讼的，应当有具体的赔偿、补偿事项以及数额；请求一并审查规章以下规范性文件的，应当提供明确的文件名称或者审查对象；请求一并解决相关民事争议的，应当有具体的民事诉讼请求。当事人未能正确表达诉讼请求的，人民法院应当要求其明确诉讼请求。

法院起诉状副本送达被告后，原告提出新的诉讼请求的，人民法院不予准许，但有正当理由的除外。

【考点点拨】

此处经常考查有没有例外，注意有例外，“正当理由除外”。

【真题实战】

行政诉讼中，起诉状副本送达被告后，下列关于行政诉讼程序的哪种说法是正确的？[1]（2006/50/单）

A. 原告可以提出新的诉讼请求，但变更原诉讼请求的，法院不予准许

B. 法庭辩论终结前，原告提出新的诉讼请求的，法院应予准许

C. 法庭辩论终结前，原告提出新的诉讼请求或变更原诉讼请求的，法院应予准许

D. 原告提出新的诉讼请求的，法院不予准许，但有正当理由的除外

（四）属于人民法院受案范围和受诉人民法院管辖

公民、法人或者其他组织只能对特定范围的行政行为提起诉讼。原告的起诉若不属于人民法院受案范围，起诉不能成立，人民法院也无权受理。同时，人民法院对行政案件的受理有一定的分工，当事人应依法向对案件有管辖权的人民法院起诉。

三、立案

对于行政案件，只要符合起诉条件，就必须立案。

<table>
<tr><td>立案登记</td><td colspan="2">法院在接到起诉状时对符合法律规定的起诉条件的，应当登记立案</td></tr>
<tr><td rowspan="3">是否立案</td><td>当场判断</td><td>在接到起诉状时对符合规定的起诉条件的，应当登记立案</td></tr>
<tr><td rowspan="2">不能当场</td><td>应当接收起诉状，出具注明收到日期的书面凭证，并在 7 日内决定是否立案</td></tr>
<tr><td>①不符合起诉条件的，作出不予立案的裁定（可上诉）
②7 日内仍不能作出判断的，应当先予立案</td></tr>
<tr><td>指导义务</td><td colspan="2">起诉状内容欠缺或者有其他错误的，应当给予指导和释明，并一次性告知当事人需要补正的内容</td></tr>
</table>

〔1〕 答案 D【解析】《行政诉讼法解释》第 70 条规定，起诉状副本送达被告后，原告提出新的诉讼请求的，人民法院不予准许，但有正当理由的除外。选项 D 正确。

续表

法律责任	①对于不接收起诉状、接收起诉状后不出具书面凭证，以及不一次性告知当事人需要补正的起诉状内容的，当事人可以向上级法院投诉，上级法院应当责令改正，并对直接负责的主管人员和其他直接责任人员依法给予处分 ②法院既不立案，又不作出不予立案裁定的，当事人可以向上一级法院起诉。上一级法院认为符合起诉条件的，应当立案、审理，也可以指定其他下级法院立案、审理

（一）立案登记

人民法院在接到起诉状时对符合规定的起诉条件的，应当登记立案，依法保障当事人行使诉讼权利。

对当事人依法提起的诉讼，人民法院应当接收起诉状。能够判断符合起诉条件的，应当当场登记立案。对当场不能判定是否符合规定的起诉条件的，应当接收起诉状，出具注明收到日期的书面凭证，并在 7 日内决定是否立案。不符合起诉条件的，作出不予立案的裁定。裁定书应当载明不予立案的理由。原告对裁定不服的，可以提起上诉。7 日内仍不能作出判断的，应当先予立案。

（二）指导义务

起诉状内容欠缺或者有其他错误的，应当给予指导和释明，并一次性告知当事人需要补正的内容。不得未经指导和释明即以起诉不符合条件为由不接收起诉状。

（三）法律责任

对于不接收起诉状、接收起诉状后不出具书面凭证，以及不一次性告知当事人需要补正的起诉状内容的，当事人可以向上级人民法院投诉，上级人民法院应当责令改正，并对直接负责的主管人员和其他直接责任人员依法给予处分。

人民法院既不立案，又不作出不予立案裁定的，当事人可以向上一级人民法院起诉。上一级人民法院认为符合起诉条件的，应当立案、审理，也可以指定其他下级人民法院立案、审理。

第二节　一　审

行政诉讼第一审程序，是指人民法院自立案至作出第一审判决的诉讼程序，是行政审判的基础程序。根据《行政诉讼法》的规定，行政诉讼第一审程序分为第一审普通程序和简易程序。

一、普通程序

行政诉讼第一审普通程序，是行政诉讼第一审中适用简易程序外所有行政诉讼案件适用的程序，第一审程序是最重要、最基础的程序。

交换诉状	立案起 5 日内将起诉状副本发送被告，被告自收到起诉状副本 15 日内提交证据及答辩状
通知	①适用普通程序审理案件，应当在开庭 3 日前用传票传唤当事人 ②对证人、鉴定人、勘验人、翻译人员，应当用通知书通知其到庭
合议庭	由审判员组成，或由审判员、陪审员组成

续表

公开审理	①人民法院公开审理行政案件，但涉及国家秘密、个人隐私和法律另有规定的除外 ②涉及商业秘密的案件，当事人申请不公开审理的，可以不公开审理
公开宣判	对公开审理和不公开审理的案件，一律公开宣判
审限	立案之日起6个月 ①基层法院延长需要高院批准，同时报中院备案 ②高院审理的第一审案件延长需要最高院批准

（一）审理前的准备

审理前的准备，是指人民法院在受理案件后至开庭审理前，为保证庭审工作的顺利进行，由审判人员依法所进行的一系列准备工作的总称。审理前准备主要包括下列内容：

1. 组成合议庭

人民法院审理第一审行政案件，由审判员或由审判员、陪审员组成合议庭。合议庭成员应是3人以上的单数。

2. 交换诉状

交换诉状主要是向被告和原告发送有关文书。一方面，人民法院应在立案之日起5日内，将起诉状副本和应诉通知书发送被告，通知被告应诉；另一方面，人民法院应在收到被告答辩状之日起5日内，将答辩状副本发送原告。答辩状是被告对原告起诉的回应和反驳。被告应当在收到起诉状副本之日起15日内提交答辩状，并向法院提交作出行政行为的证据和所依据的规范性文件。

3. 审查诉讼文书和调查收集证据

这是审理前准备的中心内容。通过对原、被告提供的起诉状、答辩状和各种证据的审查，人民法院可以全面了解案情，熟悉原告的诉讼请求和理由、被告的答辩理由及案件的争议点。人民法院如果发现当事人双方材料或证据不全，应当通知当事人补充；对当事人不能收集的材料和证据，人民法院可以根据需要主动调查收集证据。

（二）庭审程序

1. 庭审方式

根据《行政诉讼法》的规定，行政诉讼第一审程序必须进行开庭审理。开庭审理应遵循以下原则：

（1）必须采取言词审理的方式。言词审理与书面审理相对而言，是指在开庭审理的整个过程中，人民法院的所有职权行为和当事人以及其他诉讼参与人的一切诉讼行为，皆必须直接以言词方式进行。

（2）以公开审理为原则。法院公开审理行政案件，但涉及国家秘密、个人隐私和法律另有规定的除外。涉及商业秘密的案件，当事人申请不公开审理的，可以不公开审理。

2. 庭审程序

人民法院开庭审理必须依据法定程序进行。一般的庭审程序分为六个阶段：

（1）开庭准备。人民法院适用普通程序审理案件，应当在开庭3日前用传票传唤当事人。对证人、鉴定人、勘验人、翻译人员，应当用通知书通知其到庭。当事人或者其他诉讼参与人在外地的，应当留有必要的在途时间。对公开审理的案件，应当张贴公告，载明开庭时间、地点、案由等。

（2）开庭审理。开庭审理时，审判长要核对当事人、诉讼代理人、第三人，宣布合议庭组成人员，告知当事人的诉讼权利和义务，询问当事人是否申请回避等。

（3）法庭调查。法庭调查是庭审的重要阶段，主要任务是通过当事人陈述和证人作证，出示书证、物证和视听资料，宣读现场笔录、鉴定意见和勘验笔录，来查明案件事实，审查核实证据，为法庭辩论奠定基础。法庭调查的基本顺序是：第一，询问当事人和听取当事人的陈述；第二，通知证人到庭作证，告知证人的权利义务，询问证人，宣读未到庭证人的证人证言；第三，通知鉴定人到庭，告知其权利义务，询问鉴定人，宣读鉴定意见；第四，出示书证、物证和视听资料；第五，通知勘验人到庭，告知其权利义务，宣读勘验笔录。

（4）法庭辩论。法庭辩论是指在合议庭主持下，各方当事人就本案事实和证据及被诉行政行为的法律依据，阐明自己的观点，论述自己的意见，反驳对方的主张，进行言词辩论的诉讼活动。法庭辩论的顺序是：原告及其诉讼代理人发言；被告及其诉讼代理人答辩；第三人及其诉讼代理人发言或答辩；互相辩论。

（5）合议庭评议。法庭辩论结束后，合议庭休庭，由全体成员对案件进行评议。评议不对外公开，采取少数服从多数原则。评议应当制作笔录，对不同意见也必须如实记入笔录，评议笔录由合议庭全体成员及书记员签名。

（6）宣读判决。合议庭评议后，审判长应宣布继续开庭并宣读判决。如果不能当庭宣判，审判长应宣布另定日期宣判。当庭宣判的，应当在 10 日内发送判决书；定期宣判的，宣判后立即发给判决书。宣告判决时，必须告知当事人上诉权利、上诉期限和上诉的人民法院。

（三）审理期限

人民法院审理第一审普通行政案件，应当自立案之日起 6 个月内作出判决。审理期限是指从立案之日起至裁判宣告、调解书送达之日止的期间，但公告期间、鉴定期间、调解期间、中止诉讼期间、审理当事人提出的管辖异议以及处理人民法院之间的管辖争议期间不应计算在内。有特殊情况需要延长的，由高级人民法院批准，高级人民法院审理第一审行政案件需要延长的，由最高人民法院批准。基层人民法院申请延长审理期限，应当直接报请高级人民法院批准，同时报中级人民法院备案。

二、简易程序

一般认为行政案件比较复杂，不宜适用简易程序。但司法资源有限，因此针对简单的行政案件，简易程序确为现实所需。《行政诉讼法》的修改顺应需要，增加了简易程序。

<table>
<tr><td rowspan="3">适用条件</td><td>前提</td><td>①第一审案件
②事实清楚、权利义务关系明确、争议不大
③发回重审、按照审判监督程序再审的案件不适用</td></tr>
<tr><td>案件类型</td><td>①被诉行政行为是依法当场作出的
②案件涉及款额 2000 元以下的
③属于政府信息公开案件的</td></tr>
<tr><td>合意</td><td>除上述规定以外的第一审案件，当事人各方同意适用</td></tr>
<tr><td rowspan="3">制度</td><td>特点</td><td>①由审判员一人独任审理
②法院可以用口头通知、电话、短信、传真、电子邮件等简便方式传唤当事人、通知证人、送达裁判文书以外的诉讼文书</td></tr>
<tr><td>审限</td><td>立案之日起 45 日内审结</td></tr>
<tr><td>转换</td><td>①在审理中，发现案件不宜用简易程序的，裁定转为普通程序
②在审限届满前作出裁定，并书面通知双方当事人</td></tr>
</table>

（一）适用范围

1. 法定可适用的案件

人民法院审理下列第一审行政案件，认为事实清楚、权利义务关系明确、争议不大的，可以适用简易程序：（1）被诉行政行为是依法当场作出的；（2）案件涉及款额2000元以下的；（3）属于政府信息公开案件的。

2. 意定可适用的案件

对第一审案件，当事人各方同意适用简易程序的，可以适用简易程序。

【考点点拨】

此时对案件类型没有要求，看到“第一审”案例，又看到当事人各方“同意”，就可以适用简易程序进行审理了。

3. 不得适用的案件

发回重审、按照审判监督程序再审的案件不适用简易程序。

（二）简易程序的要求

对于适用简易程序审理的行政案件，由审判员一人独任审理。适用简易程序审理的行政案件，人民法院可以用口头通知、电话、短信、传真、电子邮件等简便方式传唤当事人、通知证人、送达裁判文书以外的诉讼文书。以简便方式送达的开庭通知，未经当事人确认或者没有其他证据证明当事人已经收到的，人民法院不得缺席判决。

适用简易程序案件的举证期限由人民法院确定，也可以由当事人协商一致并经人民法院准许，但不得超过15日。被告要求书面答辩的，人民法院可以确定合理的答辩期间。人民法院应当将举证期限和开庭日期告知双方当事人，并向当事人说明逾期举证以及拒不到庭的法律后果，由双方当事人在笔录和开庭传票的送达回证上签名或者捺印。当事人双方均表示同意立即开庭或者缩短举证期限、答辩期间的，人民法院可以立即开庭审理或者确定近期开庭。审限为45日，法院应当在立案之日起45日内审结。

（三）简易程序向普通程序的转换

法院发现案情复杂，需要转为普通程序审理的，应当在审理期限届满前作出裁定并将合议庭组成人员及相关事项书面通知双方当事人。案件转为普通程序审理的，审理期限自人民法院立案之日起计算。

【真题实战】

1. 关于行政诉讼简易程序，下列哪些说法是正确的?[1]（2015/83/多）

A. 对第一审行政案件，当事人各方同意适用简易程序的，可以适用

B. 案件涉及款额2000元以下的发回重审案件和上诉案件，应适用简易程序审理

C. 适用简易程序审理的行政案件，由审判员一人独任审理

D. 适用简易程序审理的行政案件，应当庭宣判

2. 交警大队以方某闯红灯为由当场处以50元罚款，方某不服起诉。法院适用简易程序审

---

〔1〕 答案AC【解析】《行政诉讼法》第82条规定，人民法院审理下列第一审行政案件，认为事实清楚、权利义务关系明确、争议不大的，可以适用简易程序：（一）被诉行政行为是依法当场作出的；（二）案件涉及款额2000元以下的；（三）属于政府信息公开案件的，除前款规定以外的第一审行政案件，当事人各方同意适用简易程序的，可以适用简易程序。发回重审、按照审判监督程序再审的案件不适用简易程序。选项A正确，选项B错误。该法第83条规定，适用简易程序审理的行政案件，由审判员一人独任审理，并应当在立案之日起45日内审结。选项C正确。《行政诉讼法》未规定适用简易程序审理案件应当当庭宣判，参照民事诉讼法的相关规定，适用简易程序审理的民事案件，除人民法院认为不宜当庭宣判的以外，应当当庭宣判。选项D错误。

理。关于简易程序，下列哪些说法是正确的?[1]（2016/84/多）

A. 由审判员一人独任审理

B. 法院应在立案之日起30日内审结，有特殊情况需延长的经批准可延长

C. 法院在审理过程中发现不宜适用简易程序的，裁定转为普通程序

D. 对适用简易程序作出的判决，当事人不得提出上诉

第三节　二审与再审

一、二审

我国行政诉讼实行两审终审制度，除最高人民法院所作出的一审判决、裁定外，当事人不服地方各级人民法院作出的一审判决和部分裁定，依法有权向上一级人民法院提出上诉，行政诉讼由此进入第二审程序。

上诉期限	不服判决15天，不服裁定10天
审理组织	合议庭
审理方式	开庭审理为原则，不开庭为例外
审理原则	全面审查：判决、裁定、被诉行政行为
审理期限	收到上诉状起3个月

（一）上诉期限

当事人不服人民法院第一审判决的，有权在判决书送达之日起15日内向上一级人民法院提起上诉。当事人不服人民法院第一审裁定的，有权在裁定书送达之日起10日内向上一级人民法院提起上诉。逾期不提起上诉的，人民法院的第一审判决或者裁定发生法律效力。

（二）审理组织与审理方式

当事人提出上诉，应当按照其他当事人或者诉讼代表人的人数提出上诉状副本。原审人民法院收到上诉状，应当在5日内将上诉状副本发送其他当事人，对方当事人应当在收到上诉状副本之日起15日内提出答辩状。原审人民法院应当在收到答辩状之日起5日内将副本发送上诉人。对方当事人不提出答辩状的，不影响人民法院审理。原审人民法院收到上诉状、答辩状，应当在5日内连同全部案卷和证据，报送第二审人民法院；已经预收的诉讼费用，一并报送。

人民法院对上诉案件，应当组成合议庭，开庭审理。经过阅卷、调查和询问当事人，对没有提出新的事实、证据或者理由，合议庭认为不需要开庭审理的，也可以不开庭审理。

（三）二审的全面审查

人民法院审理上诉案件，应当对原审人民法院的判决、裁定和被诉行政行为进行全面审查。

---

[1] AC【解析】《行政诉讼法》第83条规定，适用简易程序审理的行政案件，由审判员一人独任审理，并应当在立案之日起45日内审结。选项A正确，选项B错误。该法第84条规定，人民法院在审理过程中，发现案件不宜适用简易程序的，裁定转为普通程序。选项C正确。法律未规定对适用简易程序作出的判决当事人不得提出上诉，选项D错误。

（四）二审的审理期限

人民法院审理上诉案件，应当在收到上诉状之日起3个月内作出终审判决。有特殊情况需要延长的，由高级人民法院批准，高级人民法院审理上诉案件需要延长的，由最高人民法院批准。

【真题实战】

2009年3月15日，严某向某市房管局递交出让方为郭某（严某之母）、受让方为严某的房产交易申请表以及相关材料。4月20日，该局向严某核发房屋所有权证。后因家庭纠纷郭某想出售该房产时发现房产已不在名下，于2013年12月5日以该局为被告提起诉讼，要求撤销向严某核发的房屋所有权证，并给自己核发新证。一审法院判决维持被诉行为，郭某提出上诉。下列哪个说法是正确的?[1]（2014/84/单）

A. 本案的起诉期限为2年

B. 本案的起诉期限从2009年4月20日起算

C. 如诉讼中郭某解除对诉讼代理人的委托，在其书面报告法院后，法院应当通知其他当事人

D. 第二审法院应对一审法院的裁判和被诉具体行政行为是否合法进行全面审查

二、审判监督程序

审判监督程序，是指人民法院发现已经发生法律效力的判决、裁定违反法律、法规规定，依法对案件再次进行审理的程序，也称再审程序。审判监督程序虽与第二审程序一样具有救济作用，但与第二审程序不同，它所针对的对象是已生效的判决、裁定，属于事后救济手段。审判监督程序并非每起行政案件所必经的程序，也不是第二审程序的继续，只有在生效裁判确有错误，需要进行再审时，才能适用审判监督程序。审判监督程序这一特殊程序的存在，目的在于贯彻审判工作实事求是、有错必纠的原则，及时纠正错案，保证人民法院的办案质量，切实保护当事人的合法权益。提起审判监督程序的主体，只能是案件的当事人和具有审判监督权的法定机关。

申请期限	在判决、裁定或者调解书发生法律效力后6个月内提出
书面材料	①当事人申请再审的，应当提交再审申请书等材料 ②法院认为有必要的，可以自收到再审申请书之日起5日内将再审申请书副本发送对方当事人 ③对方当事人应当自收到再审申请书副本之日起15日内提交书面意见
审理对象	①法院审理再审案件应当围绕再审请求和被诉行政行为合法性进行 ②当事人的再审请求超出原审诉讼请求，符合另案诉讼条件的，告知当事人可以另行起诉

---

〔1〕 答案D【解析】《行政诉讼法》第46条规定，公民、法人或者其他组织直接向人民法院提起诉讼的，应当自知道或者应当知道作出行政行为之日起六个月内提出。法律另有规定的除外。因不动产提起诉讼的案件自行政行为作出之日起超过二十年，其他案件自行政行为作出之日起超过五年提起诉讼的，人民法院不予受理。选项A错误。起诉期限自郭某知道该行政行为起算，本案中未说明确切时间，选项B错误。《行政诉讼法解释》第31条规定，当事人委托诉讼代理人，应当向人民法院提交由委托人签名或者盖章的授权委托书。委托书应当载明委托事项和具体权限。公民在特殊情况下无法书面委托的，也可以由他人代书，并由自己捺印等方式确认，人民法院应当核实并记录在卷；被诉行政机关或者其他有义务协助的机关拒绝人民法院向被限制人身自由的公民核实的，视为委托成立。当事人解除或者变更委托的，应当书面报告人民法院。选项C错误。《行政诉讼法》第87条规定，人民法院审理上诉案件，应当对原审人民法院的判决、裁定和被诉行政行为进行全面审查。选项D正确。

续表

审理期限	自再审申请案件立案之日起6个月内审查，需要延长的由本院院长批准
中止执行	①按照审判监督程序决定再审的案件，裁定中止原判决、裁定、调解书的执行 ②但支付抚恤金、最低生活保障费或者社会保险待遇的案件，可以不中止执行

（一）审判监督程序的提出

1. 当事人申请再审

当事人对已经发生法律效力的判决、裁定，认为确有错误的，可以向上一级人民法院申请再审，但判决、裁定不停止执行。当事人的申请符合下列情形之一的，人民法院应当再审：（1）不予立案或者驳回起诉确有错误的；（2）有新的证据，足以推翻原判决、裁定的；（3）原判决、裁定认定事实的主要证据不足、未经质证或者系伪造的；（4）原判决、裁定适用法律、法规确有错误的；（5）违反法律规定的诉讼程序，可能影响公正审判的；（6）原判决、裁定遗漏诉讼请求的；（7）据以作出原判决、裁定的法律文书被撤销或者变更的；（8）审判人员在审理该案件时有贪污受贿、徇私舞弊、枉法裁判行为的。

当事人向上一级人民法院申请再审，应当在判决、裁定或者调解书发生法律效力后六个月内提出。有下列情形之一的，自知道或者应当知道之日起6个月内提出：（1）有新的证据，足以推翻原判决、裁定的；（2）原判决、裁定认定事实的主要证据是伪造的；（3）据以作出原判决、裁定的法律文书被撤销或者变更的；（4）审判人员审理该案件时有贪污受贿、徇私舞弊、枉法裁判行为的。

当事人申请再审的，应当提交再审申请书等材料。人民法院认为有必要的，可以自收到再审申请书之日起5日内将再审申请书副本发送对方当事人。对方当事人应当自收到再审申请书副本之日起15日内提交书面意见。人民法院可以要求申请人和对方当事人补充有关材料，询问有关事项。

人民法院应当自再审申请案件立案之日起6个月内审查，有特殊情况需要延长的，由本院院长批准。

2. 法院启动再审

各级人民法院院长对本院已经发生法律效力的判决、裁定，发现有法律规定的再审情形之一，或者发现调解违反自愿原则或者调解书内容违法，认为需要再审的，应当提交审判委员会讨论决定。

最高人民法院对地方各级人民法院已经发生法律效力的判决、裁定，上级人民法院对下级人民法院已经发生法律效力的判决、裁定，发现有法律规定的再审情形之一，或者发现调解违反自愿原则或者调解书内容违法的，有权提审或者指令下级人民法院再审。

3. 检察院启动再审

最高人民检察院对各级人民法院已经发生法律效力的判决、裁定，上级人民检察院对下级人民法院已经发生法律效力的判决、裁定，发现有法律规定的再审情形之一，或者发现调解书损害国家利益、社会公共利益的，应当提出抗诉。

地方各级人民检察院对同级人民法院已经发生法律效力的判决、裁定，发现有法律规定的再审情形之一，或者发现调解书损害国家利益、社会公共利益的，可以向同级人民法院提出检察建议，并报上级人民检察院备案；也可以提请上级人民检察院向同级人民法院提出抗诉。

各级人民检察院对审判监督程序以外的其他审判程序中审判人员的违法行为，有权向同级人民法院提出检察建议。

（二）再审案件的审理

按照审判监督程序决定再审的案件，裁定中止原判决、裁定、调解书的执行，但支付抚恤金、最低生活保障费或者社会保险待遇的案件，可以不中止执行。上级人民法院决定提审或者指令下级人民法院再审的，应当作出裁定，裁定应当写明中止原判决的执行；情况紧急的，可以将中止执行的裁定口头通知负责执行的人民法院或者作出生效判决、裁定的人民法院，但应当在口头通知后10日内发出裁定书。

人民法院审理再审案件应当围绕再审请求和被诉行政行为合法性进行。当事人的再审请求超出原审诉讼请求，符合另案诉讼条件的，告知当事人可以另行起诉。被申请人及原审其他当事人在庭审辩论结束前提出的再审请求，符合法律规定的申请期限的，人民法院应当一并审理。人民法院经再审，发现已经发生法律效力的判决、裁定损害国家利益、社会公共利益、他人合法权益的，应当一并审理。

【本章主要法律规定】

1. 《行政诉讼法》第44~54条、第67条、第68条、第82~93条
2. 《行政诉讼法解释》第53~55条、第63~68条、第103~105条、第110~120条

第十六章　行政诉讼的证据

【应试指南】

行政诉讼证据，是指在行政诉讼过程中，一切用来证明案件事实情况的材料。它既包括当事人向人民法院提交的证据，也包括人民法院在必要情况下依法收集的证据。不管证据来源如何，任何证据都必须经法庭查证属实才能作为定案依据。具有来源的特定性、责任分配的特殊性、证明对象的特殊性的特点。本章的重点内容包括：证据的形式要求、原告与被告的举证责任、被告在诉讼中不得自行收集证据等。

第一节　证据的种类与要求

行政诉讼证据包括书证、物证、视听资料、证人证言、当事人的陈述、鉴定意见、勘验笔录、现场笔录。在这些证据种类中，绝大多数与刑事诉讼、民事诉讼的证据种类相同，而其中属于行政诉讼特殊证据种类的是现场笔录。现场笔录，是指行政机关及其工作人员在执行行政职务的过程中，在实施行政行为时，对某些事项当场所作的书面记录。行政机关的现场笔录通常在事后难以取证或证据难保全的情况下使用。

证据种类	形式要求
书证	①提供原件 ②提供复制件、影印件、抄录件的，应当注明出处，由保管机关加盖印章 ③提供报表、图纸、会计账册、专业技术资料的，应当附说明材料
物证	提供原物
视听资料	①提供原始载体 ②注明制作方法、制作时间、制作人和证明对象等 ③声音资料应当附有该声音内容的文字记录
电子数据	无具体要求
证人证言	①写明证人的姓名、年龄、性别、职业、住址等基本情况 ②有证人的签名，不能签名的，应当以盖章等方式证明 ③注明出具日期 ④附有居民身份证复印件等证明证人身份的文件
当事人陈述	谈话笔录，应由执法人员、被询问人、陈述人签名或者盖章
鉴定意见	①应有鉴定人的签名和鉴定部门的盖章 ②当事人要求鉴定人出庭的，鉴定人应出庭
现场笔录	①由执法人员签名（必须签） ②由当事人签名。当事人拒绝签名或者不能签名的，应当注明原因 ③有其他人在现场的，可由其他人签名

续表

勘验笔录	①勘验人签名 ②在场人：当地基层组织或者当事人所在单位的派员 ③当事人或其成年亲属签名。当事人或其成年亲属拒不到场的，应当在勘验笔录中说明

一、书证

书证是指以文字、符号、图形所记载或表示的内容、含义来证明案件事实的证据。为保证书证内容的真实性，当事人向人民法院所提供的书证，一般应当符合下列要求：

1. 原则上应提供书证的原件，在提供原件确有困难时，可以提供与原件核对无误的复印件、照片、节录本。

2. 提供由有关部门保管的书证原件的复制件、影印件或者抄录件的，应当注明出处，经该部门核对无异后加盖其印章。

3. 当事人提供报表、图纸、会计账册、专业技术资料、科技文献等书证的，应当附有说明材料。

二、物证

物证是指以自己的存在、形状、质量等外部特征和物质属性，证明案件事实的物品。与书证相比，物证相对直观和简单，在形式上和手续上一般无特别要求，因此，对物证的要求相对较少。当事人向人民法院提供物证的，原则上应当提供原物，在提供原物确有困难时，可以提供与原物核对无误的复制件或者证明该物证的照片、录像等其他证据；如果原物为数量较多的种类物时，当事人应当提供其中的一部分。

三、视听资料

视听资料是利用现代科技手段记载法律事件和法律行为的证据，对当事人提供的视听资料应进行严格要求。当事人向人民法院所提供的计算机数据或者录音、录像等视听资料，应当符合下列要求：

1. 当事人应向法院提供有关资料的原始载体，在提供原始载体确有困难时，可以提供复制件。

2. 当事人应注明制作方法、制作时间、制作人和证明对象等。

3. 声音资料应当附有该声音内容的文字记录。对于当事人向人民法院提供的外国语视听资料，当事人应同时附有由具有翻译资质的机构翻译的或者其他翻译准确的中文译本，并由翻译机构盖章或者翻译人员签名。

四、电子数据

电子数据是指以电子形式存在，可用作证据使用的材料和信息。这类证据是随着电子技术，特别是计算机和互联网的发展而产生的新型证据。

五、证人证言

证人证言是指证人就自己了解的案件事实向法院所作的陈述，它一般是以口头形式表现出来的，当事人可以向人民法院提供书面证人证言。当事人向人民法院提供证人证言应当符合下列要求：（1）写明证人的姓名、年龄、性别、职业、住址等基本情况；（2）有证人的签名。

如果证人不能签名的，应当以盖章等方式证明；（3）注明证人出具证言的日期；（4）应附有居民身份证复印件等证明证人身份的文件。

证人因履行出庭作证义务而支出的交通、住宿、就餐等必要费用以及误工损失，由败诉一方当事人承担。当事人申请证人出庭作证的，应当在举证期限届满前提出，并经人民法院许可。人民法院准许证人出庭作证的，应当在开庭审理前通知证人出庭作证。当事人在庭审过程中要求证人出庭作证的，法庭可以根据审理案件的具体情况，决定是否准许以及是否延期审理。

【考点点拨】

证人证言要求有证人的签名，但如果只有签名不行，还需要身份证复印件等证明文件。当事人申请证人出庭作证，应当在举证期限届满前提出，但如果庭审中提出的，由法院决定是否准许。

六、当事人陈述

被告提供的被诉行政行为所依据的询问、陈述、谈话类笔录，应当有行政执法人员、被询问人、陈述人、谈话人签名或者盖章。当事人向人民法院提供外文书证，应当附有由具有翻译资质的机构翻译的或者其他翻译准确的中文译本，并由翻译机构盖章或者翻译人员签名。

七、鉴定意见

鉴定意见是指鉴定人运用自己的专业知识，利用专门的设备和材料，对某些专门问题所作的意见。被告行政机关向人民法院提供的在行政程序中采用的鉴定意见应当载明：（1）委托人和委托鉴定的事项；（2）应有向鉴定部门提交的相关材料；（3）应有鉴定的依据和使用的科学技术手段；（4）应有鉴定部门和鉴定人鉴定资格的说明；（5）应有鉴定人的签名和鉴定部门的盖章。对于通过分析获得的鉴定意见，还应当说明分析过程。

原告或者第三人有证据或者有正当理由表明被告据以认定案件事实的鉴定意见可能有错误，在举证期限内书面申请重新鉴定的，人民法院应予准许。当事人要求鉴定人出庭接受询问的，鉴定人应当出庭。鉴定人因正当事由不能出庭的，经法庭准许，可以不出庭，由当事人对其书面鉴定意见进行质证。对于出庭接受询问的鉴定人，法庭应当核实其身份、与当事人及案件的关系，并告知鉴定人如实说明鉴定情况的法律义务和故意作虚假说明的法律责任。

对被告在行政程序中采纳的鉴定意见，原告或者第三人提出证据证明有下列情形之一的，人民法院不予采纳：（1）鉴定人不具备鉴定资格；（2）鉴定程序严重违法；（3）鉴定意见错误、不明确或者内容不完整。

八、现场笔录

现场笔录是行政诉讼特有的证据种类，由行政机关在行政程序中当场制作而成。被告行政机关向人民法院提供的现场笔录应当载明制作现场笔录的时间、地点和事件等内容，并由执法人员和当事人签名。当事人拒绝签名或者不能签名的，应当注明原因。有其他人在现场的，可由其他人签名。

九、勘验笔录

勘验笔录是审判人员在诉讼过程中对与争议有关的现场、物品等进行查验、测量、拍照后制作的笔录。人民法院可以依当事人申请或者依职权勘验现场。勘验现场时，勘验人必须出示人民法院的证件，并邀请当地基层组织或者当事人所在单位派人参加。当事人或其成年亲属应当到场，拒不到场的，不影响勘验的进行，但应当在勘验笔录中说明情况。

审判人员应当制作勘验笔录，记载勘验的时间、地点、勘验人、在场人、勘验的经过和结果，由勘验人、当事人、在场人签名。勘验现场时绘制的现场图，应当注明绘制的时间、方位、绘制人姓名和身份等内容。当事人对勘验结论有异议的，可以在举证期限内申请重新勘验，是否准许由人民法院决定。

人民法院收到当事人提交的证据材料，应当出具收据，注明证据的名称、份数、页数、件数、种类等以及收到的时间，由经办人员签名或者盖章。

【考点点拨】

现场笔录和勘验笔录的区别在于，现场笔录是执法人员做出的，勘验笔录是法院做出的；相同之处在于，当事人不签，都不影响笔录的效力。

【真题实战】

1. 甲、乙公司签订了甲公司向乙公司购买5辆“三星”牌汽车的合同。乙公司按约定将汽车运至甲公司所在地火车站。某市工商局接举报扣押了汽车，并最终认定乙公司提供的五辆“三星”牌汽车系国外某一品牌汽车，乙公司将其冒充国产车进行非法销售，遂决定没收该批汽车。乙公司在提起行政诉讼后，向法院提供了该批汽车的技术参数，某市工商局则提供了某省商检局对其中一辆车的鉴定意见。下列哪些说法是正确的？[1]（2006/85/多）

A. 乙公司在提供图片及技术参数时，应附有说明材料

B. 若乙公司提供证据证明某省商检局的鉴定意见内容不完整，法院应不采纳该鉴定意见

C. 某省商检局的鉴定意见为某市工商局处罚乙公司的证据，是法院采纳此鉴定意见的条件之一

D. 对某市工商局的没收决定，甲公司具有原告资格

2. 县烟草专卖局发现刘某销售某品牌外国香烟，执法人员表明了自己的身份，并制作了现场笔录。因刘某拒绝签名，随行电视台记者张某作为见证人在笔录上签名，该局当场制作《行政处罚决定书》，没收15条外国香烟。刘某不服该决定，提起行政诉讼。诉讼中，县烟草专卖局向法院提交了现场笔录、县电视台拍摄的现场录像、张某的证词。下列哪些选项是正确的？[2]（2007/84/多）

A. 现场录像应当提供原始载体

B. 张某的证词有张某的签字后，即可作为证人证言使用

C. 现场笔录必须有执法人员和刘某的签名

D. 法院收到县烟草专卖局提供的证据应当出具收据，由经办人员签名或盖章

3. 许某与汤某系夫妻，婚后许某精神失常。二人提出离婚，某县民政局准予离婚。许某之兄认为许某为无民事行为能力人，县民政局准予离婚行为违法，遂提起行政诉讼。县民政局

---

〔1〕 答案ABC【解析】《最高人民法院关于行政诉讼证据若干问题的规定》（以下简称《行政诉讼证据规定》）第10条第1款第3项规定，提供报表、图纸、会计账册、专业技术资料、科技文献等书证的，应当附有说明材料。选项A正确。根据该法62条第3项的规定，被告在行政程序中采纳的鉴定意见错误、不明确或者内容不完整，人民法院不予采纳。选项B正确。证据具有关联性，是证据被采纳的条件之一，选项C正确。该案中工商局没收的是乙公司非法销售的某外国品牌汽车，并非甲公司订购的国产车，甲公司与该批车不具有法律上的利害关系，对于工商局的没收决定，甲公司没有原告资格。选项D错误。

〔2〕 答案AD【解析】《行政诉讼证据规定》第12条第1项规定，视听资料应提供有关资料的原始载体。提供原始载体确有困难的，可以提供复制件。选项A正确。根据该法第13条的规定，证人证言需要附有居民身份证复印件等证明文件，选项B错误。该法第15条规定，当事人拒绝签名或者不能签名的，应当注明原因，有其他人在现场的，可由其他人签名。选项C错误。该法第20条规定，人民法院收到当事人提交的证据材料，应当出具收据，注明证据的名称、份数、页数、件数、种类等以及收到的时间，由经办人员签名或者盖章。选项D正确。

向法院提交了县医院对许某作出的间歇性精神病的鉴定意见。许某之兄申请法院重新进行鉴定。下列哪些选项是正确的?[1]（2009/87/多）

A. 原告需对县民政局准予离婚行为违法承担举证责任

B. 鉴定意见应有鉴定人的签名和鉴定部门的盖章

C. 当事人申请法院重新鉴定可以口头提出

D. 当事人申请法院重新鉴定应当在举证期限内提出

4. 余某拟大修房屋，向县规划局提出申请，该局作出不予批准答复。余某向县政府申请复议，在后者作出维持决定后，向法院起诉。县规划局向法院提交县政府批准和保存的余某房屋所在中心村规划布局图的复印件一张，余某提交了其房屋现状的录像，证明其房屋已破旧不堪。下列哪些说法是正确的?[2]（2011/82/多）

A. 县规划局提交的该复印件，应加盖县政府的印章

B. 余某提交的录像应注明制作方法和制作时间

C. 如法院认定余某的请求不成立，可以判决驳回余某的诉讼请求

D. 如法院认定余某的请求成立，在对县规划局的行为作出裁判的同时，应对县政府的复议决定作出裁判

5. 梁某酒后将邻居张某家的门、窗等物品砸坏。县公安局接警后，对现场进行拍照、制作现场笔录，并请县价格认证中心作价格鉴定意见，对梁某作出行政拘留 8 日处罚。梁某向法院起诉，县公安局向法院提交照片、现场笔录和鉴定意见。下列哪些说法是正确的?[3]（2015/84/多）

A. 照片为书证

B. 县公安局提交的现场笔录无当事人签名的，不具有法律效力

C. 县公安局提交的鉴定意见应有县价格认证中心的盖章和鉴定人的签名

---

[1] 答案 BD【解析】《行政诉讼法》第 34 条第 1 款规定，被告对作出的行政行为负有举证责任，应当提供作出该行政行为的证据和所依据的规范性文件。该法第 37 条规定，原告可以提供证明行政行为违法的证据。原告提供的证据不成立的，不免除被告的举证责任。因此，原告对县民政局准予离婚行为违法享有举证权利，而非承担举证责任。选项 A 错误。根据《行政诉讼证据规定》第 14 条的规定，鉴定意见应当载明委托人和委托鉴定的事项、向鉴定部门提交的相关材料、鉴定的依据和使用的科学技术手段、鉴定部门和鉴定人鉴定资格的说明，并应有鉴定人的签名和鉴定部门的盖章。选项 B 正确。该法第 29 条规定，原告或者第三人有证据或者有正当理由表明被告据以认定案件事实的鉴定意见可能有错误，在举证期限内书面申请重新鉴定的，人民法院应予准许。选项 C 错误，选项 D 正确。

[2] 答案 ABCD【解析】《行政诉讼证据规定》第 10 条第 1 款第 2 项规定，提供由有关部门保管的书证原件的复制件、影印件或者抄录件的，应当注明出处，经该部门核对无异后加盖其印章。选项 A 正确。根据该法第 12 条的规定，视听资料应注明制作方法、制作时间、制作人和证明对象等。选项 B 正确。《行政诉讼法》第 69 条规定，行政行为证据确凿，适用法律、法规正确，符合法定程序的，或者原告申请被告履行法定职责或者给付义务理由不成立的，人民法院判决驳回原告的诉讼请求。选项 C 正确。该法第 79 条规定，复议机关与作出原行政行为的行政机关为共同被告的案件，人民法院应当对复议决定和原行政行为一并作出裁判。选项 D 正确。

[3] 答案 AC【解析】照片以其内容来证明待证事实，因此属于书证的范畴。选项 A 正确。《行政诉讼证据规定》第 15 条第 1 款规定，被告向人民法院提供的现场笔录，应当载明时间、地点和事件等内容，并由执法人员和当事人签名。当事人拒绝签名或者不能签名的，应当注明原因。有其他人在现场的，可由其他人签名。选项 B 错误。该法第 14 条规定，被告向人民法院提供的在行政程序中采用的鉴定意见，应当载明委托人和委托鉴定的事项、向鉴定部门提交的相关材料、鉴定的依据和使用的科学技术手段、鉴定部门和鉴定人鉴定资格的说明，并应有鉴定人的签名和鉴定部门的盖章。通过分析获得的鉴定意见，应当说明分析过程。选项 C 正确。《行政诉讼法解释》第 41 条规定，有下列情形之一，原告或者第三人要求相关行政执法人员出庭说明的，人民法院可以准许：（一）对现场笔录的合法性或者真实性有异议的；（二）对扣押财产的品种或者数量有异议的；（三）对检验的物品取样或者保管有异议的；（四）对行政执法人员身份的合法性有异议的；（五）需要出庭说明的其他情形。D 项中，梁某对现场笔录的合法性有异议的，可要求县公安局的相关执法人员作为证人出庭作证，错误。

D. 梁某对现场笔录的合法性有异议的，可要求县公安局的相关执法人员作为证人出庭作证

第二节　诉讼的举证责任

行政诉讼实行举证责任倒置原则，被告应当证明其作出行政行为的合法性。判断行政行为合法性的基本标准是：行使行政职权的主体合法；合乎法定职权范围；作出行政行为的证据确凿；适用法律法规正确；符合法定程序；不滥用职权。

一、一般案件的举证责任分配

	举证责任
被告	被告对作出行政行为的合法性负有举证责任 包括：①作出该行为的证据②所依据的规范性文件 被告不提供或者无正当理由逾期提供证据，视为没有相应证据。但是，被诉行政行为涉及第三人合法权益，第三人提供证据的除外
原告	①证明符合起诉条件 ②依申请不作为案件中，应当证明自己提出过申请，但因正当理由不能提供证据的除外 ③行政赔偿、补偿案件中，原告对行政行为造成的损害提供证据 ④原告可以提供证明行政行为违法的证据；但证据不成立的，不免除被告的举证责任

（一）被告的举证责任

被告对作出的行政行为负有举证责任，应当提供作出该行政行为的证据和所依据的规范性文件。这确立了被告行政机关在行政诉讼中承担主要举证责任的基本原则，这使行政诉讼举证责任的分配明显区别于民事诉讼举证责任的分配。

（二）原告的举证责任

行政诉讼中原告提供证据限于下列情形：

1. 证明符合起诉条件

公民、法人或者其他组织向人民法院起诉时，应当提供其符合起诉条件的相应的证据材料。即原告是适格的；有明确的被告；有具体的诉讼请求和事实根据；属于人民法院受案范围和受诉人民法院管辖。

2. 不作为案件

在起诉被告不履行法定职责的案件中，原告应当提供其在行政程序中曾经向被告提出申请的证据材料。但有下列情形之一的除外：（1）被告应当依职权主动履行法定职责的。即行政机关法定职责的履行不以原告申请为前提。（2）原告因正当理由不能提供证据的。这是因为实践中原告因正当理由不能提供证据，再由原告承担是不适宜的。

3. 行政赔偿、补偿案件

在行政赔偿、补偿诉讼中，原告应当对被诉行政行为造成损害的事实提供证据。但是，因被告的原因导致原告无法举证的，由被告承担举证责任。

在行政赔偿、补偿案件中，因被告的原因导致原告无法就损害情况举证的，应当由被告就该损害情况承担举证责任。对于各方主张损失的价值无法认定的，应当由负有举证责任的一方当事人申请鉴定，但法律、法规、规章规定行政机关在作出行政行为时依法应当评估或者鉴定

的除外；负有举证责任的当事人拒绝申请鉴定的，由其承担不利的法律后果。当事人的损失因客观原因无法鉴定的，人民法院应当结合当事人的主张和在案证据，遵循法官职业道德，运用逻辑推理和生活经验、生活常识等，酌情确定赔偿数额。

除此之外，原告可以提供证明行政行为违法的证据。原告提供的证据不成立的，不免除被告的举证责任。

【真题实战】

1. 市城管执法局委托镇政府负责对一风景区域进行城管执法。镇政府接到举报并经现场勘验，认定刘某擅自建房并组织强制拆除。刘某父亲和嫂子称房屋系二人共建，拆除行为侵犯合法权益，向法院起诉，法院予以受理。关于此案，下列哪些说法是正确的?[1]（2010/89/多）

A. 此案的被告是镇政府

B. 刘某父亲和嫂子应当提供证据证明房屋为二人共建或与拆除行为有利害关系

C. 如法院对拆除房屋进行现场勘验，应当邀请当地基层组织或当事人所在单位派人参加

D. 被告应当提供证据和依据证明有拆除房屋的决定权和强制执行的权力

2. 某药厂以本厂过期药品作为主原料，更改生产日期和批号生产出售。甲市乙县药监局以该厂违反《药品管理法》第 49 条第 1 款关于违法生产药品规定，决定没收药品并处罚款 20 万元。药厂不服向县政府申请复议，县政府依《药品管理法》第 49 条第 3 款关于生产劣药行为的规定，决定维持处罚决定。药厂起诉。关于本案的被告和管辖，下列说法正确的有：[2]（2012/98/任）

A. 法院应对被诉行政行为和药厂的行为是否合法一并审理和裁判

B. 药厂提供的证明被诉行政行为违法的证据不成立的，不能免除被告对被诉行政行为合法性的举证责任

C. 如在本案庭审过程中，药厂要求证人出庭作证的，法院不予准许

D. 法院对本案的裁判，应当以证据证明的案件事实为依据

---

〔1〕 答案 BCD【解析】《行政诉讼法》第 26 条第 5 款规定，由行政机关委托的组织所作的行政行为，委托的行政机关是被告。本案中，镇政府是受到市城管执法局的委托实施行政行为，应以委托的机关即市城管执法局为被告。选项 A 错误。《行政诉讼证据规定》第 4 条第 1 款规定，公民、法人或者其他组织向人民法院起诉时，应当提供其符合起诉条件的相应的证据材料。本案刘某父亲和嫂子应当提供证据证明自己符合法定的起诉条件，即证明自己与拆迁行为有法律上的利害关系。选项 B 正确。该法第 33 条规定，人民法院可以依当事人申请或者依职权勘验现场。勘验现场时，勘验人必须出示人民法院的证件，并邀请当地基层组织或者当事人所在单位派人参加。当事人或其成年亲属应当到场，拒不到场的，不影响勘验的进行，但应当在勘验笔录中说明情况。选项 C 正确。《行政诉讼法》第 34 条第 1 款规定，被告对作出的行政行为负有举证责任，应当提供作出该具体行政行为的证据和所依据的规范性文件。选项 D 正确。

〔2〕 答案 BD【解析】行政诉讼中人民法院审查的是被诉行政行为，本案中为没收药品并处罚款 20 万元的合法性，药厂行为的合法性不是审理和裁判对象。选项 A 错误。《行政诉讼法》第 37 条规定，原告可以提供证明行政行为违法的证据。原告提供的证据不成立的，不免除被告的举证责任。选项 B 正确。《行政诉讼证据规定》第 43 条规定，当事人申请证人出庭作证的，应当在举证期限届满前提出，并经人民法院许可。人民法院准许证人出庭作证的，应当在开庭审理前通知证人出庭作证。当事人在庭审过程中要求证人出庭作证的，法庭可以根据审理案件的具体情况，决定是否准许以及是否延期审理。选项 C 错误。该法第 53 条规定，人民法院裁判行政案件，应当以证据证明的案件事实为依据。选项 D 正确。

二、复议案件的举证责任分配

	原机关举证责任	复议机关举证责任
复议维持	原行政行为合法性	①原行政行为合法性 ②复议决定的合法性
复议改变	无	复议决定的合法性

复议机关决定维持原行政行为的，人民法院应当在审查原行政行为合法性的同时，一并审查复议决定的合法性。作出原行政行为的行政机关和复议机关对原行政行为合法性共同承担举证责任，可以由其中一个机关实施举证行为。复议机关对复议决定的合法性承担举证责任。

复议机关作共同被告的案件，复议机关在复议程序中依法收集和补充的证据，可以作为人民法院认定复议决定和原行政行为合法的依据。

第三节　诉讼的举证期限

	举证期限
被告	①应当在收到起诉状副本之日起 15 日内向人民法院提交证据 ②在诉讼过程中，被告及其诉讼代理人不得自行向原告、第三人和证人收集证据 ③延期提供：应当在收到起诉状副本之日起 15 日内以书面方式向法院提出。法院准许的，被告应当在正当事由消除后 15 日内提供证据。逾期提供的，视为被诉行政行为没有相应的证据
原告第三人	①应当在开庭审理前或者人民法院指定的交换证据清单之日提供证据 ②延期提供：因正当事由，经人民法院准许，可以在法庭调查中提供。逾期提供的，法院应当责令其说明理由；拒不说明理由或者理由不成立的，视为放弃举证权利

一、被告的举证期限

（一）一般期限

被告应当在收到起诉状副本之日起 15 日内，提供据以作出被诉行政行为的全部证据和所依据的规范性文件。被告不提供或者无正当理由逾期提供证据，视为没有相应证据。但是，被诉行政行为涉及第三人合法权益，第三人提供证据的除外。

（二）延期提供

被告在作出行政行为时已经收集了证据，但因不可抗力等正当事由不能提供的，经人民法院准许，可以延期提供。被告申请延期提供证据的，应当在收到起诉状副本之日起 15 日内以书面方式向人民法院提出。人民法院准许延期提供的，被告应当在正当事由消除后 15 日内提供证据。逾期提供的，视为被诉行政行为没有相应的证据。

（三）对被告的限制

在诉讼过程中，被告及其诉讼代理人不得自行向原告、第三人和证人收集证据。被告行政机关在行政程序中必须遵循“先取证、后裁决”规则。这一规则是行政机关行使职权必须

"以事实为根据"的具体化，它要求行政机关在作出行政行为前，应当认真调查，充分收集证据，在证据充分、事实清楚的基础上，正确适用法律，作出正确的行政行为。

二、原告的举证期限

按照规定，原告或者第三人应当在开庭审理前或者人民法院指定的交换证据清单之日提供证据。因正当事由申请延期提供证据的，经人民法院准许，可以在法庭调查中提供。逾期提供证据的，人民法院应当责令其说明理由；拒不说明理由或者理由不成立的，视为放弃举证权利。原告或者第三人在第一审程序中无正当事由未提供而在第二审程序中提供的证据，人民法院不予接纳。

当事人申请延长举证期限，应当在举证期限届满前向人民法院提出书面申请。申请理由成立的，人民法院应当准许，适当延长举证期限，并通知其他当事人。申请理由不成立的，人民法院不予准许，并通知申请人。

第四节 证据的调取、保全与补充

一、证据的调取

当事人举证和人民法院调取证据，是我国诉讼证据的两个来源。但在行政诉讼中，这两项证据来源的地位并不完全相同。从根本上看，当事人举证是行政诉讼证据的主要来源，人民法院调取证据仅属次要来源。这是因为人民法院是争议的裁判者，保持公平和中立立场和对事实的客观态度，对案件的公正解决十分重要。同时，在诉讼中，法院的责任主要是审查判断证据，确定证据的效力，提供证据主要是当事人的责任，法院过多涉足证据的收集和调取，将会使行政诉讼法确立的举证责任制度的作用大大降低甚至失去意义。因此，在行政诉讼中，法院调取证据应限定于少数特定情形。法院调取证据可分为依职权主动调取和依申请调取证据两种情形。不论属哪种情形，人民法院皆不得为证明被诉行政行为的合法性，调取被告在作出行政行为时未收集的证据。

<table>
<tr><td rowspan="2">依职权调取</td><td>原则：不得为证明行政行为合法性调取被告作出行政行为时未收集的证据</td></tr>
<tr><td>①涉及国家利益、公共利益或者他人合法权益的事实认定
②涉及依职权追加当事人、中止诉讼、终结诉讼、回避等程序性事项</td></tr>
<tr><td>依申请调取</td><td>①由国家有关部门保存而须由人民法院调取的证据
②涉及国家秘密、商业秘密、个人隐私的证据
③确因客观原因不能自行收集的其他证据
④当事人申请调查收集证据，但该证据与待证事实无关联、对证明待证事实无意义或者其他无调查收集必要的，法院不予准许</td></tr>
</table>

二、证据的保全

情形	证据可能灭失或以后难以取得
方式	①依职权 ②依申请：举证期限届满前以书面形式提出，法院可以要求提供担保
内容	可以采取查封、扣押、拍照、录音、录像、复制、鉴定、勘验、制作询问笔录等保全措施
程序	可以要求当事人或者诉讼代理人到场

在证据可能灭失或者以后难以取得的情况下，诉讼参加人可以向人民法院申请保全证据，人民法院也可以主动采取保全措施。当事人向人民法院申请保全证据的，应当在举证期限届满前以书面形式提出，并说明证据的名称和地点、保全的内容和范围、申请保全的理由等事项。当事人申请保全证据的，人民法院可以要求其提供相应的担保。

人民法院保全证据的，可以根据具体情况，采取查封、扣押、拍照、录音、录像、复制、鉴定、勘验、制作询问笔录等保全措施。人民法院保全证据时，可以要求当事人或者其诉讼代理人到场。

【真题实战】

关于行政诉讼中的证据保全申请，下列哪一选项是正确的？[1]（2007/45/单）

A. 应当在第一次开庭前以书面形式提出

B. 应当在举证期限届满前以书面形式提出

C. 应当在举证期限届满前以口头形式提出

D. 应当在第一次开庭前以口头形式提出

三、证据的补充

人民法院有权要求当事人提供或者补充证据。对当事人无争议，但涉及国家利益、公共利益或者他人合法权益的事实，人民法院可以责令当事人提供或者补充有关证据。

原告或者第三人提出了其在行政处理程序中没有提出的理由或者证据的，经人民法院准许，被告可以补充证据。

第五节　证据的质证

证据的对质辨认和核实，是指在法官的主持下，当事人就有关证据进行辨认和对质，是对证据进行审查的重要环节。

一、需要质证的证据

质证原则	①证据应当在法庭上出示，并由当事人互相质证 ②对涉及国家秘密、商业秘密和个人隐私的证据，不得在公开开庭时出示

〔1〕 答案 B【解析】《行政诉讼证据规定》第 27 条第 1 款规定，当事人根据行政诉讼法第三十六条的规定向人民法院申请保全证据的，应当在举证期限届满前以书面形式提出，并说明证据的名称和地点、保全的内容和范围、申请保全的理由等事项。选项 B 正确。

续表

需要质证	申请调取	申请调取证据的当事人在庭审中出示，并由当事人质证
	补充证据	准许当事人补充证据的，对补充的证据仍应进行质证
	二审质证	①在第二审程序中，对当事人依法提供的新的证据，法庭应当进行质证 ②当事人对第一审认定的证据仍有争议的，法庭也应当进行质证
	再审质证	①按照审判监督程序审理的案件，对当事人依法提供的新的证据，法庭应当进行质证 ②因原判决、裁定认定事实的证据不足而提起再审所涉及的主要证据，法庭也应当进行质证

证据应当在法庭上出示，并由当事人互相质证。对涉及国家秘密、商业秘密和个人隐私的证据，不得在公开开庭时出示。人民法院应当按照法定程序，全面、客观地审查核实证据。对未采纳的证据应当在裁判文书中说明理由。以非法手段取得的证据，不得作为认定案件事实的根据。

有下列情形之一，原告或者第三人要求相关行政执法人员出庭说明的，人民法院可以准许：(1) 对现场笔录的合法性或者真实性有异议的；(2) 对扣押财产的品种或者数量有异议的；(3) 对检验的物品取样或者保管有异议的；(4) 对行政执法人员身份的合法性有异议的；(5) 需要出庭说明的其他情形。

在第二审程序中，对当事人依法提供的新的证据，法庭应当进行质证；当事人对第一审认定的证据仍有争议的，法庭也应当进行质证。按照审判监督程序审理的案件，对当事人依法提供的新的证据，法庭应当进行质证；因原判决、裁定认定事实的证据不足而提起再审所涉及的主要证据，法庭也应当进行质证。上述二审和再审中新的证据是指：(1) 在一审程序中应当准予延期提供而未获准许的证据；(2) 当事人在一审程序中依法申请调取而未获准许或者未取得，人民法院在第二审程序中调取的证据；(3) 原告或者第三人提供的在举证期限届满后发现的证据。

二、不需质证的证据

无争议证据	当事人在庭前证据交换过程中没有争议并记录在卷的证据，经审判人员在庭审中说明后，可以作为认定案件事实的依据
依职权调取	由法庭出示，并可就调取该证据的情况进行说明，听取当事人意见
生效文书	生效的人民法院裁判文书或者仲裁机构裁决文书确认的事实，可以作为定案依据

经合法传唤，因被告无正当理由拒不到庭而需要依法缺席判决的，被告提供的证据不能作为定案的依据，但当事人在庭前交换证据中没有争议的证据除外。

当事人申请人民法院调取的证据，由申请调取证据的当事人在庭审中出示，并由当事人质证。人民法院依职权调取的证据，由法庭出示，并可就调取该证据的情况进行说明，听取当事人意见。

【真题实战】

关于行政诉讼证据，下列哪一说法是正确的？[1]

A. 人民法院依职权调取的证据，应当在法庭出示，由当事人质证

B. 涉及商业秘密的证据，可以不公开质证

C. 第二审程序中，所有第一审认定的证据无须再质证

D. 生效的人民法院判决书认定的事实无须质证，可以作为定案的证据

第六节　证据的审查与证明效力

一、证据的审查

当事人应当围绕证据的关联性、合法性和真实性，针对证据有无证明效力以及证明效力大小，进行质证。经法庭准许，当事人及其代理人可以就证据问题相互发问，也可以向证人、鉴定人或者勘验人发问。当事人及其代理人相互发问，或者向证人、鉴定人、勘验人发问时，发问的内容应当与案件事实有关联，不得采用引诱、威胁、侮辱等语言或者方式。

关联性审查	证据与案件事实之间存在内在联系
合法性审查	①证据是否符合法定形式 ②证据的取得是否符合法律、法规、司法解释和规章的要求 ③是否有影响证据效力的其他违法情形
真实性审查	①证据形成的原因 ②发现证据时的客观环境 ③证据是否为原件、原物，复制件、复制品与原件、原物是否相符 ④提供证据的人或证人与当事人是否有利害关系

（一）关联性审查

法庭应当对经过庭审质证的证据和无需质证的证据进行逐一审查和对全部证据综合审查，遵循法官职业道德，运用逻辑推理和生活经验，进行全面、客观和公正的分析判断，确定证据材料与案件事实之间的证明关系，排除不具有关联性的证据材料，准确认定案件事实。

（二）合法性审查

法庭应当根据案件的具体情况，从以下方面审查证据的合法性：（1）证据是否符合法定形式；（2）证据的取得是否符合法律、法规、司法解释和规章的要求；（3）是否有影响证据效力的其他违法情形。

有下列情形之一的，属于“以非法手段取得的证据”：一是严重违反法定程序收集的证据

---

〔1〕 答案D【解析】《行政诉讼证据规定》第38条第2款规定，人民法院依职权调取的证据，由法庭出示，并可就调取该证据的情况进行说明，听取当事人意见。选择A错误。该法第37条规定，涉及国家秘密、商业秘密和个人隐私或者法律规定的其他应当保密的证据，不得在开庭时公开质证。选项B错误。该法第50条规定，在第二审程序中，对当事人依法提供的新的证据，法庭应当进行质证；当事人对第一审认定的证据仍有争议的，法庭也应当进行质证。选项C错误。该法第70条规定，生效的人民法院裁判文书或者仲裁机构裁决文书确认的事实，可以作为定案依据。但是如果发现裁判文书或者裁决文书认定的事实有重大问题的，应当中止诉讼，通过法定程序予以纠正后恢复诉讼。选项D正确。

材料；二是以违反法律强制性规定的手段获取且侵害他人合法权益的证据材料；三是以利诱、欺诈、胁迫、暴力等手段获取的证据材料。

（三）真实性审查

法庭应当根据案件的具体情况，从以下方面审查证据的真实性：（1）证据形成的原因；（2）发现证据时的客观环境；（3）证据是否为原件、原物，复制件、复制品与原件、原物是否相符；（4）提供证据的人或者证人与当事人是否具有利害关系；（5）影响证据真实性的其他因素。

【真题实战】

关于在行政诉讼中法庭对证据的审查，下列哪一说法是正确的？[1]（2010/49/单）

A. 从证据形成的原因方面审查证据的合法性

B. 从证人与当事人是否具有利害关系方面审查证据的关联性

C. 从发现证据时的客观环境审查证据的真实性

D. 从复制件与原件是否相符审查证据的合法性

二、证据的证明效力

证明同一事实的数个证据，其证明效力一般可以按照下列情形分别认定：

1. 国家机关以及其他职能部门依职权制作的公文文书优于其他书证；
2. 鉴定意见、现场笔录、勘验笔录、档案材料以及经过公证或者登记的书证优于其他书证、视听资料和证人证言；
3. 原件、原物优于复制件、复制品；
4. 法定鉴定部门的鉴定意见优于其他鉴定部门的鉴定意见；
5. 法庭主持勘验所制作的勘验笔录优于其他部门主持勘验所制作的勘验笔录；
6. 原始证据优于传来证据；
7. 其他证人证言优于与当事人有亲属关系或者其他密切关系的证人提供的对该当事人有利的证言；
8. 出庭作证的证人证言优于未出庭作证的证人证言；
9. 数个种类不同、内容一致的证据优于一个孤立的证据。

下列证据不能单独作为定案依据：（1）未成年人所作的与其年龄和智力状况不相适应的证言；（2）与一方当事人有亲属关系或者其他密切关系的证人所作的对该当事人有利的证言，或者与一方当事人有不利关系的证人所作的对该当事人不利的证言；（3）应当出庭作证而无正当理由不出庭作证的证人证言；（4）难以识别是否经过修改的视听资料；（5）无法与原件、原物核对的复制件或者复制品；（6）经一方当事人或者他人改动，对方当事人不予认可的证据材料；（7）其他不能单独作为定案依据的证据材料。

【真题实战】

1. 某区城管执法局以甲工厂的房屋建筑违法为由强行拆除，拆除行为被认定违法后，甲工厂要求某区城管执法局予以赔偿，遭到拒绝后向法院起诉。甲工厂除提供证据证明房屋损失外，还提供了甲工厂工人刘某与当地居民谢某的证言，以证明房屋被拆除时，房屋有办公用

---

〔1〕 答案C【解析】《行政诉讼证据规定》第56条规定，法庭应当根据案件的具体情况，从以下方面审查证据的真实性：（一）证据形成的原因；（二）发现证据时的客观环境；（三）证据是否为原件、原物，复制件、复制品与原件、原物是否相符；（四）提供证据的人或者证人与当事人是否具有利害关系；（五）影响证据真实性的其他因素。本题中的表述都属于真实性审查的内容。选项C正确。

品、机械设备未搬出，应予赔偿。某区城管执法局提交了甲工厂工人李某和执法人员张某的证言，以证明房屋内没有物品。下列哪一选项是正确的?[1]（2008/50/单）

A. 法院不能因李某为甲工厂工人而不采信其证言

B. 法院收到甲工厂提交的证据材料，应当出具收据，由经办人员签名并加盖法院印章

C. 张某的证言优于谢某的证言

D. 在庭审过程中，甲工厂要求刘某出庭作证，法院应不予准许

2. 经夏某申请，某县社保局作出认定，夏某晚上下班途中驾驶摩托车与行人发生交通事故受重伤，属于工伤。夏某供职的公司认为其发生交通事故系醉酒所致，向法院起诉要求撤销认定。某县社保局向法院提交了公安局交警大队交通事故认定书、夏某住院的病案和夏某同事孙某的证言。下列说法正确的是:[2]（2014/98/任）

A. 夏某为本案的第三人

B. 某县社保局提供的证据均系书证

C. 法院对夏某住院的病案是否为原件的审查，系对证据真实性的审查

D. 如有证据证明交通事故确系夏某醉酒所致，法院应判决撤销某县社保局的认定

【本章主要法律规定】

1. 《行政诉讼法》第33~43条

2. 《行政诉讼法解释》第34~47条

3. 《行政诉讼证据规定》

【本章阅读案例】

【最高院指导案例91号】

沙明保等诉马鞍山市花山区人民政府房屋强制拆除行政赔偿案

裁判要点：

在房屋强制拆除引发的行政赔偿案件中，原告提供了初步证据，但因行政机关的原因导致原告无法对房屋内物品损失举证，行政机关亦因未依法进行财产登记、公证等措施无法对房屋

---

〔1〕 答案A【解析】《行政诉讼证据规定》第42条规定，不能正确表达意志的人不能作证。根据当事人申请，人民法院可以就证人能否正确表达意志进行审查或者交由有关部门鉴定。必要时，人民法院也可以依职权交由有关部门鉴定。李某符合证人的条件，选项A正确。该法第20条规定，人民法院收到当事人提交的证据材料，应当出具收据，注明证据的名称、份数、页数、件数、种类等以及收到的时间，由经办人员签名或者盖章。并非加盖法院的印章，选项B错误。该法第63条第7项的规定，其他证人证言优于与当事人有亲属关系或者其他密切关系的证人提供的对该当事人有利的证言。本题中，张某与城管执法局关系密切且证言对其有利，谢某是甲工厂当地居民，与当事人无密切关系。就效力而言，谢某的证言应当优于张某的证言，选项C错误。该法第43条规定，当事人申请证人出庭作证的，应当在举证期限届满前提出，并经人民法院许可。人民法院准许证人出庭作证的，应当在开庭审理前通知证人出庭作证。当事人在庭审过程中要求证人出庭作证的，法庭可以根据审理案件的具体情况，决定是否准许以及是否延期审理。选项D错误。

〔2〕 答案ACD【解析】《行政诉讼法》第29条第1款规定，公民、法人或者其他组织同被诉行政行为有利害关系但没有提起诉讼，或者同案件处理结果有利害关系的，可以作为第三人申请参加诉讼，或者由人民法院通知参加诉讼。本案夏某是行政行为有利害关系的公民，是本案的第三人，选项A正确。根据该法第33条第1款的规定，证据种类有书证、物证、证人证言、视听资料、鉴定意见、电子数据、勘验笔录、现场笔录。本案社保局提供的孙某证言，应为证人证言而非书证。选项B错误。根据《行政诉讼证据规定》第56条的规定，法院对夏某住院的病案是否为原件的审查，属于对证据真实性的审查。选项C正确。根据《行政诉讼法》第70条的规定，主要证据不足的，人民法院判决撤销或者部分撤销，并可以判决被告重新作出行政行为。本案若有证据证明交通事故确系夏某醉酒所致，那认定夏某工伤为证据不足，法院应判决撤销某县社保局的认定。选项D正确。

内物品损失举证的，人民法院对原告未超出市场价值的符合生活常理的房屋内物品的赔偿请求，应当予以支持。

相关法条：

《行政诉讼法》第38条第2款

基本案情：

2011年12月5日，安徽省人民政府作出皖政地〔2011〕769号《关于马鞍山市2011年第35批次城市建设用地的批复》，批准征收马鞍山市花山区霍里街道范围内农民集体建设用地10.04公顷，用于城市建设。2011年12月23日，马鞍山市人民政府作出2011年37号《马鞍山市人民政府征收土地方案公告》，将安徽省人民政府的批复内容予以公告，并载明征地方案由花山区人民政府实施。苏月华名下的花山区霍里镇丰收村丰收村民组B11－3房屋在本次征收范围内。苏月华于2011年9月13日去世，其生前将该房屋处置给四原告所有。原告古宏英系苏月华的女儿，原告沙明保、沙明虎、沙明莉系苏月华的外孙。在实施征迁过程中，征地单位分别制作了《马鞍山市国家建设用地征迁费用补偿表》《马鞍山市征迁住房货币化安置（产权调换）备案表》，对苏月华户房屋及地上附着物予以登记补偿，原告古宏英的丈夫领取了安置补偿款。2012年年初，被告组织相关部门将苏月华户房屋及地上附着物拆除。原告沙明保等四人认为马鞍山市花山区人民政府非法将上述房屋拆除，侵犯了其合法财产权，故提起诉讼，请求人民法院判令马鞍山市花山区人民政府赔偿房屋损失、装潢损失、房租损失共计282.7 680万元；房屋内物品损失共计10万元，主要包括衣物、家具、家电、手机等5万元；实木雕花床5万元。

马鞍山市中级人民法院判决驳回原告沙明保等四人的赔偿请求。沙明保等四人不服，上诉称：1. 2012年初，马鞍山市花山区人民政府对案涉农民集体土地进行征收，未征求公众意见，上诉人亦不知以何种标准予以补偿；2. 2012年8月1日，马鞍山市花山区人民政府对上诉人的房屋进行拆除的行为违法，事前未达成协议，未告知何时拆迁，屋内财产未搬离、未清点，所造成的财产损失应由马鞍山市花山区人民政府承担举证责任；3. 2012年8月27日，上诉人沙明保、沙明虎、沙明莉的父亲沙开金受胁迫在补偿表上签字，但其父沙开金对房屋并不享有权益且该补偿表系房屋被拆后所签。综上，请求二审法院撤销一审判决，支持其赔偿请求。

马鞍山市花山区人民政府未作书面答辩。

裁判结果：

马鞍山市中级人民法院于2015年7月20日作出（2015）马行赔初字第00004号行政赔偿判决：驳回沙明保等四人的赔偿请求。宣判后，沙明保等四人提出上诉，安徽省高级人民法院于2015年11月24日作出（2015）皖行赔终字第00011号行政赔偿判决：撤销马鞍山市中级人民法院（2015）马行赔初字第00004号行政赔偿判决；判令马鞍山市花山区人民政府赔偿上诉人沙明保等四人房屋内物品损失8万元。

裁判理由：

法院生效裁判认为：《中华人民共和国土地管理法实施条例》（2021年）第62条规定："违反土地管理法律、法规规定，阻挠国家建设征收土地的，由县级以上地方人民政府责令交出土地；拒不交出土地的，依法申请人民法院强制执行。"马鞍山市花山区人民政府提供的证据不能证明原告自愿交出了被征土地上的房屋，其在土地行政主管部门未作出责令交出土地决定亦未申请人民法院强制执行的情况下，对沙明保等四人的房屋组织实施拆除，行为违法。关于被拆房屋内物品损失问题，根据《中华人民共和国行政诉讼法》第38条第2款之规定，在行政赔偿、补偿的案件中，原告应当对行政行为造成的损害提供证据。因被告的原因导致原告无法举证的，由被告承担举证责任。马鞍山市花山区人民政府组织拆除上诉人的房屋时，未依法对屋内物品登记保全，未制作物品清单并交上诉人签字确认，致使上诉人无法对物品受损情况举证，故该损失是否存在、具体损失情况等，依法应由马鞍山市花山区人民政府承担举证责任。上诉人主张的屋内物品 5 万元包括衣物、家具、家电、手机等，均系日常生活必需品，符合一般家庭实际情况，且被上诉人亦未提供证据证明这些物品不存在，故对上诉人主张的屋内物品种类、数量及价值应予认定。上诉人主张实木雕花床价值为 5 万元，已超出市场正常价格范围，其又不能确定该床的材质、形成时间、与普通实木雕花床有何不同等，法院不予支持。但出于最大限度保护被侵权人的合法权益考虑，结合目前普通实木雕花床的市场价格，按“就高不就低”的原则，综合酌定该实木雕花床价值为 3 万元。综上，法院作出如上判决。

第十七章　行政诉讼的特殊制度

【应试指南】

行政诉讼中有一些特殊制度，包括调解制度、一并审理、撤诉与缺席判决、被告改变行政行为、法律适用等。

第一节　调解与一并审理

一、调解制度

制度	人民法院审理行政案件，不适用调解
例外	行政赔偿、补偿以及行政机关行使法律、法规规定的自由裁量权的案件可以调解
原则	调解应当遵循自愿、合法原则，不得损害国家利益、社会公共利益和他人合法权益
不公开	①人民法院审理行政案件，调解过程不公开，但当事人同意公开的除外 ②调解协议内容不公开，但为保护国家利益、社会公共利益、他人合法权益，人民法院认为确有必要公开的除外
调解书	调解达成协议，法院应当制作调解书。调解书由审判人员、书记员署名，加盖人民法院印章，送达双方当事人
效力	调解书经双方当事人签收后，即具有法律效力

人民法院审理行政案件，不适用调解。但是，行政赔偿、补偿以及行政机关行使法律、法规规定的自由裁量权的案件可以调解。人民法院审理上述行政案件，认为法律关系明确、事实清楚，在征得当事人双方同意后，可以迳行调解。调解应当遵循自愿、合法原则，不得损害国家利益、社会公共利益和他人合法权益。人民法院审理行政案件，调解过程不公开，但当事人同意公开的除外。经人民法院准许，第三人可以参加调解。人民法院认为有必要的，可以通知第三人参加调解。调解协议内容不公开，但为保护国家利益、社会公共利益、他人合法权益，人民法院认为确有必要公开的除外。

调解达成协议，人民法院应当制作调解书。调解书应当写明诉讼请求、案件的事实和调解结果。调解书由审判人员、书记员署名，加盖人民法院印章，送达双方当事人。调解书经双方当事人签收后，即具有法律效力。调解书生效日期根据最后收到调解书的当事人签收的日期确定。

当事人一方或者双方不愿调解、调解未达成协议的，人民法院应当及时判决。当事人自行和解或者调解达成协议后，请求人民法院按照和解协议或者调解协议的内容制作判决书的，人民法院不予准许。

【考点点拨】

三种案件可以调解：赔偿、补偿、自由裁量。需要注意的是羁束和裁量的区别，比如税，是羁束的就不能调解；比如处罚，是裁量的就可以调解。

二、执行制度

<table>
<tr><td rowspan="3">执行原则</td><td>原则</td><td colspan="2">诉讼期间，不停止行政行为的执行</td></tr>
<tr><td>例外</td><td colspan="2">①被告认为需要停止执行
②原告或者利害关系人申请停止执行，法院认为执行会造成难以弥补的损失，并且停止执行不损害国家利益、社会公共利益
③法院认为该行政行为的执行会给国家利益、社会公共利益造成重大损害
④法律、法规规定停止执行</td></tr>
<tr><td>救济</td><td colspan="2">当事人对停止执行或者不停止执行的裁定不服的，可以申请复议一次</td></tr>
<tr><td rowspan="4">先予执行</td><td rowspan="2">适用</td><td>案件</td><td>对起诉行政机关没有依法支付抚恤金、最低生活保障金和工伤、医疗社会保险金</td></tr>
<tr><td>条件</td><td>权利义务关系明确、不先予执行将严重影响原告生活</td></tr>
<tr><td>方式</td><td colspan="2">依原告申请</td></tr>
<tr><td>救济</td><td colspan="2">当事人对先予执行裁定不服的，可以申请复议一次</td></tr>
</table>

对判决的先予执行，是指为解决当事人一方生活或生产的紧迫需要，根据其申请，裁定另一方当事人给付申请人一定的钱物，或者实施或停止某种行为的制度。由于行政诉讼被告是国家行政机关，一般不存在此种情形，所以，行政诉讼中判决的先予执行，主要体现为对原告的保护。

人民法院对起诉行政机关没有依法支付抚恤金、最低生活保障金和工伤、医疗社会保险金的案件，权利义务关系明确、不先予执行将严重影响原告生活的，可以根据原告的申请，裁定先予执行。当事人对先予执行裁定不服的，可以申请复议一次。复议期间不停止裁定的执行。

【考点点拨】

"当事人对先予执行裁定不服的，可以申请复议一次"，此处的"复议"指的是司法复议，就是申请法院再议一次，而不是行政复议。因此，原告、被告双方在此时都可以申请复议。

【真题实战】

陈某申请领取最低生活保障费，遭民政局拒绝。陈某诉至法院，要求判令民政局履行法定职责，同时申请法院先予执行。对此，下列哪一说法是正确的？[1]（2010/47/单）

A. 陈某提出先予执行申请时，应提供相应担保

B. 陈某的先予执行申请，不属于《行政诉讼法》规定的先予执行范围

C. 如法院作出先予执行裁定，民政局不服可以申请复议

D. 如法院作出先予执行裁定，情况特殊的可以采用口头方式

---

〔1〕 答案 C【解析】《行政诉讼法》及其司法解释并没有规定申请先予执行时要提供相应的担保。选项 A 错误。《行政诉讼法》第 57 条第 1 款规定：人民法院对起诉行政机关没有依法支付抚恤金、最低生活保障金和工伤、医疗社会保险金的案件，权利义务关系明确、不先予执行将严重影响原告生活的，可以根据原告的申请，裁定先予执行。本题中，陈某的先予执行申请，属于《行政诉讼法》规定的先予执行范围；另外，要以书面形式作出先予执行的裁定，而不能以口头形式作出。选项 B、D 错误。《行政诉讼法》第 57 条第 2 款规定，当事人对先予执行裁定不服的，可以申请复议一次。复议期间不停止裁定的执行。选项 C 正确。

三、一并审理

案件类型	在涉及行政许可、登记、征收、征用和行政机关对民事争议所作的裁决的行政诉讼中，当事人申请一并解决相关民事争议的，人民法院可以一并审理
提出时间	应当在第一审开庭审理前提出；有正当理由的，也可以在法庭调查中提出
审理方式	①在行政诉讼中一并审理相关民事争议的，民事争议应当单独立案，由同一审判组织审理 ②审理行政机关对民事争议所作裁决的案件，一并审理民事争议的，不另行立案
裁判结果	行政争议和民事争议应当分别裁判

（一）一并审理的提出

在涉及行政许可、登记、征收、征用和行政机关对民事争议所作的裁决的行政诉讼中，当事人申请一并解决相关民事争议的，人民法院可以一并审理。在行政诉讼中，人民法院认为行政案件的审理需以民事诉讼的裁判为依据的，可以裁定中止行政诉讼。人民法院在审理行政案件中发现民事争议为解决行政争议的基础，当事人没有请求人民法院一并审理相关民事争议的，人民法院应当告知当事人依法申请一并解决民事争议。

公民、法人或者其他组织请求一并审理相关民事争议，应当在第一审开庭审理前提出；有正当理由的，也可以在法庭调查中提出。

（二）一并审理的不予适用

有下列情形之一的，人民法院应当作出不予准许一并审理民事争议的决定，并告知当事人可以依法通过其他渠道主张权利：（1）法律规定应当由行政机关先行处理的；（2）违反民事诉讼法专属管辖规定或者协议管辖约定的；（3）约定仲裁或者已经提起民事诉讼的；（4）其他不宜一并审理民事争议的情形。对不予准许的决定可以申请复议一次。

（三）一并审理的立案与审理

人民法院在行政诉讼中一并审理相关民事争议的，民事争议应当单独立案，由同一审判组织审理。人民法院审理行政机关对民事争议所作裁决的案件，一并审理民事争议的，不另行立案。

人民法院一并审理相关民事争议，适用民事法律规范的相关规定，法律另有规定的除外。当事人在调解中对民事权益的处分，不能作为审查被诉行政行为合法性的根据。

人民法院对行政争议和民事争议应当分别裁判。当事人仅对行政裁判或者民事裁判提出上诉的，未上诉的裁判在上诉期满后即发生法律效力。第一审人民法院应当将全部案卷一并移送第二审人民法院，由行政审判庭审理。第二审人民法院发现未上诉的生效裁判确有错误的，应当按照审判监督程序再审。

法院一并审理相关民事争议，应当按行政案件、民事案件的标准分别收取诉讼费用。

【真题实战】

甲、乙两村因土地使用权发生争议，县政府裁决使用权归甲村。乙村不服向法院起诉撤销县政府的裁决，并请求法院判定使用权归乙村。关于乙村提出的土地使用权归属请求，下列哪些说法是正确的？[1]（2016/85/多）

---

〔1〕 答案 AB【解析】《行政诉讼法解释》第 137 条规定，公民、法人或者其他组织请求一并审理行政诉讼法第六十一条规定的相关民事争议，应当在第一审开庭审理前提出；有正当理由的，也可以在法庭调查中提出。选项 A 正确。该法第 139 条第 2 款规定，对不予准许的决定可以申请复议一次。选项 B 正确。该法第 140 条规定，人民法院在行政诉讼中一并审理相关民事争议的，民事争议应当单独立案，由同一审判组织审理。人民法院审理行政机关对民事争议所作裁决的案件，一并审理民事争议的，不另行立案。选项 CD 错误。

A. 除非有正当理由的，乙村应于第一审开庭审理前提出

B. 法院作出不予准许决定的，乙村可申请复议一次

C. 法院应单独立案

D. 法院应另行组成合议庭审理

第二节　撤诉与缺席判决

一、撤诉

行政诉讼中的撤诉，是指原告或上诉人自立案至人民法院作出裁判前，向法院撤回起诉或上诉，不再要求人民法院对案件进行审理的行为。

撤诉方式	**申请撤诉**	由法院裁定是否准许撤诉
	视为撤诉	①经传票传唤无正当理由拒不到庭 ②未经许可中途退庭 ③未交诉讼费
撤诉条件	①申请撤诉是当事人真实意思表示 ②不违反法律、法规的禁止性规定，不超越或者放弃职权，不损害公共利益和他人合法权益 ③在人民法院宣判前作出	
撤诉后果	①行政诉讼程序终结 ②裁定准许原告撤诉后，原告不得以同一事实和理由重新起诉，未交诉讼费的例外	

（一）申请撤诉

人民法院对行政案件宣告判决或者裁定前，原告申请撤诉的，或者被告改变其所作的行政行为，原告同意并申请撤诉的，是否准许，由人民法院裁定。

（二）视为撤诉

经人民法院传票传唤，原告无正当理由拒不到庭，或者未经法庭许可中途退庭的，可以按照撤诉处理；被告无正当理由拒不到庭，或者未经法庭许可中途退庭的，可以缺席判决。

原告或者上诉人未按规定的期限预交案件受理费，又不提出缓交、减交、免交申请，或者提出申请未获批准的，按自动撤诉处理。在按撤诉处理后，原告或者上诉人在法定期限内再次起诉或者上诉，并依法解决诉讼费预交问题的，人民法院应予立案。

【考点点拨】

视为撤诉：不来、早走、不交钱。

（三）撤诉的法律后果

人民法院裁定准许原告撤诉后，原告以同一事实和理由重新起诉的，人民法院不予立案。准予撤诉的裁定确有错误，原告申请再审的，人民法院应当通过审判监督程序撤销原准予撤诉的裁定，重新对案件进行审理。

二、缺席判决

缺席判决是指人民法院在开庭审理时，在一方当事人或双方当事人未到庭陈述、辩论的情

况下，合议庭经审理所作的判决。缺席判决的意义在于维护法律的尊严，充分保护到庭的当事人的合法权益，不使诉讼因某一方当事人的随意缺席而半途而废。

原告或上诉人	申请撤诉，法院裁定不予准许，经传票传唤无正当理由拒不到庭或未经法庭许可中途退庭
被告	①经传票传唤无正当理由拒不到庭 ②未经法庭许可中途退庭

行政诉讼中的缺席判决主要包括：一是原告或者上诉人申请撤诉，人民法院裁定不予准许的，原告或者上诉人经传票传唤无正当理由拒不到庭，或者未经法庭许可中途退庭的，人民法院可以缺席判决。二是经人民法院传票传唤，被告无正当理由拒不到庭，或者未经法庭许可中途退庭的，可以缺席判决。在此情况下，人民法院可以按期开庭或者继续开庭审理，对到庭的当事人的诉讼请求、双方的诉辩理由以及已经提交的证据及其他诉讼材料进行审理后，依法缺席判决。

第三人经传票传唤无正当理由拒不到庭，或者未经法庭许可中途退庭的，不发生阻止案件审理的效果。

【考点点拨】

题目中直接写原告不来、早走的，选“视为撤诉”；加了条件，说法院不准许的，选“缺席判决”。

【真题实战】

甲有乙、丙两子。甲与乙曾订立赡养协议，并将自己的10棵荔枝树全部给乙。县政府向乙颁发了10棵荔枝树的林权证。甲去世后，丙认为自己的继承权受到侵犯，要求镇政府处理。镇政府重新分割了荔枝树，还派人员将荔枝果摘下变卖，保存价款3000元，烂果400斤交由乙处理。乙不服，向法院提起行政诉讼。下列哪一选项是错误的?[1]（2007/43/单）

A. 诉讼过程中，县政府颁发给乙的林权证仍然有效

B. 如果乙撤诉后，以同一事实和理由重新起诉的，法院不予受理

C. 法院将起诉状副本送达被告后，乙提出被告应赔偿荔枝烂果损失的诉讼请求，法院应予准许

D. 镇政府变卖荔枝果并保存价款的行为没有法律依据

第三节　被告改变行政行为

人民法院经审查认为被诉具体行政行为违法或者不当，可以在宣告判决或者裁定前，建议被告改变其所作的具体行政行为。

---

〔1〕 答案C【解析】《行政诉讼法》第56条第1款规定，诉讼期间，不停止行政行为的执行。行政行为在诉讼中仍然具有效力，选项A正确。《行政诉讼法解释》第60条第1款规定，人民法院裁定准许原告撤诉后，原告以同一事实和理由重新起诉的，人民法院不予立案。选项B正确。该司法解释第70条规定，起诉状副本送达被告后，原告提出新的诉讼请求的，人民法院不予准许，但有正当理由的除外。选项C错误。根据依法行政的基本原则，对于行政权力不能随意处分，选项D正确。

一、被告改变行政行为的情形

改变	①改变原行政行为所认定的主要事实和证据的 ②改变原行政行为所适用的规范依据且对定性产生影响的 ③撤销、部分撤销或者变更原行政行为处理结果的
视为改变	①根据原告的请求依法履行法定职责 ②采取相应的补救、补偿措施 ③在行政裁决案件中，书面认可原告与第三人达成的和解

【真题实战】

下列情况属于或可以视为行政诉讼中被告改变被诉具体行政行为的是：[1]（2009/99/任）

A. 被诉公安局把拘留三日的处罚决定改为罚款 500 元

B. 被诉土地局更正被诉处罚决定中不影响决定性质和内容的文字错误

C. 被诉工商局未在法定期限答复原告的请求，在二审期间作出书面答复

D. 县政府针对甲乙两村土地使用权争议作出的处理决定被诉后，甲乙两村达成和解，县政府书面予以认可

二、被告改变行政行为的法律后果

原告申请撤诉	经法院准许后诉讼终结
原告不撤诉	原告仍要求确认原行政行为违法的，法院应当依法作出确认判决
起诉新的行为	审理改变后的行为

被告在一审期间改变被诉行政行为的，应当书面告知人民法院。改变后的行政行为的效力及由此产生的结果在一定程度上取决于另一方当事人的态度。

1. 被诉行政机关改变了被诉行政行为，原告提出撤诉申请，经人民法院准许，诉讼终结。

2. 尽管被诉行政机关改变了被诉行政行为，原告不提出撤诉申请，人民法院应当继续对原行政行为进行审理，并就原行政行为作出裁判。此时，因被诉行政机关曾对原行政行为进行过改变，应注意法院的判决形式。在一审中，人民法院经审查认为原行政行为违法的，应当作出确认其违法的判决；认为原行政行为合法的，应当判决驳回原告的诉讼请求。

3. 如果原告或者第三人对改变后的行为不服提起诉讼的，人民法院应当就改变后的行政行为进行审理。

三、被告改变行政行为引发的撤诉

程序要求	原告申请撤诉
法院裁定准予撤诉	①申请撤诉是当事人真实意思表示 ②被告改变被诉具体行政行为，不违反法律、法规的禁止性规定，不超越或者放弃职权，不损害公共利益和他人合法权益 ③被告已经改变或者决定改变被诉具体行政行为，并书面告知人民法院 ④第三人无异议

〔1〕 答案 ACD【解析】根据《最高人民法院关于行政诉讼撤诉若干问题的规定》（以下简称《行政诉讼撤诉规定》）第 3 条和第 4 条的规定，选项 ACD 正确。

续表

法院处理	有履行内容且履行完毕，可以裁定准许撤诉
	不能即时或一次履行完毕，可以裁定准许撤诉，也可以裁定中止审理

被告改变被诉具体行政行为，原告申请撤诉，符合下列条件的，人民法院应当裁定准许：（1）申请撤诉是当事人真实意思表示；（2）被告改变被诉具体行政行为，不违反法律、法规的禁止性规定，不超越或者放弃职权，不损害公共利益和他人合法权益；（3）被告已经改变或者决定改变被诉具体行政行为，并书面告知人民法院；（4）第三人无异议。

被告改变被诉具体行政行为，原告申请撤诉，有履行内容且履行完毕的，人民法院可以裁定准许撤诉；不能即时或者一次性履行的，人民法院可以裁定准许撤诉，也可以裁定中止审理。

第四节　法律适用

行政诉讼的法律适用，是指人民法院按照法定程序将法律、法规以及法院决定参照的规章具体运用于各种行政案件，对被诉行政行为的合法性进行审查的活动。

一、审理依据

审理依据	①法律 ②行政法规 ③地方性法规：适用于本行政区域内发生的行政案件
参照	规章
援引	最高法院司法解释
引用	合法有效的规章及其他规范性文件
附带性审查	其他规范性文件

人民法院审理行政案件，以法律和行政法规、地方性法规为依据。地方性法规适用于本行政区域内发生的行政案件。人民法院审理民族自治地方的行政案件，并以该民族自治地方的自治条例和单行条例为依据。人民法院审理行政案件，参照规章。人民法院审理行政案件，适用最高人民法院司法解释的，应当在裁判文书中援引。人民法院审理行政案件，可以在裁判文书中引用合法有效的规章及其他规范性文件。

（一）法律、行政法规与地方性法规是行政审判的依据

行政审判的依据是指人民法院审理行政案件，对行政行为合法性进行审查和裁判必须遵循的根据。

法规包括行政法规、地方性法规。行政法规是最高国家行政机关国务院依据宪法和法律、按照一定的程序制定的、在全国范围内具有普遍约束力的规范性文件，效力仅次于宪法和法律，只要行政法规不与宪法、法律相抵触，均应为人民法院进行行政审判的依据。考虑到新中国成立后我国立法程序的沿革情况，对有效的行政法规判定，最高人民法院《关于印发〈关于审理行政案件适用法律规范问题的座谈会纪要〉的通知》予以了澄清：现行有效的行政法规有以下三种类型：一是国务院制定并公布的行政法规。二是立法法施行以前，按照当时有效

的行政法规制定程序，经国务院批准、由国务院部门公布的行政法规。但在立法法施行以后，经国务院批准、由国务院部门公布的规范性文件，不再属于行政法规。三是在清理行政法规时由国务院确认的其他行政法规。

地方性法规是指由省、直辖市、自治区人民代表大会及其常务委员会、设区的市、自治州的人民代表大会及其常务委员会制定的规范性文件。它的效力低于法律和行政法规，地方人民法院在审理本地区发生的行政案件时，必须依据地方性法规的规定。

（二）规章的参照适用

在我国，规章可分为部门规章和地方规章两种。部门规章是指国务院各部委及直属机构按照规定的程序制定的规定、办法、实施细则、规则等具有普遍约束力的规范性文件的总称。部门规章在全国范围内具有约束力和执行力，属于中央行政立法的范畴，在效力等级上低于法律和行政法规。地方规章是指省、自治区、直辖市以及设区的市、自治州的人民政府制定的普遍适用于本地区的规范性文件的总称。地方规章只在所管辖的行政区域内具有效力，属于地方行政立法的范畴，在效力等级上低于法律、行政法规和地方性法规。

与法律、法规作为审查依据相比，规章在行政诉讼中只居于参照地位。“参照”规章是与“依据”法律、法规相对的、具有特定含义的概念。“依据”是指人民法院审理行政案件时，必须适用该规范，不能拒绝适用；而“参照”则是指人民法院审理行政案件，对规章进行参酌和鉴定后，对符合法律、行政法规规定的规章予以适用，参照规章进行审理，并将规章作为审查行政行为合法性的根据；对不符合或不完全符合法律、法规原则精神的规章，人民法院有灵活处理的余地，可以不予以适用。可见，人民法院对规章的作用和效力不是一概否定或一概肯定，而是在对规章进行一定评价后，决定规章是否适用。“参照”与“依据”的区别关键在于“依据”是人民法院对法律、法规无条件的适用；而“参照”则不是无条件的适用，而是有条件的适用，即在某些情况下可以适用，在某些情况下也可以不予适用。

（三）司法解释的援引

司法解释是最高人民法院就在审判过程中如何具体应用法律问题进行的解释，是对法律的具体化。司法解释在我国法律体系中发挥着十分重要的作用，对人民法院判案有直接的影响。人民法院审理行政案件，适用最高人民法院司法解释的，应当在裁判文书中援引。

（四）其他规范性文件在行政诉讼中的地位

人民法院经审查认为被诉具体行政行为依据的具体应用解释和其他规范性文件合法、有效并合理、适当的，在认定被诉具体行政行为合法性时应承认其效力；人民法院可以在裁判理由中对具体应用解释和其他规范性文件是否合法、有效、合理或适当进行评述。

因此，人民法院在适用其他规范性文件时，享有对其他规范性文件的审查权，而且拥有比对待规章更大的取舍权力。在其他规范性文件发生冲突时，人民法院不必送有关机关裁决，可直接决定对一般规范性文件的适用与否。

二、下位法不符合上位法的情形

按照法律优先原则，上位法优于下位法，即在案件审理过程中，低层级的法律规范与某一高层级的法律规范冲突时，人民法院一般应依高层级的法律规范来解决该案中的实体争议。

最高人民法院《关于印发〈关于审理行政案件适用法律规范问题的座谈会纪要〉的通知》对下位法不符合上位法的情形作出了规定：

1. 下位法缩小上位法规定的权利主体范围，或者违反上位法立法目的扩大上位法规定的权利主体范围；

2. 下位法限制或者剥夺上位法规定的权利，或者违反上位法立法目的扩大上位法规定的权利范围；

3. 下位法扩大行政主体或其职权范围；

4. 下位法延长上位法规定的履行法定职责期限；

5. 下位法以参照、准用等方式扩大或者限缩上位法规定的义务或者义务主体的范围、性质或者条件；

6. 下位法增设或者限缩违反上位法规定的适用条件；

7. 下位法扩大或者限缩上位法规定的给予行政处罚的行为、种类和幅度的范围；

8. 下位法改变上位法已规定的违法行为的性质；

9. 下位法超出上位法规定的强制措施的适用范围、种类和方式，以及增设或者限缩其适用条件；

10. 法规、规章或者其他规范文件设定不符合行政许可法规定的行政许可，或者增设违反上位法的行政许可条件；其他相抵触的情形。

【真题实战】

关于行政诉讼，下列哪些情形法院可以认定下位法不符合上位法?〔1〕（2010/90/多）

A. 下位法延长上位法规定的履行法定职责的期限

B. 下位法以参照方式限缩上位法规定的义务主体的范围

C. 下位法限制上位法规定的权利范围

D. 下位法超出上位法规定的强制措施的适用范围

第五节　合并审理、诉讼中止和终结

一、合并审理

合并审理，是指人民法院把两个或两个以上的独立诉讼合并在一个诉讼程序中进行审理和裁判的制度。它有助于简化诉讼程序，实现诉讼经济，也可以防止裁判之间的矛盾。

合并审理的情形	① 两个以上行政机关分别对同一事实作出行政行为，原告不服向同一人民法院起诉
	②行政机关就同一事实对若干公民、法人或者其他组织分别作出行政行为，原告不服分别向同一人民法院起诉
	③在诉讼过程中，被告对原告作出新的行政行为，原告不服向同一人民法院起诉
	④人民法院认为可以合并审理的其他情形

二、诉讼中止和终结

诉讼中止是指在诉讼过程中，因出现某种原因而诉讼暂时停止，待原因消除后诉讼继续进行的制度。诉讼终结是指在诉讼开始后，出现了使诉讼不可能进行或进行下去已无必要的情形，由法院裁定结束对案件审理的制度。

---

〔1〕 答案 ABCD【解析】根据《关于印发〈关于审理行政案件适用法律规范问题的座谈纪要〉的通知》对下位法的判断和适用的规定，选项 ABCD 应选。

诉讼程序	适用情形
诉讼中止	①原告死亡，须等待其近亲属表明是否参加诉讼 ②原告丧失诉讼行为能力，尚未确定法定代理人 ③作为一方当事人的行政机关、法人或者其他组织终止，尚未确定权利义务承受人 ④一方当事人因不可抗力的事由不能参加诉讼 ⑤案件涉及法律适用问题，需要送请有权机关作出解释或者确认 ⑥案件的审判须以相关民事、刑事或者其他行政案件的审理结果为依据，而相关案件尚未审结的
诉讼终结	①原告死亡，没有近亲属或者近亲属放弃诉讼权利 ②作为原告的法人或者其他组织终止后，其权利义务的承受人放弃诉讼权利 ③中止诉讼的前三项事由满 90 日仍无人继续诉讼

【真题实战】

1. 区工商局以涉嫌虚假宣传为由扣押了王某财产，王某不服诉至法院。在此案的审理过程中，法院发现王某涉嫌受贿犯罪需追究刑事责任。法院的下列哪种做法是正确的?〔1〕(2006/43/单)

A. 终止案件审理，将有关材料移送有管辖权的司法机关处理

B. 继续审理，待案件审理终结后，将有关材料移送有管辖权的司法机关处理

C. 中止案件审理，将有关材料移送有管辖权的司法机关处理，待刑事诉讼程序终结后，恢复案件审理

D. 继续审理，将有关材料移送有管辖权的司法机关处理

2. 张某通过房产经纪公司购买王某一套住房并办理了转让登记手续，后王某以房屋买卖合同无效为由，向法院起诉要求撤销登记行为。行政诉讼过程中，王某又以张某为被告就房屋买卖合同的效力提起民事诉讼。下列选项正确的是:〔2〕(2010/99/任)

A. 本案行政诉讼中止，等待民事诉讼的判决结果

B. 法院可以决定民事与行政案件合并审理

C. 如法院判决房屋买卖合同无效，应当判决驳回王某的行政诉讼请求

D. 如法院判决房屋买卖合同有效，应当判决确认转让登记行为合法

【本章主要法律规定】

1.《行政诉讼法》第 56～66 条

2. 最高人民法院《关于适用〈中华人民共和国行政诉讼法〉的解释》第 73 条、第 79～81 条、第 84～88 条、第 100 条、第 137～144 条

3. 最高人民法院《关于印发〈关于审理行政案件适用法律规范问题的座谈会纪要〉的通知》

4. 最高人民法院《关于行政诉讼撤诉若干问题的规定》

---

〔1〕 答案 D【解析】行政诉讼审查的对象是具体行政行为的合法性，如果同一行为涉及犯罪行为，则需要终止案件审理，将有关材料移送有管辖权的司法机关进行处理。如果是可分的案件，则继续审理，移送有关材料。本案行政诉讼审理的是涉嫌虚假宣传，而涉嫌受贿犯罪与该案可分，选项 D 正确。

〔2〕 答案 A【解析】本题中，王某向法院请求撤销房屋转让登记的理由是买卖合同无效。同时，王某提起民事诉讼的诉讼请求是确认房屋买卖合同的效力。行政案件的审判须以民事诉讼的裁判结果为依据，在民事诉讼审结之前，行政诉讼应当中止。选项 A 正确，选项 B 错误。如法院判决房屋买卖合同无效，则作出该具体行政行为的主要证据就不复存在，在此情形下，法院应当判决撤销该转让登记行为，而不是驳回诉讼请求。选项 C 错误。本案中，如法院判决房屋买卖合同有效，则法院应当驳回原告的诉讼请求。选项 D 错误。

第十八章　行政诉讼的裁判与执行

【应试指南】

本章需要重点把握一审中撤销判决与确认违法判决的区分，以及二审中有关行政赔偿请求的裁判。

第一节　一审的裁判

行政诉讼第一审判决，是人民法院在第一审程序中所作出的判决，是人民法院对案件初次作出的判定，当事人对其不服，有权向上一级人民法院提出上诉。行政诉讼法明确规定了行政诉讼一审判决的方式，分别为驳回原告诉讼请求、撤销判决、履行判决、给付判决、确认违法判决、确认无效判决、变更判决和被告承担继续履行、采取补救措施或者赔偿损失等责任判决。

一、判决

（一）判决类型

<table>
<tr><th colspan="3">判决类型</th><th>适用情形</th></tr>
<tr><td colspan="3">驳回原告诉讼请求</td><td>①行政行为证据确凿，适用法律、法规正确，符合法定程序
②原告申请被告履行法定职责理由不成立
③原告要求被告履行给付义务理由不成立</td></tr>
<tr><td colspan="3">撤销判决</td><td>①主要证据不足　②适用法律、法规错误
③违反法定程序　④超越职权
⑤滥用职权　⑥明显不当</td></tr>
<tr><td colspan="3">履行判决</td><td>被告不履行法定职责</td></tr>
<tr><td colspan="3">给付判决</td><td>被告负有给付义务</td></tr>
<tr><td colspan="3">变更判决</td><td>①行政处罚明显不当
②其他行政行为涉及对款额的确定、认定确有错误</td></tr>
<tr><td rowspan="3">确认判决</td><td rowspan="2">确认违法</td><td>具备撤销内容</td><td>①应当撤销，但撤销会给国家利益、公共利益造成重大损害
②程序轻微违法，但对原告权利不产生实际影响</td></tr>
<tr><td>不具备可撤销内容</td><td>①行为违法，但不具有可撤销内容
②被告改变原违法行政行为，原告仍要求确认原行政行为违法
③被告不履行或拖延履行，判决履行没有意义</td></tr>
<tr><td>确认无效</td><td colspan="2">实施主体不具有行政主体资格或没有依据等重大且明显违法情形</td></tr>
</table>

1. 驳回原告的诉讼请求

驳回原告诉讼请求判决。指人民法院经审理认为被诉行政行为合法或者原告申请被告履行法定职责或者给付义务理由不成立的，人民法院直接作出否定原告诉讼请求的一种判决形式。行政行为证据确凿，适用法律、法规正确，符合法定程序的，或者原告申请被告履行法定职责或者给付义务理由不成立的，人民法院判决驳回原告的诉讼请求。

（1）被诉行政行为合法。根据《行政诉讼法》规定，被诉行政行为合法须同时满足以下三个条件：①证据确凿。即行政行为所依据的证据确实可靠，并足以证明行政行为认定事实的存在。②适用法律、法规正确。即被诉行政行为所适用的法律、法规及相应条款正确合理。③符合法定程序。即被告作出的行政行为必须符合法律规定的行政程序。

（2）原告申请被告履行法定职责或者给付义务理由不成立的。在原告申请被告履行法定职责或者给付义务的行政案件中，如果的确存在被告无正当理由而不履行法定职责或给付义务的情形，人民法院可作出履行判决或给付判决。但原告申请被告履行法定职责或者给付义务理由不成立，人民法院应当判决驳回原告的诉讼请求。

2. 撤销判决

撤销判决是指人民法院经过对案件的审查，认定被诉行政行为部分或者全部违法，从而部分或全部撤销被诉行政行为，并可以责令被告重新作出行政行为的判决。

根据行政诉讼法的规定，撤销判决可分为三种具体形式：（1）全部撤销，适用于整个行政行为全部违法或行政行为部分违法但行政行为不可分；（2）部分撤销，适用于行政行为部分违法、部分合法，且行政行为可分，人民法院只作出撤销违法部分的判决；（3）判决撤销并责令被告重新作出行政行为，其适用于违法行政行为撤销后尚需被告对行政行为所涉及事项作出处理的情形。

行政行为有下列情形之一的，人民法院判决撤销或者部分撤销，并可以判决被告重新作出行政行为：（1）主要证据不足的；（2）适用法律、法规错误的；（3）违反法定程序的；（4）超越职权的；（5）滥用职权的；（6）明显不当的。

具体来说：

（1）主要证据不足。指被诉行政行为缺乏必要的证据，不足以证明被诉行政行为所认定的事实情况。主要证据不足意味着行政机关在没有查清案件基本情况或在没有充分证据证明的情况下就作出了行政行为，行政行为缺乏事实基础，人民法院有权予以撤销。

（2）适用法律、法规错误。指行政机关作出行政行为时错误地适用了法律、法规或者法律、法规的条款。

（3）违反法定程序。指行政机关在实施行政行为时违反了法律规定的作出该行为应当遵循的步骤、顺序、方式和时限等要求，它是作出撤销行政行为判决一个独立存在的理由，不依附于其他任何条件，只要行政行为违反程序，不管实体决定正确与否，都构成撤销该行政行为的理由。

（4）超越职权。指行政机关实施行政行为时超越了法律、法规授予其的权力界限，实施了无权实施的行政行为。主要表现有：行政机关行使了宪法、法律没有授予任何国家机关的权限，或者行使了法律授予其他国家机关的权力；超越了行政机关行使权力的地域范围；超过法定时间行使权力；超越了法律、法规规定的数额规定。

（5）滥用职权。指行政机关具备实施行政行为的权力，并且其行为形式上也合法，然而行政机关行使权力的目的违反法律、法规赋予其该项权力的目的。这实际属于权力的不正当行使。在实践中滥用职权的主要表现有：第一，不正当的考虑。个别行政机关或公务员故意考虑法外因素或者故意不考虑应当考虑的因素。第二，故意迟延和不作为。是指行政机关在处理公民、法人或者其他组织的请求或者申请时，明知自己负有作为义务，但却以各种理由故意推脱，拖延履行自己的职责。第三，不一致的解释和反复无常。不一致的解释是指行政机关在处理同类案件时，对某些规范不经法定程序故意随意解释，导致这些解释往往相互矛盾和冲突；反复无常是指行政机关实施行政行为时，没有明确的标准，经常改变自己的主张和决定。

（6）明显不当。指被诉行政行为明显不合理。这里主要指行政机关行使行政裁量作出行政行为，明显逾越了合理性的限度。传统上认为，行政机关行使行政裁量权，法院无权干预。修正前的《行政诉讼法》规定，只有显失公正的行政处罚，法院才有权变更。然而，事实上，合理性存在程度上的差异，明显不合理显然已不简单是合理与否的决定，已属于违法。故，修正后的《行政诉讼法》把“明显不当”列入了合法性审查的范围之列，作为认定行政行为违法的标准，并可以予以撤销或部分撤销，从而扩大了合法性审查的范围。

对于撤销判决方式的使用需要注意以下几个问题：第一，行政行为只要具备上述六种形式之一即构成人民法院的撤销理由，每个理由各自独立。第二，法院判决被告重新作出行政行为的，被告不得以同一的事实和理由作出与原行政行为基本相同的行政行为。人民法院判决被告重新作出行政行为，被告重新作出的行政行为与原行政行为的结果相同，但主要事实或者主要理由有改变的，不属于基本相同的行政行为。同时，人民法院以违反法定程序为由，判决撤销被诉行政行为的，行政机关重新作出行政行为不受此限制。

3. 履行判决

履行判决是指人民法院经过审理认定被告负有法律职责且无正当理由而不履行，责令被告限期履行法定职责的判决。人民法院作出履行判决必须同时满足三个条件：（1）被告负有履行某项义务的法定职责。这是人民法院作出履行判决的前提。（2）被告没有履行该法定职责。没有履行包括不履行和拖延履行两种。不履行是指行政机关明示拒绝履行法定职责；拖延履行是指行政机关不及时履行自己的法定职责，或者对是否履行态度不明确。（3）被告没有履行法定职责且无正当理由。

履行判决涉及司法与行政关系，为避免司法干预行政，在作出履行判决时，法院要分析判断。原告请求被告履行法定职责的理由成立，被告违法拒绝履行或者无正当理由逾期不予答复的，法院可以判决被告在一定期限内依法履行原告请求的法定职责。如尚需被告调查或者裁量的，应当判决被告针对原告的请求重新作出处理。

人民法院判决被告履行法定职责，应当指定履行的期限，因情况特殊难以确定期限的除外。不过，需要注意的是，对被告有法定职责而无正当理由没有履行该法定职责的案件，人民法院并非必须作出履行判决，判决被告履行该法定职责。在判决被告履行该法定职责已为时太晚，责令其履行已无实际意义的情况下，人民法院应当作出确认被诉行政行为违法或者无效的确认判决，公民、法人或者其他组织因被告不履行法定职责所造成的损失可请求行政机关赔偿。

同时，司法解释也规定，对于原告提出的给付请求，人民法院经审理认为原告所请求履行的法定职责明显不属于行政机关权限范围的，可以裁定驳回起诉。

4. 给付判决

指被告负有公法的给付义务，但没有履行，法院判决履行的判决形式。《行政诉讼法》规定，人民法院经过审理，查明被告依法负有给付义务的，判决被告履行给付义务。这是修正后的《行政诉讼法》新增的判决形式。在现代社会中，行政给付越来越重要。《行政诉讼法》明确规定，行政机关没有依法支付抚恤金、最低生活保障待遇或者社会保险待遇的，公民、法人或者其他组织可以向法院起诉。相关司法解释规定，原告申请被告依法履行支付抚恤金、最低生活保障待遇或者社会保险待遇等给付义务的理由成立，被告依法负有给付义务而拒绝或者拖延履行义务且无正当理由的，法院可以判决被告在一定期限内履行相应的给付义务。

同时，司法解释也规定，对于原告提出的给付请求，人民法院经审理认为原告所请求履行的给付义务明显不属于行政机关权限范围的，可以裁定驳回起诉。

5. 变更判决

变更判决是指人民法院经审理，认定行政处罚行为明显不当，或者其他行政行为涉及对款额的确定、认定确有错误的，运用国家审判权直接改变行政行为的判决。变更判决是人民法院行使司法变更权，对行政行为的内容进行审查的具体体现。

变更判决与撤销判决最大的区别是变更判决直接确定了当事人的权利和义务。鉴于司法权与行政权的界分，变更判决的范围不应太广。修正前的《行政诉讼法》仅规定行政处罚显失公正的，法院才能作出变更判决。为能有效发挥行政诉讼的作用，修正后的《行政诉讼法》第 77 条第 1 款规定，行政处罚明显不当，或者其他行政行为涉及对款额的确定、认定确有错误的，人民法院可以判决变更，该规定在一定程度上扩大了变更判决的适用范围。

（1）行政处罚明显不当。对此种情形，修正前的《行政诉讼法》已有规定，修正后的《行政诉讼法》只是用“明显不当”替代了“显失公正”。因此，有两个条件要求：第一，只能针对行政处罚行为作出；第二，行政处罚行为明显不当。人民法院并非能对所有违法的行政处罚行为都有权变更，人民法院只能对明显不当的行政处罚行为适用变更判决。所谓行政处罚明显不当，是指行政处罚虽然在形式上不违法，但处罚结果明显不公正，损害了公民、法人或者其他组织的合法权益。在实践中，明显不当的典型表现形式就是畸轻畸重，即行政机关实际作出的行政处罚与被处罚人的违法行为应受到的行政处罚相差过于悬殊。行政机关在作出行政处罚时，同样情况不同对待或者不同情况同等对待，也可构成明显不当。

根据《行政诉讼法》第 70 条第 6 项的规定，明显不当审查标准适用于所有的行政行为，不限于行政处罚。对于明显不当的行政行为，法院可以判决撤销或者部分撤销。根据《行政诉讼法》第 77 条的规定，对于明显不当的行政处罚，法院则仍享有变更权。

（2）其他行政行为涉及对款额的确定、认定确有错误的。这里主要指数额计算有误的情形，此类情形是刚性的，如判决撤销后交给行政机关重作，不利于提高效率，法院有权予以直接变更。

人民法院对行政处罚行为作出变更判决，原则上只能减轻不能加重，不得加重原告的义务或者减损原告的权益。这主要是为了保护公民、法人或者其他组织的诉权，消除公民、法人或者其他组织在起诉时面临可能被加重处罚或减损权益的种种顾虑而作出的规定。不过，人民法院不得加重对原告的处罚只是原则，利害关系人同为原告，且诉讼请求相反的除外。

6. 确认违法

行政行为有下列情形之一的，人民法院判决确认违法，但不撤销行政行为：（1）行政行为依法应当撤销，但撤销会给国家利益、社会公共利益造成重大损害的；（2）行政行为程序轻微违法，但对原告权利不产生实际影响的。行政行为有下列情形之一，不需要撤销或者判决履行的，人民法院判决确认违法：（1）行政行为违法，但不具有可撤销内容的；（2）被告改变原违法行政行为，原告仍要求确认原行政行为违法的；（3）被告不履行或者拖延履行法定职责，判决履行没有意义的。

其适用具体分两种情况：

第一种情况是：有下列情形之一时，人民法院作出确认行政行为违法的判决，但不撤销被诉行政行为：

（1）被诉行政行为违法应当撤销，但撤销将给国家利益和公共利益带来重大损失的。通常情况下，被诉行政行为违法，人民法院应当作出撤销判决，通过撤销被诉行政行为保护当事人的合法权益，但如果撤销该行政行为将会给国家利益和公共利益带来重大损失，从维护国家利益和公共利益大局出发，人民法院不应作出撤销判决，而应作出确认违法判决。

（2）行政行为程序轻微违法，但对原告权利不产生实际影响的。“程序轻微违法”指的是，有下列情形之一，且对原告依法享有的听证、陈述、申辩等重要程序性权利不产生实质损害的，属于“程序轻微违法”：一是处理期限轻微违法；二是通知、送达等程序轻微违法；三是其他程序轻微违法的情形。

第二种情况是：行政行为有下列情形之一，不需要撤销或者判决履行的，人民法院判决确认违法：

（1）被诉行政行为违法，但不具有可撤销内容的。被诉行政行为违法，人民法院可以作出撤销判决，但在被诉行政行为不具有可撤销内容时，人民法院就只能作出确认违法判决。例如，行政机关作出行政行为时，不制作、不送达决定书，而该行政行为又属违法行为，即可适用此判决形式。

（2）被告改变原违法行政行为，原告仍要求确认原行政行为违法的。

（3）被告不履行法定职责，但判决责令履行法定职责已无实际意义的。被告不履行法定职责，通常应作出履行判决，判令被告履行法定职责，但在被告履行法定职责已为时过晚，达不到对原告救济目的时，人民法院判决责令被告履行法定职责已无实际意义，在此情况下人民法院应当作出认定被诉行政行为违法的确认判决。

人民法院判决确认违法或者无效的，可以同时判决责令被告采取补救措施；给原告造成损失的，依法判决被告承担赔偿责任。

7. 确认无效

行政行为有实施主体不具有行政主体资格或者没有依据等重大且明显违法情形，原告申请确认行政行为无效的，人民法院判决确认无效。“重大且明显违法”标准是指：一是行政行为实施主体不具有行政主体资格；二是减损权利或者增加义务的行政行为没有法律规范依据；三是行政行为的内容客观上不可能实施；四是其他重大且明显违法的情形。由于无效行政行为是重大且明显的违法，通常认为有权国家机关可在任何时候宣布其无效。由此带来的问题是，对修正后的《行政诉讼法》生效前无效行政行为可否起诉。为了保护稳定性，《行政诉讼法解释》第 162 条规定：“公民、法人或者其他组织对 2015 年 5 月 1 日之前作出的行政行为提起诉讼，请求确认行政行为无效的，人民法院不予立案。”

公民、法人或者其他组织起诉请求确认行政行为无效，人民法院审查认为行政行为不属于无效情形，经释明，原告请求撤销行政行为的，应当继续审理并依法作出相应判决。原告请求撤销行政行为但超过法定起诉期限的，裁定驳回起诉。原告拒绝变更诉讼请求的，判决驳回其诉讼请求。

8. 被告承担继续履行、采取补救措施或者赔偿损失等责任判决

被告承担继续履行、采取补救措施或者赔偿损失等责任判决，指被告不依法履行、未按照约定履行或者违法变更、解除行政协议的，法院判决被告承担继续履行、采取补救措施或者赔偿损失等责任的判决形式。这是修正后的《行政诉讼法》第 78 条增加的判决形式。

《行政诉讼法》第 12 条第 1 款第 11 项把政府特许经营协议、土地房屋征收补偿协议等协议纳入行政诉讼受案范围，此类案件有一定的特殊性，行政诉讼法增加了这一判决形式。如被告不依法履行、未按照约定履行或者违法变更、解除行政协议的，人民法院判决被告承担继续履行、采取补救措施或者赔偿损失等责任。不过，被告变更、解除行政协议合法，但未依法给予补偿的，人民法院判决给予补偿。

（二）复议案件的判决

人民法院对原行政行为作出判决的同时，应当对复议决定一并作出相应判决。人民法院依职权追加作出原行政行为的行政机关或者复议机关为共同被告的，对原行政行为或者复议决定

可以作出相应判决：

1. 人民法院判决撤销原行政行为和复议决定的，可以判决作出原行政行为的行政机关重新作出行政行为。

2. 人民法院判决作出原行政行为的行政机关履行法定职责或者给付义务的，应当同时判决撤销复议决定。

3. 原行政行为合法、复议决定违法的，人民法院可以判决撤销复议决定或者确认复议决定违法，同时判决驳回原告针对原行政行为的诉讼请求。

4. 原行政行为被撤销、确认违法或者无效，给原告造成损失的，应当由作出原行政行为的行政机关承担赔偿责任；因复议决定加重损害的，由复议机关对加重部分承担赔偿责任。

5. 原行政行为不符合复议或者诉讼受案范围等受理条件，复议机关作出维持决定的，人民法院应当裁定一并驳回对原行政行为和复议决定的起诉。

【真题实战】

1. 某银行以某公司未偿还贷款为由向法院起诉，法院经审判决认定其请求已过诉讼时效，予以驳回。某银行向某县政府发函，要求某县政府落实某公司的还款责任。某县政府复函："请贵行继续依法主张债权，我们将配合做好有关工作。"尔后，某银行向法院起诉，请求某县政府履行职责。法院经审理认为，某县政府已履行相应职责，某银行的债权不能实现的原因在于其主张债权时已超过诉讼时效。下列哪一选项是错误的？〔1〕（2008/43/单）

A. 本案应由中级法院管辖

B. 因法院的生效判决已对某银行与某公司的民事关系予以确认，某县政府不能重新进行确定

C. 法院应当判决确认某县政府的复函合法

D. 法院应当判决驳回某银行的诉讼请求

2. 某县政府与甲开发公司签定《某地区改造项目协议书》，对某地区旧城改造范围、拆迁补偿费及支付方式和期限等事宜加以约定。乙公司持有经某市政府批准取得的国有土地使用证的第15号地块，位于某地区改造范围。甲开发公司获得改造范围内新建的房屋预售许可证，并向社会公开预售。乙公司认为某县政府以协议形式规划、管理和利用项目改造的行为违法，向法院起诉，法院受理。下列哪一选项是正确的？〔2〕（2008/48/单）

A. 某县政府与甲开发公司签定的《某地区改造项目协议书》属内部协议

B. 某县政府应当依职权先行收回乙公司持有的第15号地块国有土地使用证

C. 因乙公司不是《某地区改造项目协议书》的当事人，法院应驳回起诉

D. 若法院经审理查明，某县政府以协议形式规划、管理和利用项目改造的行为违法，应当判决确认某县政府的行为违法，并责令采取补救措施

3. 某县工商局认定王某经营加油站系无照经营，予以取缔。王某不服，向县政府申请复

---

〔1〕 答案C【解析】本案以县政府为被告，中院管辖，选项A正确。法院判决具有既判力，行政机关不能重新确定其法律关系，选项B正确。本案的诉讼请求是履行之诉，不应作确认判决，选项C错误。本案中县政府已履行相应职责，某银行的债权不能实现的原因在于其主张债权时已超过诉讼时效，选项D正确。

〔2〕 答案D【解析】县政府与甲开发公司签定的《某地区改造项目协议书》属外部协议，而非属于内部协议，选项A错误。乙公司依法取得的第15号国有土地使用证由市政府批准，县政府无权收回。选项B错误。《行政诉讼法》第25条第1款规定，行政行为的相对人以及其他与行政行为有利害关系的公民、法人或者其他组织，有权提起诉讼。本案乙公司即使不是协议的当事人，但是属于该协议的利害关系人，因此，可以提起行政诉讼，选项C错误。根据《行政诉讼法》第74条第1项的规定，行政行为依法应当撤销，但撤销会给国家利益、社会公共利益造成重大损害的，人民法院判决确认违法，但不撤销行政行为。该法第76条规定，人民法院判决确认违法或者无效的，可以同时判决责令被告采取补救措施；给原告造成损失的，依法判决被告承担赔偿责任。本题的房屋已向社会公开预售，如果撤销会给公共利益造成重大损失，因此，法院应当判决确认某县政府的行为违法，并责令采取补救措施。选项D正确。

议，在其作出维持决定后向法院提起诉讼，要求撤销取缔决定。关于此案，下列哪些说法是正确的？[1]（2010/85/多）

A. 县政府审理王某的复议案件，应由二名以上行政复议人员参加

B. 此案的被告应为某县工商局

C. 县政府所在地的法院对此案有管辖权

D. 如法院认定取缔决定违法予以撤销，县政府的复议决定自然无效

4. 在行政诉讼中，针对下列哪些情形，法院应当判决驳回原告的诉讼请求？[2]（2014/82/多）

A. 起诉被告不作为理由不能成立的

B. 受理案件后发现起诉不符合起诉条件的

C. 被诉具体行政行为合法，但因法律变化需要变更或者废止的

D. 被告在一审期间改变被诉具体行政行为，原告不撤诉的

二、裁定

行政诉讼的裁定，是指人民法院在审理行政案件过程中或者执行案件的过程中，就程序问题所作出的判定。

<table>
<tr><th>类型</th><th>适用范围</th><th>救济途径</th></tr>
<tr><td>不予受理</td><td>①不符合行政诉讼法规定的起诉条件
②超过法定起诉期限且无不可抗力等原因
③错列被告且拒绝变更
④未按照法律规定由法定代理人、指定代理人、代表人为诉讼行为
⑤未按照法律、法规规定先向行政机关申请复议
⑥重复起诉
⑦撤回起诉后无正当理由再行起诉
⑧行政行为对其合法权益明显不产生实际影响
⑨诉讼标的已为生效裁判或者调解书所羁束
⑩其他不符合法定起诉条件的情形</td><td rowspan="3">上诉</td></tr>
<tr><td>驳回起诉</td><td>事项同上，如已经受理，则裁定驳回起诉</td></tr>
<tr><td colspan="2">管辖异议</td></tr>
</table>

〔1〕 答案 AC【解析】《行政复议法实施条例》第 32 条规定，行政复议机构审理行政案件，应当由 2 名以上行政复议人员参加，选项 A 正确。《行政诉讼法》第 26 条第 2 款规定，经复议的案件，复议机关决定维持原行政行为的，作出原行政行为的行政机关和复议机关是共同被告；复议机关改变原行政行为的，复议机关是被告。选项 B 错误，该法第 18 条第 1 款规定，行政案件由最初作出行政行为的行政机关所在地人民法院管辖。经复议的案件，也可以由复议机关所在地人民法院管辖。选项 C 正确。该法第 79 条规定，复议机关与作出原行政行为的行政机关为共同被告的案件，人民法院应当对复议决定和原行政行为一并作出裁判。选项 D 错误。

〔2〕 答案 AC【解析】《行政诉讼法》第 69 条规定，行政行为证据确凿，适用法律、法规正确，符合法定程序的，或者原告申请被告履行法定职责或者给付义务理由不成立的，人民法院判决驳回原告的诉讼请求。选项 AC 正确。《行政诉讼法解释》第 69 条第 1 款规定，有下列情形之一，已经立案的，应当裁定驳回起诉：（一）不符合行政诉讼法第四十九条规定的。选项 B 选项应为裁定驳回起诉，错误。该法第 81 条第 3 款规定，被告改变原违法行政行为，原告仍要求确认原行政行为违法的，人民法院应当依法作出确认判决。选项 D 错误。

续表

类型	适用范围	救济途径
停止执行或不停止执行		复议
财产保全		
先予执行		
准许或者不准许撤诉		再审

其中，重复起诉的认定有如下规定。当事人就已经提起诉讼的事项在诉讼过程中或者裁判生效后再次起诉，同时具有下列情形的，构成重复起诉：后诉与前诉的当事人相同；后诉与前诉的诉讼标的相同；后诉与前诉的诉讼请求相同，或者后诉的诉讼请求被前诉裁判所包含。

裁定适用于下列范围：不予立案；驳回起诉；管辖异议；终结诉讼；中止诉讼；移送或者指定管辖；诉讼期间停止行政行为的执行或者驳回停止执行的申请；财产保全；先予执行；准许或者不准许撤诉；补正裁判文书中的笔误；中止或者终结执行；提审、指令再审或者发回重审；准许或者不准许执行行政机关的行政行为；其他需要裁定的事项。对不予立案、驳回起诉、管辖异议的裁定，当事人可以上诉。

裁定书应当写明裁定结果和作出该裁定的理由。裁定书由审判人员、书记员署名，加盖人民法院印章。口头裁定的，记入笔录。

三、决定

行政诉讼决定，是指人民法院为了保证行政诉讼的顺利进行，依法对行政诉讼中的某些特殊事项所作的处理。行政诉讼决定所解决的问题是发生在行政诉讼中的某些特殊事项，这些事项往往具有紧迫性，行政诉讼决定的作用在于保证诉讼程序的正常和顺利进行，或者为案件的正常审理提供必要的条件。

行政诉讼中的决定主要有：

1. 有关回避事项的决定

人民法院对于是否回避的决定以口头或者书面方式作出，申请人对决定不服，可以申请人民法院复议一次，被申请回避人员不停止参与本案的工作。

2. 对妨害行政诉讼的行为采取强制措施的决定

诉讼参与人或者其他人有下列行为之一的，人民法院可以根据情节轻重，予以训诫、责令具结悔过或者处一万元以下的罚款、十五日以下的拘留；构成犯罪的，依法追究刑事责任：(1) 有义务协助调查、执行的人，对人民法院的协助调查决定、协助执行通知书，无故推拖、拒绝或者妨碍调查、执行的；(2) 伪造、隐藏、毁灭证据或者提供虚假证明材料，妨碍人民法院审理案件的；(3) 指使、贿买、胁迫他人作伪证或者威胁、阻止证人作证的；(4) 隐藏、转移、变卖、毁损已被查封、扣押、冻结的财产的；(5) 以欺骗、胁迫等非法手段使原告撤诉的；(6) 以暴力、威胁或者其他方法阻碍人民法院工作人员执行职务，或者以哄闹、冲击法庭等方法扰乱人民法院工作秩序的；(7) 对人民法院审判人员或者其他工作人员、诉讼参与人、协助调查和执行的人员恐吓、侮辱、诽谤、诬陷、殴打、围攻或者打击报复的。人民法院对有上述规定的行为之一的单位，可以对其主要负责人或者直接责任人员依照前款规定予以罚款、拘留；构成犯罪的，依法追究刑事责任。罚款、拘留须经人民法院院长批准。当事人不服的，可以向上一级人民法院申请复议一次。复议期间不停止执行。

其中，训诫，是人民法院对妨害行政诉讼行为情节较轻者，予以批评、教育并警告其不得再犯的措施。责令具结悔过，是人民法院对有妨害行政诉讼行为的人，责令其承认错误，写出悔过书，保证不再重犯的措施。罚款，是人民法院对有妨害行政诉讼行为的人，强制其交纳一定数额款项的措施。罚款金额为1万元以下。拘留，是人民法院对有妨害行政诉讼行为的人，短期内限制其人身自由的一种强制措施，是最严厉的措施。拘留期限为15日以下。

3. 审判委员会对已生效的行政案件的裁判认为应当再审的决定

对人民法院已发生法律效力的裁判，发现违反法律需要再审的，由院长提交审判委员会讨论决定是否再审。审判委员会决定再审的，该行政案件应进行再审。

4. 有关起诉期限事项的决定

公民、法人或者其他组织因不可抗力或者其他不属于其自身原因耽误起诉期限的，被耽误的时间不计算在起诉期限内。公民、法人或者其他组织因上述以外的其他特殊情况耽误起诉期限的，在障碍消除后10日内，可以申请延长期限，是否准许由人民法院决定。对于下级人民法院需要延长审理期限的申请，高级人民法院和最高人民法院作出是否延长的决定。此外，如诉讼费用的减免、强制执行措施的采取等事项，都可适用决定。

第二节　二审的裁判

一、二审的裁判类型

人民法院审理上诉案件，按照下列情形，分别处理：

1. 原判决、裁定认定事实清楚，适用法律、法规正确的，判决或者裁定驳回上诉，维持原判决、裁定。

2. 原判决、裁定认定事实错误或者适用法律、法规错误的，依法改判、撤销或者变更。

3. 原判决认定基本事实不清、证据不足的，发回原审人民法院重审，或者查清事实后改判。

4. 原判决遗漏当事人或者违法缺席判决等严重违反法定程序的，裁定撤销原判决，发回原审人民法院重审。

人民法院审理上诉案件，需要改变原审判决的，应当同时对被诉行政行为作出判决。

【真题实战】

1. 某公司提起行政诉讼，要求撤销区教育局作出的《关于不同意申办花蕾幼儿园的批复》，并要求法院判令该局在20日内向花蕾幼儿园颁发独立的《办学许可证》。一审法院经审理后作出确认区教育局批复违法的判决，但未就颁发《办学许可证》的诉讼请求作出判决。该公司不服一审判决，提起上诉。下列说法正确的是：[1]（2007/93/任）

A. 二审法院应当裁定撤销一审判决

B. 二审法院应当维持一审判决

C. 二审法院可以裁定发回一审法院重审

D. 二审法院应当裁定发回一审法院重审，一审法院应当另行组成合议庭进行审理

2. 县环保局以一企业逾期未完成限期治理任务为由，决定对其加收超标准排污费并处以

---

〔1〕 答案AD【解析】《行政诉讼法解释》第109条第3款规定，原审判决遗漏了必须参加诉讼的当事人或者诉讼请求的，第二审人民法院应当裁定撤销原审判决，发回重审。该条第2款同时规定，第二审人民法院裁定发回原审人民法院重新审理的行政案件，原审人民法院应当另行组成合议庭进行审理。选项AD正确。

罚款1万元。该企业认为决定违法诉至法院，提出赔偿请求。一审法院经审理维持县环保局的决定。该企业提出上诉。下列哪一说法是正确的?[1]（2011/50/单）

A. 加收超标准排污费和罚款均为行政处罚

B. 一审法院开庭审理时，如该企业未经法庭许可中途退庭，法院应予训诫

C. 二审法院认为需要改变一审判决的，应同时对县环保局的决定作出判决

D. 一审法院如遗漏了该企业的赔偿请求，二审法院应裁定撤销一审判决，发回重审

二、二审中的行政赔偿请求

行政赔偿是指行政机关及其工作人员在行使职权过程中违法侵犯公民、法人或其他组织的合法权益并造成损害，国家对此承担的赔偿责任。

<table>
<tr><td rowspan="2">一审遗漏赔偿请求</td><td>二审认为应当赔偿</td><td>①确认被诉行政行为违法
②并就赔偿部分调解，调解不成，赔偿部分发回重审</td></tr>
<tr><td>二审认为不应赔偿</td><td>判决驳回行政赔偿请求</td></tr>
<tr><td colspan="2">二审提出赔偿请求</td><td>调解，调解不成，告知另行起诉</td></tr>
</table>

第二审人民法院裁定发回原审人民法院重新审理的行政案件，原审人民法院应当另行组成合议庭进行审理。原审判决遗漏行政赔偿请求，第二审人民法院经审查认为依法不应当予以赔偿的，应当判决驳回行政赔偿请求。原审判决遗漏行政赔偿请求，第二审人民法院经审理认为依法应当予以赔偿的，在确认被诉行政行为违法的同时，可以就行政赔偿问题进行调解；调解不成的，应当就行政赔偿部分发回重审。

当事人在第二审期间提出行政赔偿请求的，第二审人民法院可以进行调解；调解不成的，应当告知当事人另行起诉。

【真题实战】

1. 某区公安分局以蔡某殴打孙某为由对蔡某拘留十日并处罚款500元。蔡某向法院起诉，要求撤销处罚决定和赔偿损失。一审法院经审理认定处罚决定违法。下列哪些选项是正确的?[2]（2009/48/多）

A. 蔡某所在地的法院对本案无管辖权

B. 一审法院应判决撤销拘留决定，返还罚款500元、按照国家上年度职工日平均工资赔偿拘留十日的损失和一定的精神抚慰金

C. 如一审法院的判决遗漏了蔡某的赔偿请求，二审法院应当裁定撤销一审判决，发回

---

〔1〕 答案C【解析】本题中加收超标排污费是行政征收，罚款是行政处罚。选项A错误。《行政诉讼法》第58条规定，经人民法院传票传唤，原告无正当理由拒不到庭，或者未经法庭许可中途退庭的，可以按照撤诉处理；被告无正当理由拒不到庭，或者未经法庭许可中途退庭的，可以缺席判决。选项B错误。该法第89条第3款规定，人民法院审理上诉案件，需要改变原审判决的，应当同时对被诉行政行为作出判决。选项C正确。《行政诉讼法解释》第109条第5款规定，原审判决遗漏行政赔偿请求，第二审人民法院经审理认为依法应当予以赔偿的，在确认被诉行政行为违法的同时，可以就行政赔偿问题进行调解；调解不成的，应当就行政赔偿部分发回重审。选项D错误。

〔2〕 答案AD【解析】蔡某的处罚包括人身罚和财产罚，不是行政强制措施，因此不适用原告所在地和被告所在地的特殊管辖，只能由被告所在地进行管辖，选项A正确。《国家赔偿法》第35条规定，有本法第三条或者第十七条规定情形之一，致人精神损害的，应当在侵权行为影响的范围内，为受害人消除影响，恢复名誉，赔礼道歉；造成严重后果的，应当支付相应的精神损害抚慰金。本案不存在精神损害抚慰金，选项B错误。根据《行政诉讼法解释》第109条第4、6款规定，一审法院遗漏蔡某的赔偿请求，二审法院应当视情况驳回赔偿请求或者调解等。C项错误，D项正确。

重审

D. 如蔡某在二审期间提出赔偿请求，二审法院可以进行调解，调解不成的，应告知蔡某另行起诉

2. 县政府以某化工厂不符合国家产业政策、污染严重为由，决定强制关闭该厂。该厂向法院起诉要求撤销该决定，并提出赔偿请求。一审法院认定县政府决定违法，予以撤销，但未对赔偿请求作出裁判，县政府提出上诉。下列说法正确的是：[1]（2017/100/任）

A. 本案第一审应由县法院管辖

B. 二审法院不得以不开庭方式审理该上诉案件

C. 二审法院应对一审法院的判决和被诉行政行为进行全面审查

D. 如二审法院经审查认为依法不应给予该厂赔偿的，应判决驳回其赔偿请求

第三节　行政诉讼的执行

行政诉讼的执行，是指行政案件当事人逾期拒不履行人民法院生效的行政案件的法律文书，人民法院和有关行政机关运用国家强制力量，依法采取强制措施促使当事人履行义务，从而使生效法律文书的内容得以实现的活动。

执行内容	法院发生法律效力的判决、裁定、调解书
原告不履行	①行政机关或者第三人可以向第一审人民法院申请强制执行 ②由行政机关依法强制执行
行政机关不履行	①对应当归还的罚款或者应当给付的款额，通知银行划拨 ②从期满之日起，对该行政机关负责人按日处 50－100 元的罚款 ③将行政机关拒绝履行的情况予以公告 ④向监察机关或者该行政机关的上一级行政机关提出司法建议 ⑤社会影响恶劣的，可以对该行政机关直接负责的主管人员和其他直接责任人员予以拘留；情节严重，构成犯罪的，依法追究刑事责任
执行机关	第一审法院
申请期限	申请执行的期限为 2 年，从法律文书规定的履行期间最后一日起计算

【真题实战】

1. 某公司向区教委申请《办学许可证》，遭拒后向法院提起诉讼，法院判决区教委在判决生效后三十日内对该公司申请进行重新处理。判决生效后，区教委逾期拒不履行，某公司申请

[1] 答案 CD【解析】《行政诉讼法》第 15 条规定，中级人民法院管辖下列第一审行政案件：（一）对国务院部门或者县级以上地方人民政府所作的行政行为提起诉讼的案件。选项 A 错误。该法第 86 条规定，人民法院对上诉案件，应当组成合议庭，开庭审理。经过阅卷、调查和询问当事人，对没有提出新的事实、证据或者理由，合议庭认为不需要开庭审理的，也可以不开庭审理。选项 B 错误。该法第 87 条规定，人民法院审理上诉案件，应当对原审人民法院的判决、裁定和被诉行政行为进行全面审查。选项 C 正确。《行政诉讼法解释》第 109 条第 4 款规定，原审判决遗漏行政赔偿请求，第二审人民法院经审查认为依法不应当予以赔偿的，应当判决驳回行政赔偿请求。选项 D 正确。

强制执行。关于法院可采取的执行措施，下列哪项选项是正确的?[1]（2010/87/单）

A. 对区教委按日处一百元的罚款

B. 对区教委的主要负责人处以罚款

C. 经法院院长批准，对区教委直接责任人予以司法拘留

D. 责令由市教委对该公司的申请予以处理

2. 李某和钱某参加省教委组织的“省中小学教师自学考试”。后省教委以“通报”形式，对李某、钱某等4名作弊考生进行了处理，并通知当次考试各科成绩作废，三年之内不准报考。李某、钱某等均得知该通报内容。李某向省政府递交了行政复议申请书，省政府未予答复。李某诉至法院。下列哪一选项是错误的?[2]（2007/42/单）

A. 法院应当受理李某对通报不服提起的诉讼

B. 李某对省教委提起诉讼后，法院可以通知钱某作为第三人参加诉讼

C. 法院应当受理李某对省政府不予答复行为提起的诉讼

D. 钱某在诉讼程序中提供的、被告在行政程序中未作为处理依据的证据可以作为认定被诉处理决定合法的依据

3. 秦某租住江某房屋，后伪造江某的身份证和房屋所有权证，将房屋卖给不知情的吴某。房屋登记部门办理过户时未发现材料有假，便向吴某发放了房屋所有权证。江某发现房屋被卖时秦某已去向不明。江某以登记错误为由，提起行政诉讼要求撤销登记。下列哪些选项是正确的?[3]（2007/87/多）

A. 法院应判决房屋登记部门撤销颁发给吴某的房屋所有权证

B. 吴某是善意第三人，房屋登记部门不应当撤销给吴某颁发的房屋所有权证

C. 江某应当先申请行政复议，对复议决定不服的，才能向法院起诉

D. 江某提起行政诉讼最长期限是20年，自房屋登记机关作出过户登记之日起计算

4. 甲公司与乙公司开办中外合资企业丙公司，经营房地产。因急需周转资金，丙公司与某典当行签订合同，以某宗国有土地作抵押贷款。典当期满后，丙公司未按约定回赎，某典当行遂与丁公司签订协议，将土地的使用权出售给丁公司。经丁公司申请，2001年4月17日市

---

〔1〕 答案B【解析】《行政诉讼法》第96条规定，行政机关拒绝履行判决、裁定、调解书的，第一审人民法院可以采取下列措施：（一）对应当归还的罚款或者应当给付的款额，通知银行从该行政机关的账户内划拨；（二）在规定期限内不履行的，从期满之日起，对该行政机关负责人按日处五十元至一百元的罚款；（三）将行政机关拒绝履行的情况予以公告；（四）向监察机关或者该行政机关的上一级行政机关提出司法建议。接受司法建议的机关，根据有关规定进行处理，并将处理情况告知人民法院；（五）拒不履行判决、裁定、调解书，社会影响恶劣的，可以对该行政机关直接负责的主管人员和其他直接责任人员予以拘留；情节严重，构成犯罪的，依法追究刑事责任。选项A错误，选项B正确。对于直接责任人予以拘留，需要社会影响恶劣这一情节，且不需要院长批准。选项C错误。法院可以提出司法建议，而非责令行政机关的上级机关，选项D错误。

〔2〕 答案D【解析】本案中的通报针对的是特定的人和事情，是具体行政行为，法院应该受理，选项A正确。钱某作为有利害关系的第三人，法院可以通知其参加诉讼，选项B正确。省政府的行为属于行政不作为，属于诉讼受案范围，选项C正确。《行政诉讼证据规定》第60条规定，下列证据不能作为认定被诉具体行政行为合法的依据：（一）被告及其诉讼代理人在作出具体行政行为后或者在诉讼程序中自行收集的证据；（二）被告在行政程序中非法剥夺公民、法人或者其他组织依法享有的陈述、申辩或者听证权利所采用的证据；（三）原告或者第三人在诉讼程序中提供的、被告在行政程序中未作为具体行政行为依据的证据。选项D错误。

〔3〕 答案AD【解析】根据《行政诉讼法》第70条第1项的规定，对于行政行为主要证据不足的，法院判决撤销或部分撤销。选项A正确。吴某善意第三人的身份并不能成为不撤销该房屋登记的理由，对于因此所遭受的损失，吴某应该通过民事途径来解决。选项B错误。本案不属于复议前置事项，选项C错误。该法第46条第2款规定，因不动产提起诉讼的案件自行政行为作出之日起超过二十年，其他案件自行政行为作出之日起超过五年提起诉讼的，人民法院不予受理。选项D正确。

国土局的派出机构办理土地权属变更登记。丙公司未参与变更土地登记过程。2008 年 3 月 3 日甲公司查询土地抵押登记情况，得知该土地使用权已变更至丁公司名下。甲公司对变更土地登记行为不服向法院起诉。下列说法正确的是：[1]（2008/100/任）

A. 甲公司有权以自己的名义起诉

B. 若丙公司对变更土地登记行为不服，应当自 2008 年 3 月 3 日起 3 个月内起诉

C. 丙公司与某典当行签订的合同是否合法，是本案的审理对象

D. 对市国土局与派出机构之间的关系性质，法院可以依法调取证据

5. 段某拥有两块山场的山林权证。林改期间，王某认为该山场是自家的土改山，要求段某返还。经村委会协调，段某同意把部分山场给与王某，并签订了协议。事后，段某反悔，对协议提出异议。王某请镇政府调处，镇政府依王某提交的协议书复印件，向王某发放了山林权证。段某不服，向县政府申请复议，在县政府作出维持决定后向法院起诉。下列哪些选项是正确的？[2]（2009/84/多）

A. 对镇政府的行为，段某不能直接向法院提起行政诉讼

B. 县政府为本案第三人

C. 如当事人未能提供协议书原件，法院不能以协议书复印件单独作为定案依据

D. 如段某与王某在诉讼中达成新的协议，可视为本案被诉具体行政行为发生改变

6. 2006 年 5 月 9 日，县公安局以甲偷开乙的轿车为由，向其送达 1000 元罚款的处罚决定书。甲不服，于同月 19 日向县政府申请行政复议。6 月 8 日，复议机关同意甲撤回复议申请。6 月 20 日，甲就该处罚决定向法院提起行政诉讼。下列说法正确的是：[3]（2010/100/任）

A. 对甲偷开的轿车县公安局可以扣押

B. 如甲能够证明撤回复议申请违背其真实意思表示，可以同一事实和理由再次对该处罚决定提出复议申请

C. 甲逾期不缴纳 1000 元罚款，县公安局可以每日按罚款数额的 3% 加处罚款

---

〔1〕 答案 AD【解析】《行政诉讼法解释》第 16 条第 2 款规定，联营企业、中外合资或者合作企业的联营、合资、合作各方，认为联营、合资、合作企业权益或者自己一方合法权益受行政行为侵害的，可以自己的名义提起诉讼。选项 A 正确。《行政诉讼法》第 46 条第 1 款规定，公民、法人或者其他组织直接向人民法院提起诉讼的，应当自知道或者应当知道作出行政行为之日起六个月内提出。法律另有规定的除外。由于丙公司未参与变更土地登记过程，不知晓该行政行为，因此丙公司的起诉期限应该自其知道或应当知道该行为作出之日起计算。选项 B 错误。该法第 6 条规定，人民法院审理行政案件，对行政行为是否合法进行审查。本案的审理对象是该变更土地登记行为是否合法，选项 C 错误。根据《行政诉讼证据规定》第 22 条第 2 项的规定，涉及依职权追加当事人、中止诉讼、终结诉讼、回避等程序性事项的，人民法院有权调取证据。选项 D 正确。

〔2〕 答案 AC【解析】根据《行政复议法》第 23 条第 2 项的规定，对行政机关作出的侵犯其已经依法取得的自然资源的所有权或者使用权的决定不服的，申请人应当先向行政复议机关申请行政复议，对行政复议决定不服的，可以再依法向人民法院提起行政诉讼。选项 A 正确。县政府是复议机关，在作出维持决定后与原机关做共同被告，选项 B 错误。根据《行政诉讼证据规定》第 71 条第 5 项的规定，无法与原件、原物核对的复制件或者复制品不能单独作为定案依据。选项 C 正确。根据《行政诉讼撤诉规定》第 4 条第 3 项的规定，在行政裁决案件中，书面认可原告与第三人达成的和解，可以视为被告改变其所作的具体行政行为。本案中未书面认可，选项 D 错误。

〔3〕 答案 BC【解析】《治安管理处罚法》第 89 条第 1 款规定，公安机关办理治安案件，对与案件有关的需要作为证据的物品，可以扣押；对被侵害人或者善意第三人合法占有的财产，不得扣押，应当予以登记。对与案件无关的物品，不得扣押。选项 A 错误。《行政复议法实施条例》第 38 条规定，申请人在行政复议决定作出前自愿撤回行政复议申请的，经行政复议机构同意，可以撤回。申请人撤回行政复议申请的，不得再以同一事实和理由提出行政复议申请。但是，申请人能够证明撤回行政复议申请违背其真实意思表示的除外。选项 B 正确。《行政处罚法》第 72 条规定，当事人逾期不履行行政处罚决定的，作出行政处罚决定的行政机关可以采取下列措施：（一）到期不缴纳罚款的，每日按罚款数额的百分之三加处罚款，加处罚款的数额不得超出罚款的数额。选项 C 正确。本案符合起诉条件，法院应当受理，选项 D 错误。

D. 法院不应当受理甲的起诉

7. 市政府决定，将牛某所在村的集体土地征收转为建设用地。因对补偿款数额不满，牛某对现场施工进行阻挠。市公安局接警后派警察到现场处理。经口头传唤和调查后，该局对牛某处以10日拘留。牛某不服处罚起诉，法院受理。下列哪一说法是正确的?〔1〕(2011/46/单)

A. 市公安局警察口头传唤牛某构成违法

B. 牛某在接受询问时要求就被询问事项自行提供书面材料，不予准许

C. 市政府征收土地决定的合法性不属于本案的审查范围

D. 本案不适用变更判决

8. 2012年9月，某计划生育委员会以李某、周某二人于2010年7月违法超生第二胎，作出要求其缴纳社会抚养费12万元，逾期不缴纳每月加收千分之二滞纳金的决定。二人不服，向法院起诉。下列哪些说法是正确的?〔2〕(2013/81/多)

A. 加处的滞纳金数额不得超出12万元

B. 本案为共同诉讼

C. 二人的违法行为发生在2010年7月，到2012年9月已超过《行政处罚法》规定的追究责任的期限，故决定违法

D. 法院不能作出允许少缴或免缴社会抚养费的变更判决

【本章主要法律规定】

1. 《行政诉讼法》第69～80条、第89条、第94～97条

2. 《行政诉讼法解释》第9条、第10条、第15条、第19条、第22条、第23条、第69条、第101条、第109条、第153条

---

〔1〕 答案C【解析】《治安管理处罚法》第82条第1款规定，对现场发现的违反治安管理行为人，人民警察经出示工作证件，可以口头传唤，但应当在询问笔录中注明。选项A错误。该法第84条第2款规定，被询问人要求被询问事项自行提供书面材料的，应当准许，必要时，人民警察也可以要求被询问人自行书写。选项B错误。本案牛某不服处罚行为起诉，审理对象是处罚行为，选项C正确。《行政诉讼法》第77条第1款规定，行政处罚明显不当，或者其他行政行为涉及对款额的确定、认定确有错误的，人民法院可以判决变更。选项D错误。

〔2〕 答案AB【解析】《行政强制法》第45条第1款规定，行政机关依法作出金钱给付义务的行政决定，当事人逾期不履行的，行政机关可以依法加处罚款或者滞纳金。加处罚款或者滞纳金的标准应当告知当事人。加处罚款或者滞纳金的数额不得超出金钱给付义务的数额。选项A正确。《行政诉讼法》第27条规定，当事人一方或者双方为二人以上，因同一行政行为发生的行政案件，或者因同类行政行为发生的行政案件、人民法院认为可以合并审理并经当事人同意的，为共同诉讼。选项B正确。社会抚养费属于行政征收，不适用行政处罚法两年的时效，选项C错误。该法第77条第1款规定，行政处罚明显不当，或者其他行政行为涉及对款额的确定、认定确有错误的，人民法院可以判决变更。选项D错误。

第十九章　行政赔偿

【应试指南】

从立法内容上看，国家赔偿包括行政赔偿和司法赔偿两部分，行政赔偿是国家赔偿的一种形式，国家赔偿与行政赔偿是种属关系。行政赔偿和司法赔偿都由国家承担最终的赔偿责任，赔偿费用由国家支付。本章的学习侧重于行政赔偿义务机关、行政赔偿的程序。其中，行政赔偿与司法赔偿的区分尤为重要。

第一节　行政赔偿范围

行政赔偿是指行政机关及其工作人员在行使职权过程中侵犯公民、法人或其他组织的合法权益并造成损害，国家对此承担的赔偿责任。

公民、法人或者其他组织认为行政机关及其工作人员违法行使行政职权对其劳动权、相邻权等合法权益造成人身、财产损害的，可以依法提起行政赔偿诉讼。

<table>
<tr><td rowspan="3">应予赔偿</td><td>侵犯人身权</td><td>①违法拘留或者违法采取限制公民人身自由的行政强制措施
②非法拘禁或者以其他方法非法剥夺公民人身自由
③以殴打、虐待等行为或者唆使、放纵他人以殴打、虐待等行为造成公民身体伤害或者死亡
④违法使用武器、警械造成公民身体伤害或者死亡
⑤造成公民身体伤害或者死亡的其他违法行为</td></tr>
<tr><td>侵犯财产权</td><td>①违法实施罚款、吊销许可证和执照、责令停产停业、没收财物等行政处罚
②违法对财产采取查封、扣押、冻结等行政强制措施
③违法征收、征用财产
④造成财产损害的其他违法行为</td></tr>
<tr><td>其他违法行为</td><td>①不履行法定职责行为
②行政机关及其工作人员在履行行政职责过程中作出的不产生法律效果，但事实上损害公民、法人或者其他组织人身权、财产权等合法权益的行为</td></tr>
<tr><td>不予赔偿</td><td colspan="2">①行政机关工作人员与行使职权无关的个人行为
②因公民、法人和其他组织自己的行为致使损害发生</td></tr>
</table>

侵犯人身权的行为主要包括侵犯人身自由权的行为和侵犯生命健康权的行为，侵犯财产权的行为主要包括侵犯财产权的行政处罚、行政强制措施、违法征收、征用财产等行为。

第二节 行政赔偿当事人

一、行政赔偿请求人

行政赔偿请求人是指依法享有取得国家赔偿的权利，请求赔偿义务机关确认和履行国家赔偿责任的公民、法人或者其他组织。

受害的公民、法人和其他组织	有权要求赔偿
受害的公民死亡	继承人、其他有扶养关系的人和费用支付人有权要求赔偿
受害的法人或组织终止	权利承受人有权要求赔偿

费用支付人，指的是支付受害公民医疗费、丧葬费等合理费用的人，也可以依法提起行政赔偿诉讼。

二、行政赔偿义务机关

行政赔偿义务机关是指代表国家处理赔偿请求、支付赔偿费用、参加赔偿诉讼的行政机关。

侵权主体	赔偿义务机关
行政机关及工作人员侵权	行政机关
两个以上行政机关共同侵权	共同赔偿义务机关
法律法规授权组织侵权	法律法规授权组织
受委托的组织侵权	委托的行政机关
赔偿义务机关被撤销	①继续行使其职权的行政机关 ②撤销该赔偿义务机关的行政机关
复议案件	原机关
	复议机关（加重部分）

1. 行政机关及其工作人员行使行政职权侵犯公民、法人和其他组织的合法权益造成损害的，该行政机关为赔偿义务机关。

2. 两个以上行政机关共同行使行政职权时侵犯公民、法人和其他组织的合法权益造成损害的，共同行使行政职权的行政机关为共同赔偿义务机关。受害人可以向共同赔偿义务机关中的任何一个赔偿义务机关要求赔偿，该赔偿义务机关应当先予赔偿，然后要求其他行政机关负担部分赔偿费用。

3. 法律、法规授权的组织在行使授予的行政权力时侵犯公民、法人和其他组织的合法权益造成损害的，被授权的组织为赔偿义务机关。

4. 受行政机关委托的组织或者个人在行使受委托的行政权力时侵犯公民、法人和其他组织的合法权益造成损害的，委托的行政机关为赔偿义务机关。

5. 赔偿义务机关被撤销的，继续行使其职权的行政机关为赔偿义务机关；没有继续行使其职权的行政机关的，撤销该赔偿义务机关的行政机关为赔偿义务机关。

6. 经复议机关复议的，最初造成侵权行为的行政机关为赔偿义务机关，但复议机关的复议决定加重损害的，复议机关对加重的部分履行赔偿义务。经过行政复议的赔偿中，复议机关与原侵权机关不是共同赔偿义务机关，原则上最初造成侵权行为的行政机关为赔偿义务机关，不过复议机关的复议决定加重损害的，复议机关对加重的部分履行赔偿义务，二者之间不存在连带责任。

【真题实战】

经张某申请并缴纳了相应费用后，某县土地局和某乡政府将一土地（实为已被征用的土地）批准同意由张某建房。某县土地局和某乡政府还向张某发放了建设用地规划许可证和建设工程许可证。后市规划局认定张某建房违法，责令立即停工。张某不听，继续施工。市规划局申请法院将张某所建房屋拆除，张某要求赔偿。下列哪些说法是正确的？[1]（2006/88/多）

A. 某县土地局、某乡政府和市规划局为共同赔偿义务机关

B. 某县土地局和某乡政府向张某发放规划许可证和建设工程许可证的行为系超越职权的行为

C. 市规划局有权撤销张某的规划许可证

D. 对张某继续施工造成的损失，国家不承担赔偿责任

第三节 行政赔偿的程序

行政赔偿程序是指受害人依法取得国家赔偿权利、行政机关或者人民法院依法办理行政赔偿事务应当遵守的方式、步骤、顺序、时限等手续的总称。赔偿请求人要求赔偿，应当先向赔偿义务机关提出，也可以在申请行政复议或者提起行政诉讼时一并提出。

一、行政赔偿的请求时效和起诉期限

公民、法人或者其他组织应当自知道或者应当知道行政行为侵犯其合法权益之日起两年内，向赔偿义务机关申请行政赔偿。赔偿义务机关在收到赔偿申请之日起两个月内未作出赔偿决定的，公民、法人或者其他组织可以依照行政诉讼法有关规定提起行政赔偿诉讼。

公民、法人或者其他组织提起行政诉讼时一并请求行政赔偿的，适用行政诉讼法有关起诉期限的规定。

二、单独提起行政赔偿诉讼的程序

<table>
<tr><td rowspan="5">赔偿义务机关先行处理</td><td rowspan="2">申请</td><td>申请方式：书面或口头</td></tr>
<tr><td>申请期限：自知道或者应当知道侵权行为之日起2年</td></tr>
<tr><td>处理</td><td>赔偿请求人当面递交申请书的，赔偿义务机关应当当场出具加盖本行政机关专用印章并注明收讫日期的书面凭证</td></tr>
<tr><td>协商</td><td>可以与赔偿请求人就赔偿方式、赔偿项目和赔偿数额进行协商</td></tr>
<tr><td>决定</td><td>自收到申请之日起2个月内作出决定，自作出决定之日起10日内送达</td></tr>
</table>

〔1〕答案BCD【解析】本案中张某的损失是由县土地局和乡政府造成的，市规划局不是赔偿义务机关。选项A错误。规划许可证由规划部门发放，建设工程许可证由建设主管部门发放，县土地局和乡政府的行为属于超越职权，选项B正确。发放规划许可证是规划局的职权，市规划局有权撤销张某的规划许可证，选项C正确。根据《国家赔偿法》第5条第2项的规定，因公民、法人和其他组织自己的行为致使损害发生的，国家不承担赔偿责任。选项D正确。

续表

行政赔偿诉讼	期限	行政赔偿义务机关处理期限届满后之日起3个月内起诉
	调解	行政赔偿诉讼可以适用调解
	共同侵权的被告	①两个以上行政机关共同实施侵权行政行为造成损害的，共同侵权行政机关为共同被告 ②赔偿请求人坚持对其中一个或者几个侵权机关提起行政赔偿诉讼，以被起诉的机关为被告，未被起诉的机关追加为第三人
	复议加重的被告	①原行政行为造成赔偿请求人损害，复议决定加重损害的，复议机关与原行政行为机关为共同被告 ②赔偿请求人坚持对作出原行政行为机关或者复议机关提起行政赔偿诉讼，以被起诉的机关为被告，未被起诉的机关追加为第三人

与一并提出赔偿请求的程序相比较，单独提出赔偿请求程序的特点是赔偿义务机关的先行处理程序。先行处理程序是指赔偿请求人请求损害赔偿时，先向有关的赔偿义务机关提出赔偿请求，双方就有关赔偿的范围、方式、金额等事项进行自愿协商或由赔偿义务机关决定，从而解决赔偿争议的程序。

（一）赔偿申请书

要求赔偿应当递交申请书，申请书应当载明下列事项：（1）受害人的姓名、性别、年龄、工作单位和住所，法人或者其他组织的名称、住所和法定代表人或者主要负责人的姓名、职务；（2）具体的要求、事实根据和理由；（3）申请的年、月、日。赔偿请求人书写申请书确有困难的，可以委托他人代书；也可以口头申请，由赔偿义务机关记入笔录。

赔偿请求人不是受害人本人的，应当说明与受害人的关系，并提供相应证明。赔偿请求人当面递交申请书的，赔偿义务机关应当当场出具加盖本行政机关专用印章并注明收讫日期的书面凭证。申请材料不齐全的，赔偿义务机关应当当场或者在五日内一次性告知赔偿请求人需要补正的全部内容。

赔偿请求人请求国家赔偿的时效为2年，自其知道或者应当知道国家机关及其工作人员行使职权时的行为侵犯其人身权、财产权之日起计算，但被羁押等限制人身自由期间不计算在内。

（二）赔偿义务机关赔偿决定

赔偿义务机关应当自收到申请之日起2个月内，作出是否赔偿的决定。赔偿义务机关作出赔偿决定，应当充分听取赔偿请求人的意见，并可以与赔偿请求人就赔偿方式、赔偿项目和赔偿数额进行协商。赔偿义务机关决定赔偿的，应当制作赔偿决定书，并自作出决定之日起10日内送达赔偿请求人。赔偿义务机关决定不予赔偿的，应当自作出决定之日起10日内书面通知赔偿请求人，并说明不予赔偿的理由。

（三）行政赔偿诉讼

赔偿请求人单独提起行政赔偿诉讼，须以赔偿义务机关先行处理为前提。赔偿请求人对赔偿义务机关确定的赔偿数额有异议或者赔偿义务机关逾期不予赔偿，赔偿请求人有权向人民法院提起行政赔偿诉讼。赔偿义务机关在规定期限内未作出是否赔偿的决定，赔偿请求人可以自期限届满之日起3个月内，向人民法院提起诉讼。赔偿请求人对赔偿的方式、项目、数额有异议的，或者赔偿义务机关作出不予赔偿决定的，赔偿请求人可以自赔偿义务机关作出赔偿或者不予赔偿决定之日起3个月内，向人民法院提起诉讼。

行政行为已被确认为违法，并符合下列条件的，公民、法人或者其他组织可以单独提起行政赔偿诉讼：原告具有行政赔偿请求资格；有明确的被告；有具体的赔偿请求和受损害的事实根据；赔偿义务机关已先行处理或者超过法定期限不予处理；属于人民法院行政赔偿诉讼的受案范围和受诉人民法院管辖；在法律规定的起诉期限内提起诉讼。

行政行为被有权机关依照法定程序撤销、变更、确认违法或无效，或者实施行政行为的行政机关工作人员因该行为被生效法律文书或监察机关政务处分确认为渎职、滥用职权的，属于行政行为被确认为违法的情形。

（四）证据

行政赔偿诉讼中，原告应当对行政行为造成的损害提供证据；因被告的原因导致原告无法举证的，由被告承担举证责任。

人民法院对于原告主张的生产和生活所必需物品的合理损失，应当予以支持；对于原告提出的超出生产和生活所必需的其他贵重物品、现金损失，可以结合案件相关证据予以认定。

原告主张其被限制人身自由期间受到身体伤害，被告否认相关损害事实或者损害与违法行政行为存在因果关系的，被告应当提供相应的证据证明。

三、一并提起行政赔偿诉讼的程序

视为一并	行政行为未被确认为违法，公民、法人或者其他组织提起行政赔偿诉讼的，人民法院应当视为提起行政诉讼时一并提起行政赔偿诉讼
告知一并	原告提起行政诉讼时未一并提起行政赔偿诉讼，人民法院审查认为可能存在行政赔偿的，应当告知原告可以一并提起行政赔偿诉讼
提出时间	①原告在第一审庭审终结前提起行政赔偿诉讼，符合起诉条件的，人民法院应当依法受理；原告在第一审庭审终结后、宣判前提起行政赔偿诉讼的，是否准许由人民法院决定 ②原告在第二审程序或者再审程序中提出行政赔偿请求的，人民法院可以组织各方调解；调解不成的，告知其另行起诉

四、审理和判决

1. 赔偿责任承担

行政共同侵权	①两个以上行政机关共同实施违法行政行为，或者行政机关及其工作人员与第三人恶意串通作出的违法行政行为造成当事人合法权益实际损害的，应当承担连带赔偿责任 ②一方承担连带赔偿责任后，对于超出其应当承担部分，可以向其他连带责任人追偿
行政分别侵权	①两个以上行政机关分别实施违法行政行为造成同一损害，每个行政机关的违法行为都足以造成全部损害的，各个行政机关承担连带赔偿责任 ②两个以上行政机关分别实施违法行政行为造成同一损害的，应当根据其违法行政行为在损害发生和结果中的作用大小，确定各自承担相应的行政赔偿责任；难以确定责任大小的，平均承担责任

续表

第三人	①由于第三人提供虚假材料造成公民、法人或者其他组织损害的，法院应当根据违法行政行为在损害发生和结果中的作用大小，确定行政机关承担相应的行政赔偿责任；行政机关已经尽到审慎审查义务的，不承担行政赔偿责任 ②由于第三人行为造成公民、法人或者其他组织损害的，应当由第三人依法承担侵权赔偿责任；第三人赔偿不足、无力承担赔偿责任或者下落不明，行政机关又未尽保护、监管、救助等法定义务的，法院应当根据行政机关未尽法定义务在损害发生和结果中的作用大小，确定其承担相应的行政赔偿责任

2. 判决类型

主诉裁驳	从诉一并裁驳：公民、法人或者其他组织一并提起行政赔偿诉讼，人民法院经审查认为行政诉讼不符合起诉条件的，对一并提起的行政赔偿诉讼，裁定不予立案；已经立案的，裁定驳回起诉
给付判决	法院审理行政赔偿案件，可以对行政机关赔偿的方式、项目、标准等予以明确，赔偿内容确定的，应当作出具有赔偿金额等给付内容的判决
变更判决	行政赔偿决定对赔偿数额的确定确有错误的，人民法院判决予以变更
驳回原告请求	①原告主张的损害没有事实根据的 ②原告主张的损害与违法行政行为没有因果关系的 ③原告的损失已经通过行政补偿等其他途径获得充分救济的 ④原告请求行政赔偿的理由不能成立的其他情形

【真题实战】

某区规划局以一公司未经批准擅自搭建地面工棚为由，限期自行拆除。该公司逾期未拆除。根据规划局的请求，区政府组织人员将违法建筑拆除，并将拆下的钢板作为建筑垃圾运走。如该公司申请国家赔偿，下列哪些说法是正确的?[1]（2013/84/多）

A. 可以向区规划局提出赔偿请求

B. 区政府为赔偿义务机关

C. 申请国家赔偿之前应先申请确认运走钢板的行为违法

D. 应当对自己的主张提供证据

《国家赔偿法》在2010年第一次修正，在2012年第二次修正。关于新旧法的衔接问题：国家机关及其工作人员行使职权侵犯公民、法人和其他组织合法权益的行为发生在2012年12月1日以后，或者发生在2012年12月1日以前、持续至2012年12月1日以后的，适用修正后的国家赔偿法。

【本章主要法律规定】

1.《国家赔偿法》第3条至第16条

2. 最高人民法院《关于审理行政赔偿案件若干问题的规定》

---

〔1〕 答案BD【解析】区政府组织人员将违法建筑拆除，是行政强制执行的实际实施者，同时具备行政主体资格，违法赔偿责任由其承担，选项A错误，选项B正确。修正后的《国家赔偿法》取消了确认违法程序，选项C错误。该法第26条第1款规定，人民法院赔偿委员会处理赔偿请求，赔偿请求人和赔偿义务机关对自己提出的主张，应当提供证据。选项D正确。

第二十章　司法赔偿

【应试指南】

司法赔偿是指司法机关及其工作人员在行使侦查权、检察权、审判权和看守所、监狱管理职权时给公民、法人或者其他组织的生命、健康、自由和财产造成损害的，国家应当承担的赔偿责任。司法赔偿包括刑事司法赔偿和民事、行政司法赔偿。其中，刑事赔偿的范围、赔偿义务机关、赔偿程序都是考试的重点内容。

第一节　刑事赔偿范围

<table>
<tr><td rowspan="2">应予赔偿</td><td>侵犯人身权</td><td>①违法拘留和超时拘留
②错误逮捕
③再审改判无罪，原判刑罚已经执行
④刑讯逼供、自己或唆使他人造成公民身体伤害或者死亡
⑤违法使用武器、警械造成公民身体伤害或者死亡</td></tr>
<tr><td>侵犯财产权</td><td>①违法对财产采取查封、扣押、冻结、追缴等措施
②再审改判无罪，原判罚金、没收财产已经执行</td></tr>
<tr><td>不予赔偿</td><td colspan="2">①因公民自己故意作虚伪供述，或者伪造其他有罪证据被羁押或者被判处刑罚
②不负刑事责任的人被羁押（赔后不赔前）
③不追究刑事责任的人被羁押的
④国家机关工作人员行使与职权无关的个人行为
⑤因公民自伤、自残等故意行为致使损害发生</td></tr>
</table>

一、刑事赔偿应予赔偿的范围

（一）侵犯人身权的刑事赔偿

行使侦查、检察、审判职权的机关以及看守所、监狱管理机关及其工作人员在行使职权时有下列侵犯人身权情形之一的，受害人有取得赔偿的权利：（1）违反刑事诉讼法的规定对公民采取拘留措施的，或者依照刑事诉讼法规定的条件和程序对公民采取拘留措施，但是拘留时间超过刑事诉讼法规定的时限，其后决定撤销案件、不起诉或者判决宣告无罪终止追究刑事责任的；（2）对公民采取逮捕措施后，决定撤销案件、不起诉或者判决宣告无罪终止追究刑事责任的；（3）依照审判监督程序再审改判无罪，原判刑罚已经执行的；（4）刑讯逼供或者以殴打、虐待等行为或者唆使、放纵他人以殴打、虐待等行为造成公民身体伤害或者死亡的；（5）违法使用武器、警械造成公民身体伤害或者死亡的。

（二）侵犯财产权的刑事赔偿

行使侦查、检察、审判职权的机关以及看守所、监狱管理机关及其工作人员在行使职权时有下列侵犯财产权情形之一的，受害人有取得赔偿的权利：（1）违法对财产采取查封、扣押、冻结、追缴等措施的；（2）依照审判监督程序再审改判无罪，原判罚金、没收财产已经执行的。

二、不负刑事责任的人被羁押的不属于赔偿范围

按照《国家赔偿法》第19条第2项的规定，依照《刑法》第17条、第18条规定不负刑事责任的人被羁押的，国家不承担赔偿责任。《刑法》第17条规定：已满十六周岁的人犯罪，应当负刑事责任。已满十四周岁不满十六周岁的人，犯故意杀人、故意伤害致人重伤或者死亡、强奸、抢劫、贩卖毒品、放火、爆炸、投放危险物质罪的，应当负刑事责任。已满十二周岁不满十四周岁的人，犯故意杀人、故意伤害罪，致人死亡或者以特别残忍手段致人重伤造成严重残疾，情节恶劣，经最高人民检察院核准追诉的，应当负刑事责任。对依照前三款规定追究刑事责任的不满十八周岁的人，应当从轻或者减轻处罚。因不满十六周岁不予刑事处罚的，责令其父母或者其他监护人加以管教；在必要的时候，依法进行专门矫治教育。第18条规定：精神病人在不能辨认或者不能控制自己行为的时候造成危害结果，经法定程序鉴定确认的，不负刑事责任，但是应当责令他的家属或者监护人严加看管和医疗；在必要的时候，由政府强制医疗。间歇性的精神病人在精神正常的时候犯罪，应当负刑事责任。尚未完全丧失辨认或者控制自己行为能力的精神病人犯罪的，应当负刑事责任，但是可以从轻或者减轻处罚。醉酒的人犯罪，应当负刑事责任。

根据上述规定，实施犯罪行为而不负刑事责任的人包括：（1）犯罪时不满12周岁的；（2）已满14周岁不满16周岁的人，犯故意杀人、故意伤害致人重伤或者死亡、强奸、抢劫、贩卖毒品、放火、爆炸、投放危险物质罪的以外的罪行的；（3）已满12周岁不满14周岁的人，犯故意杀人、故意伤害罪，致人死亡或者以特别残忍手段致人重伤造成严重残疾，情节恶劣，经最高人民检察院核准追诉的以外的罪行的；（4）不能辨认或者不能控制自己行为的精神病人在不能辨认和控制自己行为的时候犯罪的。

上述四类人不负刑事责任，被司法机关追究刑事责任且羁押的，国家不予赔偿。必须指出的是，按照最高人民法院《关于人民法院执行〈中华人民共和国国家赔偿法〉几个问题的解释》（以下简称“《执行国家赔偿法解释》”）第1条和《关于办理刑事赔偿案件适用法律若干问题的解释》第7条的规定，对有犯罪事实但不负刑事责任的人被羁押的，国家不承担赔偿责任。但是对起诉后经人民法院被判处拘役、有期徒刑、无期徒刑、死刑并已执行的上列人员，有权依法取得赔偿。判决确定前被羁押的日期依法不予赔偿。换句话说，对有犯罪事实而不负刑事责任的未成年人、精神病人，判决确定前被羁押的，国家不承担赔偿责任；但对起诉后经人民法院判处拘役、有期徒刑、死刑并已执行的，国家仍需依法给予赔偿。例如，王某因盗窃被拘捕，经起诉，被法院判处有期徒刑3年，后经审判监督程序，认定此人犯罪时不满14周岁，不应负刑事责任。那么国家对王某被判刑造成的损害应依法给予赔偿，对判决确定前被羁押的日期则依法不予赔偿。

【真题实战】

1. 李某涉嫌盗窃被公安局刑事拘留，后检察院批准将其逮捕。法院审理时发现，李某系受人教唆，且是从犯，故判处李某有期徒刑2年，缓期3年执行。后李某以自己年龄不满16周岁为由提起上诉，二审法院因此撤销原判，改判李某无罪并解除羁押。下列哪一选项是正确的？[1]（2007/50/单）

---

〔1〕 答案A【解析】根据《国家赔偿法》第19条第2项的规定，不负刑事责任的人被羁押的，国家不承担赔偿责任。选项A正确。

A. 对于李某受到的羁押损失，国家不予赔偿

B. 对于一审有罪判决至二审无罪判决期间李某受到的羁押损失，国家应当给予赔偿

C. 对于一审判决前李某受到的羁押损失，国家应当给予赔偿

D. 对于检察院批准逮捕之前李某受到的羁押损失，国家应当给予赔偿

2. 2006 年 12 月 5 日，王某因涉嫌盗窃被某县公安局刑事拘留，同月 11 日被县检察院批准逮捕。2008 年 3 月 4 日王某被一审法院判处有期徒刑二年，王某不服提出上诉。2008 年 6 月 5 日，二审法院维持原判，判决交付执行。2009 年 3 月 2 日，法院经再审以王某犯罪时不满 16 周岁为由撤销生效判决，改判其无罪并当庭释放。王某申请国家赔偿，下列哪些选项是错误的?〔1〕(2009/89/多)

A. 国家应当对王某从 2008 年 6 月 5 日到 2009 年 3 月 2 日被羁押的损失承担赔偿责任

B. 国家应当对王某从 2006 年 12 月 11 日到 2008 年 3 月 4 日被羁押的损失承担赔偿责任

C. 国家应当对王某从 2006 年 12 月 5 日到 2008 年 3 月 4 日被羁押的损失承担赔偿责任

D. 国家应当对王某从 2008 年 3 月 4 日到 2009 年 3 月 2 日被羁押的损失承担赔偿责任

3. 2009 年 2 月 10 日，王某因涉嫌诈骗被县公安局刑事拘留，2 月 24 日，县检察院批准逮捕王某。4 月 10 日，县法院以诈骗罪判处王某三年有期徒刑，缓期二年执行。5 月 10 日，县公安局根据县法院变更强制措施的决定，对王某采取取保候审措施。王某上诉，6 月 1 日，市中级法院维持原判。王某申诉，12 月 10 日，市中级法院再审认定王某行为不构成诈骗，撤销原判。对此，下列哪一说法是正确的?〔2〕(2010/50/单)

A. 因王某被判无罪，国家应当对王某在 2009 年 2 月 10 日至 12 月 10 日期间的损失承担赔偿责任

B. 因王某被判处有期徒刑缓期执行，国家不承担赔偿责任

C. 因王某被判无罪，国家应当对王某在 2009 年 6 月 1 日至 12 月 10 日期间的损失承担赔偿责任

D. 因王某被判无罪，国家应当对王某在 2009 年 2 月 10 日至 5 月 10 日期间的损失承担赔偿责任

第二节　刑事赔偿义务机关

一、赔偿请求人

受害的公民、法人和其他组织有权要求赔偿。受害的公民死亡，其继承人和其他有扶养关系的亲属有权要求赔偿。受害的法人或者其他组织终止的，其权利承受人有权要求赔偿。

---

〔1〕 答案 BCD【解析】《执行国家赔偿法解释》第 1 条规定：“根据《中华人民共和国国家赔偿法》（以下简称赔偿法）第十七条第（二）项、第（三）项的规定，依照刑法第十四条、第十五条规定不负刑事责任的人和依照刑事诉讼法第十五条规定不追究刑事责任的人被羁押，国家不承担赔偿责任。但是对起诉后经人民法院判处拘役、有期徒刑、无期徒刑和死刑并已执行的上列人员，有权依法取得赔偿。判决确定前被羁押的日期依法不予赔偿。”本案对王某判决确定的时间为 2008 年 6 月 5 日，所以国家应当对王某从 2008 年 6 月 5 日到 2009 年 3 月 2 日被羁押的损失承担赔偿责任，选项 A 正确。选项 BCD 错误，当选。

〔2〕 答案 D【解析】根据《国家赔偿法》第 17 条的规定，从王某拘留开始到其被解除羁押，即 5 月 10 日，这一期间的损失均属于国家赔偿的范围。

二、刑事赔偿义务机关

情形	赔偿义务机关
错误拘留	作出拘留决定的机关
错误逮捕	作出逮捕决定的机关
二审改判无罪	一审法院
二审发回重审后作无罪处理	一审法院
再审改判无罪	作出原生效判决的法院

1. 行使侦查、检察、审判职权的机关以及看守所、监狱管理机关及其工作人员在行使职权时侵犯公民、法人和其他组织的合法权益造成损害的，该机关为赔偿义务机关。

2. 对公民采取拘留措施，依照规定应当给予国家赔偿的，作出拘留决定的机关为赔偿义务机关。

3. 对公民采取逮捕措施后决定撤销案件、不起诉或者判决宣告无罪的，作出逮捕决定的机关为赔偿义务机关。

4. 再审改判无罪的，作出原生效判决的人民法院为赔偿义务机关。二审改判无罪，以及二审发回重审后作无罪处理的，作出一审有罪判决的人民法院为赔偿义务机关。

【真题实战】

1. 甲市乙区公安分局以孙某涉嫌诈骗罪为由将其刑事拘留，并经乙区检察院批准逮捕。后因案情特殊由丙区检察院提起公诉。2006 年，丙区法院判处孙某有期徒刑 3 年，孙某不服上诉，甲市中级法院裁定发回丙区法院重新审理。重审期间，丙区检察院经准许撤回起诉，并最终作出不起诉决定。孙某申请国家赔偿。关于赔偿义务机关，下列哪一选项是正确的？[1]（2008/40/单）

A. 乙区公安分局　　B. 丙区检察院

C. 乙区检察院　　D. 丙区法院

2. 区公安分局以涉嫌故意伤害罪为由将方某刑事拘留，区检察院批准对方某的逮捕。区法院判处方某有期徒刑 3 年，方某上诉。市中级法院以事实不清为由发回区法院重审。区法院重审后，判决方某无罪。判决生效后，方某请求国家赔偿。下列哪些说法是错误的？[2]（2012/83/多）

A. 区检察院和区法院为共同赔偿义务机关

B. 区公安分局为赔偿义务机关

C. 方某应当先向区法院提出赔偿请求

D. 如区检察院在审查起诉阶段决定撤销案件，方某请求国家赔偿的，区检察院为赔偿义务机关

---

〔1〕 答案 D【解析】《国家赔偿法》第 21 条第 4 款规定，再审改判无罪的，作出原生效判决的人民法院为赔偿义务机关。二审改判无罪，以及二审发回重审后作无罪处理的，作出一审有罪判决的人民法院为赔偿义务机关。本案的赔偿义务机关是丙区法院，因此，根据修正后的法律，选项 D 正确。

〔2〕 答案 AB【解析】根据《国家赔偿法》第 21 条的规定，本案的赔偿义务机关是区法院。选项 AB 错误，选项 C 正确，在 D 选项的情形下，赔偿义务机关是区检察院，选项 D 正确。

第三节　民事、行政司法赔偿

一、赔偿范围

赔偿范围	①违法采取对妨害诉讼的强制措施 ②违法采取保全措施 ③错误执行生效法律文书 ④司法工作人员侵权
不予赔偿	①因申请人申请保全有错误造成损害 ②因申请人提供的执行标的物有错误造成损害 ③人民法院工作人员与行使职权无关的个人行为 ④可以执行回转 ⑤违法动用、隐匿、毁损、转移、变卖已经保全的财产 ⑥因不可抗力造成损害后果

二、赔偿义务机关

人民法院在民事、行政诉讼过程中，违法采取对妨害诉讼的强制措施、保全措施或者对判决、裁定及其他生效法律文书执行错误，侵犯公民、法人和其他组织合法权益造成损害的，该法院为赔偿义务机关。

第四节　司法赔偿程序

一、赔偿义务机关先行处理

此处规定适用行政赔偿程序中的赔偿义务机关先行处理的程序。此外，还需要注意司法赔偿的请求时效：

申请期限	赔偿请求人向赔偿义务机关提出赔偿请求的时效期间为 2 年，自其知道或者应当知道其行为侵犯其人身权、财产权之日起计算
起算点	①人身自由案件，请求时效期间自其收到决定撤销案件、终止侦查、不起诉或者判决宣告无罪等终止追究刑事责任或者再审改判无罪的法律文书之日起计算 ②人身健康案件，请求时效期间自其知道或者应当知道损害结果之日起计算 ③财产权案件（违法对财产采取查封、扣押、冻结、追缴），请求时效期间自其收到刑事诉讼程序或者执行程序终结的法律文书之日起计算，但是程序终结之后办案机关对涉案财物尚未处理完毕的，请求时效期间自赔偿请求人知道或者应当知道其财产权受到侵犯之日起计算

续表

适用	①请求时效期间届满的，赔偿义务机关可以提出不予赔偿的抗辩 ②请求时效期间届满，赔偿义务机关同意赔偿或者予以赔偿后，又以请求时效期间届满为由提出抗辩或者要求赔偿请求人返还赔偿金的，赔偿委员会不予支持 ③赔偿委员会审理国家赔偿案件，不得主动适用请求时效的规定

赔偿请求人被羁押等限制人身自由的期间，不计算在请求时效期间内。赔偿请求人依照法律法规规定的程序向相关机关申请确认职权行为违法或者寻求救济的期间，不计算在请求时效期间内，但是相关机关已经明确告知赔偿请求人应当依法申请国家赔偿的除外。

在请求时效期间的最后六个月内，赔偿请求人因下列障碍之一，不能行使请求权的，请求时效中止：不可抗力；无民事行为能力人或者限制民事行为能力人没有法定代理人，或者法定代理人死亡、丧失民事行为能力、丧失代理权；其他导致不能行使请求权的障碍。自中止时效的原因消除之日起满六个月，请求时效期间届满。

二、复议机关处理

复议机关	为赔偿义务机关的上一级机关
申请期限	赔偿请求人 30 日内申请复议
决定期限	自收到申请之日起 2 个月内作出决定
例外情形	法院是赔偿义务机关，向其上一级法院赔偿委员会申请

赔偿义务机关在规定期限内未作出是否赔偿的决定，赔偿请求人可以自期限届满之日起 30 日内向赔偿义务机关的上一级机关申请复议。赔偿请求人对赔偿的方式、项目、数额有异议的，或者赔偿义务机关作出不予赔偿决定的，赔偿请求人可以自赔偿义务机关作出赔偿或者不予赔偿决定之日起 30 日内，向赔偿义务机关的上一级机关申请复议。赔偿义务机关是人民法院的，赔偿请求人可以依照本条规定向其上一级人民法院赔偿委员会申请作出赔偿决定。

三、赔偿委员会处理

申请期限	收到复议决定之日起 30 日内
申请对象	复议机关所在地的同级人民法院赔偿委员会
申请方式	赔偿申请书一式四份，可以口头申请
是否立案	7 日内决定立案或不予受理
审查方式	书面审查
举证责任	①赔偿请求人和赔偿义务机关对自己提出的主张，应当提供证据 ②赔偿义务机关对其职权行为的合法性负有举证责任
决定作出	3 名以上单数的审判员，按照少数服从多数的原则作出决定

（一）赔偿请求人向赔偿委员会申请赔偿

赔偿请求人向赔偿委员会申请作出赔偿决定，应当递交赔偿申请书一式四份。赔偿请求人书写申请书确有困难的，可以口头申请。口头提出申请的，人民法院应当填写《申请赔偿登记表》，由赔偿请求人签名或者盖章。

赔偿请求人可以委托一至二人作为代理人。律师、提出申请的公民的近亲属、有关的社会团体或者所在单位推荐的人、经赔偿委员会许可的其他公民，都可以被委托为代理人。赔偿义务机关、复议机关可以委托本机关工作人员一至二人作为代理人。

（二）赔偿委员会的组成与受理

中级以上的人民法院设立赔偿委员会，由人民法院三名以上审判员组成，组成人员的人数应当为单数。

赔偿委员会作赔偿决定，实行少数服从多数的原则。赔偿委员会作出的赔偿决定，是发生法律效力的决定，必须执行。

赔偿委员会收到赔偿申请，经审查认为符合申请条件的，应当在7日内立案，并通知赔偿请求人、赔偿义务机关和复议机关；认为不符合申请条件的，应当在7日内决定不予受理；立案后发现不符合申请条件的，决定驳回申请。上述期限，自赔偿委员会收到赔偿申请之日起计算。申请材料不齐全的，赔偿委员会应当在5日内一次性告知赔偿请求人需要补正的全部内容，收到赔偿申请的时间应当自赔偿委员会收到补正材料之日起计算。

（三）协商制度与举证责任

赔偿委员会审理赔偿案件，可以组织赔偿义务机关与赔偿请求人就赔偿方式、赔偿项目和赔偿数额依照《国家赔偿法》的规定进行协商。

人民法院赔偿委员会处理赔偿请求，赔偿请求人和赔偿义务机关对自己提出的主张，应当提供证据。赔偿义务机关对其职权行为的合法性负有举证责任。赔偿请求人可以提供证明职权行为违法的证据，但不因此免除赔偿义务机关对其职权行为合法性的举证责任。被羁押人在羁押期间死亡或者丧失行为能力的，赔偿义务机关的行为与被羁押人的死亡或者丧失行为能力是否存在因果关系，赔偿义务机关应当提供证据。

四、赔偿监督

当事人申诉	赔偿请求人或者赔偿义务机关向上一级人民法院赔偿委员会提出申诉
法院提出	本院院长决定或者上级法院指令，赔偿委员会应当在两个月内重新审查并依法作出决定，上一级法院赔偿委员会也可直接审查并作出决定
检察院提出	向同级法院赔偿委员会提出意见，同级法院赔偿委员会应当在两个月内重新审查并依法作出决定

赔偿请求人或者赔偿义务机关对赔偿委员会作出的决定，认为确有错误的，可以向上一级人民法院赔偿委员会提出申诉。赔偿委员会作出的赔偿决定生效后，如发现赔偿决定违反规定的，经本院院长决定或者上级人民法院指令，赔偿委员会应当在2个月内重新审查并依法作出决定，上一级人民法院赔偿委员会也可以直接审查并作出决定。最高人民检察院对各级人民法院赔偿委员会作出的决定，上级人民检察院对下级人民法院赔偿委员会作出的决定，发现违反法律规定的，应当向同级人民法院赔偿委员会提出意见，同级人民法院赔偿委员会应当在2个月内重新审查并依法作出决定。

最后，对行政赔偿与司法赔偿进行对比，二者的联系和区别如下：

司法赔偿是司法机关及其工作人员在行使职权过程中侵犯公民、法人或者其他组织的合法权益并造成损害，由国家承担的赔偿责任。行政赔偿与司法赔偿都属于国家赔偿，许多方面是一致的，如赔偿损害的范围、计算标准、赔偿主体等，但两者之间也存在许多区别，表现在：

1. 实施侵权行为的主体不同。在行政赔偿中，实施侵权行为的主体是国家行政机关及其工作人员，还包括法律、法规授权的组织及其工作人员，受委托的组织及其公务人员以及事实上的公务员。在司法赔偿中，实施侵权行为的主体是履行司法职能的国家机关及其工作人员，包括公安机关、国家安全机关以及军队的保卫部门、国家检察机关、国家审判机关、监狱管理机关及上述机关的工作人员。

2. 实施侵权行为的时间不同。行政侵权行为发生在行政管理过程中，是行政机关及其工作人员在行使职权过程中实施的。而司法侵权行为发生在司法活动中，以司法机关及其工作人员在刑事诉讼中违法行使侦查权、检察权、审判权、监狱管理权以及在民事、行政审判中人民法院采取强制措施、保全措施、先予执行措施以及执行措施为构成要件。

3. 程序不同。行政赔偿的程序与司法赔偿的程序差别较大。行政赔偿程序分为单独提出赔偿请求的程序和一并提出赔偿请求的程序。单独提出赔偿请求的程序实行行政处理前置的原则，行政赔偿争议在行政程序不能解决的，最终可以通过行政诉讼途径解决。司法赔偿程序没有单独提出赔偿请求和一并提出赔偿请求的划分，赔偿请求人对赔偿义务机关的决定不服的，要向其上一级机关申请复议，对复议决定不服的，向复议机关所在地的同级人民法院的赔偿委员会申请，由其作出最终的决定。可以看出，司法赔偿自始至终都是通过非诉讼途径来解决的。

【真题实战】

1. 李某被县公安局以涉嫌盗窃为由刑事拘留，后被释放。李某向县公安局申请国家赔偿，遭到拒绝，经复议后，向市中级法院赔偿委员会申请作出赔偿决定。下列哪一说法是正确的?〔1〕（2011/45/单）

A. 李某应向赔偿委员会递交赔偿申请书一式4份

B. 县公安局可以委托律师作为代理人

C. 县公安局应对李某的损失与刑事拘留行为之间是否存在因果关系提供证据

D. 李某不服中级法院赔偿委员会作出的赔偿决定的，可以向上一级法院赔偿委员会申请复议一次

2. 县公安局以李某涉嫌盗窃为由将其刑事拘留，并经县检察院批准逮捕。县法院判处李某有期徒刑5年。李某上诉，市中级法院改判李某无罪。李某向赔偿义务机关申请国家赔偿。下列哪一说法是正确的?〔2〕（2012/50/单）

A. 县检察院为赔偿义务机关

B. 李某申请国家赔偿前应先申请确认刑事拘留和逮捕行为违法

---

〔1〕 答案A【解析】《最高人民法院关于人民法院赔偿委员会审理国家赔偿案件程序的规定》（以下简称《法院赔偿委员会审理程序规定》）第1条规定，赔偿请求人向赔偿委员会申请作出赔偿决定，应当递交赔偿申请书一式四份。赔偿请求人书写申请书确有困难的，可以口头申请。选项A正确。该法第5条规定，赔偿请求人可以委托一至二人作为代理人。律师、提出申请的公民的近亲属、有关的社会团体或者所在单位推荐的人、经赔偿委员会许可的其他公民，都可以被委托为代理人。赔偿义务机关、复议机关可以委托本机关工作人员一至二人作为代理人。选项B错误。《国家赔偿法》第26条第1款规定，人民法院赔偿委员会处理赔偿请求，赔偿请求人和赔偿义务机关对自己提出的主张，应当提供证据。选项C错误。该法第30条第1款规定，赔偿请求人或者赔偿义务机关对赔偿委员会作出的决定，认为确有错误的，可以向上一级人民法院赔偿委员会提出申诉。提出的是申诉，而不是申请复议，选项D错误。

〔2〕 答案D【解析】根据《国家赔偿法》第21条第4款的规定，二审改判无罪，以及二审发回重审后作无罪处理的，作出一审有罪判决的人民法院为赔偿义务机关，选项A错误。根据旧《国家赔偿法》的规定，在司法赔偿中确认程序是受害人请求赔偿的必经程序，而新《国家赔偿法》则取消了这一程序，选项B错误。该法第39条第1款的规定，赔偿请求人请求国家赔偿的时效为两年，自其知道或者应当知道国家机关及其工作人员行使职权时的行为侵犯其人身权、财产权之日起计算，但被羁押等限制人身自由期间不计算在内。选项C错误。该法第23条第1款的规定，赔偿义务机关作出赔偿决定，应当充分听取赔偿请求人的意见，并可以与赔偿请求人就赔偿方式、赔偿项目和赔偿数额依照本法第四章的规定进行协商，选项D正确。

C. 李某请求国家赔偿的时效自羁押行为被确认为违法之日起计算

D. 赔偿义务机关可以与李某就赔偿方式进行协商

3. 甲市某县公安局以李某涉嫌盗窃罪为由将其刑事拘留，经县检察院批准逮捕，县法院判处李某有期徒刑6年，李某上诉，甲市中级法院改判无罪。李某被释放后申请国家赔偿，赔偿义务机关拒绝赔偿，李某向甲市中级法院赔偿委员会申请作出赔偿决定。下列选项正确的是：[1]（2013/99/任）

A. 赔偿义务机关拒绝赔偿的，应书面通知李某并说明不予赔偿的理由

B. 李某向甲市中级法院赔偿委员会申请作出赔偿决定前，应当先向甲市检察院申请复议

C. 对李某申请赔偿案件，甲市中级法院赔偿委员会可指定一名审判员审理和作出决定

D. 如甲市中级法院赔偿委员会作出赔偿决定，赔偿义务机关认为确有错误的，可以向该省高级法院赔偿委员会提出申诉

4. 甲市乙县法院强制执行生效民事判决时执行了案外人李某的财产且无法执行回转。李某向乙县法院申请国家赔偿，遭到拒绝后申请甲市中级法院赔偿委员会作出赔偿决定。赔偿委员会适用质证程序审理。下列哪一说法是正确的？[2]（2014/50/单）

A. 乙县法院申请不公开质证，赔偿委员会应当予以准许

B. 李某对乙县法院主张的不利于自己的事实，既未表示承认也未否认的，即视为对该项事实的承认

C. 赔偿委员会根据李某的申请调取的证据，作为李某提供的证据进行质证

D. 赔偿委员会应当对质证活动进行全程同步录音录像

5. 某县公安局以沈某涉嫌销售伪劣商品罪为由将其刑事拘留，并经县检察院批准逮捕。后检察院决定不起诉。沈某申请国家赔偿，赔偿义务机关拒绝。下列说法正确的是：[3]（2014/100/任）

A. 县公安局为赔偿义务机关

B. 赔偿义务机关拒绝赔偿，应当书面通知沈某

C. 国家应当给予沈某赔偿

---

[1] 答案AD【解析】《国家赔偿法》第23条第3款的规定，赔偿义务机关决定不予赔偿的，应当自作出决定之日起十日内书面通知赔偿请求人，并说明不予赔偿的理由。选项A正确。该法第21条第4款的规定，二审改判无罪，以及二审发回重审后作无罪处理的，作出一审有罪判决的人民法院为赔偿义务机关。本案中县法院为赔偿义务机关，可以直接向甲市中级法院赔偿委员会申请。选项B错误。该法第29条第1款的规定，中级以上的人民法院设立赔偿委员会，由人民法院三名以上审判员组成，选项C错误。该法第30条第1款的规定，赔偿请求人或者赔偿义务机关对赔偿委员会作出的决定，认为确有错误的，可以向上一级人民法院赔偿委员会提出申诉。选项D正确。

[2] 答案C【解析】《最高人民法院关于人民法院赔偿委员会适用质证程序审理国家赔偿案件的规定》第3条第1款规定，除涉及国家秘密、个人隐私或者法律另有规定的以外，质证应当公开进行。选项A错误。该法第19条第1款规定，赔偿请求人或者赔偿义务机关对对方主张的不利于自己的事实，在质证中明确表示承认的，对方无需举证；既未表示承认也未否认，经审判员询问并释明法律后果后，其仍不作明确表示的，视为对该项事实的承认。选项B错误。该法第18条第1款规定，赔偿委员会根据赔偿请求人申请调取的证据，作为赔偿请求人提供的证据进行质证。选项C正确。该法第23条第2款规定，具备条件的，赔偿委员会可以对质证活动进行全程同步录音录像。选项D错误。

[3] 答案BCD【解析】《国家赔偿法》第21条第3款规定，对公民采取逮捕措施后决定撤销案件、不起诉或者判决宣告无罪的，作出逮捕决定的机关为赔偿义务机关。本案的赔偿义务机关是县检察院，选项A错误。该法第23条第3款规定，赔偿义务机关决定不予赔偿的，应当自作出决定之日起十日内书面通知赔偿请求人，并说明不予赔偿的理由。选项B正确。根据该法第17条的规定，对公民采取逮捕措施后，决定撤销案件、不起诉或者判决宣告无罪终止追究刑事责任的，受害人有取得赔偿的权利。选项C正确。该法第24条第2款规定，赔偿请求人对赔偿的方式、项目、数额有异议的，或者赔偿义务机关作出不予赔偿决定的，赔偿请求人可以自赔偿义务机关作出赔偿或者不予赔偿决定之日起三十日内，向赔偿义务机关的上一级机关申请复议。选项D正确。

D. 对拒绝赔偿，沈某可以向县检察院的上一级检察院申请复议

6. 某县公安局以涉嫌诈骗为由将张某刑事拘留，并经县检察院批准逮捕，后县公安局以证据不足为由撤销案件，张某遂申请国家赔偿。下列说法正确的是：[1]（2015/100/任）

A. 赔偿义务机关为县公安局和县检察院

B. 张某的赔偿请求不属国家赔偿范围

C. 张某当面递交赔偿申请书，赔偿义务机关应当场出具加盖本机关专用印章并注明收讫日期的书面凭证

D. 如赔偿义务机关拒绝赔偿，张某可向法院提起赔偿诉讼

【本章主要法律规定】

1. 《国家赔偿法》第17～30条、第38条、第39条
2. 最高人民法院《关于人民法院赔偿委员会审理国家赔偿案件程序的规定》
3. 最高人民法院《关于人民法院执行〈中华人民共和国国家赔偿法〉几个问题的解释》
4. 最高人民法院《关于审理民事、行政诉讼中司法赔偿案件适用法律若干问题的解释》
5. 最高人民法院《关于适用〈中华人民共和国国家赔偿法〉若干问题的解释（一）》
6. 最高人民法院《关于人民法院赔偿委员会适用质证程序审理国家赔偿案件的规定》
7. 最高人民法院、最高人民检察院《关于办理刑事赔偿案件适用法律若干问题的解释》第1～12条

---

〔1〕 答案C【解析】《国家赔偿法》第21条第2、3款规定，对公民采取逮捕措施后决定撤销案件、不起诉或者判决宣告无罪的，作出逮捕决定的机关为赔偿义务机关。本案的赔偿义务机关是县检察院，选项A错误。根据该法第17条第2项的规定，对公民采取逮捕措施后，决定撤销案件、不起诉或者判决宣告无罪终止追究刑事责任的，受害人有取得赔偿的权利。选项B错误。该法第22条第3款规定，赔偿请求人提出赔偿请求，适用本法第11条、第12条的规定。该法第12条第4款规定，赔偿请求人当面递交申请书的，赔偿义务机关应当当场出具加盖本行政机关专用印章并注明收讫日期的书面凭证。申请材料不齐全的，赔偿义务机关应当当场或者在五日内一次性告知赔偿请求人需要补正的全部内容，选项C正确。该法第24条第2款规定，赔偿请求人对赔偿的方式、项目、数额有异议的，或者赔偿义务机关作出不予赔偿决定的，赔偿请求人可以自赔偿义务机关作出赔偿或者不予赔偿决定之日起三十日内，向赔偿义务机关的上一级机关申请复议。赔偿义务机关是人民法院的，赔偿请求人可以依照本条规定向其上一级人民法院赔偿委员会申请作出赔偿决定。选项D错误。

第二十一章　国家赔偿方式和标准

【应试指南】

国家赔偿是指国家对国家机关及其工作人员违法行使职权造成的损害给予受害人赔偿的活动。我国《国家赔偿法》第 32 条规定：国家赔偿以支付赔偿金为主要方式。能够返还财产或者恢复原状的，予以返还财产或者恢复原状。根据这一规定，我国的国家赔偿是以金钱赔偿为主要方式，以返还财产、恢复原状为补充。此外，我国《国家赔偿法》还规定了恢复名誉、赔礼道歉、消除影响等赔偿方式。

第一节　人身权损害赔偿

损害情形	赔偿标准
人身自由	按日支付赔偿金，每日赔偿金为国家上年度职工日平均工资
身体伤害	①医疗费 ②护理费 ③误工费
丧失劳动能力	①医疗费 ②护理费 ③残疾生活辅助具费、康复费等因残疾而增加的必要支出和继续治疗所必需的费用 ④残疾赔偿金 ⑤全部丧失劳动能力（伤残 1～4 级）：其扶养的无劳动能力的人生活费
死亡	①死亡赔偿金和丧葬费 ②其生前扶养的无劳动能力的人生活费
精神损害	①消除影响、恢复名誉、赔礼道歉 ②造成严重后果：精神损害抚慰金

1. 赔偿法关于“侵犯公民人身自由的，每日的赔偿金按照国家上年度职工日平均工资计算”中规定的上年度，应为赔偿义务机关、复议机关或者人民法院赔偿委员会作出赔偿决定时的上年度；复议机关或者人民法院赔偿委员会决定维持原赔偿决定的，按作出原赔偿决定时的上年度执行。国家上年度职工日平均工资数额，应当以职工年平均工资除以全年法定工作日数的方法计算。年平均工资以国家统计局公布的数字为准。

2. 造成身体伤害的，应当支付医疗费、护理费，以及赔偿因误工减少的收入。减少的收入每日的赔偿金按照国家上年度职工日平均工资计算，最高额为国家上年度职工年平均工资的五倍。

3. 造成部分或者全部丧失劳动能力的，应当支付医疗费、护理费、残疾生活辅助具费、康复费等因残疾而增加的必要支出和继续治疗所必需的费用，以及残疾赔偿金。残疾赔偿金根据丧失劳动能力的程度，按照国家规定的伤残等级确定，最高不超过国家上年度职工年平均工资的二十倍。造成全部丧失劳动能力的，对其扶养的无劳动能力的人，还应当支付生活费。

4. 造成死亡的，应当支付死亡赔偿金、丧葬费，总额为国家上年度职工年平均工资的二十倍。对死者生前扶养的无劳动能力的人，还应当支付生活费。

5. 有侵犯人身权情形，致人精神损害的，应当在侵权行为影响的范围内，为受害人消除影响，恢复名誉，赔礼道歉；造成严重后果的，应当支付相应的精神损害抚慰金。

（1）精神损害赔偿的提出主体是公民。法人或者非法人组织请求精神损害赔偿的，人民法院不予受理。

（2）精神损害赔偿的事由必须是人身权受到侵犯，财产权不会引发精神损害赔偿。

（3）有下列情形之一的，可以认定为《国家赔偿法》第 35 条规定的“造成严重后果”：①被非法限制人身自由超过 6 个月，无罪或者终止追究刑事责任的人被羁押 6 个月以上；②受害人经鉴定为轻伤以上或者残疾；③受害人经诊断、鉴定为精神障碍或者精神残疾，且与侵权行为存在关联；④受害人名誉、荣誉、家庭、职业、教育等方面遭受严重损害，且与侵权行为存在关联。

（4）有下列情形之一的，可以认定为后果特别严重：①受害人被限制人身自由或无罪被羁押十年以上；②受害人死亡；③受害人经鉴定为重伤或者残疾一至四级，且生活不能自理；④受害人经诊断、鉴定为严重精神障碍或者精神残疾一至二级，生活不能自理，且与侵权行为存在关联。

（5）致人精神损害，造成严重后果的，精神损害抚慰金一般应当在国家赔偿法规定的人身自由赔偿金、生命健康赔偿金总额的百分之五十以下（包括本数）酌定；后果特别严重，可以在百分之五十以上酌定。

（6）精神损害抚慰金的数额一般不少于一千元；数额在一千元以上的，以千为计数单位。受害人对损害事实和后果的发生或者扩大有过错的，可以根据其过错程度减少或者不予支付精神损害抚慰金。

【真题实战】

1. 2001 年 5 月李某被某县公安局刑事拘留，后某县检察院以证据不足退回该局补充侦查，2002 年 11 月李某被取保候审。2004 年，县公安局撤销案件。次年 3 月，李某提出国家赔偿申请。县公安局于 2005 年 12 月作出给予李某赔偿的决定书。李某以赔偿数额过低为由，于 2006 年先后向市公安局和市法院赔偿委员会提出复议和申请，二者均作出维持决定。对李某被限制人身自由的赔偿金，应按照下列哪个年度的国家职工日平均工资计算？[1]（2009/49/单）

A. 2002 年度　　B. 2003 年度　　C. 2004 年度　　D. 2005 年度

2. 廖某在监狱服刑，因监狱管理人员放纵被同室服刑人员殴打，致一条腿伤残。廖某经 6 个月治疗，部分丧失劳动能力，申请国家赔偿。下列属于国家赔偿范围的有：[2]（2012/100/任）

A. 医疗费　　B. 残疾生活辅助具费

C. 残疾赔偿金　　D. 廖某扶养的无劳动能力人的生活费

---

〔1〕 答案 C【解析】《国家赔偿法》第 33 条规定，侵犯公民人身自由的，每日的赔偿金按照国家上年度职工日平均工资计算。上年度是指赔偿义务机关、复议机关或者人民法院赔偿委员会作出赔偿决定时的上年度；复议机关或者人民法院赔偿委员会决定维持原赔偿决定的，按作出原赔偿决定时的上年度执行。本题县公安局是 2005 年作出赔偿决定，那么上年度就是 2004 年度。选项 C 正确。

〔2〕 答案 ABC【解析】《国家赔偿法》第 34 条第 1 款第 2 项规定，造成全部丧失劳动能力的，对其扶养的无劳动能力的人，应当支付生活费。错误 D 选项。

3. 2021 年 3 月，某县公安局以方某涉嫌故意伤害罪为由将其刑事拘留，县检察院一个月后决定批准逮捕。后县公安局撤销案件，方某于同年 11 月被释放。2022 年 1 月，方某申请国家赔偿，要求赔偿人身自由赔偿金 10 万元和精神损害抚慰金 6 万元，赔偿义务机关决定不予赔偿。下列说法正确的是?[1]（2022/模拟/多）

A. 县检察院为赔偿义务机关

B. 对方某的赔偿金标准应按照 2020 年度国家职工日平均工资计算

C. 对拒绝赔偿，方某可以向县公安局的上一级公安机关申请复议

D. 因方某要求的精神损害抚慰金超过人身自由赔偿金的 50%，故不予支持

第二节　财产权损害赔偿

侵害情形	赔偿标准
处罚款、罚金、追缴、没收财产或者征收、征用财产	①返还财产 ②支付银行同期存款利息
查封、扣押、冻结财产	解除查封、扣押、冻结
造成财产损坏或者灭失	恢复原状或给付相应的赔偿金
财产已经拍卖或者变卖的	①给付拍卖或者变卖所得的价款 ②变卖的价款明显低于财产价值的，支付相应的赔偿金
吊销许可证和执照、责令停产停业的	赔偿停产停业期间必要的经常性费用开支（留守职工工资、税费、水电费、房屋场地租金、设备租金、设备折旧费）

侵犯公民、法人和其他组织的财产权造成损害的，按照下列规定处理：（1）处罚款、罚金、追缴、没收财产或者违法征收、征用财产的，返还财产；（2）查封、扣押、冻结财产的，解除对财产的查封、扣押、冻结，造成财产损坏或者灭失的，给付相应的赔偿金；（3）应当返还的财产损坏的，能够恢复原状的恢复原状，不能恢复原状的，按照损害程度给付相应的赔偿金；（4）应当返还的财产灭失的，给付相应的赔偿金；（5）财产已经拍卖或者变卖的，给付拍卖或者变卖所得的价款；变卖的价款明显低于财产价值的，应当支付相应的赔偿金；（6）吊销许可证和执照、责令停产停业的，赔偿停产停业期间必要的经常性费用开支；（7）返还执行的罚款或者罚金、追缴或者没收的金钱，解除冻结的存款或者汇款的，应当支付银行同期存款利息；（8）对财产权造成其他损害的，按照直接损失给予赔偿。

违法行政行为造成公民、法人或者其他组织财产损害，不能返还财产或者恢复原状的，按照损害发生时该财产的市场价格计算损失。市场价格无法确定，或者该价格不足以弥补公民、法人或者其他组织损失的，可以采用其他合理方式计算。

违法征收征用土地、房屋，法院判决给予被征收人的行政赔偿，不得少于被征收人依法应当获得的安置补偿权益。

---

〔1〕 答案 AD【解析】根据《国家赔偿法》第 21 条第 3 款的规定，县检察院作出逮捕决定，应以县检察院为赔偿义务机关。A 选项正确。方某 2022 年申请国家赔偿，赔偿决定的作出最快也是在 2022 年，则应按照上一年 2021 年的标准计算。B 选项错误。对拒绝赔偿，可以向赔偿义务机关县检察院的上一级机关申请复议。C 选项错误。方某被错误限制人身自由的时间超过六个月，属于造成严重后果，精神损害抚慰金应当在 10 万元的人身自由赔偿金的百分之五十以下（包括本数）确定，即小于等于 5 万元。D 选项正确。

下列损失属于《国家赔偿法》第36条第8项规定的“直接损失”：①存款利息、贷款利息、现金利息；②机动车停运期间的营运损失；③通过行政补偿程序依法应当获得的奖励、补贴等；④对财产造成的其他实际损失。

赔偿请求人要求国家赔偿的，赔偿义务机关、复议机关和人民法院不得向赔偿请求人收取任何费用。对赔偿请求人取得的赔偿金不予征税。

【真题实战】

1. 某县工商局以某厂擅自使用专利申请号用于产品包装广告进行宣传、销售为由，向某厂发出扣押封存该厂胶片带成品通知书。该厂不服，向法院起诉要求撤销某县工商局的扣押财物通知书，并提出下列赔偿要求：返还扣押财物、赔偿该厂不能履行合同损失100万元、该厂名誉损失和因扣押财物造成该厂停产损失100万元。后法院认定某县工商局的扣押通知书违法，该厂提出的下列何种请求事项不属于国家赔偿的范围？[1]（2006/95/任）

A. 返还扣押财物　　　　B. 某厂不能履行合同损失100万元

C. 某厂名誉损失　　　　D. 某厂停产损失100万元

2. 县工商部门以办理营业执照存在问题为由查封了张某开办的美容店。查封时，工商人员将美容店的窗户、仪器损坏。张某向法院起诉，法院撤销了工商部门的查封决定。张某要求行政赔偿。下列哪些损失属于县工商部门应予赔偿的费用？[2]（2007/90/多）

A. 张某因美容店被查封损坏而生病支付的医疗费

B. 美容店被损坏仪器及窗户所需修复费用

C. 美容店被查封停业期间必要的经常性费用开支

D. 张某根据前一个月利润计算的被查封停业期间的利润损失

3. 张某租用农贸市场一门面从事经营。因赵某提出该门面属于他而引起争议，工商局扣缴张某的营业执照，致使张某停业2个月之久。张某在工商局返还营业执照后，提出赔偿请求。下列属于国家赔偿范围的是：[3]（2008/99/任）

A. 门面租赁费　　　　B. 食品过期不能出售造成的损失

C. 张某无法经营的经济损失　　　　D. 停业期间张某依法缴纳的税费

4. 2006年9月7日，县法院以销售伪劣产品罪判处杨某有期徒刑8年，并处罚金45万元，没收其推土机一台。杨某不服上诉，12月6日，市中级法院维持原判交付执行。杨某仍不服，向省高级法院提出申诉。2010年9月9日，省高级法院宣告杨某无罪释放。2011年4月，杨某

---

〔1〕 答案BCD【解析】根据《国家赔偿法》第36条第2、3项的规定，查封、扣押、冻结财产的，解除对财产的查封、扣押、冻结，造成财产损坏或者灭失的，应当返还的财产损坏的，能够恢复原状的恢复原状，不能恢复原状的，按照损害程度给付相应的赔偿金。选项A正确。该条规定，对财产权造成其他损害的，按照直接损失给予赔偿。选项BCD错误，当选。

〔2〕 答案BC【解析】《国家赔偿法》第36条第8项的规定，对财产权造成其他损害的，按照直接损失给予赔偿。选项AD属于间接损失，依法不予以赔偿。选项B正确。该条规定，吊销许可证和执照、责令停产停业的，赔偿停产停业期间必要的经常性费用开支，选项C正确。

〔3〕 答案AD【解析】《国家赔偿法》第36条第6项的规定，吊销许可证和执照、责令停产停业的，赔偿停产停业期间必要的经常性费用开支。选项AD属于停产停业期间必要的经常性费用开支，应当赔偿；选项BC均属于间接损失，不予赔偿。

申请国家赔偿。关于本案的赔偿范围和标准，下列哪些说法是正确的?[1]（2011/83/多）

A. 对杨某被羁押，每日赔偿金按国家上年度职工日平均工资计算

B. 返还45万罚金并支付银行同期存款利息

C. 如被没收推土机已被拍卖的，应给付拍卖所得的价款及相应的赔偿金

D. 本案不存在支付精神损害抚慰金的问题

【本章主要法律规定】

1. 《国家赔偿法》第32～37条、第41条

2. 最高人民法院、最高人民检察院《关于办理刑事赔偿案件适用法律若干问题的解释》第13～21条

3. 最高人民法院《关于审理国家赔偿案件确定精神损害赔偿责任适用法律若干问题的解释》

---

〔1〕 答案AB【解析】《国家赔偿法》第33条规定，侵犯公民人身自由的，每日赔偿金按照国家上年度职工日平均工资计算。选项A正确。该法第36条第7项规定，返还执行的罚款或者罚金、追缴或者没收的金钱，解除冻结的存款或者汇款的，应当支付银行同期存款利息。选项B正确。该条第5项规定，财产已经拍卖或者变卖的，给付拍卖或者变卖所得的价款；变卖的价款明显低于财产价值的，应当支付相应的赔偿金。选项C错误。该法第35条规定，有本法第三条或者第十七条规定情形之一，致人精神损害的，应当在侵权行为影响的范围内，为受害人消除影响，恢复名誉，赔礼道歉；造成严重后果的，应当支付相应的精神损害抚慰金。本题当事人无罪被羁押6个月以上，属于严重后果，应当支付精神损害抚慰金。选项D错误。

近年主观真题实训

2024年行政法真题（考生回忆版）

【题干】

蓝胜公司为A市市区内一污水处理厂，在其处理污水过程中，将产生的污泥堆放在城市绿化带上，长期未进行处理，严重影响了城市环境。A市市政管理局以蓝胜公司违法堆放污泥为由，责令该公司在10日内清理非法堆放的污泥并采取治理措施，同时，于2023年6月1日对其作出《行政处罚决定书》，对该公司处以10万元罚款，并对直接负责的主管人员孙某处以2万元罚款。蓝胜公司未在规定期限内进行清理和采取治理措施，经市政管理局两次催告，蓝胜公司仍不履行清理义务。6月15日，市政管理局作出代履行决定，指定某清理公司对蓝胜公司堆放的污泥进行清除，并要求蓝胜公司支付清理费用。

蓝胜公司不服市政管理局的代履行决定，于6月20日向A市政府申请行政复议。7月1日，A市政府作出行政复议决定，维持了市政管理局所作的决定。

蓝胜公司不服该复议决定，于2023年7月10日向法院提起行政诉讼，提出以下诉讼请求：

1. 请求撤销市政管理局作出的代履行决定；2. 请求撤销市政府作出的复议维持决定；3. 请求判决市政管理局履行提供指定污泥处理区域的法定职责。

材料一：

市政管理局向法院提交了一份A市政府制定并发布的《关于明确市市政管理局主要职责、内设机构和人员编制管理的规定》，其中明确规定市市政管理局为本市的城镇排水主管部门。

材料二：

《城镇排水与污水处理条例》（国务院于2013年10月2日发布，自2014年1月1日起施行）

第五条　国务院住房城乡建设主管部门指导监督全国城镇排水与污水处理工作。

县级以上地方人民政府城镇排水与污水处理主管部门（以下称城镇排水主管部门）负责本行政区域内城镇排水与污水处理的监督管理工作。

县级以上人民政府其他有关部门依照本条例和其他有关法律、法规的规定，在各自的职责范围内负责城镇排水与污水处理监督管理的相关工作。

第三十条　城镇污水处理设施维护运营单位或者污泥处理处置单位应当安全处理处置污泥，保证处理处置后的污泥符合国家有关标准，对产生的污泥以及处理处置后的污泥去向、用途、用量等进行跟踪、记录，并向城镇排水主管部门、环境保护主管部门报告。任何单位和个人不得擅自倾倒、堆放、丢弃、遗撒污泥。

第五十三条　违反本条例规定，城镇污水处理设施维护运营单位或者污泥处理处置单位对产生的污泥以及处理处置后的污泥的去向、用途、用量等未进行跟踪、记录的，或者处理处置后的污泥不符合国家有关标准的，由城镇排水主管部门责令限期采取治理措施，给予警告；造成严重后果的，处10万元以上20万元以下罚款；逾期不采取治理措施的，城镇排水主管部门可以指定有治理能力的单位代为治理，所需费用由当事人承担；造成损失的，依法承担赔偿责任。

违反本条例规定，擅自倾倒、堆放、丢弃、遗撒污泥的，由城镇排水主管部门责令停止违法行为，限期采取治理措施，给予警告；造成严重后果的，对单位处10万元以上50万元以下罚款，对个人处2万元以上10万元以下罚款；逾期不采取治理措施的，城镇排水主管部门可以指定有治理能力的单位代为治理，所需费用由当事人承担；造成损失的，依法承担赔偿责任。

【问题】

1. 市政管理局责令蓝胜公司限期10日内清除违法堆放污泥的行为属于何种性质的行为？请说明理由。

【考点】行政行为的性质

【答案】属于行政命令。行政命令是指行政主体要求行政相对人履行一定的作为或者不作为的义务，以实现行政目的。本案中，市政管理局为违法堆放污泥的蓝胜公司设定了一种作为的义务，实质是责令蓝胜公司采取行动以恢复到违法行为之前的状态，因此性质上属于行政命令。

2. 如何确定本案的管辖法院？请说明理由。

【考点】复议维持案件的管辖

【答案】市市政管理局所在地和市政府所在地的基层法院。本案是复议维持案件，由复议机关市政府和原机关市市政管理局作共同被告。根据《行政诉讼法》及相关司法解释规定，级别管辖方面，复议机关作共同被告的案件，以作出原行政行为的行政机关确定案件的级别管辖。因此，应以市市政管理局确定本案的级别管辖，即应由基层法院管辖。地域管辖方面，行政案件由最初作出行政行为的行政机关所在地人民法院管辖。经复议的案件，也可以由复议机关所在地人民法院管辖。因此，复议机关市政府和原机关市市政管理局所在地法院对本案都有管辖权。

3. 法院能否将蓝胜公司的诉讼和孙某被处的2万元罚款进行合并审理？请说明理由。

【考点】合并审理

【答案】不能。《行政诉讼法》及相关司法解释规定，行政机关就同一事实对若干公民、法人或者其他组织分别作出行政行为，公民、法人或者其他组织不服分别向同一人民法院起诉的，人民法院可以决定合并审理。本案中，蓝胜公司提起了行政诉讼，而孙某未就罚款2万元提起诉讼，行政诉讼不告不理，法院不能主动审理对孙某罚款2万元的行为，进而也不能合并审理。

4. 本案中，代履行应该遵循何种程序？

【考点】代履行的程序

【答案】法院应遵循《行政强制法》规定的实施代履行的法定程序，包括：代履行前送达决定书；代履行三日前，催告当事人履行，当事人履行的，停止代履行；代履行时，作出决定的行政机关应当派员到场监督；代履行完毕，行政机关到场监督的工作人员、代履行人和当事人或者见证人应当在执行文书上签名或者盖章。

5. 市政管理局对污泥治理是否有监管权和处罚权？请说明理由。

【考点】行政执法权

【答案】有监管权和处罚权。《城镇排水与污水处理条例》第5条第2款规定，城镇排水主管部门依法享有污水处理的监管权。该条例第53条第2款规定，城镇排水主管部门享有对违法堆放污泥行为的处罚权。而A市政府制定发布的《关于明确市政管理局主要职责、内设机构和人员编制管理的规定》明确规定市政管理局为本市的城镇排水主管部门，据此，该局享有污泥治理的监管权和处罚权。

6. 针对蓝胜公司要求市政管理局履行提供指定污泥处理区域职责的请求，法院应当如何处理？请说明理由。

【考点】 复议前置

【答案】 应当裁定不予立案，已经立案的，裁定驳回起诉。《行政复议法》规定了必须复议前置的情形，其中包括认为行政机关存在未履行法定职责的情形。本案中，该公司要求市政管理局履行职责，属于复议前置案件。同时，《行政诉讼法》及相关司法解释规定，法律、法规规定应当先申请复议，公民、法人或者其他组织未申请复议直接提起诉讼的，人民法院裁定不予立案。因此，本案中，蓝胜公司应先复议再向法院起诉，直接起诉的，法院不予立案。

2023年行政法真题（考生回忆版）

【题干】

2021年10月25日，某县政府作出《关于某小区改造建设项目房屋征收决定》（以下简称征收决定），指出因老旧小区改造需要，对某小区内房屋进行征收，并公布了征收范围。房屋征收部门为县住房与城乡建设局，房屋征收实施单位为县政府组建的老旧小区改造工程指挥部（简称指挥部）。签约期限为45日，搬迁期限为60日，具体起止日期待房屋征收评估机构选定后，由房屋征收部门另行公告。后县住房与城乡建设局公布征收补偿方案，征收补偿方式分为货币补偿和产权调换两种，由当事人自行选择。货币补偿金额由征收房屋价值和附属物价值两部分组成，其中房屋价值按合法建筑面积类似房地产市场价格，由具有相应资质的房屋征收评估机构评估后确定。

孙某于2009年5月5日购买该小区的房屋，土地性质为国有土地，经房地产价格评估机构出具的分户评估报告，认定征收房屋面积120.2m^2，评估房屋市场价格为35万元。因对征收面积和房屋评估价格不满，孙某一直拒绝签约和搬迁。2022年5月15日，指挥部作出强制拆除决定书，并安排一建筑公司强行拆除了孙某的房屋。孙某屋内的物品因未及时搬出而遭到毁损。孙某向法院起诉，请求法院判决强制拆除行为违法并赔偿房屋及装修损失50万元，屋内物品损失5万元，房租费损失2万元。

材料：

《国有土地上房屋征收与补偿条例》

第二条　为了公共利益的需要，征收国有土地上单位、个人的房屋，应当对被征收房屋所有权人（以下称被征收人）给予公平补偿。

第四条　市、县级人民政府负责本行政区域的房屋征收与补偿工作。

市、县级人民政府确定的房屋征收部门（以下称房屋征收部门）组织实施本行政区域的房屋征收与补偿工作。

市、县级人民政府有关部门应当依照本条例的规定和本级人民政府规定的职责分工，互相配合，保障房屋征收与补偿工作的顺利进行。

第二十五条　房屋征收部门与被征收人依照本条例的规定，就补偿方式、补偿金额和支付期限、用于产权调换房屋的地点和面积、搬迁费、临时安置费或者周转用房、停产停业损失、搬迁期限、过渡方式和过渡期限等事项，订立补偿协议。

补偿协议订立后，一方当事人不履行补偿协议约定的义务的，另一方当事人可以依法提起诉讼。

第二十六条　房屋征收部门与被征收人在征收补偿方案确定的签约期限内达不成补偿协议，或者被征收房屋所有权人不明确的，由房屋征收部门报请作出房屋征收决定的市、县级人民政府依照本条例的规定，按照征收补偿方案作出补偿决定，并在房屋征收范围内予以公告。

补偿决定应当公平，包括本条例第二十五条第一款规定的有关补偿协议的事项。

被征收人对补偿决定不服的，可以依法申请行政复议，也可以依法提起行政诉讼。

第二十七条　实施房屋征收应当先补偿、后搬迁。

作出房屋征收决定的市、县级人民政府对被征收人给予补偿后，被征收人应当在补偿协议约定或者补偿决定确定的搬迁期限内完成搬迁。

任何单位和个人不得采取暴力、威胁或者违反规定中断供水、供热、供气、供电和道路通行等非法方式迫使被征收人搬迁。禁止建设单位参与搬迁活动。

第二十八条　被征收人在法定期限内不申请行政复议或者不提起行政诉讼，在补偿决定规定的期限内又不搬迁的，由作出房屋征收决定的市、县级人民政府依法申请人民法院强制执行。

强制执行申请书应当附具补偿金额和专户存储账号、产权调换房屋和周转用房的地点和面积等材料。

【问题】

1. 房屋征收决定是否为具体行政行为？请说明理由。

【考点】具体行政行为的判断

【答案】属于具体行政行为。具体行政行为是指行政机关就特定事项对特定的公民、法人和其他组织权利义务作出的行政职权行为。本案中，房屋征收决定是对特定范围的人作出的，因此属于具体行政行为。

2. 如何确定本案被告？请说明理由。

【考点】行政诉讼的被告

【答案】被告是县政府。根据《行政诉讼法》及相关司法解释规定，县级以上地方政府已经作出国有土地上房屋征收与补偿决定，公民、法人或者其他组织不服具体实施房屋征收与补偿工作中的强制拆除房屋等行为提起诉讼的，人民法院应当以作出强制拆除决定的行政机关为被告；没有强制拆除决定书的，以县级以上地方人民政府确定的房屋征收部门为被告。本案中，作出强拆决定书的是指挥部，而指挥部作为临时组建机构不具有行政主体资格，因此被告应为组建机关即县政府。

3. 请分析《国有土地上房屋征收与补偿条例》第25条所规定的补偿协议和诉讼性质。

【考点】行政争议的救济

【答案】属于行政协议。根据《行政诉讼法》及相关司法解释规定，行政协议是指，行政机关为了实现行政管理或者公共服务目标，与公民、法人或者其他组织协商订立的具有行政法上权利义务内容的协议。本案中，补偿协议是房屋征收部门与被征收人为实施房屋拆迁订立的协议，属于行政协议。

属于行政诉讼。根据《行政诉讼法》及相关司法解释规定，土地、房屋等征收征用补偿协议，相对人提起行政诉讼的，法院应当依法受理。因此，行政协议的争议应当通过行政诉讼予以解决。

4. 本案中拆除行为是否合法？请说明理由。

【考点】行政行为的合法性

【答案】该行政行为违法。第一，主体违法。根据《国有土地上房屋征收与补偿条例》第28条的规定，本案中，应由作出房屋征收决定的市、县级人民政府依法申请人民法院强制执行。第二，条件不适格。该法第27条的规定，先补偿，后搬迁。本案中未进行房屋补偿即强行拆除房屋。第三，程序违法。即便行政机关有权实施强制执行，也需要遵守相应的程序。

5. 如何确定孙某被拆除房屋的赔偿数额？请说明理由。

【考点】行政赔偿标准

【答案】根据《行政诉讼法》及相关司法解释规定，违法行政行为造成公民、法人或者其他组织财产损害，不能返还财产或者恢复原状的，按照损害发生时该财产的市场价格计算损失。市场价格无法确定，或者该价格不足以弥补公民、法人或者其他组织损失的，可以采用其他合理方式计算。违法征收征用土地、房屋，人民法院判决给予被征收人的行政赔偿，不得少于被征收人依法应当获得的安置补偿权益。本案中，孙某被拆除房屋的赔偿数额应遵循上述规定综合确定。

6. 如何确定房屋内损坏物品价值举证责任？

【考点】举证责任分配

【答案】根据《行政诉讼法》及相关司法解释规定，在行政赔偿、补偿的案件中，原告应当对行政行为造成的损害提供证据。因被告的原因导致原告无法举证的，由被告承担举证责任。本案中，行政机关进行违法拆迁，导致孙某屋内物品因未及时搬出而遭到毁损，因此应由被告承担举证责任。

2022年行政法真题（考生回忆版）

【题干】

2018年7月15日，经某市下辖的县政府授权，县住建局（甲方）与A公司（乙方）协商签订天然气利用合作协议，主要内容如下：一、甲方同意乙方在本县从事城市天然气特许经营，范围包括本县县城城区、工业区，期限为20年。二、甲方充分考虑天然气项目具有公共事业的特点，在法律允许范围内对项目建设和经营提供支持和帮助。三、乙方应保证取得足够的天然气指标。如果乙方不能保证实际用气需求，甲方有权依照相关法律法规进行处理。四、本协议签署后，乙方应对项目积极开展工作，签订协议12个月内如因乙方原因工程不能开工建设，则本协议废止。协议签署后，A公司先后获得市天然气综合利用项目的立项批复、管线路由规划意见、建设用地规划设计条件通知书、国有土地使用证、环评意见书等手续，对项目进行了部分开工建设。

2019年7月10日，县住建局向A公司发出催告：“你公司的管道天然气经营许可手续至今未能办理，影响了经营区域内居民、工业、商业用户及时用气，现通知你公司抓紧办理管道天然气经营许可手续，若收到本通知2个月内经营许可手续尚未批准，我市将收回你公司的管道天然气区域经营权，由此造成的一切损失由你公司自行承担。”2020年6月25日，A公司参加了县燃气工作会议，会议明确要求：“关于天然气镇村通工程建设。各燃气企业要明确管网铺设计划，加快推进工程建设，今年9月底前未完成燃气配套设施建设的，一律收回区域经营权。”2020年6月29日，A公司向县政府出具项目保证书承诺：“在办理完成项目开工手续三个月内完成以上工作，如不能按时完成，将自动退出政府所授予经营区域。”

2021年3月6日，县政府对A公司作出收回决定，决定按照合作协议中有关违约责任，收回A公司在县城城区、工业区的特许经营授权，授权给B公司代表县政府经营管理。A公司不服收回决定向市政府申请行政复议。2021 年 8 月 20 日市政府作出维持决定，但决定未告知起诉期限。2022 年 1 月 10 日，A 公司提起行政诉讼，请求法院撤销收回决定。诉讼中，法院查明 B 公司已开工建设并在部分地区试运行。

材料一：《城镇燃气管理条例》

第五条　国务院建设主管部门负责全国的燃气管理工作。

县级以上地方人民政府燃气管理部门负责本行政区域内的燃气管理工作。

县级以上人民政府其他有关部门依照本条例和其他有关法律、法规的规定，在各自职责范围内负责有关燃气管理工作。

第十五条　国家对燃气经营实行许可证制度。从事燃气经营活动的企业，应当具备下列条件：

（一）符合燃气发展规划要求；

（二）有符合国家标准的燃气气源和燃气设施；

（三）有固定的经营场所、完善的安全管理制度和健全的经营方案；

（四）企业的主要负责人、安全生产管理人员以及运行、维护和抢修人员经专业培训并考核合格；

（五）法律、法规规定的其他条件。

符合前款规定条件的，由县级以上地方人民政府燃气管理部门核发燃气经营许可证。

材料二：《市政公用事业特许经营管理办法》

第二条　本办法所称市政公用事业特许经营，是指政府按照有关法律、法规规定，通过市场竞争机例选择市政公用事业投资者或者经营者，明确其在一定期限和范围内经营某项市政公用事业产品或者提供某项服务的制度。

城市供水、供气、供热、公共交通、污水处理、垃圾处理等行业，依法实施 特许经营的，适用本办法。

第十八条　获得特许经营权的企业在特许经营期间有下列行为之一的，主管部门应当依法终止特许经营协议，取消其特许经营权，并可以实施临时接管：

（一）擅自转让、出租特许经营权的；

（二）擅自将所经营的财产进行处置或者抵押的；

（三）因管理不善，发生重大质量、生产安全事故的；

（四）擅自停业、歇业，严重影响到社会公共利益和安全的；

（五）法律、法规禁止的其他行为。

第十九条　特许经营权发生变更或者终止时，主管部门必须采取有效措施保证市政公用产品供应和服务的连续性与稳定性。

第二十条　主管部门应当在特许经营协议签订后 30 日内，将协议报上一级市政公用事业主管部门备案。

第二十五条　主管部门应当建立特许经营项目的临时接管应急预案。

对获得特许经营权的企业取消特许经营权并实施临时接管的，必须按照有关法律、法规的规定进行，并召开听证会。

【问题】

1. 本案行政诉讼案件的当事人具体有哪些？请说明理由。

【考点】行政诉讼的当事人

【答案】原告为 A 公司。因为 A 公司与行政行为之间具有利害关系，因此具有行政诉讼的原告资格。

被告为县政府和市政府。因为复议维持案件，原机关和复议机关为共同被告，A公司提起行政诉讼，被告为县政府和市政府。

第三人为B公司。因为B公司与案件处理结果有利害关系，是本案的第三人。

2. 如何确定本案的管辖法院？请说明理由。

【考点】复议维持的管辖

【答案】原机关所在地和复议机关所在地的中级法院管辖。《行政诉讼法》及相关司法解释规定，地域管辖方面，经复议的案件，由原机关所在地和复议机关所在地法院管辖；级别管辖方面，复议维持案件，复议机关作共同被告的案件，以作出原行政行为的行政机关确定案件的级别管辖。因此，本案的管辖法院是原机关所在地和复议机关所在地的中级法院。

3. A公司起诉是否超过起诉期限？请说明理由。

【考点】行政诉讼的起诉期限

【答案】没有超过起诉期限。《行政诉讼法》及相关司法解释规定，行政机关作出行政行为时，未告知公民、法人或者其他组织起诉期限的，起诉期限从公民、法人或者其他组织知道或者应当知道起诉期限之日起计算，但从知道或者应当知道行政行为内容之日起最长不得超过一年。本案中，因为决定未告知起诉期限，所以起诉期限从知道起诉期限之日起计算，同时自知道行政行为内容之日未超过一年，所以没有超过起诉期限。

4. 请分析县政府作出的收回决定的性质。

【考点】行政行为的性质

【答案】行政许可的撤回。《行政许可法》规定，为了公共利益的需要，行政机关可以依法变更或者撤回已经生效的行政许可。本案中，A公司的行为影响了经营区域内居民、工业、商业用户及时用气，县政府收回管道天然气区域经营权属于行政许可的撤回。

5. 县政府向收回A公司的特许经营权是否合法？为什么？

【考点】行政行为的程序

【答案】违法。《市政公用事业特许经营管理办法》第二十五条第二款规定，对获得特许经营权的企业取消特许经营权并实施临时接管的，必须按照有关法律、法规的规定进行，并召开听证会。本案中，县政府对A公司直接作出收回决定，未经过听证程序，因此程序违法。

6. 法院对本案应如何作出裁判？请说明理由。

【考点】行政诉讼的裁判

【答案】对于原行政行为，法院应判决确认违法。《行政诉讼法》及相关司法解释规定，违反法定程序的，人民法院判决撤销或者部分撤销。同时规定，行政行为依法应当撤销，但撤销会给国家利益、社会公共利益造成重大损害的，法院判决确认违法。本案中，B公司已开工建设并在部分地区试运行，因此判决确认违法。

对于复议决定，法院应判决撤销。因为原行政行为违法，复议机关作出维持决定，因此对于复议决定应予撤销。

2021年全国卷行政法真题（考生回忆版）

【题干】

为了保护水源地，甲县政府2018年10月10日作出《关于同意关停集中式饮用水源一、二类保护区排污的批复》，决定将某企业经营场所划入二类保护区范围内，县政府决定关停该企业，由甲县环境保护局负责实施其排污关停工作，但对后续工作未作出安排。2019年5月，县生态环境局彻底关停排污口，该企业正式停产。

2020 年 7 月 20 日，企业向甲县政府提出申请：因为排污点关闭，企业无法继续生产，请求政府按企业整体征收发放一次性补偿金，并且免收关停期间的税费和土地使用费。县政府未予以回复。

2020 年 12 月 5 日，企业向法院提起诉讼，请求法院判决被告支付补偿金。被告主张原告超过诉讼时效，且认为企业的供水实际受益者为临近的乙县，拒绝对企业进行补偿，请求法院驳回企业的诉讼请求。

材料一：《水污染防治法》

第四条　县级以上人民政府应当将水环境保护工作纳入国民经济和社会发展规划。

地方各级人民政府对本行政区域的水环境质量负责，应当及时采取措施防治水污染。

第九条第一款　县级以上人民政府环境保护主管部门对水污染防治实施统一监督管理。

第六十五条第一款　禁止在饮用水水源一级保护区内新建、改建、扩建与供水设施和保护水源无关的建设项目；已建成的与供水设施和保护水源无关的建设项目，由县级以上人民政府责令拆除或者关闭。

第六十六条第一款　禁止在饮用水水源二级保护区内新建、改建、扩建排放污染物的建设项目；已建成的排放污染物的建设项目，由县级以上人民政府责令拆除或者关闭。

材料二：《环境保护法》

第五条　环境保护坚持保护优先、预防为主、综合治理、公众参与、损害担责的原则。

第六条　一切单位和个人都有保护环境的义务。

地方各级人民政府应当对本行政区域的环境质量负责。

企业事业单位和其他生产经营者应当防止、减少环境污染和生态破坏，对所造成的损害依法承担责任。

公民应当增强环境保护意识，采取低碳、节俭的生活方式，自觉履行环境保护义务。

第三十一条　国家建立、健全生态保护补偿制度。

国家加大对生态保护地区的财政转移支付力度。有关地方人民政府应当落实生态保护补偿资金，确保其用于生态保护补偿。

国家指导受益地区和生态保护地区人民政府通过协商或者按照市场规则进行生态保护补偿。

【问题】

1. 本案的级别管辖如何确定？为什么？

【考点】行政诉讼的级别管辖

【答案】由中级人民法院管辖。《行政诉讼法》及相关司法解释规定，中级人民法院管辖下列第一审行政案件：对国务院部门或者县级以上地方人民政府所作的行政行为提起诉讼的案件；海关处理的案件；本辖区内重大、复杂的案件；其他法律规定由中级人民法院管辖的案件。本案中，被告是县政府，因此由中级人民法院管辖。

2. 企业起诉是否超过起诉期限？为什么？

【考点】行政诉讼的起诉期限

【答案】没有超过起诉期限。《行政诉讼法》及相关司法解释规定，公民、法人或者其他组织申请行政机关履行保护其人身权、财产权等合法权益的法定职责，行政机关在接到申请之日起 2 个月内不履行的，公民、法人或者其他组织可以向人民法院提起诉讼。法律、法规对行政机关履行职责的期限另有规定的，从其规定。本案中，应当在 2 个月届满后的 6 个月内提起行政诉讼，该企业 2020 年 7 月 20 日提出申请，12 月 5 日提起诉讼没有超过起诉期限。

3. 如果该企业对关停决定不服提起行政诉讼，如何确定本案的被告？

【考点】行政诉讼的被告

【答案】甲县政府为被告。《行政诉讼法》及相关司法解释规定，公民、法人或者其他组织直接向人民法院提起诉讼的，作出行政行为的行政机关是被告。本案中，企业起诉的是关停决定，而关停企业的决定是县政府作出的，根据"谁行为，谁被告"的规则，应当由甲县政府作为被告。

4. 被告以企业供水的实际受益者是临近的乙县为由，没有补偿义务的理由是否成立？

【考点】行政补偿的原则

【答案】理由不成立。《环境保护法》规定，国家指导受益地区和生态保护地区人民政府通过协商或者按照市场规则进行生态保护补偿。本案中，甲县政府作为生态保护地政府，应当与受益地区乙县政府通过协商或者按照市场规则进行生态保护补偿，而不是拒绝企业的补偿。

5. 如何评价企业的补偿请求和内容？

【考点】行政补偿

【答案】应当支持。《行政许可法》规定，行政许可所依据的法律、法规、规章修改或者废止，或者准予行政许可所依据的客观情况发生重大变化的，为了公共利益的需要，行政机关可以依法变更或者撤回已经生效的行政许可。由此给公民、法人或者其他组织造成财产损失的，行政机关应当依法给予补偿。本案中，基于信赖利益，对于企业的关停应予补偿。

6. 本案法院应该如何判决？为什么？

【考点】行政诉讼的判决

【答案】法院应当判决甲县政府在一定期限内对企业的损失进行相应的补偿。如果尚需被告调查或者裁量的，判决被告针对原告的请求重新作出处理。

2020年行政法真题（考生回忆版）

【题干】

甲市乙区政府为了进行旧城改造，发布了《国有土地上房屋征收补偿公告》，对所划定的区域内的国有土地上房屋进行征收补偿。乙区政府与乙区管委会签订《征收补偿授权协议书》，授权乙区管委会以乙区政府的名义实施征收补偿事务。

黄某是一名个体工商户，在公告所划定的区域内有厂房，该厂房登记在黄某名下，评估公司评估该房屋价值为260万，黄某与乙区管委会签订了《资产收购协议》，约定补偿数额为300万元，同时协议中约定，如果发生争议，双方先协商解决，协商不成，任何一方均有权向仲裁机构申请仲裁。后黄某认为补偿数额过低，向法院提起诉讼要求确认协议无效。

经法院查明，乙区管委会是甲市政府设立的派出机构，乙区管委会是经乙区政府授权实施征收事宜。因黄某认为补偿数额过低，向乙区政府申请公开其他被征收人补偿数额的信息，区政府以涉及第三人隐私为由拒绝公开。

材料：

《国有土地上房屋征收与补偿条例》（国务院于2011年1月21日发布，自发布之日起施行）

第二条　为了公共利益的需要，征收国有土地上单位、个人的房屋，应当对被征收房屋所有权人给予公平补偿。

第八条　为了保障国家安全、促进国民经济和社会发展等公共利益的需要，有下列情形之一，确需征收房屋的，由市、县级人民政府作出房屋征收决定：

（一）国防和外交的需要；

（二）由政府组织实施的能源、交通、水利等基础设施建设的需要；

（三）由政府组织实施的科技、教育、文化、卫生、体育、环境和资源保护、防灾减灾、文物保护、社会福利、市政公用等公共事业的需要；

（四）由政府组织实施的保障性安居工程建设的需要；

（五）由政府依照城乡规划法有关规定组织实施的对危房集中、基础设施落后等地段进行旧城区改建的需要；

（六）法律、行政法规规定的其他公共利益的需要。

第二十九条　房屋征收部门应当依法建立房屋征收补偿档案，并将分户补偿情况在房屋征收范围内向被征收人公布。审计机关应当加强对征收补偿费用管理和使用情况的监督，并公布审计结果。

【问题】

1. 本案的原告是谁？为什么？

【考点】行政诉讼的原告

【答案】黄某具有原告资格。《行政诉讼法》第 25 条第 1 款规定，行政行为的相对人以及其他与行政行为有利害关系的公民、法人或者其他组织，有权提起诉讼。本案中，行政机关与黄某协商一致，签订《资产收购协议书》，黄某是行政协议的行政相对人，与被诉协议具有利害关系，所以黄某具有原告资格。

2. 本案的被告是谁？为什么？

【考点】行政诉讼的被告

【答案】区政府是被告。《行政诉讼法解释》第 20 条第 3 款规定，没有法律、法规或者规章规定，行政机关授权其内设机构、派出机构或者其他组织行使行政职权的，属于行政诉讼法第 26 条规定的委托。当事人不服提起诉讼的，应当以该行政机关为被告。本案中，区政府授权乙区管委会没有法律依据，属于假授权、真委托，视为管委会是受区政府委托的组织，其与黄某签订行政协议的，应当由区政府作为被告承担责任。

3.《资产收购协议》是否属于行政协议？

【考点】行政协议的性质

【答案】《资产收购协议》属于行政协议。《行政协议案件规定》第 1 条规定，行政机关为了实现行政管理或者公共服务目标，与公民、法人或者其他组织协商订立的具有行政法上权利义务内容的协议，属于行政诉讼法第 12 条第 1 款第 11 项规定的行政协议。本案中。区政府为了对外实施行政管理，与黄某签订的具有行政法上权利义务内容的协议，属于行政协议。

4. 本案约定的仲裁是否有效？为什么？

【考点】行政协议约定的仲裁无效

【答案】约定仲裁条款无效。根据《行政协议案件规定》第 26 条的规定，行政协议约定仲裁条款的，人民法院应当确认该条款无效，但法律、行政法规或者我国缔结、参加的国际条约另有规定的除外。因此，本案中行政协议中约定的仲裁条款是无效的。

5. 如何确定本案的起诉期限？

【考点】行政协议案件的起诉期限

【答案】本案适用诉讼时效 3 年。根据《行政协议案件规定》第 25 条的规定，公民、法人或者其他组织对行政机关不依法履行、未按照约定履行行政协议提起诉讼的，诉讼时效参照民事法律规范确定；对行政机关变更、解除行政协议等行政行为提起诉讼的，起诉期限依照行政诉讼法及其司法解释确定。本案中，黄某的诉讼请求是请求确认无效，适用 3 年的诉讼时效。

6. 甲市政府以涉及第三人隐私为由拒绝黄某的公开申请的行为是否合法？

【考点】政府信息公开的处理

【答案】区政府拒绝公开行为违法。根据《政府信息公开条例》第21条的规定，土地征收属于行政机关主动公开的事项。《国有土地上房屋征收与补偿条例》第29条规定，房屋征收部门应当依法建立房屋征收补偿档案，并将分户补偿情况在房屋征收范围内向被征收人公布。

《政府信息公开条例》第15条规定，涉及商业秘密、个人隐私等公开会对第三方合法权益造成损害的政府信息，行政机关不得公开。但是，第三方同意公开或者行政机关认为不公开会对公共利益造成重大影响的，予以公开。本案中，乙区政府以涉及被征收人的隐私为由拒绝公开，并没有征求被征收人意见，没有衡量社会公共利益，直接拒绝是违法的。

2019年行政法真题（考生回忆版）

【题干】

某建设单位施工完毕后，经市公安消防支队验收，消防支队向其出具了《建设工程消防验收备案结果通知》，李某认为该消防设施设置在其家门口，影响其出行，向法院提起诉讼，请求依法撤销市公安消防支队批准在其门前设置的消防栓通过验收的决定；依法判令被告责令报批单位依据国家标准限期整改。

被告市公安消防支队辩称：《建设工程消防验收备案结果通知》是按照建设工程消防验收评定标准完成工程检查，其性质属于技术性验收，并不是一项独立、完整的具体行政行为，不具有可诉性，不属于人民法院行政诉讼的受案范围，请求驳回原告的起诉。

一审法院经审理裁定驳回了李某的诉讼。李某不服提起上诉。二审法院在审理过程中，被告公安消防支队撤销了《建设工程消防验收备案结果通知》，原告李某向法院申请撤诉。

材料一：

《中华人民共和国消防法》第四条第一款规定："……县级以上地方人民政府应急管理部门对本行政区域内的消防工作实施监督管理，并由本级人民政府消防救援机构负责实施……"

《中华人民共和国消防法》第十三条规定："国务院住房和城乡建设主管部门规定应当申请消防验收的建设工程竣工，建设单位应当向住房和城乡建设主管部门申请消防验收。

前款规定以外的其他建设工程，建设单位在验收后应当报住房和城乡建设主管部门备案，住房和城乡建设主管部门应当进行抽查。

依法应当进行消防验收的建设工程，未经消防验收或者消防验收不合格的，禁止投入使用；其他建设工程经依法抽查不合格的，应当停止使用。"

材料二：

《公安部建设工程消防监督管理规定》（笔者注：已于2020年6月1日《公安部关于废止〈建设工程消防监督管理规定〉的决定》予以废止）。第三条第二款规定："公安机关消防机构依法实施建设工程消防设计审核、消防验收和备案、抽查，对建设工程进行消防监督。"

【问题】

1. 李某起诉消防支队出具的《建设工程消防验收备案结果通知》，法院是否应当受理？

【考点】行政诉讼的受案范围

【答案】法院应予受理。《行政诉讼法》第12条第1款第12项规定，人民法院受理公民、法人或者其他组织提起的下列诉讼：认为行政机关侵犯其他人身权、财产权等合法权益的。本案中，《建设工程消防验收备案结果通知》是行政行为，对相对人或利害关系人的权利义务产生实际影响，相对人或利害关系人对验收结果通知不服提起行政诉讼的，人民法院应予受理。

2.《建设工程消防验收备案结果通知》属于什么性质的行为？

【考点】行政行为的性质

【答案】该行为属于行政确认。行政确认，是指行政主体对行政相对人的法律地位、法律关系和法律事实进行甄别，给予确定、认可、证明并予以宣告的具体行政行为。《消防法》第13条第2、3款规定："前款规定以外的其他建设工程，建设单位在验收后应当报住房和城乡建设主管部门备案，住房和城乡建设主管部门应当进行抽查。依法应当进行消防验收的建设工程，未经消防验收或者消防验收不合格的，禁止投入使用；其他建设工程经依法抽查不合格的，应当停止使用。"所以，消防验收结果通知符合行政确认的特征。

3. 行政机关在二审上诉期间能否撤销已经生效的《建设工程消防验收备案结果通知》？

【考点】被告改变行政行为

【答案】可以。《最高人民法院关于行政诉讼撤诉若干问题的规定》第3条规定："有下列情形之一的，属于行政诉讼法第五十一条规定的"被告改变其所作的具体行政行为"：（一）改变被诉具体行政行为所认定的主要事实和证据；（二）改变被诉具体行政行为所适用的规范依据且对定性产生影响；（三）撤销、部分撤销或者变更被诉具体行政行为处理结果。"本案中，行政机关在二审期间撤销已经生效的《消防设施建设验收备案通知》，属于被告改变其所作的行政行为，可以做出该行为。

4. 若《建设工程消防验收备案结果通知》被公安消防支队撤销，建设单位可以如何救济自己的权利？

【考点】行政救济

【答案】建设单位可以先向行政机关申请复议，对复议决定不服的，再向人民法院提起诉讼；也可以直接向人民法院提起诉讼。《行政诉讼法》第44条第1款规定："对属于人民法院受案范围的行政案件，公民、法人或者其他组织可以先向行政机关申请复议，对复议决定不服的，再向人民法院提起诉讼；也可以直接向人民法院提起诉讼。"

5. 二审中李某申请撤诉，法院在什么条件下应当准许其撤诉？如果法院不准撤诉，本案的审理对象是什么？

【考点】撤诉

【答案】二审中李某申请撤诉，法院准许撤诉的条件包括：申请撤诉是当事人真实意思表示；被告改变被诉具体行政行为，不违反法律、法规的禁止性规定，不超越或者放弃职权，不损害公共利益和他人合法权益；被告已经改变或者决定改变被诉具体行政行为，并书面告知人民法院；第三人无异议。

如果法院不准撤诉，本案的审理对象是原审人民法院的裁定和被诉行政行为。

6. 针对原告请求被告责令建设单位限期整改，如果一审法院支持这一诉讼请求，法院应如何裁判？为什么？

【考点】行政诉讼的裁判

【答案】法院应当做履行判决。《行政诉讼法》第72条规定："人民法院经过审理，查明被告不履行法定职责的，判决被告在一定期限内履行。"本案中，原告的诉讼请求为判令被告责令建设单位限期整改，属于要求被告履行法定职责，故法院支持的情况下应当做履行判决。

2018 年行政法真题（考生回忆版）

【题干】

王某在未取得建设工程规划许可证情况下，在公路南侧建设沿街楼房。2018 年 3 月 12 日，市国土资源局向王某下达《停止违法建设通知书》，责令其停止违法行为。在就王某违法建设行为召开协调会后，市建设规划局向王某发出《责令限期拆除违法建筑的通知》，告知王某其建筑违法，责令王某限期一日内拆除违法建筑。2018 年 3 月 15 日，城管大队组织强制拆除工作，城管大队通知镇政府、镇管委会到场，组织人员将王某的违法房屋予以强制拆除。在拆除期间，王某尚未来得及将房屋内物品搬离，城管大队也未依法对屋内物品登记保全，未制作物品清单并交王某签字确认。王某以镇政府、镇管委会、城管大队、市国土资源局、市建设规划局为被告，提起行政诉讼，请求法院确认强制拆除行为违法、赔偿损失 30 万元。

经法院查明，市建设规划局曾向城管大队发送委托书，委托城管大队作出违法建筑物行政拆除决定，委托期限为 2015 年 1 月 1 日至 2020 年 12 月 31 日。

【问题】

1. 市建设规划局责令王某限期拆除的行为是什么性质？

【考点】行政行为的性质

【答案】市建设规划局责令王某限期拆除的行为属于负担性的行政决定。王某所建房屋为违章建筑，根据《行政处罚法》《行政强制法》及相关法律法规，行政机关责令其拆除不是行政处罚，也不属于强制措施和强制执行。负担的行政行为是指，为当事人设定义务或者剥夺其权益的行政行为。本案中，责令王某限期拆除自己的房屋，为王某在一定时间内设定了要求履行的义务，即为负担性的行政决定。

2. 王某起诉的被告是否正确？为什么？

【考点】被告的确定

【答案】王某起诉的被告不正确，被告应为市建设规划局。本案中，王某以镇政府、镇管委会、城管大队、市国土资源局、市建设规划局为被告错误。其中，镇政府、镇管委会由城管大队通知到场，并未从事拆除行为，故不是被告；市国土资源局向王某下达《停止违法建设通知书》，也未从事拆除行为，故不是被告。本案中，没有强拆决定书，以实施强拆行为的机关为被告市建设规划局向城管大队发送委托书，城管大队组织人员将王某的违法房屋予以强制拆除，《行政诉讼法》第 26 条第 5 款规定："行政机关委托的组织所作的行政行为，委托的行政机关是被告。"因此，本案的被告为市建设规划局。

3. 市建设规划局的行为是否违法？为什么？

【考点】行政行为合法性的判断

【答案】市建设规划局的行为违法。其一，主体违法。根据《行政强制法》及相关法律法规，市建设规划局没有强制拆除房屋的权力。其二，程序违法。本案中，城管大队未依法对屋内物品登记保全，未制作物品清单并交王某签字确认。因此，市建设规划局的行为违法。

4. 王某提出行政诉讼的期限如何确定？

【考点】诉讼的起诉期限

【答案】王某应当自知道或应当知道作出行政行为之日起六个月内提出行政诉讼。《行政诉讼法》第 46 条第 1 款规定："公民、法人或者其他组织直接向人民法院提起诉讼的，应当自知道或者应当知道作出行政行为之日起六个月内提出。法律另有规定的除外。"

5. 若在一审开庭时，行政机关负责人没有出庭应诉，并委托城管大队的相关工作人员和律师出庭，法庭是否应予准许？为什么？

【考点】被告出庭应诉制

【答案】应予准许。《行政诉讼法》第3条第3款规定："被诉行政机关负责人应当出庭应诉。不能出庭的，应当委托行政机关相应的工作人员出庭。"《行政机关负责人出庭应诉若干问题规定》第10条第2款规定：行政机关委托行使行政职权的组织或者下级行政机关的工作人员，可以视为行政机关相应的工作人员。本案中，被告为市建设规划局，如果在一审开庭时，负责人没有出庭应诉，受委托组织城管大队的工作人员可以视为相应的工作人员出庭应诉。

6. 王某请求行政赔偿的举证责任如何分配？

【考点】举证责任的分配

【答案】《行政诉讼法》第34条第1款规定："被告对作出的行政行为负有举证责任，应当提供作出该行政行为的证据和所依据的规范性文件。"《行政诉讼法》第38条第2款规定："在行政赔偿、补偿的案件中，原告应当对行政行为造成的损害提供证据。因被告的原因导致原告无法举证的，由被告承担举证责任。"

2017年卷四第七题

【题干】

案情：某省盐业公司从外省盐厂购进300吨工业盐运回本地，当地市盐务管理局认为购进工业盐的行为涉嫌违法，遂对该批工业盐予以先行登记保存，并将《先行登记保存通知书》送达该公司。其后，市盐务管理局经听证、集体讨论后，认定该公司未办理工业盐准运证从省外购进工业盐，违反了省政府制定的《盐业管理办法》第20条，决定没收该公司违法购进的工业盐，并处罚款15万元。公司不服处罚决定，向市政府申请行政复议。市政府维持市盐务管理局的处罚决定。公司不服向法院起诉。

材料一：

1. 《盐业管理条例》（国务院1990年3月2日第51号令发布，自发布之日起施行）

第二十四条　运输部门应当将盐列为重要运输物资，对食用盐和指令性计划的纯碱、烧碱用盐的运输应当重点保证。

2. 《盐业管理办法》（2003年6月29日省人民政府发布，2009年3月20日修正）

第二十条　盐的运销站发运盐产品实行准运证制度。在途及运输期间必须货、单、证同行。无单、无证的，运输部门不得承运，购盐单位不得入库。

材料二：2016年4月22日，国务院发布的《盐业体制改革方案》指出，要推进盐业体制改革，实现盐业资源有效配置，进一步释放市场活力，取消食盐产销区域限制。要改革食盐生产批发区域限制。取消食盐定点生产企业只能销售给指定批发企业的规定，允许生产企业进入流通和销售领域，自主确定生产销售数量并建立销售渠道，以自有品牌开展跨区域经营，实现产销一体，或者委托有食盐批发资质的企业代理销售。要改革工业盐运销管理。取消各地自行设立的两碱工业盐备案制和准运证制度，取消对小工业盐及盐产品进入市场的各类限制，放开小工业盐及盐产品市场和价格。

材料三：2017年6月13日，李克强总理在全国深化简政放权放管结合优化服务改革电视电话会议上的讲话强调，我们推动的"放管服"改革、转变政府职能是一个系统的整体，首先要在“放”上下更大功夫，进一步做好简政放权的“减法”，又要在创新政府管理上破难题，善于做加强监管的“加法”和优化服务的“乘法”。如果说做好简化行政审批、减税降费等“减法”是革自己的命，是壮士断腕，那么做好加强监管“加法”和优服务“乘法”，也是啃政府职能转变的“硬骨头”。放宽市场准入，可以促进公平竞争、防止垄断，也能为更好的“管”和更优的“服”创造条件。

【问题】

（一）请根据案情、材料一和相关法律规定，回答下列问题：

1. 请简答行政机关适用先行登记保存的条件和程序。

【考点】先行登记保存

【答案】根据《行政处罚法》的规定，行政机关在证据可能灭失或者以后难以取得的情况下，经行政机关负责人批准，可以先行登记保存，并应当在7日内及时作出处理决定。

2. 《行政处罚法》对市盐务管理局举行听证的主持人的要求是什么？

【考点】行政处罚的听证程序

【答案】听证由市盐务管理局指定的非本案调查人员主持；当事人认为主持人与本案有直接利害关系的，有权申请回避。

3. 市盐务管理局以某公司未办理工业盐准运证从省外购进工业盐构成违法的理由是否成立？为什么？

【考点】行政许可的设定

【答案】不成立。根据《行政许可法》第15、16条的规定，在已经制定法律、行政法规的情况下，地方政府规章只能在法律、行政法规设定的行政许可事项范围内对实施该行政许可作出具体规定，不能设定新的行政许可。法律及国务院《盐业管理条例》没有设定工业盐准运证这一行政许可，地方政府规章不能设定工业盐准运证制度。故，市盐务管理局认定有限公司未办理工业盐准运证从省外购进工业盐构成违法的理由不成立。

4. 如何确定本案的被告？为什么？

【考点】行政诉讼的被告

【答案】市盐务管理局和市人民政府为共同被告。《行政诉讼法》第26条第2款规定，经复议的案件，复议机关决定维持原行政行为的，作出原行政行为的行政机关和复议机关是共同被告；复议机关改变原行政行为的，复议机关是被告。本案中，复议机关乙市人民政府维持了市盐务管理局的处罚决定。

（二）请基于案情，结合材料二、材料三和相关法律作答（要求观点明确，说理充分，文字通畅，字数不少于400字）：

谈谈深化简政放权放管结合优质服务改革，对推进政府职能转变，建设法治政府的意义。

【答案】材料中《盐业体制改革方案》指出要推进盐业体制改革，实现盐业资源有效配置，进一步释放市场活力，取消食盐产销区域限制；并且，李克强总理强调，要深化简政放权，推进“放管服”改革。深化简政放权放管结合优质服务改革，对推进政府职能转变，建设法治政府有如下意义：

第一，体现合法行政原则。我国合法行政原则在结构上包括对现行法律的遵守和依照法律授权活动两个方面：其一，行政机关必须遵守现行有效的法律。行政机关实施行政管理，应当依照法律、法规、规章的规定进行，禁止行政机关违反现行有效的立法性规定。其二，行政机关应当依照法律授权活动。这一方面的基本要求是：没有法律、法规、规章的规定，行政机关不得作出影响公民、法人和其他组织合法权益或者增加公民、法人和其他组织义务的决定。

第二，体现高效便民原则。分为两个方面：第一是行政效率原则；第二是便利当事人原则。深化行政体制改革、转变政府职能，不仅要取消和下放权力，还要改善和加强政府管理，提高政府效能，增强依法全面履职能力，使市场和社会既充满活力又规范有序，促进经济持续健康发展和社会公平正义。

第三，体现权责统一原则。分为两个方面：第一是行政效能原则。行政机关依法履行经济、社会和文化事务管理职责，要由法律、法规赋予其相应的执法手段，保证政令有效。第二是行政责任原则。行政机关违法或者不当行使职权，应当依法承担法律责任。当前，简政放权改革已进入到深水区和攻坚期，更需要强调法治、依靠法治，在法治的轨道上把简政放权改革推向深处。

综上所述，深化简政放权、放管结合、优化服务，继续推进行政体制改革、转职能、提效能，事关经济发展、社会进步、人民福祉，有利于实现全面深化改革和全面依法治国的深度融合。

2016 年卷四第七题

材料一（案情）：

孙某与村委会达成在该村采砂的协议，期限为5年。孙某向甲市乙县国土资源局申请采矿许可，该局向孙某发放采矿许可证，载明采矿的有效期为2年，至2015年10月20日止。

2015年10月15日，乙县国土资源局通知孙某，根据甲市国土资源局日前发布的《严禁在自然保护区采砂的规定》，采矿许可证到期后不再延续，被许可人应立即停止采砂行为，撤回采砂设施和设备。

孙某以与村委会协议未到期、投资未收回为由继续开采，并于2015年10月28日向乙县国土资源局申请延续采矿许可证的有效期。该局通知其许可证已失效，无法续期。

2015年11月20日，乙县国土资源局接到举报，得知孙某仍在采砂，以孙某未经批准非法采砂，违反《矿产资源法》为由，发出《责令停止违法行为通知书》，要求其停止违法行为。孙某向法院起诉请求撤销通知书，一并请求对《严禁在自然保护区采砂的规定》进行审查。

孙某为了解《严禁在自然保护区采砂的规定》内容，向甲市国土资源局提出政府信息公开申请。

材料二：

涉及公民、法人或其他组织权利和义务的规范性文件，按照政府信息公开要求和程序予以公布。推行行政执法公示制度。推进政务公开信息化，加强互联网政务信息数据服务平台和便民服务平台建设。（摘自《中共中央关于全面推进依法治国若干重大问题的决定》）

【问题】

（一）结合材料一回答以下问题：

1.《行政许可法》对被许可人申请延续行政许可有效期有何要求？行政许可机关接到申请后应如何处理？

【考点】 行政许可的延续

【答案】《行政许可法》第50条规定，被许可人需要延续依法取得的行政许可的有效期的，应当在该行政许可有效期届满30日前向作出行政许可决定的行政机关提出申请。但是法律、法规、规章另有规定的，依照其规定。行政机关应当根据被许可人的申请，在该行政许可有效期届满前作出是否准予延续的决定；逾期未作出决定的，视为准予延续。

2. 孙某一并审查的请求是否符合要求？根据有关规定，原告在行政诉讼中提出一并请求审查行政规范性文件的具体要求是什么？

【考点】规范性文件的审查

【答案】本案中，因《严禁在自然保护区采砂的规定》并非被诉行政行为（责令停止违法行为通知）作出的依据，孙某的请求不成立。根据《行政诉讼法》第53条和司法解释的规定，原告在行政诉讼中一并请求审查规范性文件需要符合下列要求：①该规范性文件为国务院部门和地方政府及其部门制定的规范性文件，但不含规章。②该规范性文件是被诉行政行为作出的依据。③应在第一审开庭审理前提出；有正当理由的，也可以在法庭调查中提出。

3. 行政诉讼中，如法院经审查认为规范性文件不合法，应如何处理？

【考点】规范性文件的审查

【答案】法院不作为认定被诉行政行为合法的依据，并在裁判理由中予以阐明。作出生效裁判的法院应当向规范性文件的制定机关提出处理建议，并可以抄送制定机关的同级政府、上一级行政机关、监察机关以及规范性文件的备案机关。

4. 对《责令停止违法行为通知书》的性质作出判断，并简要比较行政处罚与行政强制措施的不同点。

【考点】行政处罚与行政强制措施

【答案】本案中，《责令停止违法行为通知书》在于制止孙某的违法行为，不具有制裁性质，归于行政强制措施更为恰当。行政处罚和行政强制措施的不同主要体现在下列方面：①目的不同。行政处罚的目的是制裁性，给予违法者制裁是本质特征；行政强制措施主要目的在于制止性和预防性，即在行政管理中制止违法行为、防止证据损毁、避免危害发生、控制危险扩大等。②阶段性不同。行政处罚是对违法行为查处作出的处理决定，常发生在行政程序终了之时；行政强制措施是对人身自由、财物等实施的暂时性限制、控制措施，常发生在行政程序前端。③表现形式不同。行政处罚主要有警告、罚款、没收违法所得、责令停产停业、暂扣或吊销许可证件、行政拘留等；行政强制措施主要有限制公民自由、查封、扣押、冻结等。

（二）结合材料一和材料二作答（要求观点明确，逻辑清晰、说理充分、文字通畅；总字数不得少于500字）：

谈谈政府信息公开的意义和作用，以及处理公开与不公开关系的看法。

【答案】程序正当原则要求行政机关：第一，行政公开。除涉及国家秘密、商业秘密和个人隐私外，行政机关实施行政管理应当公开，以实现公民的知情权。第二，公众参与。行政机关作出重要规定和决定，尤其是作出对公民不利的决定时，应当听取公民的意见。公民的参与主要包括：获取通知权、陈述权、抗辩权、申请权。第三，回避。行政机关履行职责，与行政相对人存在利害关系的，应当回避。材料中提出要求涉及公民、法人或其他组织权利和义务的规范性文件，按照政府信息公开的要求和程序予以公布，以及创建和加强互联网信息数据平台使群众及时了解和参与行政活动，体现了正当程序原则要求的行政公开和公众参与，保障了行政相对人的合法权益。

行政机关坚持贯彻落实程序正当原则，推行政府信息公开制度具有重大意义和作用。首先，实行政府信息公开是深入推进依法行政的要求。依法行政要求全面推进政务公开。坚持以公开为常态、不公开为例外，推进决策公开、执行公开、管理公开、服务公开、结果公开。其次，实行政府信息公开也是建设诚信政府的必然要求。诚信政府要求行政权力要在“阳光下运行”，政府必须履行其对公众承诺的责任，它是现代民主社会中责任政府的重要标志，是整个社会诚信体系的基础和核心，对社会诚信体系的构建具有重要的示范效应和推动作用。最后，政府信息公开制度有利于促进政府与社会之间的良性互动。通过信息公开使公众了解国家政策、指导公民行为，同时政府通过信息公开及时了解公众需要，从而更好地为人民服务。

政府信息公开应当坚持以公开为常态，不公开为例外。除了法定不公开事项外，政府信息都应该及时、准确地向社会公布，保障公民的知情权、参与权。正确处理好公开与不公开的关系还需要进一步细化立法，通过立法进一步规定不公开的事项范围，明确两者边界，从而更好地规范政府行为；处理好公开与不公开的关系离不开执法这一关键环节，加强执法使政策能够切实得到贯彻执行，公开与不公开的规定才有其区分的现实意义。

政府信息公开制度的推行以及互联网信息化平台的建设，不仅有利于监督和督促政府行使行政权力、进行行政活动时依法进行，充分遵循程序正当原则的要求，而且有利于保障公民应有的宪法性权利。政府信息公开制度的推行及完善对于建设中国特色社会主义法治体系，建设社会主义法治国家的总目标具有极大的推动作用。

2015 年卷四第七题

案情：

某公司系转制成立的有限责任公司，股东 15 人。全体股东通过的公司章程规定，董事长为法定代表人。对董事长产生及变更办法，章程未作规定。股东会议选举甲、乙、丙、丁四人担任公司董事并组成董事会，董事会选举甲为董事长。

后乙、丙、丁三人组织召开临时股东会议，会议通过罢免甲董事长职务并解除其董事，乙为董事长的决议。乙向区工商分局递交法定代表人变更登记申请，经多次补正后该局受理其申请。

其后，该局以乙递交的申请缺少修改后明确董事长变更办法的公司章程和公司法定代表人签署的变更登记申请书等材料，不符合法律、法规规定为由，作出登记驳回通知书。

乙、丙、丁三人向区政府提出复议申请，区政府经复议后认定三人提出的变更登记申请不符合受理条件，分局作出的登记驳回通知错误，决定予以撤销。

三人遂向法院起诉，并向法院提交了公司的章程、经过公证的临时股东会决议。

【问题】

1. 请分析公司的设立登记和变更登记的法律性质。

【考点】行政许可的定性

【答案】公司的设立登记为行政许可。《行政许可法》规定，企业或者其他组织的设立等，需要确定主体资格的事项可以设定行政许可。公司设立登记的法律效力，是使公司取得法人资格，进而取得从事经营活动的合法身份，符合“行政机关根据公民、法人或者其他组织的申请，经依法审查，准予其从事特定活动”的规定，为行政许可。

公司的变更登记指公司因设立登记事项中的某一项或某几项改变，向公司登记机关申请变更的登记。公司的变更登记也是行政许可，未经核准变更登记，公司不得擅自变更登记事项。

2. 如区政府维持了区工商分局的行政行为，请确定本案中的原告和被告，并说明理由。

【考点】行政诉讼的原告与被告

【答案】乙、丙、丁为原告，被告为区政府和区工商分局。本案中，针对区工商分局的决定，乙、丙、丁申请复议。如区政府作出维持决定，根据《行政诉讼法》第 26 条第 2 款的规定，复议机关维持原行政行为的，作出原行政行为的行政机关和行政复议机关是共同被告，故区政府和区工商分局为共同被告。《行政诉讼法》第 25 条第 1 款规定，行政行为的相对人以及其他与行政行为有利害关系的公民、法人或者其他组织，有权提起诉讼。故乙、丙、丁为原告。

3. 如何确定本案的审理和裁判对象？如区政府在行政复议中维持区工商分局的行为，有何不同？

【考点】行政诉讼的审理和裁判

【答案】本案的审理裁判对象是区政府撤销区工商分局通知的行为。如果区政府维持了区工商分局的行为，那么原行政行为（登记驳回通知书）和复议决定均为案件的审理对象，法院应一并作出裁判。

4. 法院接到起诉状决定是否立案时通常面临哪些情况？如何处理？

【考点】行政诉讼的受理

【答案】接到起诉状时，对符合法定起诉条件的，应当登记立案。当场不能判定的，应当接收起诉状，出具注明收到日期的书面凭证，并在7日内决定是否立案；不符合起诉条件的，作出不予立案的裁定；如起诉状内容欠缺或有其他错误的，应给予指导和释明，并一次性告知当事人需要补正的内容。不得未经指导和释明即以起诉不符合条件为由不接收起诉状。

5.《行政诉讼法》对一审法院宣判有何要求？

【考点】行政诉讼的宣判

【答案】一律公开宣告判决。当庭宣判的，应当在10日内发送判决书；定期宣判的，宣判后立即发给判决书。宣判时，必须告知当事人上诉权利、上诉期限和上诉的法院。

中國政法大學

>>> 2025年法大法考课程体系 — 网络班型 <<<

班型		上课时间	标准学费（元）
主客一体网络班	网络尊享特训班	2024年9月-2025年10月	35800
	网络VIP班	2024年9月-2026年10月	25800
	网络预热班	2024年9月-2025年10月	15800
	网络先行班	2024年9月-2025年10月	14800
	网络全程班	2025年3月-2025年10月	14800
	网络在职提升班	2024年9月-2025年10月	9800
	网络主观二战班	2025年7月-2025年10月	10800
客观题网络班	网络民刑先行班	2024年9月-2025年9月	3980
	网络基础班	2025年3月-2025年9月	8980
	网络强化班	2025年5月-2025年9月	7980
	网络提高班	2025年7月-2025年9月	5980
	网络冲刺班	2025年8月-2025年9月	4980
主观题网络班	网络全程班	2025年9月-2025年10月	8980
	网络冲刺班	2025年9月-2025年10月	4980

温馨提示：1、缴纳学费后，因个人原因不能坚持学习的，视为自动退学，学费不予退还。 2、课程有效期内，不限次回放

投诉及建议电话：吴老师17718315650

—— 优质服务 全程陪伴 ——

★ 历年真金题 ★ 在线模考题库 ★ 打卡学习 ★ 错题本 ★ 课件下载 ★ 思维导图 ★ 1V1在线答疑随时咨询

★ 有效期内不限次数回放 ★ 上课考试通知 ★ 报考指导 ★ 成绩查询 ★ 认定指导 ★ 配备专属教辅

★ 免费延期或重修1次（部分班型） ★ 专属自习室（部分班型） ★ 小组辅导

★ 个人定制化学习通关和职业发展规划 ★ 颁发法大法考结业证（部分班型） ★ 特殊服务 随时跟读